演讲与口才实训

主　编　史钟锋　张传洲
副主编　周爱梅　王学宁　董爱芹
　　　　史云芬　张艳霞　陈　阳

东南大学出版社
SOUTHEAST UNIVERSITY PRESS
·南京·

图书在版编目(CIP)数据

演讲与口才实训 / 史钟锋,张传洲主编. —南京:
东南大学出版社,2015.6(2023.1 重印)
 ISBN 978-7-5641-5812-5

Ⅰ.①演… Ⅱ.①史…②张… Ⅲ.①演讲②口才学
Ⅳ.①H019

中国版本图书馆 CIP 数据核字(2015)第 124735 号

演讲与口才实训

出版发行	东南大学出版社
出 版 人	江建中
社　　址	南京市四牌楼 2 号
邮　　编	210096
网　　址	http://www.seupress.com
经　　销	全国各地新华书店
印　　刷	广东虎彩云印刷有限公司
开　　本	787 mm×1092 mm　1/16
印　　张	17.75
字　　数	455 千字
版　　次	2015 年 6 月第 1 版
印　　次	2023 年 1 月第 4 次印刷
印　　数	4501～5700 册
书　　号	ISBN 978-7-5641-5812-5
定　　价	48.00 元

* 本社图书若有印装质量问题,请直接与营销部联系,电话:025-83791830。

前　言

新时代、大视野对口才提出新标准、新要求,新标准、新要求,促使我们编写了本书。

信息化、全球一体化的今天,国际交往、社会交往、人际交往越来越多,因而交际能力显得越来越重要。一个人交际能力的高低,主要体现在说话的水平和艺术上。向社会展示自己,向世界说明中国,必须靠口才。

习近平在《善于同群众说话》一文中指出:"有少数干部不会同群众说话,在群众面前处于失语状态。其实,语言的背后是感情、是思想、是知识、是素质。不会说话是表象,本质还是严重疏离群众,或是目中无人,对群众缺乏感情;或是身无才干,做工作缺乏底蕴;或是手脚不净、形象不好,在人前缺乏正气。"

随着我国改革的不断深化,口才已成为各类人员的必修课。大学生找工作必须进行面试,而面试一大部分是口才的较量。竞聘需要口才,述职需要口才,交际需要口才……没有口才不是真正意义上的人才,口才可以改变人生,口才可以成就事业。笔者对过去十年的 180 名毕业生进行的追踪调查显示,口才愈佳者发展愈顺利。他们一致认为,发展需要口才为资本。

美国有句名言:"第一印象绝对不会有第二次机会。"他们认为一个人的言谈和表达能力,直接反映了他的禀性和修养。曾经创办一所讲授雄辩术学校的古希腊著名教育家艾索克拉底也说:"对我们每个人而言,言谈本身是文化修养最可靠的标志。"著名心理学家奥苏伯尔认为,在积极思维过程中的听与说,有利于培养思维的敏捷、灵活、流畅和条理等重要品质。高尔基说过:"勇敢地说吧,多说才能增长你们各方面的能力。"

进行口才训练,有助于优化心理素质,培养成功心理。美国口才专家和演讲大师戴尔·卡耐基说,大学时代他在公开演说方面受过训练,有了经验,这些训练和经验,扫除了他的怯懦和自卑,让他有勇气和信心跟人打交道,增长了做人处世的才能。

当代心理学关于心性激发、潜能开发的学说从科学的角度说明了人际交往表现形式的重要性,认为人仅有向"善"的决心与信心还是不够的,更要有达到"善"的方法与手段。艾索克拉底说:如果谁有一种想要善于言谈的抱负,如果谁有一种想要说服听众的强烈愿望……他就会变得诚实正直、有价值。因而演讲能使人趋向完美。

在现代西方,"舌头、金钱和电脑"被普遍看作是重要战略武器。在美国这个发达的国家,最发达的现象是演讲的口才。最早一批读 MBA 的中国留学生王辉耀说:"美国人从小重视口才,社会也更欣赏并承认那些雄辩滔滔的人;沉默寡言的人则很容易被认为是病人,应该去看心理医生。"

在被问及给年轻人的建议时,巴菲特强调了提高沟通能力,尤其是公众演讲与写作的能力。巴菲特还告诫称:"不管是什么专业,有效的表达和沟通能力都是十分关键的。而这些能力即使不上课,也需要通过自己实践锻炼出来。"

口才如此重要,但口才不是天生的。口才是一种能力,能力必须通过实践锻炼获得,在理论指导下的实践锻炼才会更加高效。理论指导、案例分析、实践训练三者相辅相成、密切联系、缺一不可。我们就是依据这样的指导思想编写本书的。

本书内容分为九章,每章含理论知识、知识拓展、实践训练三大板块;理论知识、口才案例与实践训练三线并行;理论知识力求严谨、适用,口才案例力求新颖、实用,实践训练突出实战、有趣。本书具有系统性、立体化、重经典、大视野、大信息的特色。本书既可以作为高校语言应用类教材,也可以作为在职人士培养口才的自学读本。

本书编写过程中,我们参阅、借鉴了一些新的著作和研究成果,得到了有关专家的指导,在此谨向大家致以诚挚感谢!

鉴于编者水平所限,书中难免存在疏谬之处,敬请业界专家、学者、老师、同学及诸位读者批评指正!

目 录

1 绪论 ·· 1
  1.1 演讲与口才概述 ·· 1
  1.2 演讲的目的和作用 ··· 4
  1.3 演讲的类型 ·· 8
  1.4 演讲简史 ·· 12
  1.5 演讲学 ··· 17
  【知识拓展】 ·· 20
    一、有关口才的名言 ··· 20
    二、口才练习技巧 ·· 20
    三、演讲家是怎样练习口才的 ·································· 21
    四、健全心理素质,增强抗打击能力 ······················· 22
    五、陈州《我找到了幸福》 ···································· 24
    六、陈吉宁《选择与坚持》 ···································· 26
  【实践训练】 ·· 28
    一、目标确定 ·· 28
    二、敢讲训练 ·· 28

2 演讲的要素 ·· 29
  2.1 演讲要素概述 ·· 29
  2.2 演讲的主体 ·· 30
  2.3 演讲的客体 ·· 33
  2.4 演讲的内容 ·· 37
  2.5 演讲的环境 ·· 41
  【知识拓展】 ·· 44
    一、习大大的新年贺词"接地气" ···························· 44
    二、习近平演讲为何"走心" ··································· 44
    三、习近平语言集锦 ·· 46
    四、习近平幽默调侃全场大笑 ································· 47
    五、白岩松《人格是最高的学位》 ·························· 48
    六、例说演讲者的创新思维方式 ····························· 49
  【实践训练】 ·· 53
    一、《习近平的"演讲范儿"》——演讲要素分析 ········ 53

二、李克强的妙喻——演讲语境分析 ………………………………………… 55
　　三、李培根演讲《记忆》与听众强烈共鸣 ………………………………… 55
　　四、自信训练：面对听众说出自己的优点 ………………………………… 57

3　演讲的语言 … 58
　3.1　演讲语言概述 ……………………………………………………………… 58
　3.2　演讲的口语表达 …………………………………………………………… 60
　3.3　演讲的态势语言 …………………………………………………………… 70
　3.4　演讲者的仪表风度 ………………………………………………………… 79
　【知识拓展】 …………………………………………………………………… 81
　　一、如何让你的声音具有磁性 …………………………………………… 81
　　二、如何讲好一个故事 …………………………………………………… 82
　【实践训练】 …………………………………………………………………… 82
　　一、绕口令练习 …………………………………………………………… 82
　　二、朗诵练习 ……………………………………………………………… 83
　　三、演讲练习 ……………………………………………………………… 84

4　演讲稿的写作 … 85
　4.1　演讲稿概述 ………………………………………………………………… 85
　4.2　演讲稿提纲的编列 ………………………………………………………… 88
　4.3　演讲稿标题的拟制与开头的写作 ………………………………………… 91
　4.4　演讲稿的层次与内容设置 ………………………………………………… 98
　4.5　演讲稿的语言锤炼与技巧的暗含 ………………………………………… 103
　4.6　演讲稿的结尾 ……………………………………………………………… 108
　【知识拓展】 …………………………………………………………………… 111
　　一、奥巴马胜选演讲 ……………………………………………………… 111
　　二、奥巴马演讲的六大技巧 ……………………………………………… 113
　　三、奥巴马开学演讲《责任与梦想》 …………………………………… 114
　　四、白岩松《我的故事以及背后的中国梦》 …………………………… 117
　　五、柴静《认识的人 了解的事》 ………………………………………… 121
　　六、如何修改演讲稿 ……………………………………………………… 122
　　七、例说如何使演讲立意深刻 …………………………………………… 122
　【实践训练】 …………………………………………………………………… 124
　　一、模拟陈铭的演讲《女人永远是最佳辩手》 ………………………… 124
　　二、赏析习近平澳门演讲结束语 ………………………………………… 125
　　三、赏析习、奥致辞中的引用艺术 ……………………………………… 125
　　四、撰写一篇鼓励大家学好演讲的演讲稿 ……………………………… 125

5 演讲的过程 …… 126
- 5.1 演讲过程概述 …… 126
- 5.2 演讲的准备 …… 127
- 5.3 演讲的开始 …… 129
- 5.4 演讲的结束 …… 135
- 5.5 演讲的情感 …… 138
- 【知识拓展】 …… 142
  - 一、演讲开场白六个技巧 …… 142
  - 二、演讲开场白八种糟糕的方式 …… 144
- 【实践训练】 …… 145
  - 一、赏析习近平在布鲁日欧洲学院的演讲开场白 …… 145
  - 二、赏析习近平与奥巴马庄园会晤经典开场白 …… 146
  - 三、赏析莫言演讲的开场白 …… 146
  - 四、赏析克林顿在北京大学演讲开场白 …… 148
  - 五、赏析俞敏洪的演讲《度过有意义的生命》 …… 148

6 演讲的技巧 …… 149
- 6.1 演讲技巧概述 …… 149
- 6.2 演讲的自控技巧 …… 150
- 6.3 演讲的控场技巧 …… 152
- 6.4 演讲中的特殊情况处理技巧 …… 163
- 6.5 典型演讲技巧示例 …… 167
- 【知识拓展】 …… 176
  - 一、25条演讲技巧精要 …… 176
  - 二、临场意外及应对案例 …… 178
- 【实践训练】 …… 179
  - 一、快速思维训练 …… 179
  - 二、演讲连接训练 …… 179
  - 三、临场应变训练 …… 179

7 即兴演讲 …… 180
- 7.1 即兴演讲概述 …… 180
- 7.2 即兴演讲的环节 …… 186
- 7.3 即兴演讲的准备方法 …… 188
- 7.4 即兴演讲的准备要求 …… 191
- 【知识拓展】 …… 193
  - 一、李克强即兴演讲艺术 …… 193
  - 二、李肇星的说话风格 …… 194

  三、杨宇军妙答记者问 ······ 194
  四、沙祖康日内瓦亮剑 ······ 195
 【实践训练】 ······ 197
  一、即兴点评 ······ 197
  二、即兴演讲 ······ 197

8　大学生实用演讲 ······ 198
 8.1　演讲比赛的组织与评判 ······ 198
 8.2　论辩赛的组织与评判 ······ 204
 8.3　竞选应聘演讲 ······ 208
 8.4　就职离职演讲 ······ 211
 8.5　学术演讲 ······ 216
 8.6　礼仪演讲 ······ 218
 【知识拓展】 ······ 222
  一、奥普拉·温弗瑞《感觉、失败及寻找幸福》 ······ 222
  二、国际大专辩论会辩词欣赏 ······ 227
  三、公考面试点拨 ······ 240
  四、应聘面试常见问题的回答技巧 ······ 241
 【实践训练】 ······ 246
  策划、组织、举办一场演讲比赛 ······ 246

9　沟通口才 ······ 247
 9.1　沟通概述 ······ 247
 9.2　沟通的原则 ······ 249
 9.3　劝说的口才 ······ 254
 9.4　赞美与批评的口才 ······ 260
 【知识拓展】 ······ 267
  一、习近平《善于同群众说话》 ······ 267
  二、李斯现身说法：如何用"攻心术"劝谏上司 ······ 268
  三、你说的话就是修的路 ······ 269
  四、拿破仑·希尔的人生转折：学会控制自己 ······ 270
  五、名人谈沟通 ······ 271
  六、女王与妻子——角色转换 ······ 272
 【实践训练】 ······ 272
  一、案例分析：赞美和批评的艺术 ······ 272
  二、案例分析：沟通口才的艺术 ······ 273
  三、实战演练 ······ 273

参考书目 ······ 274

1 绪 论

1.1 演讲与口才概述

1.1.1 演讲的本质

演讲,又称演说或讲演。演讲的"演",《说文解字》注解的本义指水流,转义为语流,引申为说话像流水一般通畅,表示语言的流利和顺畅。

对于演讲的含义,从目前出版的有关著作看,仁者见仁,智者见智。归结起来,比较具代表性的有以下几种:

演讲,在听众面前就某一问题表示自己的意见或阐说某一事理。也叫演说或讲演。

——《辞海》

演讲是通过演讲者(主体)和特定环境中面对的听众(对象)运用口头语言直接发表意见的一种实践活动。

——李燕杰《铸魂·艺术·魅力》

演说乃是以诚实自然的态度,用辞句、声调、姿态、材料作工具,把思想输入听众的脑海,使他们形成一种与演说者同样的情绪,其目的即是要引起人家情绪上的反应,愿意照着演说者所命令或劝导他们的话去做。

——陈启川《口才学》

演讲是一种宣传,演讲人在面对听众的演讲中,总要就某件事或者某个问题发表自己的意见,阐述自己的观点,宣传自己的主张,并企图说服听众从而感召听众。

——汪缚天《口语艺术》

演讲本身并不是目的,而是达到目的的一种手段。当我们想要在短时间内向许多人传达大量的信息时,演讲就是传达的工具。

——约翰·哈灵顿《演讲入门》

演讲是演讲者在特定的时间和空间以口语和体语为载体向听众传播信息的活动过程。

——葛谷、武传涛《世界名人演讲鉴赏丛集》

以上定义，无疑都是从不同侧面道出了演讲一词的基本内涵；而要准确地把握演讲的本质，应该还需从演讲本身作进一步分析。"任何一种蕴含艺术性的活动，都有其独特的物质传达手段，形成自己的特殊规律，揭示自身活动的本质特点。"(邵守义《演讲学》)那么，什么是演讲"独特"的手段、"特殊"的规律、"本质"的特点呢？有比较才有鉴别，我们不妨将演讲与其他口语表达形式作个比较。

首先，演讲不同于朗诵。二者属于不同的范畴。朗诵属表演艺术，为演而讲，侧重于欣赏性；而演讲属实用艺术，为讲而演，侧重于宣传鼓动性。

其次，演讲不同于一般的报告。二者虽然都是面对听众发表讲话，但内容的侧重点不同。报告的内容注重政策性、权威性、指导性；而演讲的内容更注重典型性、鲜明性。

第三，演讲不同于讲课。教师讲课的口语讲究启发性、科学性，而演讲的口语更注重技巧性、生动性。另外，态势语是演讲的辅助表达形式，既可以即兴发挥，又讲究刻意设计；而讲课却没有刻意设计这样的要求。

第四，演讲不同于一般的交谈。一般交谈无主体（演讲者）、客体（听众）之分，谁都可以发表意见，任何地点都可以进行。而演讲必须是演讲者面对听众系统地表明自己的观点，且受时空条件的限制，比一般交谈更具严肃性。

综上分析，演讲是指讲话者在特定的时境中，借助有声语言（主要手段）和体态语言（辅助手段），针对某个具体问题，向听众鲜明、完整地发表自己的见解和主张，阐明事理或抒发情感，进行宣传鼓动的一种信息交流活动。

那么，什么是口才呢？简言之，口才就是一个人说话过程中所体现出来的才能。有口才的人说话具有"言之有物、言之有序、言之有理、言之有情"等特征。

有学者将口才更加明确地定义为：在口语交际的过程中，表达主体运用准确、得体、生动、巧妙、有效的口语表达策略，达到特定的交际目的，取得圆满交际效果的口语表达的艺术和技巧……目前而言，立足于运转高速的现代生活，口才在一定程度上发挥着比文才更重要的作用，更符合当今社会的生活节奏，也越来越受人们重视。

口才是一个人的知识储备、文化底蕴、智慧才华、社会阅历、思想品德、理论修养、性格气质、兴趣爱好等综合素质的具体体现和展示。演讲才能是一个人口才的典型展现。

语言是思维的外壳，一言而知其贤愚。一个人的文化知识底蕴、思想品德素养都会在与别人的交流中流露无遗。练就卓越口才已经成为人们驾驭生活、改变命运、追求成功的一项必备技能。

全国人大常委会原副委员长许嘉璐曾说过，口才不但是口才问题，口才实际上是人的整体素质的外化，培养人们的口才就是提高人们的素质。

1.1.2 演讲的特点

演讲是人类社会交际需要的产物，是一种比较高级的，既有实用价值又有审美价值的社会实践活动。具体说来，它有以下几个基本特点：

（一）现实性

演讲活动是一种现实性很强的社会实践活动。演讲者在演讲过程中传递的信息往往是人们在生活和工作中最关心的现实问题；演讲者通过自己对社会现实的判断和评价，直接向听众公开发表自己的意见，陈述自己的主张，抒发自己的思想感情。演讲的内容和形式是通过演讲者来传递和体现的，具有活生生的现实性。

（二）真实性

演讲的真实性，一是指演讲者所讲述的人或事是真实可靠的，不能虚构，不能无中生有。列宁在《绝不要撒谎！我们的力量在于说真话》一文中告诫我们"吹牛撒谎是道义上的灭亡，它势必引向政治上的灭亡"。好的演讲之所以能使人信服，不能不归功于说真话的魅力。真实性还包含着第二层意思，那就是演讲者的身份是真实的。演讲不属于表演艺术，演讲者是生活中真实的自我，台上台下一个模样。而演员在舞台上则是以角色的身份出现，台上台下两副面孔。真实性包含的第三层意思是，演讲者表达的感情是真实的。情贵在真，演讲者倾诉真情实感，才能打动听众。矫揉造作的演讲，只会引起听众反感。正因为演讲者讲的是真人、真事，动的是真情，才使得演讲具有经久不衰的魅力。

（三）艺术性

演讲，不仅是一种现实性很强的社会实践活动，而且是一种带有较高艺术性的社会实践活动。所谓的演讲艺术，不仅是指演讲者所使用的文学艺术手段，而且还指演讲者取得良好演讲效果所展示的演讲技巧和方法。在演讲活动中，演讲者为了更具体、更生动、更鲜明地阐述道理，感召听众，进而最大限度地达到演讲目的，常常要使用小说、诗歌、戏剧、音乐、绘画等多种文学艺术手段为其服务。但这不等于说，演讲等同于小说、诗歌、戏剧、音乐、绘画等文学艺术形式。文学艺术作品往往通过塑造典型形象，间接地反映社会生活，其本身来源于现实生活，但不等于现实生活；而演讲则是直接表现生活，其本身直接体现着现实生活。

（四）鼓动性

演讲是为了宣传真理，传播思想和观点。我国历史上最早的盘庚的演讲，就是为了动员老百姓迁都而作的。邓小平同志1982年9月24日发表的题为《我们对香港问题的基本立场》的讲话，明确地提出了"一国两制"的主张。江泽民同志在中国共产党第十六次全国代表大会上的报告，更是旗帜鲜明地代表全党宣告了大会的主题：全面建设小康社会，开创中国特色的社会主义事业新局面。习近平在第十二届全国人民代表大会第一次会议上详细阐释了中国梦："中国梦归根到底是人民的梦，必须紧紧依靠人民来实现，必须不断为人民造福"；并用三个"必须"勾画了实现中国梦的具体路径："实现中国梦必须走中国道路","实现中国梦必须弘扬中国精神","实现中国梦必须凝聚中国力量"。可以说,不传播思想观点的演讲是没有的。传播思想观点的目的,在于唤起听众相信其观点并付诸行动,这就必然使演讲具有鼓动性。通过声情并茂的口语和优美有力的态势语,激发人的动机心理,唤起人的主动性、积极性,用真人、真事、真情,点燃听众的情感之火,在听众的心理上造成一种新的意境,行为上产生一种新的反映,从而接受演讲者的观点,履行演讲者的意愿。我国著名社会学家费孝通教授曾称赞我国现代杰出的民主战士、诗人、学者闻一多"实在是少有的天才宣传鼓动家":他的演讲,洪亮的声音载着烈火一样的语言,能够"使糊涂的人清醒过来,怯懦的人勇敢起来,疲倦的人振作起来,而反对派则战栗地倒下去"。

（五）灵活性

演讲根据现实生活需要,可以在不同场合,面对不同听众,以不同的内容按不同的程序由不同的人来进行。这就使得演讲具有了"灵活性"的特征。

演讲灵活性,首先表现在演讲的题材广泛,政治、军事、外交、法律、学术、道德及其他社会问题和人际交往,都可以作为演讲的题材。其次从演讲者和听众来说,也具有很大的灵活性,演讲不受性别、年龄、职务、学历等限制,谁都可以讲,谁都可以听。再次,演讲的形式灵活简便,不需要过多的辅助条件和复杂的准备工作,礼堂、课堂、操场、赛场等都可以成为演讲场地。

1.2 演讲的目的和作用

1.2.1 演讲的目的

人们的任何社会实践活动都是有目的的,演讲当然也不例外。开讲之前就必须明确为什么要讲,为谁而讲。不管出于哪一种目的,都是为了诱动听众,改变听众的思想认识和感情倾向,促使人们去实践。斯大林在红场上的反法西斯演讲,是为了动员前苏联人民团结奋斗,夺取卫国战争的胜利。毛泽东在延安整风时期所作的演讲,其目的在于反对主观主义、教条主义和宗派主义,使全党树立马克思主义的党风、学风和文风,更有效地领导抗日战争,夺取中国革命的胜利。凡此种种,不胜枚举。漫无目的的夸夸其谈,称不上演讲。德国哲学家黑格尔在《美学》第三卷中对演讲的目的作过一段精彩的论述,他说:"一般说来,演讲家在演讲里的最高旨趣并不在于艺术性的描述和完美的刻画,他还有一个越出艺术范围的目的,他的演讲的形式结构毋宁说只是一种最有效的手段,用来实现一种非艺术性的目的或旨趣。从这个观点来看,他感动听众,不单是为感动而感动,听众的感动和信服也只是一种手段,便于演讲家要实现的意图。所以,对听众来说,演讲家的描述也不是为描述而描述,也只是一种手段,用来使听众达到某一信念,做出某一种决定,或采取某一种行动。"黑格尔的这段论述,十分精辟地剖析了演讲中所使用的所有手段,都是为了达到演讲家自己的目的。那么演讲的目的是什么呢?

演讲的目的,实质上也就是演讲的社会目的,它可以从多方位多角度进行归纳。我们把它归纳为以下几个方面。

(一) 宣传观点

为宣传观点而演讲。前面谈演讲实质时,就讲到演讲者必须面对听众系统地、鲜明地阐述自己的观点和主张。对演讲实质的这一概括,是建立在千百年来千千万万演讲者总是采用演讲的方式来宣传自己的观点这样一个事实基础上的。毛泽东同志在1946年8月提出的"帝国主义和一切反动派都是纸老虎"这一观点,就是通过演讲宣传出去的。伽利略1632年的演讲《地球在转动》,用生动的例子和深刻的理论揭示了地心说的荒谬,宣传了日心说是正确的科学理论。美国著名作家海明威1937年在第二次美国作家大会上发表了一次演讲,他从正义的立场出发,明确表示西班牙人民"战得有理",是"为把祖国从外国侵略者手中解放出来而战",并号召作家为真理去描写战争,去反映人民为争取自由和解放而进行的斗争。可以说,不管采取哪一种形式演讲,也不管演讲者从事的是什么工作,由于演讲具有适应性强、鼓动性强的特征,是宣传自己观点的一种好形式,所以为很多人所看重。

(二) 变革社会

为变革社会而演讲。演讲作为一种现实的社会实践活动,是人们社会生活的产物。在阶级社会里,演讲的社会需要很大程度上是政治斗争需要。许多演讲家同时也是政治家。他们利用演讲的形式,宣传真理,揭露敌人,唤起民众,推动社会前进。在特定的社会条件下,语言的力量,演讲的作用,确实是极其巨大且极易奏效的。刘勰在《文心雕龙·论说》中说:"一人之辩,重于九鼎之宝;三寸之舌,强于百万之师。"英国作家麦卡雷说:"当一个雄辩的演说家,你才能成为一个坚强的人……舌头是一把利剑,演讲比打仗更有威力。"

美国帕特里克·亨利的抗英演讲,曾使千百万美国人觉悟起来,掀起一场为独立、自由而战的伟大斗争。李大钊在天安门广场上所作的《庶民的胜利》的演讲,如同中国无产阶级革命时代到来之前的第一声春雷,成为促成轰轰烈烈的"五四"运动爆发的重大的精神力量。毫无疑问,演讲这种形式所产生的特殊效能,是用书面语言写成的文章所无法比拟的。演讲在历史发展进程中所承担的使命,也是文章及其他宣传手段所无法代替的。

(三) 表达感情

为表达感情而演讲。人非草木,孰能无情。感情是"人对客观事物态度的一种反映"。情感的产生是由于人接触到的客观事物的影响在主观上产生的感受。正如唐代韩愈所说的"情者接于物而生者也"。列宁曾经说过:"没有'人的感情'就从来没有也不可能有人对于真理的追求。"表达感情是人的一种社会需要。欢迎会上、庆祝会上、结婚喜宴上……热热闹闹的场面都会引起人主观的感受。感受强烈时不吐不快,这种时候的演讲的目的是为了表达感情。奥地利剧作家弗朗茨·格里尔帕策1827年3月29日在贝多芬墓前发表了演讲。悼词用诗一般的语言赞颂了贝多芬,表达了对其的由衷钦佩和深切怀念之情。近代著名民主革命家宋教仁于1912年5月15日在黄花岗起义周年纪念会上发表了情词痛切的纪念演讲。他在言辞之间流露出对起义中牺牲的同志"至死不馁"的英勇精神的赞叹和痛悼之情。

当今社会,人际交往日益频繁,社交范围日益扩大,社交活动也越来越多,因而有感而发的情况就经常出现。充满情感的语言能极大地调动接受者的情绪体验,产生强大的感染力。

1.2.2 演讲的作用

演讲作为一种现实的社会实践活动,是由于社会生活和斗争的需要才产生出来的。因此,演讲也就必然对社会生活产生反作用,以实现社会生活和斗争的某种需要。当今美国人把"舌头、美元和电脑"称为三大战略武器。我国著名学者周谷城在《演说精粹系列丛书》的总序中写道:"一篇好的演说,或事实有据、逻辑严密,或慷慨激昂、豪气凌云,或声情并茂、引人入胜,或机智幽默、妙趣横生,或数者兼而有之,是以使人坚定对崇高理想之信念;是以使人增加知识,明白道理;是以动人心弦,催人奋发;是以使人欢乐,得到美的享受。"可见,语言的力量,演讲的作用是不可低估的。

(一)促进作用

既然演讲的目的是为了宣传观点、变革社会,那么,当演讲者调动各种有效手段取得演讲成功时,演讲也就必然产生了良好的社会效果。演讲的这种社会效果即演讲的社会作用。演讲的社会作用是通过听众实现的。听众将演讲者的立场、观点转化为自身的社会实践,这种实践便产生了对人类的影响和促进。而演讲的社会作用首先是它的促进作用。促进作用具体表现在以下几个方面。

1. 促进历史转变

无数事实证明,在历史发展的紧要关头,领导者往往利用演讲这种既简便又易于使群众接受的方式发动群众、动员群众起来把自己的思想付诸实践。我国历史上的陈胜揭竿起义,就是用演讲把群众发动起来的。他号召说:"公等遇雨,皆已失期,失期当斩。藉第令毋斩,而戍死者固十六七。且壮士不死即已,死即举大名耳,王侯将相宁有种乎?"正是在他这番演讲的"煽动"下,爆发了中国历史上第一次农民起义。

1938年秋天,冯玉祥将军在湖南省益阳县城的演讲,援引《世说新语·言语》中孔融被抓后对他的两个儿子说的"岂见覆巢之下,复有完卵乎?"的典故,生动形象、深入浅出地阐明了救国的大道理。他的演讲结束后,坐在前面的老人们激动得热泪盈眶,全场顷刻响起了雷鸣般的掌声,抗日口号此起彼伏,使当地很快掀起了抗日高潮。

2. 促进精神文明建设

演讲在促进两个文明建设,特别是在精神文明建设中,起到了其他语言形式无法替代的作用。各种类型、各种主题的演讲比赛,对"以科学的理论武装人,以正确的舆论引导人,以高尚的精神塑造人,以优秀的作品鼓舞人,培育有理想、有道德、有文化、有纪律的社会主义公民,提高全民族的思想道德素质和科学文化素质,团结和动员各族人民把我国建设成为富强、民主、文明的社会主义现代化国家"无疑会起到很大的促进作用。

3. 促进个人成长

社会主义现代化建设需要创造型、开拓型的人才。而创造型、开拓型人才所必须具备的多种能力中,演讲能力便是其中的一种。因为演讲与人的思维、智力、知识有直接的联系。精彩的演讲必须以敏捷的思维、非凡的智力、丰富的知识作基础。而经常性的演讲,可以有效地促进这三方面的提高。

演讲对于人的智能结构的协调发展,也有很大的促进作用。人的智能结构是由五个方面组成的——观察力、记忆力、想象力、思维力及创造力。演讲实践可以使这五种能力都得到协调发展,从而形成最佳的智能结构。

美国教育学者认为:学生学习系统的、基础的科学知识的基本方式是通过语言的听和说进行的,学生的听和说的能力提高了,就能迅速积极有效地获得知识。著名心理学家奥苏伯尔认为,在积极思维过程中的听与说,有利于培养思维的敏捷、灵活、流畅和条理等重要品质。而且学生的口语表达具有概括功能,可以使学到的新知识、新观念更加清晰、明确和牢固,并增加理解和举一反三的能力。高尔基说过:"勇敢地说吧,多说才能增长你们各方面的能力。"

进行口才训练,有助于优化学生心理素质,培养成功心理。美国口才专家和演讲大师戴尔·卡耐基说:大学时代他在公开演说方面受过训练,有了经验;这些训练和经验,扫除了他的怯懦和自卑,让他有勇气和信心跟人打交道,增长了做人处世的才能。

当代心理学关于心性激发、潜能开发的学说从科学的角度说明了人际交往表现形式的重要性,认为人仅有向"善"的决心与信心还是不够的,更要有达至"善"的方法与手段。艾索克拉底说:如果谁有一种想要善于言谈的抱负,如果谁有一种想要说服听众的强烈愿望……他就会变得诚实正直、有价值。因而演讲能使人趋向完美。

(二) 教育作用

重视对人的思想和道德教育,是我们中华民族的优良传统。今天,在建设有中国特色的社会主义事业承前启后、继往开来的重要时期,加强对人们的思想道德教育,引导人们树立共产主义理想和正确的世界观、人生观、价值观,有着极为重要的意义。

思想教育工作要想取得成效,必须讲究方式方法。在 20 世纪 80 年代,人们普遍感到旧有的许多思想教育方法与人们新形成的思想观念有很大的距离,因而出现了政治思想工作难做的局面。演讲作为教育群众的一种方式,正是在这样的背景下被大家所公认、所接受的。李燕杰、曲啸等人的演讲,开辟了政治思想工作的新道路、新局面、新经验。李燕杰同志在全国许多城市的大学、机关、工厂、部队做了数百场精彩演讲,受到了听众的热烈欢迎。他把马列主义理论、历史知识、文学艺术和社会现实熔于一炉,用深刻的道理、广博的知识、真挚的感情、生动的语言、高超的艺术打动听众,取得了很好的教育效果。

古希腊唯物主义哲学家德莫克利特说:"用鼓动和说服的语言来造就一个人的道德,显然比用法律和约束更能成功。"具体来说:演讲主题正确,说理充分,分析深刻,论证严密,即具有很强的征服力;演讲讲述的是真人真事,抒发的是真情实感,很容易与观众感情交融,使听众受到感动、鼓舞、振奋;演讲知识性强,它能把道理寓于知识之中,在传授知识中使听众心灵充实丰富,受到陶冶。因而它是进行思想教育的好形式。

演讲同时也是进行自我教育的好形式。首先,演讲者自己的演讲过程就是自我教育的过程。其次,从演讲的主体和客体的关系看,往往主体和客体之间有着某些共性,自己教育自己,很能发挥演讲者的主观能动性,能够在心理上产生亲切感,引起共鸣。

(三)审美作用

演讲是以宣传鼓动为目的的、带有艺术性的、严肃的社会实践活动。既然带有艺术性,它就具有审美价值,就有美感作用。美,是艺术的本质。演讲的美感作用,是以它美的内容和美的形式作用于听众情感的。听众通过视听演讲,接受演讲整体形象所传播出来的美的信息,从而得到精神上的愉悦、快慰和满足。

首先,演讲的内容大多是讴歌真、善、美。法国皮亚诺说:"世上再没有比'真'更美的东西,唯有'真'才是最可爱的。"演讲内容的真实性,也就增加了它的可信度。听众感到没有被愚弄,没有被欺骗,因而达到心理相容,完成心理转换。李燕杰说:"只有真挚的感情,才能给听众以美的享受。"演讲的美感作用,在很大程度上是通过"真"字体现的。

其次,演讲的形式是美的。第一,作为演讲主要表达手段的有声语言是美的。演讲一般采用普通话,普通话高音区多,悦耳动听,具有旋律感、节奏感。第二,态势美。态势是辅助有声语言的。它能使演讲充满活力,给听众以美的享受。陶行知先生曾经说过:"演讲如能使聋子看得懂,则演讲之技精矣!"此语道出了态势语言的重要作用。第三,仪表美。演讲者往往是内秀与外美的统一。形象整洁、端庄,可以给听众留下美好的印象。

1.3 演讲的类型

演讲的类型是根据演讲内容或形式等不同标准所划分的演讲类别。分类的标准不同,演讲可以有不同的分类。了解和掌握演讲的各种不同类型,有助于全面、深刻地从整体上认识演讲的本质和作用,对人们具体地组织和参加演讲活动有一定的指导意义。

1.3.1 按形式分类

（一）命题演讲

命题演讲是根据事先拟定的题目或范围做好准备所进行的演讲。命题演讲实际上包含两种形式：一是全命题演讲，一是半命题演讲。

全命题演讲指的是由别人拟定演讲题目的演讲。题目一般由演讲活动组织部门确定。这种演讲的优点是针对性强，主题集中、鲜明。

半命题演讲指的是演讲者根据演讲活动组织单位限定的拟题范围，自己拟定题目而进行的演讲。目前，我国举办的演讲赛中大多数的命题演讲采用这种形式，只限定范围，题目由参赛者自拟。

（二）即兴演讲

即兴演讲指演讲者事先无准备，由于受某些因素的触动有感而发，临时兴起而发表的演讲。它包括生活场景式即兴演讲和命题测赛式即兴演讲两种类型。随着社会的改革开放、信息传播的日益加快、人际交往的日益频繁，即兴演讲成了人们工作和生活中使用频率较高和最受欢迎的一种演讲形式。

（三）论辩演讲

论辩演讲是对某一事物持不同观点的双方，在同一演讲环境中所进行的以坚持本方观点、批驳对方观点为宗旨的演讲。它包括日常论辩演讲、专题论辩演讲、赛场论辩演讲三种类型。这种针锋相对、短兵相接的演讲形式，受到人们，特别是青年一代的热烈欢迎。

1.3.2 按内容分类

（一）政治演讲

政治演讲是指针对国内外的政治问题与现实生活中发现的思想认识问题，进行分析、评论，阐明和宣传某种政治观点和主张的演讲。政治演讲包括外交演讲、军事演讲、政府工作报告、政治性集会上的讲话以及为社会政治服务的各类主题演讲。政治演讲是一种高度严肃的演讲，它要求演讲者不仅要有深刻的思想、一定的政策水平和政治远见，而且还要有高度的责任感。因为政治演讲的最终目的是要让听众赞同并支持演讲者的政治主张、政治观点。演讲者绝不可信口开河、夸夸其谈，而必须深思熟虑、旗帜鲜明，有充足的理由和严密的论证，这样的演讲才具有可靠性和鼓动性。

（二）学术演讲

学术演讲是指向听众发表学术见解，传授科学知识和公布科研成果的演讲。它包括学术座谈会、学术讨论会的发言,及各种学术报告和学术评论等。学术演讲要求内容具有科学性、系统性、独创性,语言具有准确性,论证具有严密性。学术演讲是人们传授知识、交流学术成果的最好手段,是适应当今时代科学发展步伐的一种新的学术传播方式。

（三）法庭演讲

法庭演讲指的是公诉人、辩护人、诉讼代理人在法庭上所发表的演讲。它是演讲类型中最古老的形式之一。法庭演讲,以客观性、充分的论据和雄辩的逻辑力量为其特点。法律面前人人平等,都必须"以事实为依据,以法律为准绳"。因此,法律演讲严禁主观想象。

（四）军事演讲

军事演讲是指部队领导者就军事形势、战略战术、部队建设、战前动员、战地动员、战后总结所做的演讲。军事演讲对提高部队素质,增强战斗力,决定战争胜负有着重要意义。军事演讲的目的是激起官兵的斗志,振作官兵的精神,因此必须具有激励性。军事演讲是针对军事形势、军队实际情况和官兵的思想实际而讲的,因而针对性就成为了军事演讲的第二个特点。优秀的军事演讲家的演讲,能使官兵斗志昂扬,使敌人不寒而栗。

（五）礼仪演讲

礼仪演讲是指在各种礼仪活动中,为表达感情、表示礼节而发表的演讲。它包括致开幕词、闭幕词、祝酒辞,还包括婚礼演讲、联欢演讲、祝寿演讲、庆典演讲、告别演讲、悼念演讲等等。礼仪演讲的最大特点是感情强烈,或悲或喜,溢于言表。大部分礼仪演讲具有较固定的结构形式,其他的演讲都没有一定的框架结构。礼仪演讲还特别要注意一个"度",颂扬、祝贺、哀悼都必须用理智控制,使听众感到恰到好处。

1.3.3 按风格分类

（一）激昂型演讲

激昂型演讲,是演讲者用炽热的感情和铿锵有力的语言去吸引听众,打动听众。这种风格具有较强的感染力和鼓动性。演讲者以充满激情、快节奏、对比强烈的音量,对听众施加感情影响的手段,去达到牵引听众理解演讲主题的目的。在暴风骤雨的革命年代,在群情沸腾的演讲场合,在一些宣传鼓动以及论辩色彩浓烈的会议上,大家常常可见到这种火热的演讲风格。闻一多的《最后一次演讲》,堪称为这种风格的典型。闻先生在光明与黑暗的生死搏斗中,壮怀激烈,慷慨陈词,内心激愤无可遏止,如火山爆发,石破天惊,如电闪雷鸣,惊心动魄。

（二）质朴型演讲

质朴型演讲崇尚实事求是，朴实无华，不事雕琢和粉饰。演讲者有实事求是之意，无哗众取宠之心，用朴实的语言表达朴素的真理，很容易为听众所接受。这种类型的演讲讲究用语准确、逻辑严谨。不少成熟的政治家崇尚这种演讲风格。邓小平的《处理兄弟党关系的一条重要原则》就采用了质朴型风格，通篇讲话充满了实事求是的精神，用质朴无华的语言深刻地阐明了马列主义真理。

（三）活泼型演讲

活泼型演讲的明显特征是节奏明快，句式多变，语言清新而生动，态势运用较其他风格的多。这类风格的演讲，演讲者以轻松愉快的心情，富于表情的形象，给听众以新鲜感和亲切感。赫胥黎的《在皇家学会年度宴会上的讲话》就属于这种类型。

（四）淡雅型演讲

淡雅型演讲言辞舒缓、内容丰富，没有紧锣密鼓的节奏，也没有大红大紫的色彩，以其清淡雅致的美感染听众。这种演讲风格类似我国古代绘画艺术中的"白描"手法。周恩来关于《中美友好来往的大门终于打开了》这篇祝酒辞，就是以其淡雅的风格赢得听众的。应该指出的是，淡雅的风格绝不是粗糙的自然形态，也并非全然不做加工修饰；实际上这正是演讲者的一种美学追求，演讲者精心运用表达技巧，做到不露人为雕琢的痕迹。"清水出芙蓉，天然去雕饰"，正是对淡雅风格的绝妙写照。

（五）深沉型演讲

深沉型演讲，其感情色彩深沉浓厚，节奏较慢，音色浑厚柔和，音量对比起伏不大，平铺直叙，娓娓道来。这类风格的演讲适宜严肃的主题、庄重的场合。演讲者是以深沉的情感、较为低沉的语调和富于哲理性的讲述，来打开听众心灵的窗户。恩格斯《在马克思墓前的讲话》就是以沉重的心情表达了对战友的悼念、崇敬和赞美。

1.3.4 按其他标准分类

按演讲目的划分，有"使人知"演讲、"使人信"演讲、"使人激"演讲、"使人动"演讲和"使人乐"演讲等。

按演讲场地分，有课堂演讲、街头演讲、视播演讲等。

如前所述，演讲的分类只能是从一个角度定一个标准划分，因而很难避免其中的交叉关系、从属关系。但是，给演讲分类又是十分必要的，它有利于演讲者把握各种类型演讲的特征，从而有助于演讲的成功。

1.4 演讲简史

1.4.1 中国演讲简史

（一）中国古代演讲

我国最早的演讲起源于以生产劳动为主体的社会生活。演讲是适应古代人们组织劳作、动员征战、传播知识而产生的。商代时的演讲艺术在社会上得到了较多的运用和发展。我国古代第一部论说文和记叙文的总集《尚书》中就有不少篇幅具有演讲性质，其中《盘庚》三篇是我国文字记载史上最早也是最典型的演讲辞。

盘庚是商朝的中兴君主，他面对"荡析离居，罔有定极"、人民怨苦、商朝统治严重不稳的局面，决定把都城迁到殷，用以削弱贵族势力，巩固王朝政权。可是盘庚的迁都决策遭到了臣民们的反对。盘庚"不为怨者故改其度"，意志非常坚决，对贵族和奴隶先后发表了三次演讲。《盘庚》三篇，即其记录。这三篇演讲辞，不仅内容丰富、说理有力，而且运用了当时朴素的口语和修辞技巧，感情充沛，言辞尖锐，比喻生动。可以说，盘庚是我国有文字记载的第一位演讲家。

从《盘庚》三篇起到秦帝国建立，是我国演讲活动第一个发展兴盛的时期，尤其是春秋战国时代百家争鸣的局面，为演讲活动提供了广阔的社会背景。这一时期的论辩演讲非常兴盛，不仅政治演讲充分地发展起来，而且产生了以向听众宣传思想认识和学术见解为内容的学术演讲。孔子、孟子、荀子、庄子、墨子、晏婴、李悝、商鞅等等，都是一定意义上的演讲家。诸子著作中相当部分都是演讲辞，例如孔孟等人的哲学著作是从政治上或思想上的激烈的论辩中产生的，《战国策》主要是记录纵横家在各国朝廷上的游说辩论之辞，《晏子春秋》专记晏婴的外交答辩言行。

（二）中国近代演讲

随着政治风云的变幻、社会生活的发展、民族斗争和阶级斗争的激化，特别是西方近代思潮的传入，真正的现代意义的演讲才出现在中国社会的生活中。

这阶段的演讲主要有三个特点：一是政治演讲非常活跃，演讲和现实生活紧密结合，特别是以孙中山为首的资产阶级革命派更充分地发挥了演讲的作用。二是这个阶段还出现了专门的演讲组织和演讲活动家、演讲教育家。1904 年秋瑾在日本留学，创办"演说练习会"。蔡元培在南洋中学任教时提倡演讲，成立了演讲会。马相伯于 1902 年创办震旦学院，他办学民主，教学内容和方法新颖，倡导、开设了演讲课，培养学生口才。三是开始了演讲方法、演讲理论的研究。秋瑾撰写的《演说的好处》一文，列举了演讲的五大好处，提倡用普通话演讲。

(三) 中国现代演讲

从"五四"运动开始，随着政治、经济、文化发展，特别是思想理论领域新民主主义革命的全面的展开和深入，我国又进入了一个现代演讲实践和演讲理论发展的新阶段。概括起来，"五四"以后的演讲有如下几方面的特色：

第一，演讲领域的扩大和"演讲文化"的形成。这一时期的文化演讲主要包括新文化演讲、学术演讲、教育演讲、文艺演讲等等。"五四"运动不但是反帝反封建的政治运动，也是一个以反对封建文化为主要内容的新文化运动。陈独秀、胡适、鲁迅等都进行了内容丰富、思想深刻的新文化演讲。陈独秀的《女子问题与社会主义》、胡适在李超女士追悼会上批判家长专制的演讲、鲁迅的《娜拉走后怎样》《未有天才之前》、蔡元培的《以美育代宗教》等，都如同他们的文章一样向封建文化发起了猛烈攻击。蔡元培的《就任北京大学校长之演说》、梁启超的《教育家的自家田地》、陶行知的《孔子纪念与平民教育》等演讲，都提出了见解新颖、思想深刻的教育思想。

第二，演讲形式的多样化和演讲技巧的提高。"五四"运动以后，由于演讲领域的扩大，演讲内容的丰富性、复杂性，演讲目的、任务的多样性、针对性，以及演讲者和演讲对象的变化，特别是群众性演讲的出现，演讲形式也日益丰富多彩和生动灵活，因而演讲活动呈现出生动活泼的局面。

第三，演讲社团的涌现和群众性演讲热潮的兴起。随着演讲活动的广泛开展，演讲社团也不断成立，据不完全统计，这一时期演讲社团已达几十个，其中较早的有蔡元培组织的北京大学的"雄辩会"等。1919年3月以邓中夏为首组织的"北京大学平民教育演讲团"是中国近代史上第一个以"增进平民知识，唤起平民之自觉心"为宗旨的大型演讲团体。

第四，演讲理论的发展和演讲著述的出现。其中主要的有余楠秋的《演说家ABC》（1928年）、徐松石的《演讲学大纲》（1929年）、程湘帆的《演讲学》和刘奇编译郝里斯特的《演讲术》（1918年）、蓬勃翻译的美国卡耐基的《公众演说》（1926年）；后来又有韩蠡的《演讲术》（1938年）、任毕明的《演说雄辩谈话术》（1942年）等。

(四) 中国当代演讲

中华人民共和国的成立，标志着一个伟大历史时代的开始。几十年来，我国当代的演讲运动，经历了具有划时代意义的非凡历程。根据这个时期演讲运动的演变与发展，可以概括出如下几个特点：

1. 在社会政治生活中发挥重大作用

在新中国成立初期的短短几年里，演讲活动的主要任务是宣传政策。毛泽东的《不要四面出击》、刘少奇的《关于土地改革问题的报告》等激励人心的报告与讲话，都很好地宣传了新时期的各项政策、法令，对当时政局的稳定起了不可低估的作用。

从1953年至1956年，全国上下掀起了一场大张旗鼓地宣传总路线的热潮。在农村，由各方面的人组成的一支宣传演讲大军，采取集体动员、典型引路、现身说法、登门叩访等不同方式，去教育和促进农民群众的自愿联合。在演讲艺术上，常常借古论今、以事明理，做到循循善诱、以情感人。

2. 在特定历史时期的畸形发展

1957年，一大批敢于讲真话的爱国人士和党员干部被错划为"右派分子"，造成了新中国成立以来演讲活动的首次低谷。1958年的"大跃进""反右倾"，使得说假话、说大话、说空话之风骤起，一时形成了浮夸不实的演讲风气，优秀的演讲传统遭到了空前的践踏。

从1966年到1976年，可以说是新中国文化史上最黑暗的一个时期，演讲运动也进入了一个鱼龙混杂、是非颠倒的疯狂年代。在这10年中，无论是来自上层的思想运动，还是来自群众的自发行动，都是伴之以声势浩大的演讲活动而兴起和发展的；全国上下几乎都卷入一场无休止的"论战"之中，这成为中国演讲史上的一个奇特现象。

3. 演讲事业的振兴和发展

1978年12月党的"十一届三中全会"的召开，标志着我国开始进入社会主义现代化建设的新时期。随着社会主义现代化取得的巨大成就，演讲事业也获得了振兴和发展，为社会主义物质文明和精神文明建设做出了不可低估的贡献。演讲事业的振兴主要反映在以下几个方面：

第一，掀起了群众性的演讲热潮。我国新时期群众演讲活动具有以下几个明显的特点：

一是内容的时代性。群众性演讲活动准确地反映了新时期的时代精神，演讲者能够站在时代的前列，敏锐感应时代的气息，及时而准确地提出并回答当代人们普遍关心的各种各样的现实问题。

二是形式的多样性。群众演讲，除采用行之有效的命题演讲、即兴演讲和论辩演讲等基本形式外，各地还从实际出发，创造了许多新的演讲形式。有以班组为基础的五分钟演讲、一分钟演讲、快乐的午休演讲；有以群体活动日为基础的工会小组活动日演讲、党团活动日演讲；有引入竞争机制的招聘竞选演讲答辩、干部述职演讲等。

三是表达的艺术性。群众演讲不仅内容丰富健康、论述深刻，而且充满了感人的艺术魅力。演讲的内容和形式和谐统一，理与实、理与情、理与趣、情与景、庄与谐、扬与抑、雅与俗有机结合。群众演讲为广大群众所喜闻乐见，具有极大的艺术感召力。

第二，涌现了一批演讲家和演讲新秀。李燕杰、曲啸、刘吉、邵守义、景克宁、李水田、冯远征、蔡朝东、戴海等，都是新时期涌现出来的当代杰出的演讲家。

第三，演讲学研究取得了丰硕的成果。从1980年邵守义等同志发表《应该让〈演讲学〉获得新生》一文以后短短几年时间，据不完全统计，撰写出版的演讲学专著就有百余种。

第四，大力加强了演讲教育。随着市场经济发展的需要和人们对演讲学认识的加深，加强演讲教育成了有识之士及广大群众的呼声，因此各级各类学校都开设了有关课程。

1.4.2 西方演讲简史

(一)古希腊、古罗马的演讲

在西方,古希腊被认为是演讲术的发源地,最早的关于演讲术的理论,是在那里产生和形成的。西方演讲史上特别是古希腊演讲史上的"黄金时代"是雅典奴隶主民主制时期。这个时期,雅典涌现了许多著名的演讲家,其中较为突出的有苏格拉底、柏拉图、伊索等,最为杰出的要数德摩西尼。

德摩西尼也是雅典最卓越的政治家之一。他把演讲充分而有效地运用到激烈的政治斗争中去,使演讲带上了强烈的政治色彩,并使之发挥了令人吃惊的社会作用。不仅在希腊,而且在罗马等地,历代演讲家都学习德摩西尼的演讲。德摩西尼的演讲是古希腊演讲术的顶峰。

在古希腊演讲史上占有重要地位的还有亚里士多德。他对演讲艺术的实践及理论都曾做出过卓越贡献。

西方古代演讲史上的第二个"黄金时代"是古罗马的演讲。在这个黄金时代杰出的演讲家有加图、铁伦提乌斯、格拉克兄弟、克拉苏斯和西塞罗等。

马尔库斯·杜利乌斯·西塞罗(公元前106—43)是继德摩西尼之后的又一伟大的演讲大师。他深入研究了演讲术的历史,并发展了演讲理论,写下了许多著作,如《著名演讲大师们》《论演讲家的最好典型》《雄辩术》等。

公元后,对罗马的演讲理论或演讲学概论的发展做出重大贡献的还有杰出的演讲家和演讲术教师马尔库斯·法比留斯·昆体良(35—95)。他的著作有《论演讲术的衰落》《演讲术指南》。这些著作在前人的基础上总结了古希腊罗马演讲艺术的经验,为后人提供了宝贵的研究成果。

(二)西方文艺复兴时期的演讲

为了宣传人文主义思想,文艺复兴的先行者们最初大都以讲学为主,积极传播古代文化中追求民主、自由、幸福的现实生活的思想。这个时候,古罗马的演讲术得到了复兴。

在文艺复兴中,一些人文主义的思想家和科学家的学术演讲和为捍卫自己的学说而进行的学术辩论,是十分引人注目的。其中最为杰出的是意大利的乔尔丹诺·布鲁诺。他的讲课和演讲,具有学术演讲所应有的一切特征,可以说是学术演讲的典范。

(三)西方近代演讲

1648年英国资产阶级革命的胜利,标志着中世纪的终结和近代史的真正开端。英国资产阶级革命揭开了西方声势浩大的资产阶级革命运动的帷幕,同时也拉开了西方演讲史上一个新时代的序幕。英国、法国、美国以及其他西方国家的新兴资产阶级,都充分而成功地使用了演讲这个政治斗争与思想斗争的有力武器,使之在法庭上、国会里以及其他各种讲坛上显示了巨大的社会作用。

在18世纪的法国,许多启蒙思想家,如伏尔泰、孟德斯鸠、狄德罗、卢梭,他们的思想学说和政治主张,培养了整整一代革命家和演讲家,他们的许多著作,都对后世演讲艺术水平的提高,显示出不容忽视的促进作用。

美国在长达一个多世纪的演讲时代里,涌现出了许多杰出的演讲家,如帕特里克·亨利、丹尼尔·韦伯斯特、菲力浦等人,他们创造了美国演讲的"黄金时代"。特别是林肯的演讲,把近代美国的演讲推向了顶峰。

在俄国演讲发展史上,莫斯科大学的米·瓦·罗蒙诺索夫撰写的《演讲术简明指南》以及其他论述演讲术的文章,为俄国演讲艺术奠定了基础。亚·费·麦尔兹里阿科夫被公认为是俄国大学演讲术的创始人。随后,在大学校园内涌现了一批优秀的语言学家、演讲家。他们各尽所能,展示出不同的演讲风格,使讲课艺术达到了一个高峰。

(四)西方现代演讲

西方资产阶级的议会演讲成为了欺骗民众和维护当权统治的一种手段,如美国议会中的"演讲马拉松",演讲时间通常长达十几个小时。他们中间有的人利用演讲这一有利的宣传鼓动工具去为反动统治效劳,其中最为臭名昭著的便是希特勒。

另一方面,在近代资产阶级演讲艺术发展之后,现代资产阶级演讲艺术也有其具有重大意义的新发展,不仅对演讲艺术的提高有所促进,而且出现了对国家乃至世界都有巨大贡献或影响的杰出代表,如罗斯福、丘吉尔等。尤其是丘吉尔,在第二次世界大战盟国处于黯淡的劣势阶段,曾以其精辟的演讲振奋了英国人民的士气,使之深信盟国终将胜利。

(五)马克思主义者的演讲艺术

马克思与恩格斯是最早的、也是最杰出的无产阶级演讲家。他们的演讲实践,使在演讲艺术类型中居首要地位的政治演讲达到了极高水平。他们极富语言天赋,尤其是恩格斯,至少精通7种语言,能运用自如地从一种语言转换到另一种语言,他们在演讲艺术方面的造诣是很高的。马克思与恩格斯在以自己的卓越的演讲艺术与演讲实践作表率的同时,还十分重视发现与培养无产阶级演讲家。因而当时涌现了一批无产阶级演讲家,如裁缝工人威廉·魏特林、制刷工人约翰·菲利浦·贝克尔、奥古特·倍倍尔、威廉·李卜克内西等。

列宁是社会革命迅速成熟时期的第一个卓越的演讲家。革命宣传鼓动的一切主要原理和规则,都是由列宁奠定的基础。列宁的演讲艺术最本质的思想特征,是构成其核心的党性、思想性、革命的坚定目的性三者的统一。列宁的演讲艺术已经自成一个学派了,它是随着俄国和苏联工人阶级的革命斗争、共产主义运动、社会主义建设以及苏联社会主义建设所取得的成就而产生和形成的。

另外,保加利亚的人民领袖季米特洛夫在莱比锡法庭上的演讲,是面对阴险敌人的革命演讲艺术的楷模,是现代演讲史上的光辉篇章,也是世界法庭演讲史上绝无仅有的篇章。捷克斯洛伐克的共产主义战士、民族英雄尤利乌斯·伏契克把法庭变成了对法西斯主义的审判台,他高呼:"法西斯主义死亡!资本主义奴役死亡!人类永生!未来属于共产主义!"他们铿锵有力的声音和坚定的共产主义信念,给世界人民以极大的鼓舞和教育。

1.5 演讲学

1.5.1 演讲学定义

演讲是一种社会实践活动,在社会中发挥作用的增大,日益引起人们的关注。因此,也就有了以演讲为研究对象的演讲学。

作为一门独立的学科,它有着自己特定的内涵。我们可以给它下这样一个定义:演讲学是系统地研究演讲的发生和发展规律,以及演讲的原理和演讲术的一门社会科学。

研究人类一切演讲的一般性质、特征、构成和规律的是普通演讲学,它包括各种演讲学大纲、演讲学原理等。研究演讲的某一方面的或演讲与其他系统交叉现象的是具体演讲学,也就是演讲学的分科,它包括演讲美学、演讲逻辑学、演讲心理学、演讲修辞学、演讲写作学等。侧重指导演讲实践和演讲教学的则是应用演讲学,它包括实用演讲学、演讲学教程等。

演讲学既是一门独立的学科,又是与多学科相联系的综合理论。它与哲学、语言学、心理学、逻辑学、文章学、交际学、艺术理论等有着密切的联系。

演讲学原理,它包括演讲的定义、特征、要素、类型、语言、风格,以及演讲与其他学科的关系等;演讲术,包括有声语言、态势语言等演讲方法和演讲技巧。

演讲学就其原理研究来看,它是一门社会科学;就其方法和技巧来看,它又是一种语言艺术。所以演讲学兼有科学和艺术的两重性,是研究演讲原理和演讲艺术的一门社会科学。

综上所述,我们可以认识到,演讲学作为一门独立的学科,它所研究的内容是其他任何学科所代替不了的。它的特定研究对象也是其他任何学科所不具备的。因而,演讲学是具有独特风格的独立学科。

1.5.2 演讲学研究的对象

演讲学既是一门独立的学科,那么它就有自己独特的研究对象。虽然如前所述,演讲学与其他学科有着密切的联系,但是演讲学的"特殊的矛盾和特殊的本质",又决定了演讲学有着与众不同的研究对象。

具体地说,演讲学研究的对象包括以下几个方面的内容。

（一）研究演讲的概念和性质

只有准确地掌握概念，理解概念的内涵，才能正确地认识事物，揭示出事物的本质。研究演讲的有关概念，就是让人们能准确地认识演讲艺术的内涵，掌握其基本属性，从而把它区别于其他艺术形式。

（二）研究演讲的行为和目的

人的行为目的，往往能转化成一种内在的力量，这种力量反过来影响人的行为。只有明确了演讲的社会意义和根本目的，才能引导演讲活动沿着正确的方向发展，从而推动我国社会主义演讲事业的不断进步。只要认识了演讲艺术的特有功能，明白了它对社会发展所起的作用，就能把演讲理论和实践结合起来，有效地使用演讲这种特殊工具，为社会主义精神文明建设服务。

（三）研究演讲艺术的起源和发展史

现实是历史发展的延续，它与历史一脉相承。研究演讲艺术的发展历史，一方面有助于我们认清演讲的本质，掌握其独特的发展规律，用以指导当今的演讲活动，促进演讲艺术的繁荣；另一方面，可以向古人学习，借鉴古代有成就的演讲家的有益的成功经验，丰富自己，以超越前人。

（四）研究演讲家的素质修养

演讲家之所以成为演讲家，并不仅仅因为他们能说会道，擅长言辞，还由于他们具备了良好的品德、一定的广度和深度的知识结构，以及高超的演讲技能。研究演讲家的素质修养，有利于演讲爱好者提高自身的素质，攀登演讲的高峰。

（五）研究演讲能力的培养

演讲能力的构成和提高是需要培养的。对演讲能力的构成和演讲能力提高的途径进行分析、探讨，可以给广大演讲爱好者指明提高演讲能力的具体方法，使其通过有效的训练，获得演讲家所应具备的各种能力和素质，从而提高整个社会的演讲水平。

（六）研究演讲过程诸要素

演讲是一种实践性很强的社会活动。演讲能否成功，受演讲者的心理状态、演讲前的准备情况，演讲者对演讲技巧的掌握，以及演讲者的应变能力、控场能力等因素的影响。每一位演讲者都需要了解这些因素，掌握必备的技能，培养各种能力，以使自己的演讲达到较为理想的水平。

（七）研究演讲稿的写作

写作演讲稿是演讲前的重要准备工作。演讲稿不仅为演讲者确定了演讲的主题和内容,还使演讲者思路清晰、逻辑性强,并保证演讲的顺利进行。所以,演讲学要研究演讲稿写作理论,目的是提高演讲稿的质量,为演讲成功打下基础。

(八)介绍演讲的评判、鉴赏及组织的一般常识

演讲是一种特殊的社会活动,演讲水平的高低要用其独自的标准来评判。演讲学研究的内容之一,就是如何根据演讲的特点,确定一个公正、准确的评判标准和恰当的鉴赏方法,让人们在演讲活动中辨出优劣,并根据演讲的特点有效地组织演讲活动。

(九)研究演讲学的分支

演讲学与许多学科有着密切的联系,因而在研究演讲学的同时,必然会引起对其分支的研究,诸如演讲语言学、演讲美学、演讲心理学等。对于演讲学分支的研究,无疑将拓宽演讲学研究的范围,同时也促使演讲学本身的研究向着更深更广的前景发展。

总之,演讲学是一门实用性很强的、带有方法论性质的社会科学,对于演讲学的深入研究,将带来演讲事业的繁荣昌盛。

1.5.3 演讲学研究的目的

理论产生于实践,又对实践起指导作用;演讲亦如此。它既产生于丰富的演讲实践活动,又反过来指导演讲实践,促进演讲事业的蓬勃发展。基于这种认识,我们就可以清楚地了解演讲学研究的目的,那就是要以马克思主义的理论、观点和方法为指导,系统地研究演讲的产生和发展的历史规律,在解释和说明现象的基础上,从理论上概括和总结演讲发展的丰富经验,科学地阐明演讲的一般规律和特点,用以指导演讲的实践,开创社会主义时代的演讲新风,提高全民族的口语表达能力,提高中华民族的思想道德素质和科学文化素质,为开创社会主义精神文明建设的新局面服务,从而推动演讲事业的健康发展。

1.5.4 研究演讲学的方法

(一)理论和实践相统一的方法

演讲学是一门实践性很强的科学。古往今来不胜枚举的演讲活动,为演讲学的研究提供了丰厚的基础。在演讲理论的指导下,演讲活动才能避免盲目性。因此,每一位研究者,都应投身到演讲实践中去,以极大的热情去学习、观察、研究、比较、探索,从演讲实践中发现演讲的本质规律,并升华到理论高度,得出科学的结论,然后再拿到实践中去检验,从而指导演讲的实践活动。

(二)观察和实践相结合的方法

研究者在一段较长的时间,按一定的计划,注视着演讲过程的变化和发展;然后通过观察研究得出科学见解,再运用到演讲中去。

例如,要研究演讲者选择演讲材料的经验,就需要通过有目的的观察,发现哪些材料最使听众感兴趣,最能使听众受教育,哪些材料听众不感兴趣,对听众几乎毫无用处;然后汇集观察所得到的材料,进行认真的研究、分析,找出具有普遍规律的东西,得出正确的结论,以指导和提高人们的演讲水平。

(三) 历史和现实相比较的方法

对于演讲学的研究,既要立足于现实,同时还必须学习和借鉴历史的经验。前人积累的丰富的演讲经验,是一笔宝贵的文化财富。我们把它继承下来,并对照今天的现实,吸取其有益于今天社会、符合时代精神的东西,无疑对演讲学的发展是大有裨益的。

知识拓展

一、有关口才的名言

如果有一天神秘莫测的天意将我从这里把我的全部天赋和能力夺走,而只给我留下选择其中一样保留的机会,我将会毫不犹豫地要求将口才留下,如此一来我将能够快速恢复其余。

——丹尼尔·韦伯斯特(Daniel Webster)

便捷的口才将使得你雄辩滔滔,占尽上风。 ——镌刻于3000年埃及古墓上的铭文

一人之辩,重于九鼎之宝;三寸之舌,强于百万之师。 ——刘勰《文心雕龙·论说》

良言一句三冬暖,恶语伤人六月寒。 ——中国古谚语

一言可以兴邦,一言可以亡国。 ——中国古谚语

可与言而不与之言,失人;不可与言而与之言,失言;言不顺,则事不成。 ——孔子

口者,心之门户,智谋皆从之出。 ——鬼谷子

如果让我重进大学,我将修好两门课;演讲和说服。 ——尼克松

简洁的语言是智慧的灵魂,冗长的语言是肤浅的藻饰。 ——莎士比亚

说话和事业的进展有很大的关系,是一个人力量的主要体现。 ——富兰克林

你能面对多少人,未来就有多大的成就。 ——丘吉尔

世界上更多的麻烦来自于轻率的回答,而不是莽撞的发问。 ——西德尼·哈里斯

有思想而不表达的人就等同于没有思想。 ——李开复

不会教育员工的领导充其量就是一个监工。 ——马云

人人都需要赞美,你我都不例外。 ——林肯

演说就是讲故事,就是通过吸引人的故事来说明观点。 ——林肯

一个人的成功15%靠专业知识,85%靠人际沟通! ——卡耐基

第一名靠什么? 靠态度、信念、服务、说服及公众演说的能力! ——奥巴马

二、口才练习技巧

口才不是一种天赋的才能,它是靠刻苦训练得来的。古今中外历史上所有口若悬河、能言善辩的演讲家、雄辩家,他们无一不是靠刻苦训练而获得成功的。

(一) 心态训练

1. 自我暗示:每天清晨默念10遍"我一定要最大胆地发言,我一定要最大声地说话,我一定要最流畅地演讲。我一定行! 今天一定是幸福快乐的一天!"(平常也自我暗示,默念或写出来,至少10遍)

2. 想象训练:想象自己在公众场合成功的演讲,想象自己成功。

3. 微笑练习:在镜前学习微笑,展示自己的手势及体态。

(二)日常训练

1. 每天至少与5个人有意识地交流思想。

2. 每天大声朗诵或大声讲话至少5分钟。

3. 每天训练自己"3分钟演讲"一次或"3分钟默讲"一次。

4. 每天给同学、同事至少讲一个故事或完整叙述一件事情。

5. 注意讲话时的一些技巧。

讲话前,深吸一口气,平静心情,面带微笑,眼神交流一遍后,开始讲话。

勇敢地讲出第一句话,声音大一点,速度慢一点,说短句。

当发现紧张卡壳时,停下来有意识地深吸一口气,然后随着吐气讲出来。

如果表现不好,自我安慰:"刚才怎么又紧张了?没关系,继续平稳地讲。"同时,用感觉和行动上的自信战胜恐惧。

紧张时,可以做放松练习:深呼吸,或尽力握紧拳头,又迅速放松。

(三)辅助训练

1. 阅读励志书籍或口才书籍,培养自己积极心态,学习一些技巧。

2. 每天放声大笑10次,乐观面对生活,放松情绪。

3. 训练接受他人的目光,培养自信和观察能力。

4. 养成微笑的习惯,要笑得灿烂、笑得真诚,富有亲和力。

5. 学会检讨,每天总结得与失,写心得体会。

三、演讲家是怎样练习口才的

我国著名演说家曲啸在20世纪80年代初的几场演讲,真是一鸣惊人,令众人叹服。当有人评说他是"天生的好口才"时,他笑着说:"哪来的天才呀?不敢当。我小时性格内向,说话还口吃,越急越结巴,有时涨得脸通红也说不出话来……"曲啸练口才也吃了不少辛苦。比如为开阔心胸,训练心理素质,他常常早晨迎着寒风跑到沙滩高声背诵高尔基的散文诗《海燕》。他不放过一切"说"的机会,积极参加辩论会、演讲比赛、朗诵会、话剧演出,终于在高中阶段崭露头角。一次在"奥斯特洛夫斯基诞辰纪念会"上,他拿着一份简单的提纲,一口气竟作了两个小时的精彩演讲。经历了20多年的人生磨难,生活的锤炼使他的口才达到炉火纯青的地步了。

古代希腊著名演说家德莫斯梯尼从小口吃,但立志演说。为矫正口吃,使口齿清晰,他将小石子含在嘴里不断地练说。据说他曾把自己关在屋里练习,为锻炼脸皮竟将头发剃去一半,成了"阴阳头","逼"自己专心一意地练口才。经过12年刻苦磨炼,终于走上成功之路。

英国戏剧大师、批评家和社会活动家萧伯纳的口才是有口皆碑的。但是,他年轻时却胆小木讷,拜访朋友时都不敢敲门,常常"在门口徘徊20分钟"。后来他鼓起勇气参加了一个"辩论学会"。不放过一切机会同对手争辩。练胆量、练机智、练语言,千锤百炼终成口才家。他的演说,他的妙对至今仍脍炙人口。有人问他是怎么练口才的,他说:"我是以自己学溜冰的办法来做的——我固执地、一味地让自己出丑,到我习以为常。"

美国前总统林肯出身于农民家庭,当过雇工、石匠、店员、舵手、伐木者等,社会地位卑微,但从不放松口才训练。17岁时他常徒步30多英里到镇上,听法院里的律师慷慨陈词的辩护,听传教士高亢悠扬的布道,听政界人士振振有词的演说,回来后就寻一无人处精心模仿演练,终于口才日渐进步。1930年夏,他为准备在伊利诺斯一次集会上的演讲,面对光秃秃的树桩和成片的玉米,一遍又一遍地试讲。后来他连任两届总统,也成了著名的演说家。

诗人闻一多先生也是有名的演讲家。他的演讲之所以成功,也是与他年轻时刻苦练习分不开的。1919年他在清华学校学习,从不间断演讲练习,一旦有所放松,他就在日记里警告自己:"近来讲课练习又渐疏,不猛起直追恐便落人后。""演说降到中等,此大耻奇辱也。"他坚持练习演讲,在日记里,他写道:"夜出外习演讲十二遍。"第二天又写道:"演说果有进步,当益求精致。"北京的一月天寒地冻,可他毫无畏惧。几天后又说"夜至凉亭练演说三遍",回宿舍又"温演说五遍",第二天又接着"习演说"。闻一多先生正是通过勤奋的练习才提高了自己的演讲水平。

所以,对于一个成功的演讲者来说,口头表达能力并不都是天生的,很多都是通过后天的刻苦训练获得的。

四、健全心理素质,增强抗打击能力

心理素质是在遗传基础之上,在教育与环境影响下,经过主体实践训练所形成的性格品质与心理能力的综合体现。其中的心理能力包括认知能力、心理适应能力与内在动力。对内制约着主体的心理健康状况,对外与其他素质一起共同影响主体的行为表现。

从心理学角度讲,心理素质包括情感、信心、意志力和韧性等等。

马斯洛认为良好的心理素质表现在以下几个方面:

(一)具有充分的适应力;

(二)能充分地了解自己,并对自己的能力做出适度的评价;

(三)生活的目标切合实际;

(四)不脱离现实环境;

(五)能保持人格的完整与和谐;

(六)善于从经验中学习;

(七)能保持良好的人际关系;

(八)能适度地发泄情绪和控制情绪;

(九)在不违背集体利益的前提下,能有限度地发挥个性;

(十)在不违背社会规范的前提下,能恰当地满足个人的基本需求。

言语表达能否成功很大程度上取决于表达者心理素质的好坏。口语交际对人的心理素质方面的要求贯穿了从发声训练开始,直至表述与交流完成的各个环节。克服心理障碍,具备健全的心理素质,懂得心理沟通的方法,是人际交往获得成功的前提条件。

现实生活中,随处可见这样的人:对着熟悉的朋友,可以滔滔不绝,面对陌生人,则变得口呐结巴;在日常交流中,妙语连珠,在正规场合,词不达意……在交际中,说什么,怎么说,以及怎样合理布局,一般由思维决定,但它的基础却是心理因素。可以说心理素质在口才表现中起着"成事不足,败事有余"的作用。如果能正面影响,那么能促进口才的正常甚至超常展现;反之,则阻碍口才的实际水平的表现。因此,我们认为优化心理素质是口语有效表达的保证。

提高心理素质是需要有意志力的,它需要一个过程,也需要不断的努力与锻炼。

1. 自我认识

自己的心理素质究竟如何?我想这是一个想要提高心理素质的人首先要对自己问的问题。心理素质体现的方面不一定一样,有些方面是强项,而有些方面可能是弱项。例如,有的学生一到考试就焦虑,看到题目就忘答案,越做越紧张;而可能他在人际交往上却轻松自如,即便遇到十分棘手的人际问题,他也能不急不躁,游刃有余的化解开来。因此,首先要先看清楚,哪些是自己心理把握能力的弱项,哪些是强项。中国有句俗话,叫知己知彼方能百战百胜。所以看清自己的弱项和强项是第一步。只有看清楚了缺点,才有改正它的目标和动力。

2. 把握自己的情绪

情绪是一个人心理活动的最直接也是最真实的外在反映。认知心理学家认为,思维决定情绪,也就是对人、对事件、对环境进行的解释,内心有什么样想法就会有什么样的情绪体验和情绪表现。一个正常的人,在他遭受屈辱,义愤填膺的时候绝对不会开怀大笑;一个正常人在同自己心爱的伴侣花前月下的时候绝对不会恼羞成怒。那么一个人在面对困境、面对挫折的时候,他会表现出怎么样的情绪来呢?其实通常情况下最常见的无非就是紧张、焦虑、烦躁、失落和抑郁等消极情绪体验。试想在这样的情绪体验下,能做好什么样的事情呢?再有能力的人又能发挥出多高的水平来呢?因此把握自己的情绪是提高心理素质的关键。

3. 提高受挫力

挫折教育作为新的教育理念,已经越来越受到关注。适当的挫折不但有助于更好地认识自我,也能很好地培养心理素质。为什么这么说呢?人其实是一种感知耗损型的动物,人对同一事物的感觉,随着次数的增加和时间的推移,会由激烈逐渐趋于平缓,感觉敏感度会形成一个下滑的趋势。

心理素质的提高首先要从抗挫力和情绪管理能力做起。古人说"居有常,业无变",我们要锻炼自己,即使受到委屈、感到痛苦,也要尽量坚持。不要轻易地放弃,不能面对挫折时就去逃避。同时要学会管理自己的不良情绪,学会控制自己的情绪,调整自己的情绪。其次就是思维的调整。认知心理学认为,不是刺激影响了我们的行为与心理,而是我们对刺激的看法影响了我们的行为与心理,多站在不同的角度去思考问题,这样可以让我们更客观全面地看问题,也可以让我们更加的成熟,增强我们的心理素质。

每一个有志于演讲的朋友应该在心理素质的培养上下点工夫。国家跳水队为了备战奥运,通过演讲比赛加强队员的心理素质,这也正从另一面说明了演讲中心理素质培养的重要性。

据调查,99%的人,包括著名的演说家,在登台时会有一定程度的恐惧和紧张。对于初学演讲或初次登台的研究者来讲,最大的"敌人"就是紧张。有时这种情绪的产生,演讲者很难控制,并进而影响演讲效果。中国跳水队为了备战大赛,用演讲来磨炼队员的心理素质。见惯了大场面的世界冠军们站在演讲台上,竟然紧张得像第一次站上跳板的小运动员。台下冥思苦想,台上突然卡壳,甚至泪流满面。郭晶晶在作完《梦,还在远方》的演讲后,自述在台上"腿有点哆嗦",但在经历第一场演讲比赛的考验后,大多数跳水队员们在演讲台上已经从容了许多。

如何消除和克服这种紧张呢?积极的自我暗示是一种非常有用的方法。

自我暗示就是通过运用内部言语或者书面的表达形式给自己灌输某种观念,并使它影响自己的心理和行动。积极的自我暗示对人的情绪和行为有着奇妙的影响和调节作用;既可以用来松弛过分紧张的情绪,又可以用来增强自信,激励自己。比如,在演讲过程中用内部语言暗示和提醒自己一定能克服困难,渡过难关。这种良好的自我暗示会发挥一种自我的调节作用,使得体内的各生理系统的活动处于良好状态,随之心理上也会相应地产生积极的反应。

如果在演讲前感到紧张、焦虑,演讲者就可以自己对自己说:在公众场合并不可怕,自己准备得很充分,着装又很得体,自己的头脑又很聪明,一定能讲得很好,并且不断暗示自己冷静些、别紧张、很快就会过去的。这种暗示不断重复,就能在一定程度上缓解或者消除紧张情绪。在言语表达过程中,可以通过"我能行"、"我一定能成功"等语言来积极地自我暗示,以达到调节自我的情绪、增强自信心的目的。

[案例一]

史蒂文斯以前是个程序员,听说微软公司招程序员,他就信心十足地去应聘。面试时考官提的问题是关于软件未来发展方向方面的,这点他从来没有考虑过,故遭淘汰。事后,史蒂文斯感到微软公司对软件业的理解让他很受启发,就写了一封感谢信。这封信后被送到总裁比尔·盖茨的手中。三个月后,该公司出现了人员空缺,史蒂文斯收到了微软的录取通知书;十几年后,凭着出色的业绩,史蒂文斯当上了微软的副总裁。

[点评]史蒂文斯并没有因为求职失败而怨天尤人,而是理智地总结得失。他给公司写感谢信:一是真诚感谢求职面试中得到了主考官的启发;二是表明自己对这一问题的理解有了领悟。他的行为让公司总裁比尔·盖茨看到了其良好心态,而这一心态对从事任何工作都是大有裨益的。

[案例二]

从前,有位美国钢琴家到一个城市举办个人演奏会,他一登场,看到音乐厅的座位有一半是空的。无疑,这对他的演奏是一种打击。在这种窘境面前,他幽默地对观众说:"我在来这个城市之前,不知道这儿的人这么有钱,因为你们一个人就买了两个座位的票。"在观众的一阵笑声里,他为自己解了围。

[点评]在人际交往过程中,并不是所有事态都会沿着我们期望的方向发展;因此,一旦出现你所不愿意看到的事情,听到你所不愿听到的话,遇到你所不愿意遇到的情景,必须要善于自我控制情绪,有较好的临场应变能力。

[案例三]

在下凌峰,我和文章(台湾地区歌星)不一样,虽然我们都得过金钟奖和最佳男影星称号,但是,我是以长得难看出名的(掌声)。两年多来,我们大江南北走了一趟——拍摄《八千里路云和月》,所到之处呢,观众给予我们很大的支持,尤其是男观众对我印象特别好,因为他们觉得我的长相像中国(掌声笑声),中国5000年的沧桑和苦难全都写在我的脸上(掌声笑声)。一般说来女观众对我印象不太良好:有的女观众对我的长相已经到了忍无可忍的地步(笑声),他们认为我是人比黄花瘦,脸比煤球黑。但是我要特别声明:这不是本人的过错,实在是家父家母的错误,当初并没有征得我的同意把我生成这个样子。但是,时代在变、潮流在变、审美的观念在变。如果你仔细归纳一下,你会发现,现在的男人基本分为三种:第一种——你看上去很漂亮,看久了也就那么回事,这一种就像我的好朋友刘文正这种;第二种——你看上去很难看,看久了以后越看越难看,这种就像我的好朋友陈佩斯这种;第三种——你看上去很难看,看久了以后你会发现,他另有一种男人的味道,这种就是在下我这种(掌声笑声)。鼓掌的都表示同意了!鼓掌的都是一些长得和我差不多的(笑),这是物以类聚啊!接下来按规矩迎接挑战,带来一首歌曲《小丑》。在我的人生观看来,我认为每个人都在扮演许多次的小丑:有时候在爱人面前;有的时候在领导面前;有的时候在孩子面前;有的时候在父母面前。我是在鼓掌面前,给大家带来一首《小丑》——掌声有没有就无所谓啦(笑声掌声)。

[点评]这是台湾著名主持人凌峰在1990年春节联欢晚会上的独白。有些人因为自身条件的缺陷,总是怕别人的轻视和拒绝,有自卑感的人往往过分自尊,为了维护自尊而表现得非常强硬,让人难以接近,在人际交往中格格不入。而凌峰敢于拿自己的缺陷开玩笑,在自嘲中自我抬举,大大增加了人格魅力。

五、陈州《我找到了幸福》

我找到了幸福

我叫陈州,今年三十二岁,我和大家一样是一个80后,但是我和大家不一样的是,我要饭要了十年,然后做了十年的流浪歌手。

其实从小到大,我都觉得我是一个特别不幸的人,至少在很长的一段时间里。在我三岁的时候,我爸爸(染)上了赌博,就输光了家里所有的钱。六岁的时候,爸爸就人间蒸发了,我的爷爷就跪在我妈妈面前,跟我妈妈说:"你能不能给我们陈家留一个苗啊?"就这样我被爷爷留在了家里,然后我的妈妈就带着我的弟弟改嫁了。

特别穷的那样一个环境,这时我爷爷为了生存,就带我出去要饭。

到了十三岁的时候,我流浪到山东省潍坊市的昌乐县。当时想去济南,因为没有钱买车票,我就爬那种火车,是那种拉货的火车。当火车开动以后,我发现了一个问题,我是去济南的,可是这个车怎么往东走啊,济南在西边啊。我就跑到车厢两头的那个衔接处,走到一半的时候,就爬到一半的时候,我就往下跳,就是这一跳,改变了我的一生,改变了我的人生轨迹。当我再次睁开双眼的时候,我发现我的身体就剩下一半了。

每天吃喝拉撒睡全在那张小床上,你们可能永远没有办法去体会那样一种状态,在那个时候能够出去看看阳光,像个人一样地活着,就是最大的幸福。

可是当我好不容易爬出了那个屋的时候,那些和我一块玩的发小们都不理我了,他们说:"怪物又来了,我们快跑。"这个时候,我想过很多次去死,撞墙、喝药,我都没有死掉。我爷爷奶奶给我端来了饭,我也不吃,我每天在哭,他们每天也在哭。后来我想明白了,我既然找不到一个去死的理由,那我就得活下去;因为我的命是那些好心人救回来的,我不能就这样去死。

所以在家躺了半年之后,我勇敢地迈出了第一步。我趁我爷爷奶奶下地干活的时候,我从床上翻了下来,爬出了屋,爬出了那个院,爬出了那个村,到了我们村头那一条公路,我拦了一辆车,去了那个城市,那个我一直想去没有去成,然后付出非常大代价的一个城市——山东省济南市。

当我到了济南市以后,我才发现那儿在下着鹅毛大雪,天黑以后,我爬到了一个冒着热气的下水井盖,因为只有那儿是干的,而且还非常暖和。我就趴在那个下水井盖上,我不敢离开那儿,我怕别人占了我那个宝地,我在那儿一直猫着。大概过了好多个小时吧,应该是下半夜,一个六七十岁的老大娘,她给我了一个梨,一个坏了一半儿的梨。她说:"孩子你饿吗?"我说:"我饿。"她说:"给你一个梨吃。"要没有那个梨,我会不会冻死,我不知道;我知道的是,那是我吃过的最好吃的一个梨。如果那个老大娘现在还活着的话,我会非常诚恳地跟她说:"谢谢你,老大娘。"

十三岁到十八岁,我每天都是这样过,每天都过得心惊胆战,每一天都在寻找自己的下一顿饭。根本就不知道什么是未来,根本就不知道什么是幸福,根本也不知道什么是梦想。如果你问我什么是梦想的话,那时候我会告诉你,能吃饱饭,第二天早上睁开眼,发现我还活着,那就是我的梦想。

再后来我流浪到了浙江省的嘉兴市,有一个女孩很漂亮,她看到我的时候她就掏口袋,我就伸手准备去接,可是她并没有给我,她是往旁边走了几步:"别过来。"然后就拿着一个硬币扔给我,丢到我的身上,掉在了地下,然后就走了。第一次我被一个给我钱的人打击到,我拿起这一块钱,我想了很久。我想明白了:原来,靠别人可怜,靠这样一个残疾的身体去博取大家(的)同情心,不是本事,它甚至是一件在我看来挺丢人的事儿;然后我就在想,我不能这么活下去啊,我得学点本事养活自己,真正靠自己的双手来养活我自己。当时我就给自己定下了一个目标,我一定不再要饭。

一个偶然的机会,我在大街上看到三个人,是三个残疾人歌手,我觉得我应该是他们其中一个嘛,所以我勇敢地上去跟他们说:"我也喜欢唱歌,我能不能……或者是你们给我一个机会,让我帮你们唱一首歌。"他们就说:"那好吧,你唱一首吧。"当时我就唱了一首歌,这首歌可以说真的给我的人生带来非常非常大的改变;因为通过这首歌,我得到了人生第一次掌声。

后来我就加入了他们,成为了一名流浪歌手,知道这首歌我唱过多少遍吗?我唱了三千多遍,加入流浪歌手行列以后,我去过七百多个城市,所以在追求梦想的道路上,我还是挺快乐的。

2012年,我和我的搭档流浪演唱到泰山脚下。我就问从山上下来的一个游客,我说:"大哥,泰山有多高啊?"你们晓得当时这哥们儿什么表情吗?"你问这个干吗呀?你觉得你能登上去吗?你看我身强力壮,累得都拄拐杖。"我当时我就觉得他这是在瞧不起我呀,所以第二天一早,我就穿得干干净净,然后把我的,甚至很好笑地把我的"鞋"都擦得锃亮锃亮的。一路上非常的累,我的脚上(手上),磨起了很多的泡,然后就这么往上爬。虽然很累,可是我很幸运,第二天一早我就看到了人们梦寐以求的风景——泰山日出。最重要的是,以前我是仰视一切,看所有的事物都是这样看(仰望),但是在那一刻,我俯视了周围的一切。我终于明白了这种感觉,叫"山高人为峰""一览众山小"!我开始用另外一种心态去对待我的生命,我开始喜欢上了登山。

人可以不伟大,但是不能没有梦想;人可以不永恒,但是我觉得他一定要有追求。我没有健全的身体,可是我一定要有健全的生活和梦想。不要总在意自己的鞋子不够漂亮,这个世界上还有很多很多没有脚的人。我可以做到,你们也一定可以。

接下来我要和大家分享一下,我为什么是那么那么幸福的一个人。

2002年,我和我的搭档们流浪到江西九江,在一个特别华丽的广场唱歌,第一天她就出现在我的右前方两点钟方向,二三四五六天她都出现在同样的位置,同样的掌声,同样的笑容,然后第七天我就被她给,那句话怎么说来着?叫——搭讪。我被她搭讪,后来我们每天都搭讪。她真的很漂亮,她是我在大街上唱了这么多年当中,最大的一笔劳务。我还告诉大家一个秘密,她有一个洁癖,就是特别讨厌不洗脚的男人,找到我,这个问题是不是彻底解决了呢?

当我说到这些的时候,大家都很开心吧?可是你们知道当时我是什么情况吗?我很自卑,我的自卑是你们所想象不到的。到底有多自卑,你知道吗?我不敢看女孩子一眼,因为在我心里,我是一个不该拥有,也不配拥有,也不可能拥有爱情、成家立业、生儿育女,这样一个条件的人。没钱、没房、没车、没腿、没文化,这一切对于一个正常的男人真是特别大的打击;因此在我心里一直认为,可能有一天我会死在一个马路边,一个河边,不敢拥有爱情。

她的出现让我明白了什么是爱情,让我明白了原来人可以活得那样地幸福、那么的快乐,她让我明白了这种感觉。人家都说爱可以改变一个人,说得真好,是她改变了我。不要总觉得你没有钱、你钱不多,你车不好、你房不大,我想说,只要你真心地爱一个人,勇敢地爱一个人,不要放弃,像我一样抓住,你就是可以的。

六、陈吉宁《选择与坚持》

选择与坚持

2015年第一次研究生毕业典礼暨学位授予仪式上的讲话

亲爱的同学们:

今天,共有1 318名同学获得博士、硕士学位。首先,我代表学校,向同学们奋力拼搏完成学业表示祝贺!同时,向悉心指导你们的老师、辛勤培育你们的家人和一路支持你们的亲友,致以诚挚的敬意和衷心的感谢!

最近我一直在思考,在今天这个场合,给大家讲点什么。大家知道,在过去几次毕业典礼上,我曾经讲过理想、担当、良知、敬畏等这样一些关于价值信念的话题,勉励同学们在实现自我价值和履行家庭责任的同时,肩负起推动国家富强、民族复兴、人类文明进步的时代重任。这既是对同学们提出的一些做人做事方面的希望,也是我自己经历中的一些感悟和体会。今天,我想和大家交流的话题是:选择与坚持。前不久,我在台湾访问的时候见到一本书,书名叫《Outliers》,书的内容与去年全校教育工作讨论会的主题很吻合,我就买了下来,在回北京的路上很快读完了。书中讲了很多故事来说明社会环境、机遇对一个人成功的重要作用。不过,我从这些故事中得到了一些新的不同的感受和启示,在此与大家分享。

第一是从现在做起,从小事做起,不要怨天尤人。这本书讲到加拿大冰球国家队的故事,作者发现在这些国家队选手中有一个规律性现象——他们大部分人都出生在一二月份,很少有在年底出生的。之所以出现这种现象,是因为在加拿大这个对冰球运动狂热的国家,教练们会挑选9到10岁的小选手组成"巡回赛小组",而分组的时间界线恰好是1月1日,换句话说,1月1日到当年12月31日之间出生的球员会被分在一组。对10来岁的孩子来说,几个月的年龄差距还是很明显的,那些大月份出生的小孩发育更成熟,更容易在同组竞争中胜出。而一个小选手一旦被选中,他将拥有更好的教练、更出色的队友,参加更多的比赛。久而久之,这些孩子的成绩会越来越好,其中最优秀的一部分人就会进入到国家队。大月份出生的运动员从一开始幸运地获得了那些微小的机会,并通过努力逐渐把这些机会累积成自己的优势,最终成为国家队选手。这个规律不仅存在于加拿大冰球运动中,在美国的棒球运动、欧洲的足球运动甚至在学校教育中也有类似现象。

这告诉我们,每件事情的起步阶段都很重要,不要因为事情小就忽视它,不要因为是刚开始就不认真去做。同学们,你们离开学校后,身边的每一件小事都可能是积累未来发展优势的那个机会。希望大家迈好这走向社会的第一步,从小事做起,从现在做起,从身边的一点一滴做起,把自己的成长融入到国家发展、社会进步的洪流中;即使遇到了困难和挫折,也决不要消极悲观、怨天尤人。这是我想说的第一点体会。

第二是要长期坚持,全心投入,不要轻易放弃。大家在学校时有不少观看高水平演出的机会。当我们陶醉于婉转悠扬的乐曲时,经常会赞叹演奏者的高超技巧,并可能会将此归功于他们的非凡天赋。《Outliers》这本书却讲了另外一个发现:无论是小提琴还是钢琴专业的学生,他们从5岁左右开始学琴,到20岁时,那些具有成为世界级独奏家潜质的学生都至少练习了10 000小时,那些被认为比较优秀的学生累计练习了8 000小时,而那些被认为将来只能成为一名音乐辅导老师的学生只练习了4 000小时。这就是所谓的"10 000小时法则",如果一个人的技能要达到世界水准,他(她)的练习时间通常需要超过10 000小时。这个法则也应验在我们熟知的很多著名人士身上。比如,比尔·盖茨就几乎把自己的青少年时光都用在了计算机程序开发上。从1968年他上7年级开始,到大二退学创办微软公司,这期间盖茨持续编程有7年时间,远远超过10 000小时,据说当时世界上有盖茨这样经历的人不超过50个。因此,当1975年个人计算机开始进入家庭时代的黎明时刻,能占据最有利的位置去拥抱第一缕曙光的人,自然非"盖茨"们莫属。前不久,Facebook创始人扎克伯格来清华演讲,我问了他一个问题——对于创业者来说,什么最重要?他不假思索地回答,"不要放弃"。我们的古人也说,行百里者半九十。做一件事情,只有持之以恒地坚持下去,你才能从中产生对事物的深刻理解和认识,获得与众不同的感悟和洞察,这是一个人成长不可或缺的重要过程。没有这样的积累,即便机会到了你的面前,也很难能把握住。所以,平庸与卓越之间的差别,不在于天赋,而在于长期的坚持、持续的投入。这是我想告诉大家的第二点体会。

我要说的第三点是,要懂得取舍,有所不为,不要被眼前利益所诱惑。去年下半年,苹果公司首席执行官蒂姆·库克在清华有一个对话活动。当被问到"在过去3年中哪些是你做得最困难的决策"时,库克回答说,最难的是"决定不做什么"。因为苹果公司有太多伟大的、令人兴奋的想法。他又被问到,是不是要从好的想法中选择最好的想法,去掉次好的想法?令人惊讶的是,库克说,我们所有的想法都是最好的想法,但苹果公司只能选择其中一种,并努力把它做到极致,其他的都会果断放弃。同学们,人的成长就是一个不断选择的过程,对优秀的人而言,选择更是人生中面临的最大挑战。今天你们走向社会,将面临各种各样的机遇、诱惑,也会遇到很多的挑战、挫折。每当这时候,你都是在回答与"选择"相关的问题。我希望大家,无论面对机会还是挑战,都能有舍弃的胸怀和勇气,都能从国家利益出发、从大众福祉出发,选择最有价值的事情,专心专注地做下去,在服务国家、奉献社会的事业中让自己从优秀走向更加优秀。

同学们,刚才我讲的是自己从很多人、很多事中得到的三点感悟。当然,即使大家做到了这三点,也未必一定能获得你所期望的结果。刚才童之磊校友就讲到他从2000年创业至今,所经历的多次挫折和失败。但我相信,只要做到了从小事做起,从现在做起,持之以恒,勇于舍弃,你们就会从自己的每一次经历中收获对成功与失败更为深刻的理解。那时候,世界依然属于你,创造精彩人生的空间依然为你敞开。正如敬爱的朱镕基学长在纪念经管学院建院30周年时,对清华同学们讲的那样,"要大胆地试,不要怕失败;你们还年轻,失败了也无所谓"。

谢谢大家!

实 践 训 练

一、目标确定

欲善于说话,首先必须敢于说话。没有良好的心理素质,就练不好口才;即使练出口才,也施展不开。语言是思维的物质外壳,思维混乱,表达怎能明确?不讲究语言艺术,再好的内容也说不明白,勉强讲明白听众也不乐意听;没有内涵,再好听的语音、再华丽的辞藻又有什么用呢?口才,其实是一个人综合素质的反映。

因此,我们首先设计要达到的总体目标:

(一)心理素质:自信,谦恭,坚韧,充满活力。

(二)思维品质:敏捷,开阔,缜密,合乎逻辑(学习逻辑学知识,提高分析和综合的能力)。

(三)语言艺术:普通话发音准确、清晰、洪亮,词汇丰富,语言流畅生动。

(四)知识储备:宽博(加强心理学和社会学知识的学习与积累)。

请根据自己的实际情况制定个人的阶段目标,将总体目标逐项分解,制定措施,落到实处。

二、敢讲训练

请大方地走到讲台,面对听众,与听众目光交流10秒钟。然后简要地介绍自己。声音洪亮,展现出沉稳自信。

2 演讲的要素

2.1 演讲要素概述

演讲作为一种高级的语言形式,是演讲者在一定场合就某个问题对听众说明事理、发表见解。因此,在演讲实践活动中,必须具备演讲者(演讲的主体)、听众(演讲的客体)、演讲者要讲的问题及对问题的见解(演讲的内容)、演讲者与听众同处的环境(时间、地点、社会背景和自然环境等),及沟通演讲者和听众的媒介(演讲的表达手段,包括有声语言和态势语言)。应该说,这几个方面是演讲活动的必备条件,缺少了其中的任何一项,都不能构成真正意义上的、完整的演讲活动。

演讲的主体是演讲者,是演讲活动的承担者和执行者。因而,演讲者的素质、能力和演讲水平的高低,不仅会影响演讲者在听众中的形象,而且直接影响演讲效果,甚至影响到演讲的成败。因此,对演讲者的研究就成为研究所有演讲要素的关键;提高和丰富演讲者的素质修养,也就成为每一个有志于学习演讲、提高演讲水平的人必须要面对的问题。战国时期的鬼谷子曾说:"口者,心之门户,智谋皆从之出。"《春秋》中说:"人之所以为人者,言也。人而不言,何以为人?"这里把"言"提到了人之所以为人的高度,并认为口中之言应吐纳心声、传达智谋。那么,讲话者首先就必须足智多谋、知识渊博,这样才会有"言"可讲、出言有智。德国诗人海涅说过:"言语之力,大到可以从坟墓唤醒死人,可以把生者活埋,把侏儒变成巨无霸,把巨无霸彻底打垮。"哲学家尼采也说:"引起风暴的是最沉静的语言。"语言为什么会有如此大的威力?这种威力从何而来?答案很明显,这是因为掌握语言的人拥有真理、拥有才能和智慧。因为"言语者,思想之城郭也"(弥尔顿语),"言语是人类心智的军火库"(柯勒律治语),"言语是变成化石的诗"(爱默生语),"言语是思想的直接现实"(马克思语)。言语的影响力、感召力和鼓动作用来源于讲话者的思想、学识、智慧、才华和演讲技巧。一个知识浅薄的人,一个孤陋寡闻的人,一个不善言辞的人,是不可能使自己的言语产生这样的作用的。所以,一个演讲者或试图学习演讲的人,在学习演讲之前,首先要丰富自己的知识,培养自己的修养,磨砺自己的能力,完善自己的人格。只有这样才能当一个合格的演讲者,甚至成为才华横溢的演讲家。

语言交际中,听和说是相互对立、又相互依赖的;因听而说,因说而听。同样,作为演讲中两个最基本的因素,演讲者和听众也是既相互对立又相互依赖的。离开了演讲者,就无从谈起"演讲"二字;离开了听众,失去了演讲的对象,演讲活动同样不能成立。从某种意义上说,听众是演讲活动中最为重要的因素,因为演讲的目的,就是要说服、鼓动、影响听众,听众的反应如何,是决定演讲成功与否的根本依据。如果演讲者在学习和训练演讲时,不注意了解演讲者和听众的关系,不清楚听众在演讲活动中的作用;那么,在实际演讲中,就可能会置听众的具体情况于不顾,演讲也就不可能成功。

演讲的内容,是指演讲者在演讲中所表达的意思,大体包括思想观点、政治立场、科学文化知识、道德意识、情感态度、法律、生产及日常工作、生活事务。一句话来说,就是演讲者要传达给听众的全部信息。任何演讲,都毫无例外地需要有充实的内容来感染和影响听众。

演讲的环境是指开展演讲活动所必要的客观条件,如时间、场所及其他物质设备等。演讲活动只有主客体处于同一环境时才能进行,因此,环境是演讲不可缺少的条件要素。

对于演讲的表达手段,将在第 6 章讲述。本章仅就演讲者(主体)、听众(客体)、演讲的内容和演讲的环境这四个方面加以论述。

2.2 演讲的主体

主客体是相对而言的。演讲者作为演讲活动的主体,要受到演讲的性质的规定性约束,即演讲活动本身对演讲者就有一定的要求。虽然说只要具有正常语言交际的人都有可能成为合格的演讲者,但如果不为此而付出努力、加强自身的修养、提高自己各方面的能力,也只能是空谈。演讲者是一个要影响别人的人。演讲者要用自己的演讲去感染、启迪、教育人。而要达到影响听众、说服听众、教育听众的目的,就必须讲得好、讲得艺术,就要使自己的演讲言之有理、言之有物、言之有序、言之有文。同时,演讲的现实性也决定了演讲者要施教于人,不仅需要言教,而且需要身教。因为听众对演讲者不仅要听其言,而且要观其行。只有那些言行一致,既讲得好、又行得正的演讲者,才能让听众信服。这就要求演讲者必须具有多方面的修养与能力。

2.2.1 演讲者应有的修养

演讲者的修养是指演讲者应具有的思想、道德、理论、知识等各方面的水平。就其基

本内容来看,有以下几个方面:

(一)演讲者要有较高水平的思想修养

古今中外,无论是哪个时期、哪个民族、哪个国家的进步演讲家,都应当是且一定是著名的思想家,如西塞罗、马克思、列宁、孙中山、毛泽东、周恩来等。一个优秀的演讲者,只有具备高深的思想修养和远见卓识,才能高屋建瓴,见人所未见,讲人所未讲,讲人所不能讲,才能给人以教育与启迪。就绝大多数普通演讲者而言,虽然不可能成为伟大的思想家,但最起码必须对其所讲的问题要有深刻的认识,才能有新颖、独到的见解,才能使人听起来有意思、愿意听。如果老生常谈、就事论事,则很难引起听众的认同与共鸣。

(二)演讲者要有高尚的道德品质

《论语·子路》中说:"其身正,不令而行;其身不正,虽令不从。"宋代名将岳飞也有言:"正己然后可以正人。"演讲要达到给人以教育、启迪、影响的效果,演讲者除了对问题要有深刻的思想认识之外,还必须有高尚的道德品质。如果一个演讲者只有思想而无道德,他的演讲不仅不能教育人,给人以好的影响,甚至会适得其反。演讲者自身必须体现出一种人格美,他才能为听众所认同。一种社会活动,总是要受到某种道德的规范和制约,而演讲者则必须恪守这种道德规范,诸如政治道德、职业道德、社会公德、伦理道德等。

(三)演讲者要有渊博的学识

演讲是对演讲者综合素质的体现,其中很重要的一个方面就是对其文化知识功底的体现。一个演讲者,如果没有丰富、渊博的知识,即使演讲内容再正确,也只能是干巴巴的几条筋,是不可能旁征博引、妙语惊人的。演讲者要把生活中的事例自由准确地组织到演讲中去,要使自己的演讲给听众以智慧的启迪,使之开阔眼界,增长见识;因此,首先自己要有丰富的学识。

演讲所需要的知识是多方面的,哲学、文学、艺术、法律、历史、地理、心理学、美学、社会学、逻辑学、语言学、宗教等方面的知识,演讲者都应该有一定程度的了解和掌握。唯有如此,才有可能使演讲更丰富、更有力度,更能感召和征服听众。

2.2.2 演讲者必备的能力

演讲者的能力是指从事演讲活动所必须具备的才能。一般来讲,应该包括如下几个方面:

(一)敏锐的观察力

敏锐的观察力是演讲者必须具备的能力之一。只有深入细致地观察现实生活,才能见人所未见;并通过分析判断,从中发现规律性的东西,获取典型材料,使演讲和社会、时代的要求相一致,并进而把握其脉搏和底蕴。在演讲过程中,只有善于观察听众的反映,才能了解听众的心理,适当调整演讲的内容、结构或方式,较好地控制演讲的气氛,保证演讲的效果。

(二) 丰富的想象力和联想力

想象力是指在知觉材料的基础上,经过新的组合创造出新的形象的心理过程。演讲者初次接触的演讲材料是无序的、片断的,但在演讲时,却不能把无序的东西传达给听众;而是要用想象力把这些片断的材料组合成一个整体,使之结构有章、轻重有序,以便能有条理地、有逻辑地把演讲的内容传达给听众。具备一定的联想力,可使演讲者避免单纯地就事论事、内容干瘪、思维呆滞,而会使演讲者的思维活跃、创造力增强,使演讲的内容丰富、语言生动幽默具有活力。

(三) 较强的语言表达能力

这是对一个演讲者最起码的要求。演讲作为一种高级的语言交际形式,有声语言是其最主要的表达手段。作为沟通演讲主客体的媒介,语言在演讲中的运用要求是比较高的。首先要准确,即语音要准确、用词要准确、表达形式要准确。语音准确包括发音准确(能按普通话语音规范发音)和语音处理准确即停顿、轻重、抑扬要恰到好处;用词准确主要是指词义的选择应妥帖;表达形式准确是指句式、语调、语气要和内容与情感相一致。其次是得体,指语言要符合演讲者的身份,照顾听众的心理,对一些敏感问题的讲述、分析要注意分寸。再次是清晰,指演讲者思路应清晰、语言要具有逻辑性。只有这样,演讲者才会正确地、恰当地把自己的思想观点和情感传输给听众,也才有可能被听众正确理解和接受。否则,演讲就达不到应有的效果。

演讲者所应具备的能力还应有如分析、综合、判断能力,记叙、描绘、写作能力、较好的记忆力,及较强的心理承受力等。当然,演讲者的能力不是与生俱来的,需要付出艰苦的努力来获取。

2.2.3 演讲者的自我意识

演讲者的自我意识,是指演讲者对自己作为演讲主体的感觉和认识,或者说是指演讲者以什么身份、什么心态去对待听众、去演讲。演讲作为现实活动,是主客体共同参与的群体活动,但演讲者是以个体身份出现的,而演讲客体则是以群体的身份出现的。一次演讲要对听众产生什么样的影响,演讲主体事先必须有所考虑。

也就是说,演讲者由于演讲内容的纷繁复杂、演讲类型的多种多样及每次所面对的听众的不同,演讲者的心态和演讲时的身份是不一样的。同样,由于演讲者年龄、身份、社会地位、阅历、性格、个人修养及职业等个体因素的差异、社会时尚的不同,演讲者所具有的演讲意识也是不一样的。因此,在演讲之前,演讲者必须以以下两个方面来给自己以恰当的定位。

(一)明确演讲目的

虽然从宏观上来说,演讲都是为了给听众以启迪和教育,以期引起听众思想认识或感情上的共鸣,进而影响听众的态度和行为;但就实际的演讲来看,每次演讲都有具体的演讲目的。或是通过演讲带领引导听众由不知而知、由不信而信;或是向听众剖析描述自己的思想感情,以期感染听众而向其寻求精神力量和支持;或是通过演绎推理来说服听众转变态度等。对此,演讲者在演讲前必须要明确,这是影响演讲成败的重要因素之一。

(二)确定对听众的态度

即要确定自己以什么身份来对待听众,这要根据演讲的内容、目的和环境来确定。或对听众显示一种启发、诱导的态度,在不知不觉中以先知、先行者的身份出现,把听众当作是信息的接受者;或与听众进行细腻的感情交流,对听众描述自己的情感发展及其经历,以朋友的身份出现,把听众当成可信赖、可理解自己的朋友;或者表现出对演讲内容全方位的把握,态度冷静而客观,从内容到语言都具有较强的逻辑性,思维具有一定的深度,此时会把听众当作是势均力敌的辩论的一方或评判者。

2.2.4 演讲者的心理素质

演讲是一种比较复杂的精神劳动,在这个过程中,不仅对演讲者思想水平、文化修养、表达能力是一种全面的检查,也是对演讲者心理素质的一个检验。由于腼腆心理和害羞心理等的影响,有的人不能正确地评估自己,在语言交际中往往表现出自我紧张、自我锁闭,把演讲看成是一种不能为的事情,尤其是见到一些演讲类书籍、文章所介绍的都是一些伟大的演讲家、优秀的演讲者和擅长演讲的名人的事例,更是觉得演讲是高不可攀、望而生畏的。实际上,我们每一个人都具备一个演讲者的潜质,只不过是有的人敢于发挥自己的潜能,勇敢地去做了,而有的人只能想象而已,甚至连想也不敢。因此,要成为一个成功的演讲者,培养自己良好的心理素质也是必需的。其中最主要的,是演讲者要有充分的自信。自信,体现着一个人的意志和力量,牵制着人的思维和言谈举止。拥有自信,才能勇敢地从事一切社会活动;拥有自信,才有可能去实现自身的价值。自信,是演讲的必备条件。斯宾诺沙曾说:"我会除去一切让我感到恐惧的任何东西和一切影响心理的所有场合,如此才能找到真正的自我。"

2.3 演讲的客体

2.3.1 听众的地位和作用

在演讲中,演讲者与听众究竟是怎样的关系?或者说,听众在演讲中处于怎样的位

置,起到怎样的作用? 对此,我们可以这样理解:

(一) 听众是演讲活动的参与者

演讲活动既不能没有演讲者,也不能没有听众。演讲是演讲者和听众共同参与的双向交流活动。从信息论的角度看,演讲是信息的传播者,听众则是信息的接受者,即听众是演讲者行为的受动者,是演讲者施加影响的对象。离开了听众,演讲者失去了对象,演讲活动也就无从进行。因此,演讲者与听众是一体两面的关系,二者相互依存,缺一不可。

(二) 听众是演讲效果的实现者

明代赵南星《笑赞》中有一则笑话:一秀才买柴,曰:"荷薪者过来。"卖柴者因"过来"二字明白,把柴担到他面前。秀才问曰:"其价如何?"因"价"字明白,说了价钱。秀才又说:"外实而内虚,烟多而焰少,请损之。"卖柴者不知说些什么,荷担而去。

这个笑话的本意是讽刺酸秀才不看对象的特点而一味"之乎者也",但也正说明了听者之于语言交际的重要性。这项语言交际活动未能达到预期的目的,实现应有的交际效果,听者是一个重要的原因。因为讲者和听者的思维没有处在同一个层次上,听者不具备理解讲者所发出信息的条件。

同样,在演讲中听众能否正确地接受演讲者发出的信息,接受信息后能否正确理解也影响着最后的演讲效果。也就是说,听众是演讲效果的最终实现者。如果听众能正确地接受演讲者发出的信息,并能准确理解其意义,就能达到演讲的目的,实现应有的演讲效果。否则,即使演讲者的内容非常精彩,表达形式非常完美,而听众茫茫然不知所云,演讲效果也就无从谈起。

(三) 听众对演讲具有反作用

演讲活动中,演讲者是主动的,起着主导的作用;而听众则相对是受动者,这是其基本情况。但作为演讲的对象,作为演讲活动的基本因素,听众又并非是完全的被动者。相反,他对演讲者及其演讲的内容、形式都具有不可忽视的反作用和积极影响。听众多、坐得集中且距演讲者较近、态度友好等则会对演讲者有积极的作用和影响。反之,则会有消极的作用和影响。

2.3.2 听众类型

一般说来,演讲的听众是比较正规的个人集合体,他们是为了一定的相近或相似乃至共同的目的而聚集在一起听演讲的。但是,这些听众并不是整齐划一的,从不同的角度可以对其进行不同的分类。

(一) 按临场情绪分类

即按听众来听演讲时的心情,以及由此形成的对演讲者及其演讲的态度,可把听众分为三种类型。

第一类是愿意听的听众。这类听众或对演讲者有崇敬之心,或是对演讲的内容感兴趣,或是喜欢演讲这种形式,或是有意学习演讲技巧等。这类听众对演讲者持有积极的态度,对演讲的成功会有好的影响。面对这样的听众,演讲者情绪高涨,可以增强自信心,能较好地发挥自己的水平。

第二类是不愿意听的听众。这类听众或对演讲不了解,或对演讲内容不感兴趣,或由于其他原因而无心听讲等。这样的听众对演讲者持有消极的态度,对演讲的影响是不利的。面对这样的听众,演讲者不可轻易失去对演讲的信心,而应该想办法在演讲中改变他们的态度,使之对演讲产生兴趣、对演讲者的态度由淡漠变为热情。

第三类是持无所谓态度的听众。这样的听众往往是随大流或组织来听讲的,他们对演讲者及其演讲既无兴趣,也不反感。他们的影响可能是有利的,也可能是不利的。如果演讲者置这些人的态度于不顾,或受其影响而改变自己的情绪,影响就是不利的。如果能把他们的注意力吸引过来,使之改变态度,影响就变成有利的了。因此,对这部分听众,演讲者应采取积极的态度,想办法争取他们的认可,调动他们的热情,使之对演讲产生兴趣。

(二)按听众的结构分类

即按听众在民族、地域、阶层、职业、社会地位和年龄、身份、性格、经历、受教育程度、知识水平等方面的差距大小,可以把听众分为两种类型。

第一类是同质结构的听众。这类听众在民族、地域、阶层、职业、社会地位等社会因素和年龄、身份、性格、经历、文化程度、知识水平等个体因素差异比较小,一致性较强。对这一类听众,演讲者只要掌握了他们的共同特点,就能较容易地使演讲具有针对性。相对来说满足这一类听众的心理需求要比满足异质结构的听众的心理需求简单些。

第二类是异质结构的听众。这类听众的社会因素和个体因素差异都比较大,情况比较复杂。对这一类听众,演讲者应该多方面把握他们的特点,多角度、多层次地满足他们的需求,增强演讲的针对性。了解和掌握这类听众,相对前者而言要难一些。

2.3.3 听众的自我意识和心理特点

(一)听众的自我意识

听众的自我意识,是指听众对自己来听演讲的感觉和认识,或者说是听众对待演讲者及其演讲的心态。

由于社会因素和个体因素的差异,听众的情况是非常复杂的,他们所持有的自我意识也是多样的。总的看来,表现比较明显的有三种情况:

第一种,听众对演讲者持友好态度,对演讲活动乐于参加,欣赏演讲者的气质、见识、思想等;而对演讲者的失误一般不去深究,就像对自己的朋友一样对待演讲者,在较轻松的心境中听演讲。

第二种,听众对演讲者怀有敬畏的心情,往往忽略演讲者的失误;而对其精辟见解、逻辑论断衷心叹服。

第三种,听众对演讲者及其演讲持有鉴别、验证态度,对演讲中的深刻、智慧之处会同意、赞赏,对肤浅疏漏之处会有订正。对每一次演讲,总要做一个总体的评判,有着严格的态度和较强的责任感。

(二)听众的心理特点

我国当代演讲事业的开拓者邵守义同志曾说:"成功的演讲者,既要使演讲成为听众的一部分,也要使听众成为他演讲的一部分。而其中首要的,便是要了解和掌握听众的心理特点。"了解和掌握听众的心理特点,有助于演讲者与听众更好地沟通,可使演讲更具有针对性。

1. 对演讲信息的选择接受

在演讲中,演讲者的信息传输是通过其"讲"和"演"诉诸听众的听觉和视觉器官而起作用的。也就是说,听众是通过听觉和视觉器官及大脑对演讲者及其演讲进行认知的。这种认知活动是在听众已有的经验、知识,及心理期待的基础上进行的,因而有极强的主观色彩和情感性。由于个体的差异,听众并不是对所有的演讲内容都感兴趣并且全部记住,而是有极强的选择性。

首先,是选择性注意。听众一般只注意那些与他们有关、能引起他们兴趣、他们已知、渴望了解的内容,而对其他内容可能会视而不见、充耳不闻。

其次,是选择性记忆。听众往往会记住他们喜欢、愿意记、容易记的内容,而对他们不愿听到或较难懂、难记的内容则不去记或者很快忘记。

再次,是选择性接受。听众往往把那些与他们的意见一致或相近的思想观点承认下来并予以接受,而对那些与自己心理距离较远的思想观点持否定态度而拒绝接受。

2. 个体的独立意识与群体意识的矛盾统一

社会的进步、文化的发展使听众的个体素质不断提高,他们的独立思考与独立判断的意识不断增强。对演讲中的同样一条信息,如果他们认为自己的立场、态度、观念等与演讲者的一致或接近,就会给以赞赏的态度予以肯定。反之,如果他们认为演讲者的立场、态度、观念与自己不一致或相距较远,就会予以否定。但是,演讲毕竟是一种社会性很强的活动,当个体与人民群体大多数不一致时,在主导意见的群体的压力和心理暗示下,个体也会放弃自己的意见而随大流,这就是从众心理。这种心理在大多数听众中都不同程度地存在着。因此,如果演讲者能在演讲过程中,调动起大多数人的积极情绪,形成一种较强的声势,就可以利用听众的这种从众心理去战胜独立意识,起到应有的说服和宣传作用。

3. 听众心理的时代性

这主要表现在三个方面:第一,在内容上,听众对新生事物具有特别的敏感性,对密切结合实际的问题普遍关心;第二,在表达上,听众喜欢新颖的、具有较高艺术性与技巧性的表达及举止得体的演讲者,并希望与之进行情感交流;第三,听众求知欲强,希望通过科技性或哲理性的演讲使自己长见识、增知识,或获得某种启迪。

2.3.4 听众的理解层次

演讲是演讲者思想道德文化追求及艺术风格的综合表现,而听众的理解则是对这种综合表现的探究与领悟。不同类型的演讲,对听众理解都有一定的客观制约性和相对规范性。但是,由于听众的个体差异,又使得听众对演讲的理解加上了不同的色彩和印迹。不同层次的听众对演讲者发出的信息所作的理解是不尽相同的。

(一)浅层次上的理解

即听者不能对演讲者的思想、语言符号进行全面、准确的破译,往往只能抓住一些表层的和形式上的东西,得到的只是皮毛;而没有把握演讲者较为深层和全面的意思。处于该理解层次的听众,往往是与演讲者的立场、思想及文化素质相距较远的人。

(二)同步性的理解

即听者能够较为完整、准确地领会演讲者的意图和语言信息中的含意。处在该理解层次上的听众,一般是与演讲者心理相近、思想及文化素质相近的人。

(三)创造性理解

即通过演讲的语言启迪自己的思维,超越出演讲者语言信息涵盖的范围,领悟出更深的含义,步入更高的境界。处在该理解层次的听众,往往是思想及文化素质较高、思维活跃,富有创新精神的人。

2.4 演讲的内容

在演讲活动中,演讲的内容是其中心因素。演讲者在演讲过程中所运用的一切表达形式和技巧,及其态势和情感的变化,必须决定于内容并与内容相适应。内容不充实的演讲是单薄的、干瘪的和令人生厌的,缺少了内容的一切形式和技巧,都是无本之木、无源之水。

演讲的类型是多种多样的,演讲的内容也是纷繁复杂的。但是,从总体看,演讲活动本身对内容的要求是有其共性的。

2.4.1 演讲内容要有现实性

演讲活动属于现实活动的范畴,其表现之一就是内容的现实性。演讲者演讲的动因显然是来自于现实生活的。当演讲者在某些社会现象中发现了问题，产生了新的认识和情感态度后，便根据现实的需要向人们发表演讲。而每一次成功的演讲，都应针对现实生活提出一个或几个听众关心的、甚至亟待解决的问题，进行深入细致的分析，从而帮助听众正确认识社会、端正对生活的态度。

如果一次演讲不是面对现实的、反映现实的，而只是涉及一些遥远的、不切实际的问题，则是不会受听众欢迎的，演讲也就很难成功。

在演讲中，演讲者所表达的思想情感，以及为此而涉及的材料，都必须是来源于现实社会，必须是对现实的社会生活准确、真实的反映。演讲中的人和事必须是真实存在和发生过的，而不能像小说、戏剧那样进行艺术的虚构。而且，听众在听演讲时，既愿意了解某些知识，又希望弄懂某些理论问题，也愿意听到那些真实、有意义的新闻和故事。蔡朝东同志的演讲《理解万岁》，虽然讲了很多次，但每一次都使听众激动不已、感慨万千，都非常成功。其中一个重要原因，就是他在演讲中讲了一个发生在他身边的英雄战士的故事。

在演讲中，演讲者所传播的都应是自己的意见和感情。演讲者无论掌握和使用了多少别人的资料，最后，都必须经过自己的咀嚼和消化，使之成为本人的知识和见解。反之，说的是别人的话，或照读别人的稿子，即使再生动、再富有感情，那也只是一种表演而不是演讲。这样的人不能算作一个真正的演讲者，充其量也只是一个出色的表演者而已。

2.4.2　演讲内容要有科学性

（一）演讲的内容要正确

演讲者在演讲中正视现实、承认矛盾、分析问题是必需的，但是敢于讲实话、讲真话，甚至触及"热点"，目的是为了启发、教育群众正确认识问题，是为了妥当地解决问题，而不是为了迎合某些社会心理和社会情绪，更不能对某些敏感问题煽风点火，起推波助澜的作用。

（二）演讲的内容要深刻

有人曾作过"使你满意的演讲有哪些特点"的调查，许多被调查者认为使听众满意的演讲应该是"讲的正是我所想而又没有想好的""使我又知道了许多东西，也重新认识了一些观念，他（演讲者）的确比我知道得多，也比我认识得深刻"。

由此看来，演讲者在演讲中必须讲出自己的真知灼见，对所讲的问题有独到的看法，分析和阐述有深度，才能给人以启示，使听众受教益、有收获。如郭沫若《在萧红墓前5分钟演讲》中，从生理上的年轻推论到精神上的年轻，凝练地概括道：年轻精神的牺牲是"真理的追求者""勇敢的战士"，"年轻精神"虽老而不死。这些话语义是非常深刻的。最后，他又提出了"使自己年轻，使中国年轻"，使演讲的内容既有新意又有深度，使演讲的境界得到了升华。相反,如果演讲者选择了现实性很强的问题,但却无独到的见解与深刻的看法,只是人云亦云,平平淡淡,这样的演讲是不会有什么真正的价值的。

2.4.3 演讲的内容要和听众相关

任何演讲都应该有的放矢,所阐述的问题,应该是听众想听的;所说明的道理,应该是听众迫切需要明白的。

(一)演讲的内容应该和听众的工作、生活密切相关

人们最感兴趣的是什么?英国的威廉·拉道夫·希尔斯特回答:"他们自己。"对于听众来说,如果演讲的内容与他们毫不相干,他们是不愿意听的。相反,如果演讲者能把听众关心的内容作为演讲的话题,且演讲的内容直接涉及其切身利益,那么,听众是最乐于听的。

美国演讲家拉塞尔·康维尔曾就一个题目作了近六千次的演讲,而且场场成功。他对此是这样说的:"我认为,必须让每一处听众都感到我的演讲是为他们创造出来的。为了达到这种效果,我去一个镇子或城市访问,尽量早一点到达那里,以便去访问一下邮局的局长、理发师、旅店经理、小学校长以及一些部长们,然后我走进商店跟人们交谈,了解一下他们的历史、经历、经济生活等等方面的情况,在有一定了解的基础上,接下来就向那些人作演讲,内容正好适用于那里听众的兴趣。"卡耐基总结康维尔的经验说:"他始终坚持让自己的演讲中充满大量的当地比喻和当地的事例。他的听众对他讲的内容兴趣盎然,这是因为他讲的是听众本身、他们的利益以及他们碰到的问题,这些听众最感兴趣的内容……会确保听众的注意力始终不减。因而与听众交流的线路也会一直畅通无阻。"

(二)演讲的内容应是被社会普遍关注的"热点"

在社会生活、经济领域、国家政治等方面,有一些社会大事,虽然与某一个具体的听众没有直接的利益关系,但是,作为被社会各阶层普遍关注的问题,听众还是比较感兴趣的。大多数听众对"热点"问题是非常关心的。如当前社会中,对改革开放前景的指点和分析、对社会生活的剖析、对环境污染、惩治腐败等的见解和看法,他们还是希望听到的。如果演讲者在演讲时针对听众的具体情况,选择合适的热点问题,盯住与听众的共鸣点,做到与听众心灵相通,就能调动起听众的热情来。

2.4.4 不同类型的演讲对内容有不同的要求

由于社会生活是复杂多样的,演讲的内容也是包罗万象的;但对每一类型的演讲或每一次演讲来说,其内容又是受限的、具体的,必须紧紧围绕一个中心而展开。

政治性演讲的内容必须涉及政治问题或与政治有关的问题;学术性演讲的内容必须是属于某些系统的、专门性的科学文化知识;而迎送演讲的内容则是只能是对双方交往

与友谊或合作成就的回顾与赞扬,及对今后交往合作的期望等;生产工作演讲的内容往往是具体的、有针对性的,直接涉及演讲者本人和在场听众的;说服、宣传性演讲的内容必须是被听众承认的,事实材料必须是翔实、确凿的;鼓动性演讲的内容必须是能感动听众、引起听众感情共鸣的;即兴演讲的内容必须是针对眼前的情境、事件、人物的;命题演讲的内容则是由别人划定范围、相对稳定的。

  作为一门艺术,演讲的内容就不应是千篇一律的,应该在深刻把握演讲主题的情况下,从不同的角度确定演讲的内容,给人以别开生面的创意感。我们看一篇一位外国教师在中国某医学院任职时的演讲,题目是《这条小鱼在乎》,其内容如下:

  有这么一个故事。在暴风雨后的一个早晨,一个男人来到海边散步。他一边沿着海边走着,一边注意到,在沙滩的浅水洼里,有许多被昨夜的暴风雨卷上岸来的小鱼。它们被困在浅水洼里,回不了大海了,虽然近在咫尺。被困的小鱼,也许有几百条,甚至几千条。用不了多久,浅水洼里的水就会被沙粒吸干,被太阳蒸干,这些小鱼都会干死的!

  男人继续朝前走着。他忽然看见前面有一个小男孩,走得很慢,而且不停地在每一个水洼边弯下腰去——他在捡起水洼里的小鱼,并且用力地把它们扔回大海。这个男人停下来,注视着这个小男孩,看他拯救着小鱼的生命。

  终于,这个男人忍不住走过去:"孩子,这水洼里有几百几千条小鱼,你救不过来的。"

  "我知道。"小男孩头也不抬地回答。

  "那你为什么还在扔?谁在乎呢?"

  "这条小鱼在乎!"男孩一边回答,一边拾起一条小鱼扔进大海。"这条在乎,这条也在乎,还有这一条,这一条,这一条……"

  今天,你们在这里开始了大学的生活,你们每一个人,都将在这里学会如何去拯救生命。虽然你们救不了全世界的人,救不了全中国的人,但是,你们还是可以救一些人。你们可以减轻他们的痛苦。因为你们的存在,他们的生活将从此有所不同——你们可以使他们生活得更加美好。这是你们能够并且一定会做得到的。

  在这里,我希望你们勤奋努力地学习,永远也不要放弃!记住:

  "这条小鱼在乎!这条小鱼在乎!还有这一条,这一条,这一条……"

全篇没有一句关于"关爱每一个生命""救死扶伤"、"人道主义"的提法与要求,但又是没有一句讲的不是这一道理。

我们再看一个例子,苏格拉底的《如何择偶》:

  (大意)三人经过一块成熟了的麦地,大家约好,每人只能选择一次且不能回头,看谁能摘到一个最大的麦穗。第一个出发不久,发现有个麦穗挺大,就把它摘了下来,当他发现后面还有更大的自己却已不能再做选择,也就无奈地叹了口气!第二个接受了第一个的教训,明明看到大的也不敢摘,总以为后边还有更大的,等到发现后边的麦穗皆不如刚才的那个,也就无奈地叹了口气。第三个则是把全部路程分为三个三分之一,第一个三分之一是细看看什么样的才叫大麦穗,第二个三分之一是核实一下刚才的判断究竟对不对,经过第三个三分之一时才动手采摘,果然摘到了最大的麦穗。

那么,究竟如何择偶?答案不言自明。这个演讲既妙语连珠,又言简意赅,看似和主题不相干,实则处处紧扣主题。

2.5 演讲的环境

构成演讲环境的因素是多方面的,包括社会环境、自然环境、演讲场所、演讲主客体的各种相关因素等。这种种因素都会在不同角度、不同层次上对具体的演讲内容及表达手段的选择和组合产生影响。演讲的环境有一般环境和具体环境。一般环境是指对所有的演讲都发生影响的环境因素,如文化传统、经济体制、政治制度、社会风尚、时代背景等。这些因素具有相对稳定性。具体环境是指每一次演讲得以进行的时间条件、场所讲台等空间条件及扩音设备、桌椅等物质条件。每次演讲的环境只对本次演讲起作用。具体环境具有不确定性。作为演讲活动不可缺少的条件要素,我们可从以下几个方面理解环境。

2.5.1 演讲要考虑环境的制约作用

演讲总是在一定的环境中进行的,环境对演讲有制约作用。

演讲者肩负着启迪人们的思想、陶冶人们的情操、激励人们前进、推动历史进步的责任。但在不同的历史时期,在不同的社会背景下,这种责任的体现是不一样的。同样主题的演讲,在战争年代里,演讲者要通过演讲,号召人们拿起武器,与敌作战,投身到民族解放的事业中去;而在今天,则是希望通过演讲,鼓励人们投身到社会主义现代化建设中去,为祖国的更加强大和繁荣贡献力量。

有的人认为,只要演讲者的水平高,不论在何时何地发表演讲都会受到欢迎。其实不然,具体的环境状况有时会对演讲的成败产生重要的影响。合适的环境能够为演讲增添气氛,使演讲者保持积极进取的精神状态,使听众心情舒畅,精神集中;不适合的环境则会大大削弱演讲的效果,如果会场过大、空空荡荡、听众分散,演讲者就容易情绪低落;会场布置过于华丽奇异,听众精力容易分散。所以,组织演讲时应尽量选择与演讲的主题、内容相适应的环境并尽量使环境布置得美观大方,力求庄重、典雅、整洁和艺术化。

2.5.2　演讲要与环境相适应

任何演讲都要受到社会历史条件的制约,也都要受到时间、空间等的制约。演讲要达到说服、影响、启迪听众的目的,起到其应有的宣传教育作用,必须要与社会的要求相一致,与演讲的环境相适应。

古希腊著名的演讲家德摩西尼曾作过名为《斥腓力演说》的重要演讲。在马其顿即将大举进攻希腊,而希腊元老院的亲马其顿派又主张投降的时候,德摩西尼站在人民的立场上,为维护国家的主权、追求真理而发表了这一著名的演讲。这篇演讲之所以成功,一个不可缺少的因素就是它顺应了民心,适应了历史潮流。

美国的马丁·路德·金的《在林肯纪念堂前的演讲》,曾引起全世界黑人乃至追求自由的白人的共鸣,文辞非常优美,有着极强的美感效应。但更重要的是它的内容反映了当时种族歧视的不平等的社会制度,表达了人们争取平等、自由的愿望。也就是说,它是和时代的要求一致的。

在大的时代背景下,演讲者对每次演讲的场所必须加以考虑。只有把演讲和具体环境结合起来,才能既阐明主题、又与观念要求相一致。1946年10月19日,周恩来同志在上海举行的鲁迅逝世十周年纪念会上发表了演讲,其主题思想是反对内战。在抗日战争胜利后,这无疑是当时广大人民群众最关心的问题了;而且在鲁迅逝世十周年纪念会这种特定的场合,他选择的材料几乎都是鲁迅先生的思想和言论。这样做,既与当时的时境相适应、具有纪念意义,又阐明了自己的主张。

1972年2月21日,周恩来总理在欢迎美国总统尼克松的宴会上发表演讲。中美两国在隔绝二十多年后,尼克松率领美国政府代表团应邀来华访问,成为正式来中国访问的第一位美国总统。历史和现实交织在一起,为演讲营造了一种特殊的环境。在这次演讲中,周总理的遣词造句充分体现出了平等的原则,而在阐明基本立场时又谨严坚定、态度明确,对彼此间的分歧与对立,则是触及而不深谈。这篇演讲不忘历史,又注重现实,恰到好处。

2.5.3　演讲要积极利用有利环境

演讲者应主动、自觉地运用环境所提供的种种有利条件,使之为演讲服务。

任何事物都是在一定的背景及时空内发生的。在某一特定的背景及时空中演讲,演讲的内容在考虑到典型性的同时,应尽量就地取材,离听众生活、工作的具体环境越近越好。听众总是对距自己近的事物更感兴趣;越近,相关程度就越高。演讲者如能调动一切手段,自觉地运用环境所提供的种种有利条件,把演讲者、听众、内容、环境等诸要素整合到一起,使环境为演讲服务,便会增强演讲的吸引力,使听众心理保持相容状态。

(一)因地设喻,就地取材

运用视觉材料吸引听众,缩短演讲内容与听众的距离。

1863年12月19日,美国国务卿艾弗莱特作为葛底斯堡国家烈士公墓落成仪式的主持人,作了一次演讲,其开头是:

> 在明净的长天之下,从这片经过人们终年耕耘而现在还安静憩息的广阔田野放眼望去,那雄伟的阿勒格尼山脉隐约地耸立在我们的前方,弟兄们的坟墓就在我们脚下……

完全由眼前景物讲起:长天、田野、山脉、坟墓,一下子把听众引进了追忆先烈功绩、缅怀先烈的具体氛围之中,把演讲的内容诉之于听众的视觉和听觉,提高了单位时间的信息传输量,增强了演讲的真实感,吸引了听众的注意力。

(二)借景生情,增加内涵

借助演讲环境中某些因素的衬托作用,增加演讲语言的内涵,使表达更富艺术性。

某校在元旦前夜为新团员的宣誓仪式举行篝火晚会。寒星闪烁、北风凛冽,空旷的操场上,篝火通明。团委书记是这样致词的:

> 今天天气很冷,但大家都感到无比的温暖。我想,这不仅是因为我们身边燃烧着一团篝火,更主要的是我们每个人心里都燃烧着一团火。是的,在寒冷的季节,有多少追求进步的心,他们渴望着不平凡的一天的到来……

演讲结合气候环境,贴切自然,逐步引发并深入主题,活跃了场上气氛,也激发了同学们的热情。

(三)随机应变,为我所用

利用演讲环境中的不利因素,变不利为有利。演讲进行过程中,有时候环境的某些因素会发生变化,演讲秩序遭到破坏,如处理不好,其影响是非常不利的。但是,演讲者如能巧妙引导,则会变不利为有利。

1945年5月4日,云南大学准备举行一次纪念大会。会议即将开始之际,空中下起了小雨。顿时,会场一阵骚动,秩序乱起来。会议主持人连声高喊,欲止骚动,毫无作用。于是,便请在场的闻一多先生想办法。闻一多先生走到雨中,对骚动的人群讲到:

> "同学们,今天这种情形很有趣,它令我想起了则故事:两千多年前,周武王决定起义,去打暴君纣王。就在出兵的那一天,正像我们现在一样,忽然下起雨来。许多人觉得很不吉利,建议武王改期。这时候,管占卜的,就是现在当参谋的人出来了。他说,这不是坏事,这是'天洗兵',是老天爷在帮我们的忙,把兵器上的灰尘冲洗干净,刺杀敌人时更锋利有力!"接着,闻一多先生有力地挥挥手,提高嗓音说:"我们今

天也碰上了这样的机会,这是天洗兵!不怯懦的人回到会场中来,走进来,勇敢地站过来!"

闻先生讲完,离开会场避雨的人重新回到会场并恢复了秩序。

知识拓展

一、习大大的新年贺词"接地气"

"祝福老人们健康!祝福孩子们快乐!祝福每个家庭幸福安康!"新年前夕,国家主席习近平通过中国国际广播电台、中央人民广播电台、中央电视台,发表了二〇一四年新年贺词。社科院中国廉政研究中心副秘书长高波表示,这次新年贺词没有华丽辞藻,平实直白,很口语,亲和、顺耳,却并不影响立意高远、内涵丰富。(1月1日《新京报》)

笔者细数了一下,习主席的新年贺词,仅有759字,短小精悍,却字字饱含深情,句句"接地气",为领导干部如何讲话,再次上了生动的一课。

习主席在浙江工作期间,曾批评一些领导干部不会讲话:"与社会群体说话,说不上去;与困难群众说话,说不下去;与青年学生说话,说不进去;与老同志说话,给顶了回去。"要求领导干部要注意学习说话、学会说话。不必讳言,现实中有的领导干部讲话确实不得"要领",大道理说了一套套,调子也蛮高,最终还是空对空。百姓戏言:日里说到夜里,和尚还在庙里。

"接地气"才能聚人气。习主席讲话,每每让人耳目一新,这与他的亲民作风密不可分。他在任总书记后第一次公开讲话一开场说"大家好!让大家久等了",让人倍感亲切;在武汉考察时,一句"美女,你好!"更是拉近了领袖与百姓的距离;与普通群众的交流中,一句"你比我大,我叫你大姐",温暖了无数国人的心;在马来西亚访问时,他提到"马来西亚歌手梁静茹在中国广为人知,被许多中国歌迷认为是中国人",赢得了在场群众一片掌声。他还语重心长地要求领导干部"少出去应酬,多回家吃饭。省下点时间,多读点书,多思考问题,油腻的食物少吃一点对身体还是有好处",这样的话语既如长辈,又似邻家兄长,让人如沐春风,心有所动。

"接地气"才能知得失。习主席讲话,每每被人视为"范本",这与他的务实作风密不可分。他常用一些很质朴、很简单的大白话、大实话来解惑释疑。譬如,讲改革辨证施治"既要养血润燥、化淤化血,又要固本培元、壮筋续骨";讲树典型不能用"开小灶""吃偏饭"的方式来催生;讲一个国家发展道路的选择,以"鞋子合不合脚,自己穿了才知道"作喻;讲干部形象示范意义,强调"打铁还需自身硬";讲作风建设要"踏石留印、抓铁有痕";讲反腐要"坚持老虎、苍蝇一起打"……一扫人们反感的大话、套话、空话和"官话"。"没有调查就没有发言权",只有切实把情况摸清了,讲起话来才会一语中的、一针见血,才容易得到群众的理解和支持。

话风体现作风。"接地气"的话是广大人民群众的期待。领导干部要想讲话"接地气",必须在作风上也要"接地气",坚持把功夫下在"话"外,这就是学习之功、实践之功、思考之功、担当之功。只有把这些功夫下到了,话才能说实,说新,说到群众心坎上,说了才有用。

(摘编自:人民网 付彪 2014年01月02日)

二、习近平演讲为何"走心"

演讲,不仅是一门科学,更是一种艺术。

在11月10日举行的APEC欢迎宴会上,习近平说:"这几天我每天早晨起来以后的第一件事,就是看看北京空气质量如何,希望雾霾小一些,以便让各位远方的客人到北京时感觉舒适一点。"语气幽默,充满生活气息,一下子拉近了与参会者的距离。

在重大外交活动中,习近平都会以演讲的方式,传递中国声音,表达中国态度。其演讲特点可亲可敬又沉稳大气,善于打比喻、讲故事,内容"接地气"、风格真性情。

特点一:接地气

一位优秀的演讲者善于拉近与聆听者之间的距离。

习近平的演讲就具有这样的效果。他经常采用比喻和一些极具生活气息的表达,让人们能够听得懂、记得住。这些很"接地气"的大众语言轻松自然、令人耳目一新。

在2014年3月27日举行的中法建交50周年纪念大会上,习近平引用拿破仑的话,巧妙地将中国比喻成一头睡醒的狮子。他说:"中国这头狮子已经醒了,但这是一只和平的、可亲的、文明的狮子。"

11月17日,在澳大利亚议会大厦的演讲一开始,习近平就微笑着说,"这是我第五次踏上这片古老而又充满活力的澳洲大陆。1988年以来,我访问过除塔斯马尼亚州之外的五个州和两个地区,对澳大利亚有着美好的回忆。"短短两句生活味十足的话,习近平就拉近了自己与澳洲人民的距离,难怪会被澳大利亚媒体誉为"最了解澳大利亚的中国领导人"。

当谈到国际社会对中国崛起的忧虑时,习近平风趣地说:"中国是一个拥有13亿多人口的大国,是人群中的大块头,其他人肯定要看看大块头要怎么走、怎么动,会不会撞到自己,会不会堵了自己的路,会不会占了自己的地盘。"

"也有人说,现在北京的蓝天是APEC蓝,美好而短暂,过了这一阵就没了,我希望并相信通过不懈的努力,APEC蓝能够保持下去。"在前不久刚结束的APEC会议上,习近平的讲话质朴、充满了生活的气息,让人感觉到了另外一种力量。

特点二:讲故事

形成共鸣的故事,往往能够直达听众心灵。

2012年2月15日,时任国家副主席的习近平访问美国时,在华盛顿一次演讲中讲到了一个故事。习近平说,1992年春天,他在中国福建省福州市工作时,从报纸上看到一篇《啊!鼓岭》的文章,讲述了一对美国夫妇对中国一个叫"鼓岭"的地方充满眷恋与向往,渴望故地重游而未能如愿的故事。

"1992年8月,我和加德纳夫人见了面,并安排她去看了丈夫在世时曾念念不忘的鼓岭。那天鼓岭有9位年届90高龄的加德纳儿时的玩伴,同加德纳夫人围坐在一起畅谈往事,令她欣喜不已。加德纳夫人激动地说,丈夫的遗愿终于实现了,美丽的鼓岭和热情的中国人民使我更加理解了加德纳为什么那样深深地眷恋着中国。我相信,像这样感人至深的故事,在中美两国人民中间还有很多很多。我们应该进一步加强中美两国人民的交流,厚植中美互利合作最坚实的民意基础。"习近平用一个故事拉近了中美民众之间的距离。

2014年11月17日,在澳大利亚议会大厦的演讲中,习近平提到了一则澳大利亚孩子给他写信的故事。

"来之前不久,我和夫人收到了塔斯马尼亚州斯科奇—欧克伯恩学校16名可爱的小学生的来信,他们在信中描绘了那里的独特物产和美丽风光,特别提到了塔胡恩空中栈道、大峡谷,当然还有'塔斯马尼亚恶魔',还说如果去大峡谷的话还有可能捡到美丽的孔雀羽毛。这让我充满了好奇。"

"我期待着明天的塔斯马尼亚州之行,期待着同这些孩子见面。"一段展现真情的话语,让人感受到了一个亲切的"习大大"。

在这次演讲中,习近平还特别提到了马克林教授——一位中澳友谊发展的见证者。

"今天,我们很高兴地邀请到了格里菲斯大学的马克林教授。1964年,马克林教授首次赴华任教。半个多世纪来,马克林教授60多次访华,在亲历中国发展进步的同时,孜孜不倦向澳大利亚和世界介绍中国的真实情况。"

"今年9月,马克林教授荣获中国政府'友谊奖'。我要对你及众多澳大利亚人士为中澳友好作出的贡献,表示诚挚的谢意!"全场掌声雷动。

演讲结束后,一位前来旁听的当地人本杰明对媒体说:"习主席的演讲很精彩,他特别提到了马克林教授,一个普通的澳大利亚人和有关他的这么多细节,我听着很感动。"

特点三:充满自信

2013年3月22日至30日,习近平出访俄罗斯、坦桑尼亚、南非、刚果,并出席在南非德班举行的金砖国家领导人第五次会晤,这也是中共十八大和全国两会后,中国最高领导人首次出访。

在莫斯科国际关系学院演讲和在刚果国会演讲时,习近平在媒体的聚光灯下显得温和、放松和自如,演讲中也加进了不少自己当场的思考和发挥,并与听众现场互动。自信从容,习近平展现的新风格,给国际社会留下了深刻的印象。

自信从容是一位出色的演讲者所必备的品质。

这种风格在之后的演讲中俯首可拾。2014年11月9日,习近平在出席APEC工商领导人峰会时表示:"大时代需要大格局,大格局需要大智慧。亚太发展前景取决于今天的决断和行动。我们有责任为本地区人民创造和实现亚太梦想。"

当他平和地宣布,"中国还将出资400亿美元成立丝路基金,为'一带一路'沿线国基础设施建设、资源开发、产业合作等有关项目提供投融资支持"时,全场爆发出热烈的掌声。舆论分析认为,这再次彰显了中国的引领作用。

在2014年11月15日出席G20峰会第一阶段会议上,习近平满怀自信地说,"中国经济将继续保持强劲、可持续、平衡增长势头""作为2016年二十国集团领导人峰会主办国,中国愿意为推动世界经济增长作出更大贡献、发挥更大作用"。

有评论说,习近平的发言自信沉稳,从中我们明显可以感觉到,中国的自信心增强了,在国际上发声的"底气"也更足了。

(摘编自:人民网 记者 曾伟 徐伟峰 2014年11月20日)

三、习近平语言集锦

语言的力量,不逊于千军万马。在当今中国,习近平总书记所提出的"打老虎,拍苍蝇""把权力关进制度的笼子"等理念,妇孺皆知。"敢啃硬骨头,敢于涉险滩""没有比人更高的山,没有比脚更长的路"……习近平总书记的"习式语言"已经成为全民能诵的经典语录。

习近平总书记在他的系列重要讲话中,常用打比方、讲故事的方式阐述深刻的道理,用大白话、大实话等俗文俚语来释疑解惑,用中国优秀文化传统元素来提纲挈领、纵横捭阖。总之,习近平总书记的语言,平实中蕴含着大智慧,更有一种透彻心扉、直指人心的力量。

习近平善于将"高大上"施政理念转化为"接地气"的语言。

形象比喻篇

敢啃硬骨头,敢于涉险滩——改革要勇于冲破观念障碍和利益藩篱

蹄疾而步稳——全面深化改革的辩证思维

把权力关进制度的笼子——健全权力制约与监督体系

中华民族的"根"和"魂"——传承和弘扬中华民族优秀文化传统

拧紧"总开关"——理想信念的核心问题

核心价值观像空气一样无处不在——形成培育、弘扬核心价值观的氛围

中国人的饭碗要端在自己手里——保障粮食安全和社会稳定
做"蛋糕"与分"蛋糕"——兼顾经济发展和社会公平
死水一潭与暗流汹涌——切实保障社会发展的活力与有序
遏制城市"摊大饼"式发展——城市建设要科学规划
绿水青山与金山银山——生态与经济的相互支撑与转化
"压舱石"与"助推器"——共同维护世界的和平与稳定
防止出现"意大利面碗"现象——亚太地区要构建更紧密伙伴关系
"钙"与"软骨病"——信仰迷茫、精神迷失的危害
踏石留印,抓铁有痕——抓作风建设要有狠劲和韧劲
打"老虎",拍"苍蝇"——坚决查处不正之风和腐败问题
照镜子、正衣冠、洗洗澡、治治病——群众路线教育实践活动的总要求
"接地气"与"充充电"——领导干部要深入基层,向群众学习

俗文俚语篇
鞋子合不合脚,自己穿了才知道——坚定道路自信、理论自信和制度自信
没有比人更高的山,没有比脚更长的路——锲而不舍地继续推进改革
开弓没有回头箭——坚定不移地实现改革目标
小康不小康,关键看老乡——大力促进农民增加收入
舌尖上的安全——全力以赴保障食品安全
基础不牢,地动山摇——提高基层服务和管理能力
路遥知马力,日久见人心——加强与拉美国家的合作与互信
打铁还需自身硬——不断加强党的自身建设
门难进、脸难看、事难办——绝不能让群众为难
作秀——对待群众决不能虚情假意
人心就是力量——群众路线是党的生命线
手莫伸,伸手必被捉——保持反腐败的高压态势

诗文引用篇
既不妄自菲薄,也不妄自尊大——对中国经验的自信和自觉(《出师表 后汉书》)
苟日新,日日新,又日新——中华民族创新精神的写照(《大学》)
治大国如烹小鲜——了解国情,科学施政(《道德经》)
兄弟同心,其利断金——两岸同胞携手共圆中国梦(《易经》)
积土为山,积水为海——中非携手共圆"梦"(《荀子》)
水之积也不厚,则其负大舟也无力——让友谊之海载起中墨合作之舟(《庄子逍遥游》)
合抱之木,生于毫末——夯实中国与东盟友谊的社会土壤(《道德经》)
海纳百川,有容乃大——让各种文明在相互影响中融合共进(林则徐 原出《庄子》《尚书》)
浩渺行无极,扬帆但信风——亚太伙伴有共同的发展空间(唐诗《送朴山人归新罗》)
物必先腐,而后虫生——清除腐败滋生的土壤(《荀子》)
政之所兴在顺民心,政之所废在逆民心——为人民服务是党的根本宗旨(《管子》)

四、习近平幽默调侃全场大笑
2014年3月24日,出席第三届核安全峰会的习近平在荷兰海牙会见了美国总统奥巴马。习近平

说:"在我来荷兰之前,我和我的夫人与你的夫人米歇尔、你的岳母罗宾逊女士、你的两个可爱的女儿玛丽亚和萨莎都见了面,我们进行了愉快的谈话。我了解她们已经访问了北京、访问了西安,现在可能已经飞到成都去了。我相信这是亲善之旅、友好交流之旅,她们也会留下难忘的印象。在我与米歇尔临别时,她让我正式向总统先生转达她对你的亲切问候。"在听到英文翻译后,包括奥巴马在内的全场人员都被逗笑了。

五、白岩松《人格是最高的学位》

《人格是最高的学位》是中央电视台著名节目主持人白岩松参加"演讲与口才杯"全国新闻界"做文与做人"演讲比赛时所作的演讲。这篇演讲辞融事、情、理为一体,立意深远,构思巧妙,通篇闪耀着理性的光彩,在强手如林的比赛中独占鳌头,获得特等奖的殊荣,可说是当之无愧。

一切正直的人们都有追求真善美的渴望,演讲者传播了真善美,自然会引起共鸣,激励和鼓舞听众。本篇演讲贵在感情自然流露,真挚动人。全篇没有泛泛的空洞说教,而是将抽象的道理具体化,通过一个个真实生动的故事,引领读者去思考,不知不觉中在读者的思想上深深地打上烙印——人格才是最高的学位。

人格是最高的学位

很多年前,有一位学大提琴的年轻人去向20世纪最伟大的大提琴家卡萨尔斯讨教:我怎样才能成为一名优秀的大提琴家?卡萨尔斯面对雄心勃勃的年轻人,意味深长地回答:先成为优秀而大写的人,然后成为一名优秀而大写的音乐人,再然后就会成为一名优秀的大提琴家。

听到这个故事的时候,我还年少,对老人回答中所透露出的含义理解不多。然而,在以后的工作生涯中,随着采访接触的人越来越多,这个回答在我脑海中便越印越深。

在采访北大教授季羡林的时候,我听到一个关于他的真实故事。有一年秋天,北大新学期开学,一个外地来的学子背着大包小包走进了校园,实在太累了,就把包放在路边。这时正好一位老人走来,年轻学子就拜托老人替自己看一下包,自己则轻装去办理手续。老人爽快地答应了。近一个小时过去,学子归来,老人还在尽职尽责地看守着。学子谢过老人,两人分别。几日后北大举行开学典礼,这位年轻的学子惊讶地发现,主席台上就座的北大副校长季羡林,正是那一天替自己看行李的老人。

我不知道这位学子当时是一种怎样的心情,但我听过这个故事之后却强烈地感觉到:人格才是最高的学位。后来,我又在医院采访了世纪老人冰心。我问她:您现在最关心的是什么?老人的回答简单而感人:是老年病人的状况。

当时的冰心已接近自己人生的终点,而这位在五四运动中走上文学之路的老人,对芸芸众生的关爱之情历经80年的岁月而仍然未老。这又该是怎样的一种传统!

冰心的身躯并不强壮,然而她这生却用自己当笔,拿岁月当稿纸,写下了一篇关于爱是一种力量的文章,在离去之后给我们留下了一个伟大的背影。

然而,当你有机会和经过五四或受过五四影响的老人接触,你就知道,历史和传统其实一直离我们很近。这些世纪老人身上所独具的人格魅力是不是也该作为一种传统被我们延续下去呢?

不久前,我在北大又听到一个有关季先生的清新而感人的新故事。一批刚刚走进校园的年轻人,相约去看季羡林先生,走到门口,却开始犹豫,他们怕冒失地打扰了先生,最后决定,每人用竹子在季老家门口的地上留下问候的话语,然后才满意地离去。

这该是怎样美丽的一幅画面!在季老家不远,是北大的博雅塔在未名湖中留下的投影,而在季老家门口的问候语中,是不是也有先生的人格魅力在学子心中留下的投影呢?

听多了这样的故事,便常常觉得自己像只气球,仿佛飞得很高,仔细一看却是被浮云托着;外表看上去也还饱满,但肚子里却是空空。这样想着就有些担心;这样怎么能走更长的路呢?于是,"渴望老年"四个字,对于我就不再是幻想中的白发苍苍或身份证上改成60岁,而是如何在自己还年轻的时候,能吸取优秀老人身上所具有的种种优秀品质。

于是,我也更加知道了卡萨尔斯回答中所具有的深义。怎样才能成为一个优秀的主持人呢?心中有个声音在回答:先成为一个优秀的人,然后成为一个优秀的新闻人,再然后就会成为一名优秀的节目主持人。

(文/白岩松 来源:新华网 2007年08月30日)

六、例说演讲者的创新思维方式

(一)逆向思维

逆向思维也叫求异思维,是一种重要的思维方式。人们习惯于沿着事物发展的正方向去思考问题并寻求解决办法。逆向思维是对已成定论的事物或观点反过来思考的一种思维方式。"反其道而思之",从问题的相反面探索,得出新观点。例如司马光砸缸的故事,其实就是一个典型的逆向思维。按照人们一般的思维方法,是把小伙伴从水里救出来,但司马光是砸缸让水离开小伙伴。

逆向思维有时是为了匡正谬误,因为某些固有的观念、惯常的看法并不符合事物的本质,反过来思考,也就能发现事务的本质。但有时,逆向思维只为补充、发挥,并不一定要全部推翻原来的观点。如"没有异想,哪来天开?""熟不一定生巧""不看风焉能使舵"等,都是在一定的语言环境或特定的社会背景中的合理的逆向思考。所以对于逆向思考一定要严格遵循事物的客观规律,要避免从一个极端走向另一个极端。同时更重要的是要从这种逆向思考中,推出一个新的结论。

高水平的口语表述都要求表述者能从一般人认为是正确的观点、现象中发现谬误、不足之处,或能从传统认为是错误的观点、现象中发现真理的成分。其特点表现为对传统的思维模式作逆向思考。比如传统思维模式为由"因"至"果",逆向思维则表现为由"新因"至"否定旧果",或由"旧果"至"否定旧因",鲜明地表现对传统的批判精神。

逆向思维是让演讲立意出新的一种绝佳的方法。它作为一种有别于常规的思维方式,只要注意把握好尺度和分寸,就会让您的演讲有标新立异之奇,有鬼斧神工之妙,从而赢得更多听众的喜爱。

逆向思维的训练方法:

1. 怀疑法。有一种敢于怀疑的精神,打破习惯,对一切事物都报有怀疑之心是逆向思维所需要的。"学海无涯苦作舟"是中国人传统观念中对"头悬梁、锥刺股"的学习观念和方法的确认;但现在有演讲者反过来想,学习是一个获得知识,提高自我的过程,所以也应该是一个快乐的过程,特别是通过学习的努力获得知识和能力更应该让人觉得快乐;所以就提出"学海无涯乐做舟"的命题,并取得了很好的演讲效果。

2. 对立互补法。以把握思维对象的对立统一为目标。要求人们在处理问题时既要看到事物之间的差异,也要看到事物之间因差异的存在而带来的互补性。"合作有利于发展"的主题演讲中,往往会忽视或排斥"竞争"。从表面看,"竞争"与"合作"似乎是对立的;但事实上,在具体的发展事例中,这两者往往相辅相成,互相补充;所以在演讲中可以充分注意两者在表现出差异性同时所带来的互补性,以使演讲稿的写作逻辑更严密,更有说服力。

3. 悖论法。就是对一个概念、一个假设或一种学说,积极主动从正反两方面进行思考,以求找出其中的悖论之处。比如像"英雄难过美人关"的命题,是大众在几千年的人类历史发展过程中形成的一种共识。但如果从反面来看,"难过美人关的英雄,还是英雄吗"这样正反两面的思考,使得原先的命题出现了悖论,可见即使是被广泛认可的命题中也会存在矛盾之处,由此着手,必会有创新之见。

4. 反事实法。在心理上对已经发生了的事件进行否定并表征其原本可能出现而实际未出现的结果的心理活动,是人类意识的一个重要特征。"东施效颦"一直被认为是"画虎不成反类犬"的行为,但对这样一个已经发生了的事件,原先看到的只是表面现象,"东施"行为的本质在于她对美的欣赏和追求,而不在美的结果。由此立论也能别出心裁。

[**案例分析一**](参见刘伯奎主编《教师口语:表述与训练》,上海:华东师范大学出版社,1994)
黔驴技穷,何错之有?
传统认定:比喻有限的一点本领已经用完,再也没有什么能耐了。
逆向思维运用:

A. 驴子去黔,并非本意,是"好事者"把它硬行弄去的。

B. 寓言中,驴子确实显得很无能,可是,驴子本身既无与虎相斗的本领,也无与虎相斗的"野心"。试问:如果好事者不是让驴子去与老虎相斗,而是发挥其所长,让它去拉车、推磨……会落得个"技穷"而被老虎吃掉的悲惨结局吗?

C. 驴子在寓言中实为一悲剧角色,而一手导演了这场悲剧的是"好事者"而非驴子自己。驴子被迫去应付自己无法应付的局面而导致悲惨的结局,是值得同情的。

D. "尺有所短,寸有所长"。"黔驴技穷"的故事,在今天仍有强烈的现实意义,尤其是那些决定他人命运、前途的掌权者,应当引以为戒。要重视人才,就应当把他们安放在最符合其个性特点的位置,最大限度地发挥并利用其专长,而不能如"好事者"那样胡乱为之,使其"丧失所长"。

立论新意:黔驴技穷,应当谴责的是"好事者",而不应当嘲笑身受其害的驴子没本事。

[**案例分析二**]
作家陈幸蕙的临别演讲巧妙地运用逆向思维,立意新颖而引人入胜:
我不祝你们一帆风顺,在这最后一堂国文课上,在我们即将分手道别的时刻。
这样看来,我好像是一个不近人情的老师。
但是,英雄临行,我们岂不都以掷地有声的铿锵言语相赠?而对于你们,未来人生战场上的英雄,面对你们出发前的踌躇满志,面对你们年轻生命的纯洁、灿烂与飞扬,作为一名在课堂上与你们共处了两年的教师,我又如何能以"一帆风顺"如此平淡、软性且曾被无数人使用过的、无关痛痒的陈词,来作为这临别时刻的祝福呢?
我相信,一帆风顺的幸运,并不是你们所企求、向往的境界。尼采说:"如果你低估一个水手的能力,那么,就祝他一帆风顺吧!"而我,当然不愿低估你们的能力,漠视你们锐不可当的蓬勃英气,抹杀你们想征服人生的豪情与勇敢,因此,在这"君子临行,赠人以言"的重要时刻,我实在不能,也不愿随便而且随俗地,只用一句"祝你们一帆风顺"去轻松打发大家。

[**案例分析三**]
著名经济学家郎咸平所做的题为《中华文化的两个小问题:投机与浮躁》的演讲,就堪称逆向思维方面的典范:
赤壁之战的决胜因素是什么?有人说了是借东风。因为当时是冬天,刮的西北风,曹操的战船在北面,东吴和蜀在南面,如果要用火攻的话,刚好逆风,因此一定要等到东风来才行,所以我们的男主角诸葛亮登场了,终于借来了东风,火攻成功,大败曹营。我请大家用逆向思维想一个问题:万一这位男主角没有借到东风怎么办?如果没有借到东风,百万将士生命将置于何处?这是什么事件?这是标准的小概率事件。

第二件是什么事？就是空城计。诸葛亮弹琴，他在赌司马懿是否多疑，因为司马懿本来就是个多疑的人。可是，万一那天司马懿跟他老婆吵了一架，不多疑了呢？被他老婆骂一顿，心里一毛，桌子一拍，上来把诸葛亮抓走了，有没有这个可能呢？当然有可能了，吵架是天经地义的事，如果司马懿真的把诸葛亮抓走的话，"三国演义"就没有了，就变成"二国演义"了。诸葛亮身为堂堂蜀国的丞相，冒这种风险，这也是小概率事件。

诸葛亮是家喻户晓的智慧型人物，借东风与空城计更是他的惊世之作，人们多为他的聪明睿智所折服，可郎教授对此却不以为然，他用逆向思维思考问题，提出一个疑问：假如诸葛亮失败了怎么办？并进一步得出结论：诸葛亮这是在用百万将士和蜀国的江山冒险！虽然他两次都侥幸成功，但其实他失败的几率更高，而一旦失败了，就将葬送整个蜀国江山。因此，这种赌徒一样的行为，非但不能表扬，反而应受到批评。通过逆向思维，郎教授从老材料里挖出了新结论，显得认识深而论证实，让人备受启发。可以说，郎教授的演讲立意新颖，受到听众的欢迎，逆向思维可谓立下了头功。

[案例分析四]

陆韵茜同学所做的题为《如何毒化地球》的演讲片段：

想要毒化地球确实不是一件很容易的事，因为地球自己总是在努力地除污去垢，真是烦人。考虑到这一点，我们就应该尽可能多地从以下物质中生产出一些废料来。比如铀238这种化学元素，它的半衰期为100万年；或者是钚，它的半衰期为50万年。它们都具有很强的毒性，如果分配均匀的话，10磅的钚就能毒死地球上的一切生灵！美国一年大约能够生产出18万吨的钚，因此，这可将是我们能够长期毒化地球的最好的物质呀。如果我们能够建造更多的核电站，那么，它将大大帮助我们达到这一目的呢。因为一个核电站一年就能生产500磅钚。当然，我们还必须使用，诸如聚氯联苯和滴滴涕在内的这类具有持久毒效的化学物质，从而保证我们有足够的毒素来毒化地球，包括地核和大气层。

演讲比赛的主题是"保护地球环境"，陆韵茜却大谈特谈如何毒化地球，重新立意，这种逆向思维让听众感到既新奇又有趣，一下子就抓住了所有听众的注意力。"我们尽可能多地从以下物质中生产出一些废料来。""10磅的钚就能毒死地球上的一切生灵！"可谓语出惊人，而且显得既形象直观，又引人深思，还含有强烈讽刺和批判的味道。这篇演讲将人类某些行为的危害表现得淋漓尽致，让听众在轻松愉快之余，也受到了一次新颖生动又深刻有益的环境意识教育，受到了评委与听众的一致好评。

（二）纵向思维

高水平的演讲，其思维过程还往往表现出向纵深发展的特点，即从一般人认为不值一提的小事，或无须作进一步探讨的定论中，发现更深一层的被现象掩盖着的事物本质；其思维形式的特点为，从现象入手，从一般定论入手作纵深发展式的剖析。日常训练中可以通过深入提问法来对纵向思维能力进行训练。因为在提问中思维会得到拓展和深化。只有充分问问题，才能多角度、多层次、多情境地进行思考。

[案例分析]（参见刘伯奎主编《教师口语：表述与训练》，上海：华东师范大学出版社，1994）

关于"8"的思考：

A. 近年来，"8"这个数字备受青睐并引得它的身价百倍，你能举出一些事例来证明人们对"8"的狂热追捧吗？

几十年以来，在电话号码、门牌号码，牌照号码的选择中，人们都竭力地回避"4"这个数字，想方设法地追求"8"，甚至有人不惜花费重金来求得"8"这个数字。

B. 你能从正反两方面分析人们对"8"的迷恋的原因吗？

正面：这是对正常人性欲望的肯定，是历史进步的标志之一。改革开放以来，中国人生活日渐改善，不再认为"越穷越革命",而是大方地追求财富,这无疑体现了历史的进步。

反面:对"8"的狂热迷恋又表明了追求者自身精神的空虚。幸运号码拍卖场面之热烈、成交金额之巨,这有富翁们的攀比、炫耀的心理。在这些"先富起来了"的人身上,对于发财的狂热追求恰恰显示出他们心灵的空虚。

C. 从社会的角度分析,有哪些深层次的原因?

"8"之所以如此受欢迎,与当今社会贫富差距的加大,有些人将希望寄托于冥冥有关,寄托在"8"上。

D. 再进一步分析"8"的受宠与中国人的民族文化心理有何联系?

"8"的受宠,结合中国人传统的文化心理,信天信地,信"8"信"发",体现出的是对自我的不自信。命运似乎不掌握在自己手里,迷信那种冥冥之中的神秘力量。特别是这批先富起来的人,他们本应领导时代发展新的精神追求,但恰恰在他们身上体现出的是文化影响的负面性。

E. 思考分析对"8"的盲目追求的文化心理所可能带来的危害?

中国人追求现代文明的脚步会受到这种文化心理的羁绊。

(三)发散思维

发散思维指沿着不同的角度和思路来分析问题,提出各种不同的解决方案。它是一种无确定规则、无限制、推断无定向的思维。在演讲中培养发散性思维可以通过讨论达成:在学生充分参与的基础上,形成思维的独特性。平常训练中可通过如下方法培养发散性思维。

1. 比较法。思维的变通性也就是思维的灵活,它要求能针对问题(发散点)从不同角度用多种方法思考问题,能举一反三、触类旁通。这种训练方法主要依据演讲主题,不同的主体阐述对问题不同的看法。如《滥竽充数》这个故事,从南郭先生的角度讲,他不学无术、不懂装懂,最后落得个逃之夭夭的可悲下场,然后可以联系个人生活的实际,展开宣扬诚信的主题;也可以从齐宣王的角度出发,他好大喜功,官僚主义,给了南郭先生生存的条件,然后联系社会现实,指出问题的关键;还可以从齐湣王的角度去谈,齐湣王不因循守旧,大胆实行改革,从而有利于发现人才。多角度地分析问题,形成对问题多样的看法,有利于培养发散思维。

2. 联想法。丰富的想象力能让演讲变得生动、有趣和精彩。法国19世纪的评论家让·保罗曾说过:"想象能力能使一切片段的事物变为完全的整体,使缺陷世界变为完满世界;它能使一切事物都整化,甚至也使无限的、无所不包的宇宙变得完整。"而联想则是在类似的或相关的条件刺激下,串联起有关的生活经验和思想感情;它可以丰富演讲的内容,增强情感色彩。通过严谨的构思,将材料巧妙而有机地组合起来并使之浑然一体,从而,增强演讲的深度和广度。如"满意服务"的主题演讲,由服务联想到"爱"的付出,又联想"太阳"的意象,捕捉到它们都是予人温暖与帮助的本质,从而给听众以十分形象的感受。

[案例分析]

大树给人的启示

第一个条件:时间。没有一棵大树是树苗种下去,马上就变成了大树;一定是岁月刻画着年轮,一圈圈往外长。

启示:要想成功,一定要给自己时间。时间就是体验的积累和延伸。

第二个条件:不动。没有一棵大树,第一年种在这里,第二年种在那里,而可以成为一棵大树;一定是千百年来经风霜、历雨雪,屹立不动。正是无数次的经风霜、历雨雪,最终成就大树。

启示:要想成功,一定要"任你风吹雨打,我自岿然不动",坚守信念、专注内功,终成正果!

第三个条件:根基。树有千百万条根,粗根、细根、微根,深入地底,忙碌而不停地吸收营养,成长自己。绝对没有一棵大树没有根。

启示：要想成功，一定要不断学习。只有不断充实自己，自己扎好根，事业才能基业常青。

第四个条件：向上长。没有一棵大树只向旁边长，长胖不长高；一定是先长主干再长细枝，一直向上长。

启示：要想成功，一定要向上。不断向上才会有更大的空间。

第五个条件：向阳光。没有一棵大树长向黑暗，躲避光明。阳光，是树木生长的希望所在，大树知道必须为自己争取更多的阳光，才有希望长得更高。

启示：要想成功，一定要树立一个正确的目标，并为之努力奋斗，愿望才有可能变成现实。

实 践 训 练

一、《习近平的"演讲范儿"》——演讲要素分析

根据下文谈谈你对演讲中各要素的理解。

习近平的"演讲范儿"

公众演说本是西方的产物，政见传播的对象是大众。而中国古语有云："一言之辩，重于九鼎至宝；三寸之舌，强于百万雄师。"中国领导人深谙其道，在他国发表演讲中或阐明主张，或抒发情感，运用历史的、现实的多重维度，寻找中西方共同的文化渊源以期获得听众的情感共鸣。

3月22日至4月1日，国家主席习近平出席第三届核安全峰会，并在联合国教科文组织、法国、德国和比利时分别发表了4场演讲。演讲中，他数次援引古今名言诗句，提到多位中外人物来阐释对各种文化和文明的理解，以及中国的发展与外交政策等。

4月1日，在欧洲学院的演讲中，他将热烈奔放的酒和含蓄内敛的茶对比，用"酒逢知己千杯少"和"品茶品味品人生"来说明东西方文明的差异。

这种表述方式在习的演讲中俯拾皆是。语言平实且意味隽永、几无官腔且具亲和力、通俗易懂且具感染力，被国际媒体亲切地称为"习式风格"。

在何种国家的何种场合演讲何种内容，本是根据与到访国家的亲疏程度，以及所要开展的外交方略所决定的。但从习近平的演讲中，还是可以看出领导人的讲话自有其内在的表述逻辑——更重要的是，演讲背后所想传达的信号。

对外交的个人投入：聊足球、谈思考、提看法

"他本人稳重又有风度，声音非常有磁性。讲话语速缓和，语态轻松、自然，但回答尖锐问题又很有力。"中国共产党新闻网记者在现场聆听了习近平在纳扎尔巴耶夫大学发表演讲后作此感受。

实际上，习近平的外交很大程度上体现了个人投入。他曾多次在各种场合中表露出自己对中国体育和中国足球的关注，并且将这种热爱融入到与演讲国的交往中。

2013年6月15日，在墨西哥参议院演讲时他曾坦言，"我是一个足球迷。""带领中国队闯进过世界杯比赛的就是也担任过墨西哥国家足球队主教练的米卢。"在刚刚结束的中法建交五十周年纪念大会上，他笑眯眯地说："中国广大球迷对刚刚担任中国国家男足主教练的阿兰·佩兰先生寄予了热切期待，我祝他好运。"

除此之外，习近平在各种讲话中还勇于展示自己的个性和思考。3月27日，在联合国总部发表演讲时，他讲述了自己对陕西出土的东罗马和伊斯兰琉璃的思考："对待不同文明，不能只满足于领略它们对以往人们生活的艺术表现，更应该让其中蕴藏的精神鲜活起来。"

还是这场演讲，作为首次系统提出对世界文明看法的当代中国领导人，习近平指出：文明有多彩

性、平等性以及包容性。

诺丁汉大学中国政策研究所高级研究员王正绪在接受记者采访时表示,习近平阐述对文明交流互鉴的看法和主张,实际上成为各国人民要求本国的文化、文明得到平等尊重和充分发展的代言者。

有人说,习近平的观点是犀利的,但表达却是温和又巧妙的。他在中法建交50周年纪念大会上的讲话上引用拿破仑的话,巧妙地将中国比喻成一头睡醒的狮子:"中国这头狮子已经醒了,但这是一只和平的、可亲的、文明的狮子。"

演讲方式:找渊源寻共鸣、善用比喻讲故事

在外事活动中,提及两国彼此之间的渊源,可以迅速产生共鸣。在习近平的演讲中,都可以找到类似的"共鸣"痕迹。3月27日,在法国演讲时,他谈到毛泽东和戴高乐在冷战期间毅然作出中法全面建交的历史性决策。2013年10月3日,在印度尼西亚的演讲中,习近平提到郑和七次远洋航海留下的两国友好交往。2013年6月5日,在墨西哥参议院演讲时,他讲述了墨西哥著名作家帕斯曾将两千多年前中国哲人老子、庄子的思想翻译成西班牙文。

在不同场合的演讲中,习近平多次说到"国之交在于民相亲",说到国家之间要民心相通,强调应该推动不同文明相互尊重、和谐共处。

他用"讲故事"的方式讲述了中国和其他国家人民相亲的事例:在德国演讲时,他分别列举了德国友人拉贝在南京大屠杀时为20多万中国人提供了栖身之所,以及葡萄专家诺博无偿向山东农民传授葡萄栽培、嫁接改优技术的故事。在法国,他列举了把药品运往中国抗日根据地的医生贝熙叶,以及在四川汶川地震期间舍身守护困在电梯的小女孩的军医乌埃尔。

习近平在演讲中擅用比喻。在比利时布鲁日的欧洲学院,他用布鲁日的"桥"含义比喻其欧洲之行就是"在亚欧大陆架起一座友谊和合作之桥"。2013年3月23日,在莫斯科国际关系学院发表题为《顺应时代前进潮流 促进世界和平发展》的演讲时,习近平曾以"春"为喻,阐述中国对当前世界形势的看法和对国际关系的立场主张。

除了向到访国表达中国的外交主张,习近平还在多次演讲中谈及中国改革,语气坚决。

2013年9月5日,在G20峰会上他表示,"任何一项事业,都需要远近兼顾、深谋远虑,杀鸡取卵、竭泽而渔式的发展是不会长久的"。在德国的演讲中,他表示随着改革进程的深化,"德国制造"和"中国制造"将呈现更多契合点。

"儒生"气息:引经据典和"大白话"结合

引经据典是演讲学的基本功,而习近平在演讲中频频引用诗词、俗语,多次熟练地提及各国文学,显示出其热爱阅读的"儒生"气息。

细心的读者可以观察出,习近平在中法建交50周年纪念大会上的讲话上并不是完全按照讲稿推进的。他在总结50年来中法两国人民的友好关系时,提炼了独立自主、相互理解、高瞻远瞩、合作共赢四组词语,随后用200字左右的篇幅来具体阐释其含义。其中,在阐述"相互理解"这个章节后话锋一转,用了474字讲述了他本人对法兰西文化的理解。几十个法国历史、哲学、文学、艺术家及作品习近平信手拈来、恰到好处。

在德国科尔伯基金会的演讲中,他引用歌德名篇《浮士德》,指出中国不是可怕的"墨菲斯托";他还列举出歌德、席勒、康德、马克思、巴赫、贝多芬、勃拉姆斯等在哲学、文学、音乐领域的巨擘。习近平强调称,"增加了对人类生活中悲欢离合的感触""加深了对世界和人生的认识"。

今年是第一次世界大战爆发100周年、第二次世界大战爆发75周年。专家说,习近平主席在演讲中引用德国前总理勃兰特名言"谁忘记历史,谁就会在灵魂上生病"和中国古语"前事不忘,后事之师",

这既是宣示中国人民走和平发展道路的决心,也是警告某些国家要建立正确的历史观,并真诚希望世界各国携手建设持久和平、共同繁荣的和谐世界。

同样的阅读"功力"展示于在莫斯科国际关系学院的演讲:"我们这一代人读了很多俄罗斯文学的经典作品。我年轻时就读过普希金、莱蒙托夫、屠格涅夫、陀思妥耶夫斯基、托尔斯泰、契诃夫等文学巨匠的作品,让我感受到俄罗斯文学的魅力。"

习近平讲话的一个鲜明特点是爱讲"大白话",他不仅将这种接地气的语言风格运用在国内讲话中,还将其带到国外的演讲场合中,同样使听者印象深刻。

他用"萝卜青菜,各有所爱"来表示只要秉持包容精神,就不存在"文明冲突"。用"鞋子合不合脚只有自己穿上才知道"来阐述一个国家的发展道路合不合适,只有这个国家的人民才最有发言权。

有分析家指出,这样的语言没有高调和口号,也没有任何豪言壮语,而是一种近乎谈心式沟通交流,让人产生真实的感受。他在坦桑尼亚演讲时,一开口用"哈巴里"打招呼,用"阿桑特民萨那"来谢谢大家,在细节处体现一位大国领导人的亲民风采。

(摘编自:崔小粟 人民网——中国共产党新闻网 北京2014年4月2日电)

二、李克强的妙喻——演讲语境分析

2015年1月21日,李克强在瑞士达沃斯世界经济论坛2015年年会上以"维护和平稳定 推动结构改革 增强发展新动能"为题发表特别致辞。请从演讲语境的角度分析两段话的妙处。

1. 疗养胜地开药方

很高兴时隔5年再次来到达沃斯,出席世界经济论坛2015年年会。达沃斯小镇十分宁静祥和,但我们所处的世界却并不平静,国际社会需要应对新局势。我还听说,达沃斯曾经是治疗肺病的疗养地,因为盘尼西林的发明而转型。时至今日,达沃斯已经成为"头脑风暴"的智力中心,世界也需要新的"盘尼西林"来应对新挑战。

2. 用滑雪妙喻中国经济

瑞士达沃斯是世界滑雪胜地。大家知道,滑雪有三要素:速度、平衡、勇气。对中国经济而言,就是要主动适应新常态,保持中高速度的增长,平衡好稳增长和调结构的关系,以壮士断腕的勇气推进改革。只要我们坚持改革开放不动摇,着力推进结构性改革,推动大众创业、万众创新,扩大公共产品、公共服务供给,用"双引擎"助力"双中高",中国经济就一定能够摆脱"中等收入陷阱"的"魔咒",走上持续健康发展的轨道,同时为世界经济带来更大机遇。

(来源:新华网 2015年01月22日)

三、李培根演讲《记忆》与听众强烈共鸣

在华中科技大学2010届本科生毕业典礼上,校长李培根院士16分钟的演讲,被掌声打断30次。全场7 700余名学子起立高喊:"根叔!根叔!"

"校长要用心讲话。"李培根告诉记者,"如果演讲稿由其他人代劳,文采可能会比我好,但不能代表我与学生的讲话。"

请你从演讲的诸要素角度分析李培根演讲的《记忆》为什么能与听众强烈共鸣。

记 忆

亲爱的2010届毕业生同学们:

你们好!

首先,为你们完成学业并即将踏上新的征途送上最美好的祝愿。

同学们，在华中科技大学的这几年里，你们一定有很多珍贵的记忆！

你们真幸运，国家的盛世如此集中相伴在你们大学的记忆中。2008奥运留下的记忆，不仅是金牌数的第一，不仅是开幕式的华丽，更是中华文化的魅力和民族向心力的显示；六十年大庆留下的记忆，不仅是领袖的挥手，不仅是自主研制的先进武器，不仅是女兵的微笑，不仅是队伍的威武整齐，更是改革开放的历史和旗帜的威力；世博会留下的记忆，不仅是世博之夜水火相容的神奇，不仅是中国馆的宏伟，不仅是异国场馆的浪漫，更是中华的崛起，世界的惊异；你们一定记得某国总统的傲慢与无礼，你们也让他记忆了你们的不屑与蔑视；同学们，伴随着你们大学记忆的一定还有什锦八宝饭；还有一个G2的新词，它将永远成为世界新的记忆。

近几年，国家频发的灾难一定给你们留下深刻的记忆。汶川的颤抖，没能抖落中国人民的坚强与刚毅；玉树的摇动，没能撼动汉藏人民的齐心与合力。留给你们记忆的不仅是大悲的哭泣，更是大爱的洗礼；西南的干旱或许使你们一样感受渴与饥，留给你们记忆的，不仅是大地的喘息，更是自然需要和谐、发展需要科学的道理。

在华中大的这几年，你们会留下一生中特殊的记忆。你一定记得刚进大学的那几分稚气，父母亲人送你报到时的情景历历；你或许记得考前突击而带着忐忑不安的心情走向考场时的悲壮；你也会记得取得好成绩时的欣喜；你或许记得这所并无悠久历史的学校不断追求卓越的故事；你或许记得裴法祖院士所代表的同济传奇以及大师离去时同济校园中弥漫的悲痛与凝重气息；你或许记得人文素质讲堂的拥挤，也记得在社团中的奔放与随意；你一定记得骑车登上"绝望坡"的喘息与快意；你也许记得青年园中令你陶醉的发香和桂香，眼睛湖畔令你流连忘返的圣洁或妖娆；你或许"记得向喜欢的女孩表白被拒时内心的煎熬"，也一定记得那初吻时的如醉如痴。可是，你是否还记得强磁场和光电国家实验室的建立？是否记得创新研究院和启明学院的崛起？是否记得为你们领航的党旗？是否记得人文讲坛上精神矍铄的先生叔子？是否记得倾听你们诉说的在线的"张妈妈"？是否记得告诉你们捡起路上树枝的刘玉老师？是否记得应立新老师为你们修改过的简历，但愿它能成为你们进入职场的最初记忆。同学们，华中大校园里，太多的人和事需要你们记忆。

请相信我，日后你们或许会改变今天的某些记忆。瑜园的梧桐，年年飞絮成"雨"，今天或许让你觉得如淫雨霏霏，使你心情烦躁、郁闷。日后，你会觉得如果没有梧桐之"雨"，瑜园将缺少滋润；若没有梧桐的遮盖，华中大似乎缺少前辈的庇荫，更少了历史的沉积。你们一定还记得，学校的排名下降使你们生气，未来或许你会觉得"不为排名所累"更体现华中大的自信与定力。

我知道，你们还有一些特别的记忆。你们一定记住了"俯卧撑""躲猫猫""喝开水"，从热闹和愚蠢中，你们记忆了正义；你们记住了"打酱油"和"妈妈喊你回家吃饭"，从麻木和好笑中，你们记忆了责任和良知；你们一定记住了姐的狂放，哥的犀利。未来有一天，或许当年的记忆会让你们问自己，曾经是姐的娱乐，还是哥的寂寞？

亲爱的同学们，你们在华中科技大学的几年给我留下了永恒的记忆。我记得你们为烈士寻亲千里，记得你们在公德长征路上的经历；我记得你们在各种社团的骄人成绩；我记得你们时而感到"无语"、时而表现的焦虑，记得你们为中国的"常青藤"学校中无华中大一席而灰心丧气；我记得某些同学为"学位门"、为光谷同济医院的选址而愤激；我记得你们刚刚对我的呼喊："根叔，你为我们做成了什么？"——是啊，我也得时时拷问自己的良心，到底为你们做了什么？还能为华中大学子做什么？

我记得，你们都是小青年。我记得"吉丫头"，那么平凡，却格外美丽；我记得你们中间的胡政在国际权威期刊上发表多篇高水平论文，创造了本科生参与研究的奇迹；我记得"校歌男"，记得"选修课王子"，同样是可爱的孩子。我记得沉迷于网络游戏甚至濒临退学的学生与我聊天时目光中透出的茫然与无助,他们还是华中大的孩子,他们更成为我心中抹不去的记忆。

我记得你们的自行车和热水瓶常常被偷,记得你们为抢占座位而付出的艰辛;记得你们在寒冷的冬天手脚冰凉,记得你们在炎热的夏季彻夜难眠,记得食堂常常让你们生气,我当然更记得自己说过的话:"我们绝不赚学生一分钱",也记得你们对此言并不满意;但愿华中大尤其要有关于校园丑陋的记忆。只要我们共同记忆那些丑陋,总有一天,我们能将丑陋转化成美丽。

同学们,你们中的大多数人,即将背上你们的行李,甚至远离。请记住,最好不要再让你们的父母为你们送行。"面对岁月的侵蚀,你们的烦恼可能会越来越多,考虑的问题也可能会越来越现实,角色的转换可能会让你感觉到有些措手不及。"也许你会选择"胶囊公寓",或者不得不蜗居,成为蚁族之一员。没关系,成功更容易光顾磨难和艰辛,正如只有经过泥泞的道路才会留下脚印。请记住,未来你们大概不再有批评上级的随意,同事之间大概也不会有如同学之间简单的关系;请记住,别太多地抱怨,成功永远不属于整天抱怨的人,抱怨也无济于事;请记住,别沉迷于世界的虚拟,还得回到社会的现实;请记住,"敢于竞争,善于转化",这是华中大的精神风貌,也许是你们未来成功的真谛;请记住,华中大,你的母校。"什么是母校?就是那个你一天骂他八遍却不许别人骂的地方"。多么朴实精辟!

亲爱的同学们,也许你们难以有那么多的记忆。如果问你们关于一个字的记忆,那一定是"被"。我知道,你们不喜欢"被就业""被坚强",那就挺直你们的脊梁,挺起你们的胸膛,自己去就业,坚强而勇敢地到社会中去闯荡。

亲爱的同学们,也许你们难以有那么多的记忆,也许你们很快就会忘记根叔的唠叨与琐细。尽管你们不喜欢"被",根叔还是想强加给你们一个"被":你们的未来"被"华中大记忆!

(见习记者 朱建华 通讯员 王潇潇 实习生 朱芮 汉网—长江日报 2010年6月24日)

四、自信训练:面对听众说出自己的优点

要求:表现自信,内容具体,演讲主体要注意与客体、环境的契合。

3 演讲的语言

3.1 演讲语言概述

3.1.1 演讲语言的含义

演讲语言是演讲时所使用的、规范化程度较高的口语。演讲者运用有声语言,以语音为主要媒介向听众传递信息。因此,演讲不能脱离语言而存在,但它又有别于日常口语。它除了一般的书面语言和口语表达的特点外,还具有自己独特的表现手法。同时,演讲者总是以手势、表情等态势语言作为辅助手段,增强口语的表达效果。

演讲是面对公众进行的言语行为。演讲的社会效果如何,很大程度上取决于演讲者能否熟练地运用演讲语言。纵观人类的演讲史,古今中外的著名演讲家,无一不在演讲语言上勤学苦练、精益求精。所以,要准确、生动地表达自己的思想情感,要使演讲成功而精彩,就应该好好研究和掌握演讲语言。

3.1.2 演讲语言的特点

演讲是一种特殊的言语活动,它具有如下几种语体特点。

(一)口语化

演讲语言是一种口语。尽管演讲者在演讲之前写好演讲稿,但是演讲的语体并不等同于演讲稿的语体。在演讲中人们可以运用音量的轻重、语调的高低、语气的变化、速度的快慢等各种语音手段,阐明思想观点,抒发情感。而书面语无法使用语音手段,在传递信息时不可能做到绘声绘色、生动活泼,有时甚至因深奥晦涩而产生歧义。

演讲内容以语音为载体向外传递,而有声语言声过即逝,听众不可能像阅读文字那样反复推敲。只有当场听清楚,才有可能当场理解,当场受到感染和鼓动。因此,演讲语言应浅显明白、通俗易懂。

（二）规范化

人们在日常交往中所谈之事往往比较琐碎,说话不可能也没必要每一句话都深思熟虑,所以,日常谈话口语粗略、多变,随意性很大,常用重复、倒装、省略等句式,语言很少具有系统性。同时,日常口语包含许多无实际意义的冗余成分。

演讲语言则条理清晰,逻辑性强,语句完整,口语规范化程度较高。要认真推敲文字,精益求精,力求一字不多、一字不易。这就要求演讲者必须掌握丰富的词汇,认真区别词语的感情色彩,恰当地使用成语、典故、名言、警句等,以增强语言表达的准确性、规范化。

（三）个性化

演讲语言的个性化是指演讲者用自己的语言表达自己的思想观点、情感意愿。高水平的演讲,能够抓住听众的心,使之全神贯注、产生共鸣。他们不是老调重弹,套用现成的语言,而是以个性化的语言与听众交流,以自己的真情实感与听众沟通。只有个性化的语言才能表现独到的见解,才能产生独特的魅力,才能给听众以强烈震撼。

个性化的语言是一个人的思想、学识、阅历、才华、性格、气质以及语言修养的集中表现。如鲁迅先生,他擅长哲理性的思考、严峻的幽默、犀利的讽刺。他的演讲寓意深刻,富有哲理,外冷内热,于细微处见功夫。而郭沫若则是观察事物从宏观着眼,演讲时热情洋溢、奔放不羁,语句优美。尽管他们生活于同一时代,但风格迥异、各有千秋,都给听众留下了深刻的印象。

3.1.3 演讲语言的基本要求

（一）发音标准、清晰

口语原本是人们进行交往的便利工具,然而由于方言方音的差别,反而给情感交流和思想沟通造成了很大障碍。如果演讲者用浓重的方言讲话,即使观点再新颖、情感再丰富、语言再精炼,方言区外的听众也可能会感到不知所云,当然就不可能达到演讲预期的效果。所以,演讲一定要使用国家通用的语言,就是要使用"以北京语音为标准音,以北方话为基础方言,以典范的现代白话文著作为语法规范的普通话。"

只有严格遵守现代汉语的语音运用规则和各种用词、造句、组段、成篇的规则,才符合普通话的要求,这样的口语表达才容易被听众接受。

（二）声音响亮、流畅

演讲是面对听众进行的,为了让人们能听清楚,演讲者的声音应该响亮。

响亮,并非大喊大叫,而是声音的清亮圆润。正如人们所描述的那样:金石掷地、大珠小珠落玉盘……令人舒心悦耳。如果演讲时声嘶力竭地喊叫,以牺牲音质为代价,即使震耳欲聋,也不会产生好的效果。而且,这样发音会使声音变得干涩、粗糙、生硬,演讲者也容易疲劳。

在演讲中,若要使听众能听得见演讲内容,声音需要响亮;若要使听众能听得懂演讲内容,语言还需流畅。流畅,是指运用语流连贯、语法规范、合乎逻辑、通俗易懂的语言,表达演讲者的思想观点,使听众迅速理解。

3.2 演讲的口语表达

演讲主要依靠口语表达,它要求嗓音洪亮圆润,吐字清晰有力,节奏分明适度,感情充沛真挚。这一切都取决于口语发送能力。口语的发送能力又取决于语音造型。

语音造型中主要有"形"和"神"两个要素。

形,是指演讲者运用各种发音器官发出各种声音,作用于听众的听觉器官,通过联想,使语音产生形象感。譬如一场绘声绘色的口头描写,一两声拟声等。

神,是指演讲者调动各种语音技巧,把演讲的思想情感进行物质外化,使之具有潜在的慑服力和语境的感化力。演讲者只有借助形神兼备的语音把各种复杂的情感表达出来,听众才能凭借语音领悟演讲的神韵。

3.2.1 发声

气乃声之源。韩愈在《答李翊书》中把呼吸与发声的关系说得十分清楚,他说:"气,水也;言,浮物也。水大而物之浮者大小毕浮。气之与言犹是也,气盛则言之长短与声之高下者宜。"因此,语音的质量高低,在很大的程度上取决于呼吸技巧的运用。

(一) 呼吸

1. 口腔呼吸

双唇微张,软腭抬起,舌根降低,喉结和声带下移,深吸气,储于腹内,用腹肌支持。这种方法吸气量大,气息长,以口腔共鸣为主,常用于快说。但气流不强,不适宜高音。

2. 鼻腔呼吸

张开鼻翼,用上鼻逆吸气,眼眉上挑,像闻花香似的。双唇闭拢,舌尖抵住上齿龈,气息储在胸腔,口腔肌肉放松。鼻腔吸的气,具有一定的湿度和温度,能够滋润喉咙,保护声带,均匀地进行吸气,掩饰了语音修饰的痕迹,但音量小,频率低。

3. 口鼻呼吸

打开口腔和鼻腔,肌肉放松,自然挺胸,两肋张开,收小腹,提气于腰,快速吸气,让气流在腰部后两侧找到支点,小腹提气,形成三角支撑的感觉。呼气时,气流有节制地缓缓吐出,形成内外对抗。这样呼吸,吸气深、吸气足,而且有利于控制气息,有利于用气发声,表现力强。

(二) 补气

补气也叫"偷气"。演讲达到高潮,通常需要大量气流加强语势,每当这时,语速较快,不允许有大的停顿来换气,怎么办呢?

只好边说边吸气,在刹那间同时用口与鼻吸入少量气流作补充。这就是"偷气"。偷气的要领是不让听众觉察。因此,在"偷"的时候,速度要快,还要避免带摩擦音。

(三) 共鸣

气息是发声的原动力,也是共鸣的基础。气流从肺部上升到喉头冲击声带发出的声音是很微弱的;只有经过喉腔、咽腔、口腔、鼻腔的共鸣,才能扩大声音量、美化音色,才能获得洪亮、圆润、悦耳的声音。

要获得理想的声音质量,就必须使喉腔、咽腔、口腔、鼻腔共同协调工作。

喉腔,是人体的第一个共鸣器官,如果被挤扁,声音就会"横"出来;如果喉部束紧,声音就会"拔高""单薄"。喉腔的形状变化,对声音质量有很大的影响。

咽腔,容积比较大,对于扩大音量和美化音色起着重要的作用。

口腔,这是声音的制造场,也是人体最主要的最灵活多变的共鸣体。口腔开合、舌头的伸缩、软腭的升降都可能改变口腔的形状,对共鸣有重要的影响。

鼻腔,它的共鸣作用是由于腔内空气振动和骨骼的传导产生的,它对高音的共鸣作用很大。

胸腔,随着声音的高低的变化,胸部会感到有一个较为集中的响点。这一"胸腔响点"沿着胸骨的上下移动产生胸腔的振动,由这种振动造成的共鸣可以使音量扩大,声音浑厚有力。

演讲中,人们主要运用的是以口腔为主,中、低、高三腔共鸣的方式。中音共鸣区是口腔共鸣,它是硬腭、软腭以下,胸腔以上的各共鸣体。低音共鸣区主要是胸腔共鸣。高音共鸣区主要是鼻腔共鸣,它是硬腭、软腭以上的共鸣体。

演讲是以口腔共鸣为主,以胸腔共鸣为基础,略带一点鼻腔共鸣。用这样的共鸣方式发出的声音,既丰满圆润、洪亮浑厚,又朴实自然、清晰真切。

(四) 吐字

吐字亦称吐字归音。吐字归音是我国传统说唱艺术理论中在咬字方法上运用的一个术语。它把一个音节的发音过程分成出字、立字和归音三个阶段。出字是指声母和韵头(介音)的发音过程,立字是指韵腹(主要元音)的发音过程,归音是指音带发音的收尾(韵尾)过程。也就是要控制发声器官的位置和肌肉的松紧,使每个字音的字头、字腹、字尾都发得清楚完整。

每个音节都由字头、字腹、字尾三个部分组成。字头，是指音节的声母或者声母与介音 i、u、ü（如果有介音 i、u、ü）的结合所组成的开头部分。例如"讲"，它的字头就是"ji"。字腹，就是一个音节中的主要元音，"讲"的字腹就是"a"。字尾，就是一个音节中的韵尾，"讲"的字尾就是"-ng"。使字音饱满的要领是"咬紧字头，延长字腹，收准字尾"。

"咬紧字头"，是发音的第一关。就是在发音时调动发音部位的肌肉，形成气流的封闭状态。由于肌肉紧张度增加，也就造成了气流压力的增大，这时再突然放开封闭，使气流喷涌而出，即可形成很有分量的字头。

"延长字腹"，是指在整个音节的发音过程中字腹的时值最大。字腹是由主要元音担任的，是最响亮的部分。也就是说，要尽可能缩短字头、字尾这些不太响亮部分所占的时值比例，使最响亮的部分尽可能多占时间，这样，整个音节的响亮程度自然就提高了。

"收准字尾"，这是音准的需要，例如"讲"的字尾是"-ng"，如果不收，"讲"就变成了"假"，故不收不行。字尾往往不响亮，收长了影响字音的响亮，故收尾时应尽可能缩短些。

3.2.2 节奏

节奏是语言中音节排列组合后体现出来的一种均衡和谐的美。构成节奏的要素有重音、停顿、速度和抑扬等。

（一）重音

在演讲中，将有的字、词说成重音，以便更真切地传达思想，抒发情感，加强听众的听觉印象。演讲中的重音可归纳为两大类：语法重音和感情重音，亦称结构重音和强调重音。

语法重音是指按照语法结构自然重说的音节。语法重音的位置是有规律的。

1. 旨在说明主语"怎么样了？"的谓语，要说得重些。例如：

   李先生看见了。

2. 句中有宾语，宾语重音。例如：

   李先生看见他了。

3. 句中有修饰语，修饰语重音。例如：

   隔壁的李先生看见他了。

4. 疑问句,疑问代词重音。例如:

谁看见他了?

5. 转折连词重音。例如:

隔壁的李先生看见他了,但他不肯作证。

6. 象声词重音。例如:

无数颗子弹嗖嗖地从同胞们的胸膛穿过,又有多少失去父母的孩子在哇哇地哭喊着。

7. 数量词重音。例如:

日本日立公司电机厂,五千五百人,年产一千二百万千瓦;咱们厂,八千九百人,年产一百二十万千瓦。这说明了什么?

语法重音与非重音相比较,反差并不大。演讲中一旦强调某种感情,或者需要表达某种心情,语法重音就立即让位给感情重音。例如"李先生看见他了"中,"他"是语法重音,但如果作为"谁看见他了?"的回答,重音就是"李先生"。

感情重音的表达技巧是多种多样的:

一是加重音量。唇舌用力,提高音量,把需要突出的字词说得重一些,响亮一些。加重音量是一个完整的过程,即由弱到强,音量渐起;再由强到弱,音量渐低。音量的前后变化,层次分明,以弱显强,以强比弱,在对比中表现重音效果。

加重音量需要掌握下列法则:

音高要有节,高而不喊;

音低要有力,低而不散;

音高要声轻,轻而不浮;

音低要字沉,沉而不浊;

音量加大时,气要足而劲不拙;

音量减少时,声要虚而口用力。

二是拖长音节。就是把重音词语的字音,加上空拍,相对拖长。例如:

李先生在昆明被暗杀,是李先生留给昆明的光荣,也是昆明人民的光——荣!

三是一字一顿。用时间停顿的方式突出重音。运用时需要特别注意的是,音节间停顿的时间要均匀,每个音节的音量要大致相当。例如:

正方:我们说利必然出现,并没有说弊必然出现。
反方:弊是客—观—现—实。

一字一顿,既从容不迫,又生动突出,收到了极好的效果。

(二)停顿

停顿,既是生理需要,更是表达的必然要求;是口头的标点,也是演讲者情感神韵的传导。

停顿包括语法停顿、逻辑停顿、感情停顿、回味停顿四种。

1. 语法停顿

是根据标点符号所做的长短适度的停顿。句号、问号、感叹号停顿的时间稍长;分号、破折号、冒号停顿的时间稍短;逗号、顿号停顿的时间更短。句与句之间的停顿长些,段与段之间的停顿更长。成分复杂的长句,通常在主语之后略作停顿。继续往下说,也要注意句子成分之间的语意停顿。例如:

难道他们/不想将母亲/从敌人手里救出来,/把母亲也装扮起来,/成为世界上/一个最出色,/最美丽,/最令人尊敬的母亲吗?

只有一个修饰成分的句子,一般可以不停顿,修饰成分多的,离中心词远的可作停顿,连着中心词的成分可以不停顿。

2. 逻辑停顿

为显示语意,突出停顿前后的词语而不受标点约束的停顿。例如:

我们不怕死,我们有牺牲精神!我们随时像李先生一样,前脚跨出大门,后脚就不准备再跨进大门!

前两句是原因,后一句是结果,在表达这种因果之间的关系时,就需要一个较大的停顿。

3. 感情停顿

这是依据演讲者的心理和情绪所作的一种特别的停顿。它是为了渲染某种思想情绪,或者使情绪转为自然,有意识地、突然地作停顿处理。例如:

平时我总是教育他们要了解社会,熟悉社会,面对眼前的事实,真正不了解社会,不熟悉社会的不是他们,而是我自己!

最后一句,如果连着讲:"而是我自己",就显得很平淡,为了突出演讲者此时的羞愧感,就要在"而是"后面作一个停顿处理,而且要把"我自己"作重音处理。

4. 回味停顿

在句尾或段尾所作的特意停顿为回味停顿,目的在于留给听众一个思考、体味、揣摩的余地。例如:

  朋友,如果让您选择一个您最喜欢的词,您选择哪一个呢?您可能会选择幸福,也可能选择生活或者是爱……但是如果让我来选择,那我一定选择责任。

在最后一个"选择"之后作一个较大的停顿,然后再说出"责任"。因为这种停顿能引起听众的揣摩,因而也增强了演讲中的交流感。停顿运用得恰当,还常常可以调动听众的情绪,起到控场的作用。据说林肯在演讲时,常常在说出重要的话之前,为了给听众打下烙印,突然收住话音,看大家一会儿,然后再把话说出来。这也是演讲中一种特别的技巧。

(三)速度

速度指演讲中的语速。演讲的快慢对于表情达意是十分重要的。凡是兴奋、激动时,语速加快;而沉思、平静时,语速就变慢。演讲的语速介乎播音与报告之间,每分钟发出 200 个左右的音节。在这个基础上再根据不同的演讲风格酌情增减。此外,每篇演讲的开头、高潮、结尾等各部分语速也应有所不同,否则就会呆板而缺乏变化。

(四)抑扬

抑扬是指句子高低升降的变化,这种升降变化能表达不同的语气。演讲中常用的语调有三种。

1. 上扬调

声音由低而高,一般用来表示惊讶、反问、号召、鼓动,或意犹未尽等,以此来引起人们的注意。例如:

  我们现在提出知识化、专业化的更高要求,难道不是完全正确的和必要的、完全符合历史发展的吗?↗

这是一个反问句,用上扬调,能增强语势,产生一种无可辩驳的效果。再如:

  马克思主义是永存的。让马克思伟大真理的光芒,永远照耀我们前进!↗

用上扬调,表示号召和鼓动。

2. 下抑调。声音由高至低渐次下降,一般用来表示自然、肯定、祈使和话语结束等。例如:

  我们有这个信心:↗人民的力量是要胜利的,↘真理是永远存在的。↘

坚定的信心,在下抑的语调中获得了充分的表达。

3. 平直调。声音从头到尾比较平稳,变化不大。一般用来叙述、说明、解释,表达庄重、严肃、悲痛、冷漠等情绪。例如:

  列宁同志和我们永别时嘱咐我们要珍重党员这个伟大称号,并保持这个伟大称号的纯洁性。列宁同志,我们谨向您宣誓:我们一定要光荣地执行您的这个遗嘱!→

这段话语调平稳,变化不明显,平稳中却表达了斯大林当时的庄重肃穆的神情。

这些语调的运用,必须以自己的真实感情为依托,而且还必须交替使用,才能显示演讲的抑扬顿挫,生动感人。千万不可矫揉造作,缺乏变化。

(五) 节奏类型

因为重音、停顿、速度和抑扬的排列组合不同,演讲中便出现了三种不同类型的节奏。

1. 明快型

感情脉络平稳,语调变化小,语气平和,中速或稍慢,重音和停顿较少,多用于叙述一件事情,说明一个道理。例如张海迪《在困难面前要做胜利者》中的一段:

  有一位朋友对我说:"玲玲,我有时觉得心里很空虚。"我就请他和我一起学习。我说:"我们要是学了知识,就会感到生活充实了。"从此,这位朋友就一直坚持学习。1979年他参了军,参加了对越自卫反击战。在战场上他写来这样一封信,说:"玲玲,我现在在战场上给你写信,这儿硝烟弥漫,战友们都冲上去了,也有的战友倒下了。玲玲,我现在想得很多很多,我想我自己要是牺牲了没什么,可是要被打残废了怎么办呢?"他说:"你知道吗?这个时候我想起你。我觉得你虽然腿残废了,但是你还是坚持工作和学习,我要像你那样生活下去。"结果,他在战场上勇猛作战,入了党,并且和他的战友们一起荣立了集体三等功,胜利地返回了祖国。

这是叙述一段往事,虽然不能激动人心,但对张海迪来说,却能使她感到十分欣慰。因而在节奏的处理上,就只采用语调变化不大,无明显的重音、停顿和中速的方式来恰当地表现。

2. 凝重型

抒发沉思、悲伤、激愤的情感所使用的一种节奏，多用于抒情性演讲。例如，当张海迪在讲到她曾经因失望而自杀的时候，她就是用这种方式处理的。她说：

> 有一次，我趁爸爸、妈妈上班的时候，收拾好东西，给爸爸妈妈写了一封遗书。我在遗书中说："亲爱的爸爸、妈妈，女儿就要离开你们了。当我就要离开你们的时候，我心里是多么的难过。我是一个热爱生活的姑娘，活着是多么的好。可是疾病使我失去了创造美好生活的权利。虽然我有病，但是，我不愿做这沸腾生活的旁观者。我愿像别人一样，做一个社会主义建设者。爸爸、妈妈，请你们原谅我，原谅我。我永远也不会忘记跟你们生活的那些岁月。"我吞服了大量的安眠药，并且还给自己打了冬眠灵。我躺在床上，静静地等待离开这个世界。

这是一段催人泪下的诉说。因而节奏缓慢，语气厚实，音调低沉，语速较慢，停顿和重音较多。非此，既不能充分表达张海迪彼时彼刻的心情，也不能激发听众的情感。

3. 激昂型

抒发激昂、喜悦、愤怒、紧张等多种感情时所使用的一种节奏。语调高扬，大起大落，语速快，节奏流畅，音色明亮，重音与停顿较多。例如，《高山下的花环》中雷军长的战地讲话，就是极好的范例。

> 我们的大炮就要万炮轰鸣，我们的装甲车就要隆隆开进！我们的千军万马就要杀敌！就要去拼命！就要去流血！可刚才，有那么个神通广大的贵妇人，她竟有本事从几千里之外，把电话要到我这前沿指挥所。她来电话干啥？她来电话要给她儿子开后门，让我关照关照她儿子！奶奶娘！走后门，她竟敢走到我这流血牺牲的战场上！我在电话里把她臭骂了一顿！我雷某不管她是天老爷的夫人，还是地老爷的太太。走后门，谁敢把后门走到我流血牺牲的战场上，没二话，我雷某要让她儿子第一个扛上炸药包，去炸碉堡！去炸碉堡！

义正词严，掷地有声。前面几句，急骤、强音，有雷霆万钧之力；接着叙述事态，中速、低音，再加上停顿，表现激情。从"奶奶娘"起到"还是地老爷的太太"，由低而高，由慢而快，愤怒至极。"走后门"之后几句，停顿，由低而高，渐次提高，斩钉截铁，怒不可遏，一泻无余。轻重、快慢、高低交错有致，在极强的节奏中，完整地表现了当代军人的气质与气魄。

这三种类型的节奏，既可作为整篇演讲的基调，又可交替使用、灵活多变，但必须以演讲者的情感为依托。

3.2.3 变音

演讲中,为了加强语音的表现力,造成形象感感染听众,演讲者常常使用某些特殊的发声方式。因为声音发生变化,便称之为变音。

演讲中常用的变音有拟声、拖腔、气音、喷口、颤音等。

（一）拟声

因为表达的需要,演讲者有时需要转述别人的说话,有时还需要模拟各种声音,如风声、雷声、海涛声、狗叫声等。这是一种声色的变形。例如,蔡朝东的《理解之歌》演讲辞,有这样一段话:

> 由于初上战场,没有经验,还在埋头看书,突然听到一位战士叫了起来:"炮弹!"随即一把将我往战壕里推,我们稀里哗啦就进了壕沟,当时是跳下来还是滚下来的,我也记不清了,只知道趴在战壕里不敢动。就听到一阵空气撕裂的声音"唰—咣",震耳欲聋的爆炸声,紧接着整个阵地都在摇晃,大概一两秒钟以后,噼里啪啦的,石块泥巴打到了身上,等身上挨了几下后,才反应过来应该进洞啊!

在演讲中模拟上述这些加点的词,能够加强逼真感,增强感染力,否则演讲就显得苍白,缺乏表现力。

拟声的直接作用,就在于通过各种类型的声音帮助听众推想声源,进而产生形象感。运用这个原理,演讲中只要降低舌位,放松肌肉,使声音变得苍老,就可以使听众知道这是模拟老人讲话;将发音器官的肌肉绷紧,舌位推前升高,从发出的明亮的声音中,就会使人想到这是模拟小孩说话。

拟声不是表演,它并不求逼真,只求会意。譬如,演讲中要转述这样几句话:

> 步话机里团首长命令的话音刚落,连长便喊了起来,小王,冲锋号! 同志们冲啊!

战场上,这种情景当然是十分壮观的,连长喊出的这句话的音量是很大的。但作为演讲,演讲者如果在台上同样按连长当时情景声嘶力竭地大声吼叫,不仅会破坏演讲的整体效果,甚至还会使听众觉得滑稽可笑。正确的处理方法应是适当压抑,用略带夸张的声音表现当时的情景就行了。

因此,保持演讲者语音的本色,这是演讲中模拟声音要特别注意的,否则就破坏了语音语调的协调统一。

（二）拖腔

拖腔是字尾的一种超长发音。为了某种表达效果的需要,不强调字头而强调字尾,让字尾延长一定的时间,就形成了拖腔。

我们看下面的三个例子:

1. 他为什么总那么说,我琢磨来琢磨去,难道——这话中还有话?
2. 天气愈冷了,我不知道柔石在那里有被褥没有?我们是有的。洋铁碗可曾收到了没有……但忽然得到一个可靠的消息,说柔石和其他的人,已于2月7日夜或8日晨,在龙华警备司令部被枪毙了,他身上中了10弹。

原来如此!
3. 他把自己的力量投入了美好的事业——教育。

第一例,在"难道"处用拖腔,表现说话者进入一种沉思状态,他在细细琢磨;第二例,"原来如此",应该用拖腔处理,因为这4个字贮满了鲁迅先生的愤激之情;第三例,"教育"也是用拖腔处理的,不仅起到了书面语的破折号的作用,而且也留给听众回味的余地。

总之,演讲中恰当地使用拖腔,可以渲染缠绵的感情、沉思的状态,也可以表现深沉的内心矛盾。但不可乱用拖腔,更不可故意拖腔拖调,以此来显示自己的身份地位,来教训别人。

(三)气音

气音是控制声门的发音方法。用这种方法发出来的声音类似耳语,语音中央带着呼吸音。使用气音,可以控制描绘耳语,可以表现软弱无力,或者特别激动、特别劳累、特别紧张的情景。例如:

战斗中,一位战友身上连中三弹,昏倒在地。当他醒来时仍坚持战斗,不料飞来一颗手榴弹,把他的小腹炸开,肠子"哗"地流出来,落了一地,这时他随手捡来敌人的烂钢盔,用右手抓起沾满泥和血的肠子塞进肚子里,用钢盔卡住,用子弹袋扎紧,一米、二米、三米……他继续向前爬了10米远,打出最后30发子弹。

这个事迹曾经感动过许多人,除了英雄的举动感人之外,与演讲者恰当的表达很有关系,其中就使用了气音。这种气音的使用,不仅表达了演讲者对英雄无可抑制的崇敬的感情,同时也恰如其分地表达了英雄顽强拼搏的毅力。

要注意气音不可滥用。演讲时话筒不可靠得太近,带有呼吸声的语音,声音发虚,会使人感到虚假。

(四)喷口

喷口,这种发音方法来源于戏剧,发音时把字头(即声母)发得特别有力,声音是突然喷发出来的。运用喷口,可以使字音响亮有力,传送很远,更主要的是可以渲染愤怒、激昂的情绪,加强气势。在声母是塞音送气的,如 p、t、k 时,喷口尤为明显。例如:

  1. 我们看,光明就在我们眼前,而现在正是黎明之前那个最黑暗的时候。我们有力量打破这个黑暗,争到光明,我们的光明,就是反动派的末日!
  2. 贪,是万恶之源!
  3. 看你横行到几时!

上述带着重点的字词,用喷口发音,产生的效果都会特别强烈。

(五)颤音

颤音,是由声门的开放与阻塞急速交替而造成语音的不稳定性的一种变音方式。这种表达方式,通常是在演讲者异常激动或者十分悲痛时使用。例如:

  看看我们脚下这片大地吧!这才是我们自己的土地!她给予我们的是太多太多,而我们给予她的却是太少太少,她的贫乏是我的不是、你的不是、他的不是……当我们明白了这一点,我们就会扑倒在她的怀里,深情地喊一声"妈妈",又怎舍得离开她呢?

带着重点的词语,演讲时用颤音,能够更好地表达对祖国母亲的一片深情,加强演讲的感染力。

3.3　演讲的态势语言

  演讲不仅需要言词声音,同时还需要辅以动作表情。这种通过面部表情、体态、手势进行思想感情交流和信息传播的手段,便称为态势语言,亦称体态语、无声语言。
  态势语言具有丰富的表现力,美国心理学家艾伯特·梅拉比安曾提出一个公式:

    冲击力 $1=0.07\times$言辞$+0.38\times$声音$+0.55\times$面部表情

  演讲的态势语言是经过加工提炼过的,既符合言语交际的规范,又具有一定的审美性。人的各种态势语,仔细研究起来,有的是遗传的,具有生物学意义,保留着人类远祖进化过程中的痕迹,譬如,愤怒时咬牙切齿、摩拳擦掌;有的则出于心理本能,譬如,难过时捶胸顿足、揪头发;有的则是因为人的行为定势,无意识地做出来了,具有很大的随意性。这一切都是自然状态的态势语言,并非演讲的态势语言。演讲的态势语言是在自然状态的态势语言的基础上经过加工提炼而成的,这种态势语言既能表情达意,又具有很高的审美性。演讲者的态势,既是一种表情达意的手段,同时也是听众的审美对象。演讲的态势语言辅助有声语言圆满地表达内容,充分地抒发感情。态势语言可以被看作是对重要的词语、句子进行加重或强化处理,具有强调功能。

"言之不足手之舞之足之蹈之",这就是说,态势语言可以把有声语言不便说、说不出的意思表达出来,或者帮助表达未尽之意;它具有取代和补充功能。

有声语言有声而无形,诉诸听觉;态势语言无声而有形,诉诸视觉。两者结合,彼此补充,相得益彰,具有优化功能。

演讲的态势语言是一个系统,它由头部语言、面部语言、眉目语言、手势语言和体态语言几个部分构成,各个部分协调合作,互相配合。

3.3.1 头部语言

头部是演讲者形象的主体,是听众目光的焦点。

头要正,目光亲切自然,发声方向略高于视平线,这是对演讲者头部的最基本的需求。但是在不同的语境和情境中,演讲者的头部会呈现出不同的形态,常见的大体有四种形态。

(一) 正位

面部正对听众,不频繁晃动,目光落在会场中部的听众脸上。这种形态多用于陈述性演讲,表达比较平稳的感情,显得庄重严肃。这是演讲中的一种最基本的造型,也是变化其他位型的基点。

(二) 侧位

侧位的最佳角度是满侧,即由正面向左或右满侧35°左右。这样,既能让侧面的听众看到脸部的正面,又能使其他方位的听众看到脸部的大半部分。侧位打破了正位的严肃、单调的造型,给听众一种优雅感。询问性、怀疑性的语言和表情多配合侧位动作。

(三) 仰位

头部向上仰起,可微仰、可昂仰,亦可偏仰,但所表示的意义各不相同。一般说来,微仰表示思考和停顿,昂仰表示情绪激动,偏仰表示呼唤与憧憬。

恰当的仰头,也可以给听众一种生动感。

(四) 垂位

垂下头,垂下的程度不同所表示的意义也是有区别的。浅垂位一般表示谦虚、停顿和思索;深垂位表示悲伤、伤感和难过。

演讲中演讲者的头部不是僵直的,而是各种位型交替变化,时而正位,时而侧位,时而点头,时而摇头,时而抬头,时而低头,并配合各种手势和身姿,既有表现力,又生动活泼。有的研究者总结演讲者的各种姿态指出,演讲者的头部和两肩构成了三点,这三点最好不要同时正对听众,以避免给人僵硬、呆板的感觉。

3.3.2 面部语言

俗语说,出门观天色,进门观脸色。察"颜"观色,看脸色行事。这些都说的是人的面部可以反映出内心变化和情绪。如气愤时,血管收缩,脸色苍白;激动时血管扩张,脸色涨红;高兴时笑逐颜开;得意时容光焕发;失意时满脸阴沉。心理学家指出,人的心灵的每一个活动都表现在他的脸上,刻画得很清晰、很明显。因此,演讲者在演讲时面部应该表情丰富,通过积极的调节、控制和支配,使表情准确地、自然地、恰当地体现自己的丰富感情,使听众便于领会。

面部语言,可以具抒情性,即将演讲者各种心理活动和情绪变化,外化为面部的肌肉活动和神色的变化,例如,口角向上,脸色和悦红润,纹路顺当,是高兴;口角向下,嘴唇或紧闭或张大,脸色或阴郁或苍白,纹路只是协调,是悲痛或厌恶;咬住下唇,是忍耐;咬牙切齿,是仇恨。除抒情性语言之外,还有示意性语言,即面部肌肉均衡运动,动作协调,表现出微笑、庄重的神情,譬如,当听众鼓掌和发出善意的笑声时,演讲者微笑颔首;明白了听众的要求时,嘴角两边肌肉均匀拉开,溢出笑意;向主持点头、挥手,以示谢意,等等。

(一)笑

在面部语言中,笑是一种特别值得提倡的语言。这是一种特别有效的交流与交际工具。不管演讲者的心情如何、态度怎样、情绪好坏、有何倾向,只要他笑,不管他是怎样笑、是何种笑,听众便立即可以读懂这种语言,并且受到感染。笑是愉快的,是获得友谊、取得信任、融洽关系、化解窘态的重要手段。笑也是一种武器,它可以"把屠夫的凶残化为一笑",对胆大妄为的人也是一种制裁。

笑是千姿百态的,有微笑、大笑、狂笑、欢笑、苦笑、嘲笑、冷笑、狞笑、奸笑、真笑、假笑、皮笑肉不笑等等。不同的笑,显示着不同的思想态度、情感心态,也产生不同的影响。

演讲者在演讲中一般应面带微笑,微笑是美好感情的自然流露。真诚的微笑,不仅表明自己有教养、有信心,同时也表明对听众的友善与信赖。

除此之外,还要在演讲中不失时机的制造笑的语境。最能引人发笑的是讽刺和幽默。讽刺本身就是笑的艺术。讽刺之所以能引发笑,是因为演讲者把社会生活中的不协调的、矛盾的、反常的、违反常规常理的现象加以集中,并通过谐趣手段加以表现,从而使听众的心理扑空。因为心理扑空,便产生心理刺激,从而引起笑声。这种笑在使听众获得极大的愉快感的同时,对社会生活中的丑、恶、假的现象给予最彻底的否定。

幽默是一种智慧,一种艺术手法,它是以轻松、戏谑但又含有深意的笑为其主要审美特征,是内庄外谐的。幽默在引人发笑的同时竭力引导人们对笑的对象进行深入的思考。

(二)哭

与笑相反,哭也是一种语言。俗话说,人不伤心泪不流。讲到悲伤处、凄惨处,演讲者不仅常常从痛苦的面部表情表现出来,而且还从声音中传导出来,有时还流泪流涕、泣不成声,台下的听众也同样潸然泪下、抽抽泣泣,或泪如雨下。

笑与哭,这两种语言是最明确的,效果也是显然的。在演讲中使用这两种语言时应注意:第一,感情要真实,不能做作,否则将弄巧成拙;第二,要把握好语境,并且要善于渲染;第三,要善于控制。譬如笑,演讲者觉得好笑,听众还不知道是怎么一回事,自己就笑起来,或者事先就宣称如何如何好笑,这样做,听众往往笑不起来。哭也是一样,演讲者在台上痛哭流涕,虽然有时也能获得台下听众某种同情,但震撼力和穿透力是不强的,而且形象也不美。正确的做法应是:

含泪不掉泪,

能哭不出声;

有笑不大笑,

可笑反不笑。

3.3.3 眉目语言

人体用来发送信息的所有部位中,眉眼是最重要的部位,可以传递最细致的感情。达·芬奇说:"眼睛叫做心灵的窗户。"孟子对这点说得更精辟、更具体,他说:"存乎仁者,莫良乎眸子,眸子不能掩其恶。胸中正则眸子瞭焉,胸中不正则眸子眊焉。"据现代科学统计,利用目光,人类就能交换几千种信息。由此可见:一方面,眼睛具有反映深层次信息的功能;另一方面,透过眼睛又能窥视人的内心世界。因此,演讲者恰当地使用眉目语言,不仅有助于思想感情的表达,同时也有利于相互理解与合作。

眉目语言运用得好,演讲者与听众之间的思想感情的交流便息息相通;而眉目也就成为最有效的视觉通讯工具。运用得不好,就会成为演讲者的累赘物,看也不是,不看也不是。例如,初次上台的演讲者,往台下一看,黑压压的一片,顿时害怕了。在这种情况下,有的低着头念稿子,有的则抬头望着天花板背演讲稿。像这样不善于运用眉目语言的演讲是很难达到理想效果的。

上台演讲,两眼应该向下平视,目光自然、亲切、专注。巧妙地使用眉目语言,这是一种艺术。演讲中,演讲者随意自然,有时盯着某处看,似乎专门说给一个人听;有时一会儿冲左边微笑,一会儿冲右边点头,一会儿朝远处示意,一会儿朝近处挥手,目光流盼,使全场每一个听众都感觉到演讲者是在看着自己说话,造成了一种极为亲切的交流氛围。

运用眉目语言要注意以下几个方面的动作:

(一) 环视

环视,即演讲者有意识地环顾全场的每个听众,从左到右,从前到后,从听众的各种神态中了解和掌握现场的情况与情绪。这种方法既使用在演讲的开头,也不断地使用在演讲的过程中。开头的环视,即演讲者一走上讲台,站定之后,就立即环视全场,戏剧中叫"亮相"。这种环视的作用有三:其一,向听众打招呼,是尊重听众的一种表现;其二,体验听众情绪和现场情况,便于把握好演讲的方式与重点;其三,帮助静场。演讲中的环视,即每讲完一个内容或一个层次,尤其讲完某些重要内容或某个重要观点,演讲者常常需要环视全场,甚至还作短暂的停顿。这种环视,实际上是一种短暂的现场调查,目的在于检验演讲的效果,以便及时调整自己的演讲方式与演讲内容。如果听众点头,面带赞许的微笑,甚至鼓掌,这是一种认同,是一种鼓励;如果听众摇头,甚至还发出唏嘘声,这是不赞成,是反对,需要演讲者立即采取补救措施,或者更正,或者说明,或者改变一种说法;如果听众情绪呆滞,甚至木然,这是没听懂,不理解,需要进一步说清楚,需要采取更通俗的方式表达;如果听众无精打采,交头接耳,注意力涣散,这是对演讲内容和方式都不感兴趣,不愿听,需要改变话题和演讲的方式。如此等等,因而环视都是十分必要的。

（二）点视

点视,即把目光集中投向某一角落、某一部分,或者个别听众,并配合某种手势或表情。这是一种最有实效、最有内涵的眉目语言。譬如有的听众,面带微笑,频频点头,甚至情不自禁地鼓掌喝彩,演讲者投去一丝亲切的目光,这是表示赞许、感谢;有的听众轻轻摇头,甚至还在嘀咕着什么,演讲者在作了某种调整以后,再盯着看一眼,这是表示征询、探讨;有时会场的某一角,某一部分听众发出议论声,甚至有骚动,演讲者立即把目光投过去,这是表示调整和制止。

（三）虚视

虚视,即虚眼。演讲者的目光在全场不断扫视,好像是看着每个听众的面孔,实际上谁也没看,只是为了造成演讲者与听众之间的一种交流感,弥补因为环视和专注而可能使部分听众感觉受冷落的缺陷。

在演讲的过程中,演讲者总是把实眼与虚眼交替使用。环视法与专注法是使用的实眼,即看得很实在,看清楚了;虚眼,即虚视法是似看非看,甚至什么也没看,只是一种神态。虽然这两种眼神都可以造成交流感,但实眼更具体、更真切、更能表现为演讲者与听众之间的直接交流。而虚眼只是给听众造成一种感觉,好像演讲者是在看着自己说话,其实是演讲者的一种掩饰,或掩饰胆怯,或掩饰紧张。使用实眼要短暂,尤其是使用专注法,老是盯着人看,容易使被看的人感到不好意思。

除了以上示意性的眉目语言之外,还有一类表情绪的眉目语言。前者在于沟通,即沟通演讲者与听众之间的心理,形成息息相通的情感交流;后者重在表现,即表现演讲者的思想感情、情绪态度,加强表现力。演讲者讲到兴奋处,神采飞扬,目光炯炯有神;讲到哀伤处,眼皮下垂,眼神呆滞;讲到激愤之处,两眼圆睁,双眉倒竖;表达鄙夷之情时,则眉毛下挂,眼光斜视,等等。这些眉目语言还常常与其他的态势语言配合使用,一旦配合,表现力就更加强烈了,而且视觉形象也更加鲜明。例如,"这些无耻的东西,不知他们是怎么想法？他们的心理是什么？他们的心是怎样长的？"说这几句话时,闻一多先生不仅昂头斜视,显示出一种极为蔑视的神情,而且还重重地擂击桌子,表示了极大的愤慨,由此而塑造了一种大气凛然的形象。正如黑格尔在《美学》中所论述的那样："不但是身体的形状、面容、姿态和姿势，就是行动和事迹，语言和声音以及它们在不同生活中的千变万化，全部可以由艺术化成眼睛。人们从眼睛里可以认识到无限自由的心灵。"

3.3.4 手势语言

人们在说话时，常常做出各种手势。法国心理学家格·吉毕什指出："手势是人体中枢调节器官的某次调节动作过程的'反映'……""同时还是这次调节动作过程的'外衣'。"手势是能表达心理活动、表达思想感情和传导信息的。据研究演讲艺术的学者统计，手势与表情结合，可以传导演讲信息的40%。罗丹说过："没有灵敏的手，最强烈的感情也是瘫痪的。"几乎所有的演讲者都有自己独特的手势语言。据林肯的朋友赫思登说，林肯对听众演讲时，那瘦长的右手指自然地充满着动人的力量，一切思想情绪完全贯注在那里。为了表现欢乐情绪，他把手臂举成50°的角，手掌向上，好像已抓住了他渴望的喜悦；讲到痛心处，如痛斥奴隶制时，他便紧握双拳，在空中挥动。而列宁演讲手势却是另外一种情绪："他时而踮起脚来，把一只手臂有力地伸向前方；时而俯视面对他的万千群众，有力地向下摊开双手；时而猛然抓起帽子，时而有力地紧握拳头……"这些手势，不仅表现了演讲者的个性，更为重要的是把他们的思想情绪、态度表现得淋漓尽致。

手势语言，虽然是表情达意、传播信息的重要工具，富有很强的表现力；但它毕竟是一种"无声语言"，是一种非语言信息。手势只有在人类活动和生活中进行语言交际的基础上才能被理解；它只能是口语表达的辅助手段。手势只能是在说话人说出某句话，而这句话需要增强表现力的一瞬间才做出来的，如描摹性的象形动作，说"鸡蛋是圆的"，便将拇指与食指弯成一个圆形并举起，说桌子是"方的"，便平行伸出两手，横一下、纵一下比划出方的形状，等等，增强直观性；如表现情绪的动作，激动时挥拳，痛苦时捶胸，等等，增强感情色彩；如指示性的动作，当说出"我今天讲三个问题"时，演讲者便竖起三根指头，讲到紧要处，指头还要在讲台上重重地点几下，是为了引起听众的特别注意；如象征性动作，挥手象征号召前进，举起食指和中指象征胜利，等等，用这些手势补充和解释台词中未含之意。

手势是指从肩部到指尖的各种活动，包括手臂、肘、腕、掌、指的各种协调动作。手势所表达的意义，是由手势活动的范围、方向、幅度、形状几方面来决定的。

（一）手势活动的范围

手势的活动范围不同，所表达的意义是不一样的。手势活动的范围，大体分三个区间：肩部以上为上区手势，表示积极向上或激昂，例如，讲到激动处，演讲者常常双手向上举甚至挥动拳头；肩部到腹部间为中区手势，表示客观冷静，例如，叙述一件事情，分析一个道理，演讲者的手势常常在胸前出现；腹部以下为下区手势，表示鄙夷、厌恶、决裂，例如，当讲到："我们需与一切没落的、腐朽的、甚至是反动的封建势力和封建思想彻底决裂！"时，演讲者会做出一个往下劈的手势。

（二）手势活动的方向

手势运动的方向不同，意义也大相径庭。一般说来，向内、向上的手势，意味着肯定、赞同、号召、鼓励、希望、充满信心，是积极的手势；向外、向下的手势，意味着否定、拒绝、制止、终止、排斥、冷漠，是消极的手势。例如，同样是搓手，朝上搓，可能是摩拳擦掌，急不可待；往下搓，则可能是局促不安，不好意思。同样是举起两个手掌，掌心向内、往内缩这是表示向我靠拢、注意我；掌心向下、往外推，则是意味着拒绝、回避。

（三）手势活动的幅度

手势幅度的大小与演讲者的感情、语速有很大的关系。幅度大，表示强烈；幅度小，表示平和。手动臂不动，是小幅度；手臂挥动，甚至还带动全身，双手挥舞，这是大幅度。一般说来，演讲者大幅度的手势不宜过多，只能偶尔使用。太多"手之舞之足之蹈之"，像个疯子一样，会破坏协调美，甚至还会引人发笑。

（四）手势活动的形状

由手指和手掌构成各种不同的手形，即手势活动的形状。演讲中，更精细、更确定的定义，常常是通过各种手形来表现的。俗话说，"十指连心"，在手的动作中，手指和手掌是最敏锐、最灵活的部分，从而表意性最强。

演讲中常见的手形有以下几类：

1. 指法

由手指构成不同形状。

（1）食指点

伸直食指，向上或向下，起强调作用，即强调话题所涉及的人和物；向前指，指听众的某个人，挑明话题，表明说话的针对性，常有一定的威胁性。

（2）拇指翘

翘起拇指，表示和好、赞许。向鼻前翘，是称道自我；向前或向后翘，是夸奖别人。

（3）啄指

互相啄紧，构成两种手势，一是五指接触，啄成一团，向内，表示反复强调重点；二是指尖不接触，尖锐地对着听众，表明不是泛泛而谈，而是有某种针对性。

（4）叉指

手指伸直叉开。可叉两指，也可叉三指或四指，一般都是表示数字，有时也表示排斥。

（5）抓指

五指僵硬地弯曲，呈抓状，表示力图控制全场，吸引听众。

2. 掌法

由手掌运动的不同方向所构成的不同形状。

(1) 伸掌

五指合拢,手掌平伸。掌心向上,表示征求意见;掌心向下,表示要抑制和安定听众的情绪,制止某种行为的发生;掌心向前,表示回避;掌心向内,并向胸前缩拢或向外推,这是一种表示慰抚性的手势;掌心向上侧向外,即摊开双手,表示希望听众理解。

(2) 劈掌

手掌挺直展开,像一把斧子嗖嗖劈下,这是一种很果断的手势,表明要果断地下决心解决急于解决的问题。

(3) 合掌

双手慢慢合拢,一只手搭在另一只手上,表明有必胜的把握。

3. 拳法

这是由拳头运动的方式所构成的手势。拳头向上摆动,这表明说话者的心情不允许听众持有怀疑态度,以此抓住听众的注意力;拳头向上举,这是一种挑衅性的动作,能给持不同观点的人以打击性的印象。

手势并没有什么统一的规定,也无须作专门的训练,只不过是人们在语言交流中,在大体相同的心理基础上所产生大体相同的手的动作。手势也绝不止这么多,而且如果与其他部位的协调动作,所表现的意义就更为广泛,更为丰富了。

手势不在于多,而在于简练,在于有表现力。简练是艺术的规律。手势是直接作用于听众的视觉的,反复出现,很容易失去吸引力。一个人具有表现力的手势,一般也不会有很多;何况手势本身也只能是有声语言的辅助手段,手势再多也不能取代语言的表现力。因此,作为一个优秀的演讲者,既要注意培养和加强手势这种非语词的表现力,又要适当控制这种表现力。

手势还需要自然协调。符合演讲内容的需要,符合听众的文化心理需要,符合演讲者的身份和性格特征,恰如其分,和谐得体就是自然。与演讲者的表情配合,与有声语言同步,与其他动作一致,不生硬、不粗俗、不琐屑,就是协调。自然协调是一种美。

3.3.5 体态语言

体态是由多种人体动作组成的一种相对稳定的身体形态,同样可以传导信息、表达思想感情。各种体态都有特定的含义,因而是无声的态势语言。

人们在研究人体动作时发现,心理特征是很容易转化成人体特征的,也就是说,任何一种身体形态都是有一定心理的、情绪的、情感的依据的。坐立不安,是焦躁;正襟危坐,是严肃认真;东张西望,是心不在焉,等等。美国学者朱利·法思特在《人体语言》一书中指出:"一个懂得人体语言并善于应用人体语言的人,如果将他所了解的姿势同周围的人的感情联系起来,他将永远比对方胜过一筹,处于主动地位。"之所以能胜过一筹,就在于既能运用体态语言有效地表情达意,还能在体态语言中,窥视对方的心理奥秘。

体态语言,除了具有传播信息、表达思想感情的功能,同时也具有直接的审美功能,塑造演讲者的自我形象。人们在渴求各种信息传播的同时,也在追求美的享受。在演讲活动中,这种美感享受更多的是从演讲者的仪容神采、行为举止中获得的。事实证明,给听众美感享受越多,演讲的效果就越好。

"坐有坐相,站有站相",古人对体态的姿势要求很严,常常把行为举止与个人的礼貌、教养联系在一起,如"笑莫露齿,坐莫摇身""立如松,坐如钟,卧如弓,行如风""非礼勿视,非礼勿闻"等等。在演讲活动中,应该怎样使用体态语言呢?

演讲中的体态语言分站姿和坐姿两种。

(一) 站姿

演讲者必须站着。在联合国的讲台上,不管是国家元首,还是政府要员,一律站着讲,而且还限时间。其他国际会议也大都如此。之所以这样规定,原因就在于:第一,表示对听众的尊重;第二,避免长篇大论,或埋头念稿子的毛病;第三,显示演讲者的精神风貌;第四,调节场内气氛。

演讲者应该以一种愉快轻松的心情走上讲台。站立之后、讲话之前,前胸做提气动作。这个局部动作会给人全身肌肉挺拔、精神焕发的感觉,否则会使人感到有气无力。站立时身体不要靠在讲台上,身体的重心平均落在两个脚上,两脚自然分开、不超过肩的宽度,或一前一后站定。双手轻松自然地沿着身体两侧下垂,头部端正,声音发出的方向应该沿着嘴部的水平线而稍微向上。这是演讲者最基本的站姿。

在实际演讲的过程中,演讲者不可能一直保持这种站姿。尤其是那些有经验的演讲者,他们往往随着演讲的跌宕起伏、随着感情的变化,有时向前一步、有时退后一步、有时踮脚、有时移步,一切都潇洒自如。

一般说来,向前移步,表示肯定、积极、期待、争取的意思;向后退步,表示否定、畏惧、消极的意思;踮脚,表示期望、召唤、探讨的意思;移步,表示沉思、成竹在胸。这些站姿一般都不会是单一的改变,常常与手势、面部表情,与身体其他部位结合在一起,形成体态语言的节奏感;而且这种节奏又是与有声语言的节奏相吻合的,从而形成演讲的整体节奏。

(二) 坐姿

坐着讲话,大量出现在社交场合中。而坐着演讲的情况比较少,一般只出现在政治演讲、外交演讲、学术演讲、法庭演讲中。

坐着演讲,因为有讲台作依托,只露出身体的上半部,比起站着演讲更自然、更易于把握。但同时也有不方便之处,一是不便充分发挥手势语言和其他体态语言的作用。因为坐着,只有身体的上半部可以活动,范围小,动作的幅度不大。讲到激动处,演讲者常常站起来讲,以此来增大活动的区间,加强表达的力度。坐着演讲,演讲者的风采不能得到全面的展示。二是演讲缺少动态感。因此坐着演讲,除了只适应一定的内容和场合之外,从演讲者自身来说,也只适应年纪大的、地位比较高的人。就算可以坐着演讲,为了克服和弥补这种演讲方式的不足,演讲者最好是采用坐姿和站姿相结合的方式。

坐着演讲,应该坐端正,凳子不要坐得太满,坐在凳子的二分之一和三分之一处,不要靠背,胸脯不要靠在讲台上,两只手轻松自然地抚着讲稿或桌面,抬起头;下身虽然被讲台遮掩了,但两脚也应自然地平平地踏在地上,身子最好向左或向右稍侧一点。这样坐,既轻松又端正,同时也不失优雅。坐在台上千万不可随意,不可僵直呆板。

3.4 演讲者的仪表风度

演讲者的仪表风度也是演讲态势语言的直观表现。演讲中一定要注意仪表风度。在1961年初的美国总统大选中,尼克松是以46.6%对49.9%的微弱选票差额败给肯尼迪的。当回顾尼克松这场败局时,人们特别提到了1960年9月26日,尼克松与肯尼迪的一场决定性的电视辩论。在辩论的前不久,尼克松的膝盖被撞伤,体重减轻了10磅,但他没有及时地调整和更换衣服,因而衣服显得松垮、肥大;加上没有化妆,暗青色的两腮好似涂了胡须膏,在强烈的灯光下,眼窝周围形成了很深的阴影,再加上膝盖疼痛难忍,更让他显得憔悴不堪、精疲力竭、可怜巴巴。这是尼克松在这场电视辩论中留给人们的印象。而这时的肯尼迪又是怎样呢?他服饰雅致、整洁,经常的体育锻炼使这位身高6.1英尺、体重175磅的总统候选人显得特别健康结实、精神抖擞、气宇轩昂、风度翩翩。因此,相形之下,人们对肯尼迪的印象比对尼克松的好多了。

当然,尼克松在这场竞选中失败的根本原因,并非尽如上述所致;但是也不可能否认与此完全无关。英国心理学家雪莱·蔡根曾在莫萨立斯特大学挑选了68名自愿参加实验的人。这些应试者的外貌、口才及理解判断能力都是无可挑剔的。然后,雪莱·蔡根让他们分别向四位过路人征求支持。实验的结果表明,比起仪表平平的对手,那些引人注目的应试者更容易获得胜利。人们之所以认为尼克松与肯尼迪之间的胜负,与他们各自的仪表、风度有关,恐怕也同样是基于这种看法。

演讲,的确要讲究仪表、风度,这同样是一种态势语言。

什么是仪表?仪表就是演讲者的容貌、姿态,包括长相、体型、身材以及服饰等,主要是指演讲者的外部特征。

容貌,这是天生的,虽然是无可改变的但可以修饰,可以通过化妆加以美化。譬如,选择适当的发型、描眉、施粉,根据身型选择合适的服装,等等。但必须注意一点,演讲者只能化淡妆;千万不可以浓妆重抹;否则就有矫揉造作之嫌,会使听众产生失真的感觉。

3.4.1 服饰

俗话说,佛要金身,人要衣裳。演讲者的服饰是听众审美的一项重要内容,忽视服饰美或穿着不恰当的服饰,都必然会影响演讲内容的传播。一个终年守卫在深山沟里的连队,为了活跃战士们的思想,从一所大学邀请了一位女大学生来驻地向战士们做题为《年轻人志在四方》的演讲。这位大学生的口才是出类拔萃的。然而演讲结束后让战士们谈感受时,大多数发言竟然与这位姑娘演讲的内容沾不上边,什么原因呢? 时值五月,这位女大学生穿着一套款式新潮的乳白色连衣裙,分明的线条透出了青春美,弄得战士们都走神了。

显然这样的着装是不可取的,因为容易分散听众的注意力。

怎样着装才能满足听众的审美要求,又不至于影响演讲内容的传播呢?

第一,整洁大方、庄重朴素。着装整洁本身就给人一种严谨、庄重的感觉。人们常常把不修边幅与处事随意、玩世不恭联系在一起,甚至还会认为,这样是对听众的一种蔑视。演讲的服饰不要过于华丽,穿戴打扮过分反而损害美。在演讲台上,任何一种特别的装饰物都有可能转移听众的注意力,台上的演讲者始终是听众的聚焦点。

第二,轻便自如、协调和谐。演讲时需要各种手势动作的配合,说到起劲处,还手之舞之足之蹈之,试想,穿戴臃肿,这些动作能做出来吗? 能称得上美吗? 因此要轻便着装,并且还要注意协调和谐,符合美学规律。服饰的协调和谐,是线条、轮廓、颜色等方面的综合美。上装与下装,服饰与发型、肤色、高矮、胖瘦,都应协调和谐,同时还必须注意与客观环境的协调和谐,如演讲场地的布置、演讲的气氛等。

第三,得体入时、因地制宜。平时的穿着不必过多地讲究,但演讲时就得有所选择。周总理生前不论是接待国际友人,还是出席各种会议,总是穿一身银灰色的中山装。毛泽东在开国大典上向全世界庄严宣布"中国人民从此站起来了"时也是穿一身专门定做的黄呢子中山装,显得特别的威严、庄重。他们的穿着既代表了中国人民的形象,又符合民族的审美习惯,十分得体、入时。着装要注意场合,注意气氛,还要注意听众对象。一般地说,与工人、农民、解放军战士讲话,服饰宜庄重朴素;与青年学生讲话,款式可以新颖活泼些。人们的生活习惯不同,对服装的情趣也有所不同。

综合上述,人们把这一切总结为:"TPO"衣着原则。"T"即 time,指时间,就是着装要注意季节和时代;"P"即 place,指场所,地点;"O"即 object,代表目的、目标、对象。

3.4.2 风度

风度,是指通过人的言谈、举止、仪表所体现出来的个人风格和气度。风度虽然同样是从某些外部特征表现出来的,但却是一个人的精神气质、文化修养、心理禀赋等诸因素的外化。人们常说"仪表端庄",这是对行为举止的一个最基本的要求;说"风度翩翩",却是对行为举止的更高要求。比起仪表来,风度就更显得内在、高雅,蕴含更丰富。

风度必然从仪表中表现出来,但仪表绝不等同于风度。风度是内在世界诸因素的综合体现,其中包括气度性格、思想情操、文化教养等等,人的行为举止因此受到支配和约束。英国哲学家培根说:"行为是心灵的外衣。"精神充实、情趣高尚的人,必然举止大方、行为端正、谈吐高雅。

1954 年,周恩来总理和美国国务卿约翰·杜勒斯同时出席日内瓦会议。杜勒斯私下对记者说,他根本不想同周恩来会晤,"只有在我们的汽车相撞的情况下,两人才会会晤。"但是,他们却在在会议厅不期而遇了,周总理大大方方地伸出了强有力的手,可杜勒斯却摇摇头,走出了会场。这一个细微的举动,究竟表现出谁更有风度呢? 杜勒斯公然无视中国的存在，看不到新中国强大的发展新趋势，只能说他目光短浅，是道道地地的小家子气；而周总理恰恰体现了中国人民的大度与气派。时隔18年后，尼克松以美国总统的身份来到了北京，在首都机场终于主动地向中国人民的总理周恩来伸出了手。当年周总理的君子风度，正是中国哲学和中国文化长期孕育的结果，也是他个人高尚的情操和豁达胸怀的外化。

"质胜文则野，文胜质则史，文质彬彬，然后君子。"（《论语·雍也》）这里的"质"是指内在素质，"文"是指外在表现。这意思是说，只注重内在素质而忽视外在表现，就会显得粗俗、野蛮；只注重外在表现而忽视内在素质，就会导致浮华、迂阔。只有文质兼备，即内在美与外在美、精神充实与外貌风采完美的统一，才称得上是君子风度。风度不是装的，也是装不出来的，是需要很深的"内功"和长期的"修炼"的。风度也不是虚幻的、不可捉摸的，它总是从具体的言谈、举止、仪表中表现出来。

知 识 拓 展

一、如何让你的声音具有磁性

首先，我们要了解声带发声的原理。声带之所以能发出声音来，主要是气息冲击声带而使声带产生震动所至，也就是说声音的大小高低与气息有直接的关系。较好的运用气息可以使我们的声音洪亮有穿透力，否则便心有余而力不足，纵然用很大的力量也不能使声音加大，相反容易造成声带的疲劳以至劳损声带。

那么怎样合理运用气息呢？它与歌唱发声的用气基本一致。我们常说丹田气，不妨在我们空闲的时间经常做一些深呼吸练习，尽量把气吸到丹田（可以用打哈欠或闻味的举动来体会深呼吸的感受，此时身体都处于一种自然舒展状态，肩不要随着吸气上耸，尽量保持两肩平静，两肋自然外扩，吸气受力在腰腹部），然后保持住吸气时腹肌的用力状态缓缓呼出（可以用吹蜡烛的小气流想象不要把蜡烛吹灭，但一直吹得它摇动，注意：蜡烛是在眼睛的前上方，我们的气流直接集中作用于蜡烛的火焰），呼出的时间越长越好，然后再吸再呼，连续重复，体会腰部集中用力的感觉。这就是发声用力的支点。

其次，一个结实有穿透力的声音的产生除了有好的气息支持外，共鸣腔体的运用更起到相当重要的作用，所谓共鸣腔体主要包括头腔、咽喉腔、胸腔。平时我们说话主要用咽喉腔，也就是说用嗓子，所以时间长了容易造成声带的疲劳。如果想保护声带，节省力量，就要有科学的发声方法，那就是让声音贯穿三个腔体为一体，在气息的支持下，发声的起点要高，我们把眼作为一个界限，想象以眼睛为底线往两边延伸直至后头，形成一个横截面，以此横截面为平面，声音的起点就放在这个横截面上两眉之间的眉心。前面我们提到过打哈欠的练习，在我们打哈欠时除了体会腰腹受力感觉外，还会有头向外膨胀的感觉，我们把它叫做兴奋感。歌唱时要求一直有这种兴奋感，那么说话时也要有这种感觉，只是没有歌唱时表情那么丰富，也就是说用打哈欠的感觉说话，这时候你就会感觉没有用喉咙用力。另外，在打哈欠的同时口腔内的软腭、硬腭都有向上隆起的感觉，有一个一直向上的积极主动感，舌根有种不自觉的下放感，使口腔内有充分的空间，这就叫打开喉咙。说话时努力保持这种感觉，让声音向上走、集中到头腔从两眉心间推出，可以先用简单的爆发式的"啊、哈、吗、哩"等字感觉。注意：发声时必须努力按上面提到的位置与方法要求进行，放松喉咙，可以体会轻声、假声的感觉，尽量体会不用喉咙用力，否则，没有效果。"世上无难事，只要肯登攀"。做什么都需要有恒心、有毅力，只要你肯动脑，经常练习体会就会有效果。只要在科学的方法作用下，很好地把用力的支点与发声的起点结合起来就会事半功倍，具备洪亮结实、有磁性的魅力。

共鸣训练:

胸腔共鸣练习:暗淡　反叛　散漫　计划　到达

口腔共鸣练习:澎湃　碰壁　拍打　喷泉　品牌

鼻腔共鸣练习:妈妈　买卖　弥漫　出门　戏迷

在练习时要注意仔细体会发音时胸腔、口腔、鼻腔共鸣的感觉。

二、如何讲好一个故事

讲故事,有五个要素,何时、何地、何人、何事、何故,每一个故事都应该包括这五项内容,才算表达清楚。何时的表述要注意开门见山;何地的表述要尽快地进入场景;何人的表述要有名有姓,有名有姓才显得真实,也方便听众理清思路;何事的表述应注意具体化,描述细节化;何故的表述相对不太重要,是对听众一个心理释放。

讲故事,最重要的是对何事的讲解,换句话说也就是重现场景。重现场景的技巧就是表达具体化、描述细节化,这才能使听众以一个一致性的画面进入情节,限制听众的随意思考。你让他思考了,听众的反应就是不一致的;不一致在社会心理学中,就意味着心理互动的失败;心理互动失败,你就不能在讲话中达到最佳效果。

注意事项:

1. 不要用模糊的概念。"可能甲""可能乙""好像是 2012 年"等句子,模糊的概念会转移听众一部分的注意力,也降低了你的故事的真实性,导致你说服力的下降;相比之下,直接确定为甲,或是直接说是 2012 年,故事则显得更有说服力。

2. 不要用解释性的语言,尽量使用描述性的语言。在描述故事的天气时,你若说"那天因为天气很热,所以我穿得很少",就不如"那天天气太热,我只穿了个裤衩";"因为台子有 8 米高,所以我站在上面发抖",也不如"我站在 8 米高的台子上,双腿发抖"。

3. 讲故事时,不要有谦虚的开场白。你的无意义的谦虚会打击听众的信心,认为从你的讲话中学不到什么东西;而且要是连你自己也没有自信,如何让听众相信你呢?

4. 在讲故事之前,第一句话的语音、语调、语速是非常关键的。如果第一句话较有力,首先会吸引听众的注意力,再者下面的故事陈述就会流畅得多;所以在讲话之前,要吸一口气稳一下自己的心神,然后再开始,不要慌慌张张地开始。

5. 在讲一个事情或心理的反应时,尽量使用事实来侧面反衬,这样给听众的印象是生动的、形象的、记忆深刻的,如说害怕,说事后发现衣服湿透了,则更加逼真。

6. 如果你想表达一种戏剧性的效果,你就应该使用原因倒置技巧。原因倒置往往使听众恍然大悟,也可能使其心理期待骤然落空,这时笑声自然也就出来了。

实 践 训 练

一、绕口令练习

1. 坡上立着一只鹅,坡下就是一条河。宽宽的河,肥肥的鹅,鹅要过河,河要渡鹅,不知是鹅过河,还是河渡鹅?

2. 山上五棵树,架上五壶醋,林中五只鹿,箱里五条裤。伐了山上树,搬下架上的醋,射死林中的鹿,取出箱中的裤。

3. 板凳宽,扁担长,扁担没有板凳宽,板凳没有扁担长;扁担想绑在板凳上,板凳不让扁担绑在板凳上,扁担偏要绑在板凳上。

4. 一平盆面,烙一平盆饼;饼碰盆,盆碰饼。

5. 山前有个严圆眼,山后有个严眼圆,二人山前来比眼,不知是严圆眼的眼圆,还是严眼圆比严圆眼的眼圆?

6. 出南门,走六步,见着六叔和六舅,叫声六叔、六舅好,借我六斗六升好绿豆;过了秋,打了豆,还我六叔、六舅六十六斗六升好绿豆。

7. 哥挎瓜筐过宽沟,过沟筐漏瓜滚沟。隔沟挎筐瓜筐扣,瓜滚筐空哥怪沟。

8. 老方扛着黄幌子,老黄扛着方幌子。老方要拿老黄的方幌子,老黄要拿老方的黄幌子;末了儿方幌子碰破了黄幌子,黄幌子碰破了方幌子。

9. 八百标兵奔北坡,炮兵并排北边跑,炮兵怕把标兵碰,标兵怕碰炮兵炮。

10. 粉红墙上画凤凰,凤凰画在粉红墙。红凤凰、粉凤凰、红粉凤凰、花凤凰。

11. 老罗拉了一车梨,老李拉了一车栗。老罗人称大力罗,老李人称李大力。老罗拉梨做梨酒,老李拉栗去换梨。

12. 有个面铺门朝南,门上挂着蓝布棉门帘,摘了蓝布棉门帘,面铺门朝南;挂上蓝布棉门帘,面铺还是门朝南。

13. 大刀对单刀,单刀对大刀,大刀斗单刀,单刀夺大刀。

14. 一班有个黄贺,二班有个王克,黄贺、王克二人搞创作,黄贺搞木刻,王克写诗歌。黄贺帮助王克写诗歌,王克帮助黄贺搞木刻。由于二人搞协作,黄贺完成了木刻,王克写好了诗歌。

15. 天上有个日头,地下有块石头,嘴里有个舌头,手上有五个手指头。不管是天上的热日头、地下的硬石头、嘴里的软舌头、手上的手指头,还是热日头、硬石头、软舌头、手指头,反正都是练舌头。

16. 师部司令部指示:四团十连石连长带四十人在十日四时四十四分按时到达师部司令部,师长召开誓师大会。

17. 门口吊刀,刀倒吊着。

18. 老龙恼怒闹老农,老农恼怒闹老龙。农怒龙恼农更怒,龙恼农怒龙怕农。

19. 牛郎恋刘娘,刘娘念牛郎,牛郎年年念刘娘,刘娘牛年恋牛郎,郎念娘来娘恋郎。

20. 化肥会挥发;

黑化肥发灰,灰化肥发黑;

黑化肥发灰会挥发;灰化肥挥发会发黑;

黑化肥挥发发灰会花飞;灰化肥挥发发黑会飞花。

二、朗诵练习

1. 朗诵高尔基的《海燕之歌》,注意停顿、重音、语气和节奏。

海燕之歌

在苍茫的大海上,狂风卷集着乌云。在乌云和大海之间,海燕像黑色的闪电,在高傲地飞翔。

一会儿翅膀碰着波浪,一会儿箭一般地直冲向乌云,它叫喊着,——就在这鸟儿勇敢的叫喊声里,乌云听出了欢乐。

在这叫喊声里——充满着对暴风雨的渴望!在这叫喊声,乌云听出了愤怒的力量、热情的火焰和胜利的信心。

海鸥在暴风雨来临之前呻吟着,——呻吟着,它们在大海上飞蹿,想把自己对暴风雨的恐惧,掩藏到大海深处。

海鸭也在呻吟着,——它们这些海鸭啊,享受不了生活的战斗的欢乐;轰隆隆的雷声就把它们吓坏了。

蠢笨的企鹅,胆怯地把肥胖的身体躲藏到悬崖底下……只有那高傲的海燕,勇敢地,自由自在地,在泛起白沫的大海上飞翔!

乌云越来越暗,越来越低,向海面直压下来,而海燕一边歌唱,一边冲向高空,去迎接那雷声。

雷声轰响。波浪在愤怒的飞沫中呼叫,跟狂风争鸣。看吧,狂风紧紧抱起一层层巨浪,恶狠狠地把它们甩到悬崖上,把这些大块的翡翠摔成尘雾和碎末。

海燕叫喊着,飞翔着,像黑色的闪电,箭一般地穿过乌云,翅膀掠起波浪的飞沫。

看吧,它飞舞着,像个精灵,——高傲的、黑色的暴风雨的精灵,——它在大笑,它又在号叫……它笑那些乌云,它因为欢乐而号叫!

这个敏感的精灵,——它从雷声的震怒里,早就听出了困乏;它深信,乌云遮不住太阳,——是的,遮不住的!

狂风吼叫……雷声轰响……

一堆堆乌云,像青色的火焰,在无底的大海上燃烧。大海抓住闪电的箭光,把它们熄灭在自己的深渊里。这些闪电的影子,活像一条条火蛇,在大海里蜿蜒游动,一晃就消失了。

暴风雨!暴风雨就要来啦!

这是勇敢的海燕,在怒吼的大海上,在闪电中间,高傲地飞翔;这是胜利的预言家在叫喊:

让暴风雨来得更猛烈些吧!

2. 挑选你喜欢的一首诗或一篇(段)散文反复进行朗诵练习,重点训练发音的清晰、准确及重音的把握。

三、演讲练习

1. 运用所学知识模仿闻一多的演讲《最后一次演讲》,揣摩语音、语调和态势语的运用。

最后一次演讲(节选)

今天,这里有没有特务?你站出来!是好汉的站出来!你出来讲!凭什么要杀死李先生?杀死了人,又不敢承认,还要诬蔑人,说什么"桃色事件",说什么共产党杀共产党,无耻啊!无耻啊!这是某集团的无耻,恰是李先生的光荣!李先生在昆明被暗杀,是李先生留给昆明的光荣!也是昆明人的光荣!

2. 请你登台为大家讲一个有趣的故事。注意自己全程的表现:登台——站稳——行礼——演讲——致谢——稳步下台——入座。

4 演讲稿的写作

4.1 演讲稿概述

4.1.1 演讲稿的含义

演讲稿是演讲者在演讲前事先准备的供演讲使用的文稿。演讲稿的含义包括广义和狭义两种。广义上的演讲稿,是演讲者为准备在听众面前发表意见、抒发情感而写成的文稿。它的外延很宽,许多讲话稿也算演讲稿,如学术专题演讲、会议报告演讲、法庭论辩演讲、各种礼仪演讲等供口头发表演说的文稿。狭义上的演讲稿,专指各种主题演讲稿,即参加各种演讲赛、演讲会使用的文稿。

演讲稿属于演讲学研究的范畴,又是写作学的一部分。它与其他文章相比,既有相同的规律,又有它自己的独特要求。要写好演讲稿,就必须从演讲学和写作学两个方面进行研究,缺乏其中任何一个方面的研究,都不可能写出好的演讲稿。

4.1.2 演讲稿的特点

演讲稿的写作要符合一般文章的共同要求。但是,演讲稿又是适应演讲特殊需要而写作的一种实用文体,因此还有其自身的特点,主要有以下几个方面。

(一) 结构的动态性

演讲稿结构的动态性,特指两个方面。其一,一般文稿的写作,在反映事物发展的阶段性、延续性、多面性等内容时,可以采用序码、小标题、空行、分段等手段来显示其结构。但演讲用的是口头语言,受表达方式的限制,显示演讲稿内容的层次,不能通过序码、小标题、空行等方法来达到目的。它的分层难度要比一般文章大,需要采用特殊处理方法才能表明和体现层次。其二,一般文稿主要是供人阅读的,读者有思考的余地,在层次结构上可以跌宕起伏、曲折多变,在内容安排上也可以盘根错节、错综复杂。但演讲语言稍纵即逝,听众对演讲中每一句话的含义,几乎没有思考玩味的余地。因此,演讲稿应特别注重结构清楚、层次简明。

(二)内容的鼓动性

演讲之所以最容易激发听众的情感,使听众的思想为之震动、精神为之感奋、情绪为之激昂、热血为之沸腾,就在于演讲内容的鼓动性和煽动力。不论是古希腊智者派的侃侃而谈,还是中国先秦诸子的百家争鸣;不论是莱比锡法庭上季米特洛夫的雄辩,还是第二国际舞台上列宁的风采;不论是林肯为黑奴解放的呐喊,还是孙中山等革命先驱的呼唤;也不论是现代演讲家刘吉、李燕杰点燃青年心灯的魅力,还是曲啸、彭清一抚平人们灵魂皱折的神韵;这一切,无一不显示出演讲具有强烈的吸引力、说服力、感染力和鼓动性。"一人之辩,重于九鼎之宝;三寸之舌,强于百万之师"就是强调演讲内容的鼓动效果。演讲稿的这一特点,要求作者在演讲稿写作时,一定要写出鼓动性和煽动力,要站在人民的立场,为正义而呼唤、而呐喊。

(三)语言的美声性

一般文稿主要是供人阅读的,它是以文字为物质外壳,作用于人的视觉的书面语言。因此,其语言尽可以绚丽多彩、典雅深奥,读者可以反复咀嚼、一唱三吟。但是,演讲是通过口头表达讲给听众听的,它是以声音为物质外壳作用于听众听觉的口头语言。因此,演讲稿的语言,特别要求通俗、简洁、易懂,要求大量地使用口语。但演讲时过分的口语化又显得语言太"白",没有文采,失去演讲应有的美感。这就要求在演讲稿写作时,其语言的运用符合审美的要求,既要使听众听得明白、听得懂,又要不失文学语言的美感。

(四)演技的暗含性

演讲具有一定的表演性质,它具有表演艺术"以美娱人"的美感作用。演讲的"演"字固然不是表演的"演",但是,现代演讲艺术的发展,确实具有表演性。否认演讲的表演性无疑是片面的。许多人都有这样的体会:之所以不愿听一般的报告,而愿意听演讲报告,就是因为演讲具有表演艺术的美感作用。由于演讲的表演性,要求演讲者演讲时,要借鉴和移植关于朗诵、话剧、相声、评书等语言表演艺术的一些技巧和方法,即要求演讲者具备一定的演讲技巧。演讲技巧对演讲者而言,属演讲学范畴。但对撰稿者而言,也提出了一个如何通过写稿把演讲的一些技巧进行预先设置,使其暗含在演讲稿中,使演讲者在使用这篇演讲稿时能表现出一定的表演技巧、收到一定的表演效果的问题。演讲稿写作中"演技的暗含性"这一特点,是区别于其他文稿写作的一个明显的不同点。

4.1.3 演讲稿的种类

演讲稿根据其表达方式的不同,一般分为议论型演讲稿、叙事型演讲稿和抒情型演讲稿三种。

(一) 议论型演讲稿

议论型演讲稿以议论为主要表达方式,应具有正确、深刻的论点,使用确凿而充足的具有说服力的论据,进行富有逻辑性的论证。这类演讲稿的最明显的特征是对听众晓之以理、以理服人。它通过准确揭示概念的内涵和外延,恰当地判断,严密地推理,层层深入地论证,从而产生"触角"和"钳子"的力量来反映事物的本质和内部规律,宣传真理,推动社会进步。

(二) 叙事型演讲稿

叙事型演讲稿以叙述为主要表达方式,辅以适当的议论、说明和抒情。叙事型演讲稿区别于一般的记叙文,就在于它是基于演讲者一定的观点和主张,通过对人物、事件、景物的记叙和描写,表达演讲者的思想感情,反映社会生活的本质和规律的。演讲稿中的叙事,其最终目的是为了充分证明演讲者的观点和主张的正确,以达到宣传教育的目的。这类演讲稿最主要的特点是通过对客观事物真实的记叙,诉诸听众的情感,寓宣传教育于形象感染之中。

(三) 抒情型演讲稿

抒情型演讲稿以抒情为主要表达方式,在演讲中抒发演讲者的爱恨、悲喜等强烈的感情,对听众动之以情,以"情"这把钥匙来开启听众的心灵。既可以直抒胸臆,又可借助叙述、描写、议论来间接抒发感情,以激起听众的共鸣。抒情型演讲稿是以"理"驭"情",抒情是手段,说理才是目的,使听众在浓烈的情感作用下明辨是非,认识真理。

4.1.4 演讲稿的选题

(一) 演讲稿的选题范围

选择演讲稿的主题或话题称"选题"。演讲选题通常有三种情况:一是在主持者规定了主题后去选题;二是在主持者规定了内容的大致范围后再选题;三是自选演讲题。无论哪种情况,撰稿者都有一个选题的问题。演讲的选题非常重要,选题的确立决定着演讲构思的取舍,也决定着演讲的价值。新颖、独特、充满真理光辉的题目,能使演讲的价值倍增;陈旧、俗套的题目会使演讲黯然无光。选题的好坏直接关系到演讲的成败和价值的大小。因此,作者撰稿前,应特别注重演讲稿选题的确立。

(二) 演讲稿的选题确立

一个好的演讲选题,应具备四个条件。

第一,选题要有强烈的时代感。选题要符合时代精神,要突出社会教育作用,要反映广大人民群众的意志,体现广大人民群众的愿望,表达广大群众的呼声。演讲者要选择广大人民群众最关心的、社会现实亟须解决的问题作为选题。选题可以赞颂和支持积极进取的思想,也可以批评和鞭挞消极腐朽的思想;可以宣传提倡真善美的事物,也可以揭露抨击假恶丑的事物。选题一定要有自己的独到见解,要使人耳目一新,不人云亦云;要洋溢时代气息,以唤起听众的关切和注意。

第二,选题要有积极意义。选题要给听众一种希望。一方面,要选择那些光明的、美好的、富有建设性的题目,如《自学能成才》,听了这个题目,就会给人一种鼓励,去掉失望心理,充满信心,走自学之路。不要选择那些无力的、隐晦的、消极的、破坏性的题目,如《自学并非易事》,虽有一定道理,但却使人有灰心丧气之感。因此,选题要在实事求是的基础上,选择积极向上、令人振奋鼓舞的题目。

第三,选题要适合听众心理。确立选题时,要考虑听众的需求心理和注重听众的价值心理,要处理好听众认识能力与选题内容的关系。听众认识能力与选题内容的关系分为三个层次:低于选题内容、高于选题内容、适合选题内容。当听众的认识能力低于选题内容或高于选题内容,选题都是不合适的。同数学家讲哥德巴赫猜想,同物理学家讲相对论,与同中学生或工人、农民讲哥德巴赫猜想和相对论,效果是截然不同的。前者可能激动不已,思想产生共鸣;后者不仅无动于衷,而且会感到茫然不知所云、索然无味。演讲者发表自己的思想见解,就是对事物作出自己的评价。这种评价听众能否接受,将受到听众价值心理的影响。诸如政治价值、经济价值、人生价值、知识价值、审美价值、伦理价值等,都将影响听众对演讲的需求心理。因此,选题一定要有针对性,要适合听众心理。演讲内容,必须是听众愿听的;演讲所分析的,正是听众不理解而想理解的;演讲阐述的,正是听众想知道,或应该知道,或必须知道的。只有从听众的实际需求出发,有针对性地选择听众所需的演讲题目,才能给听众以深刻的影响,才能有较大的感染力,才能唤起听众的听讲热情和兴趣,也才能收到事半功倍的效果。

第四,选题必须是自己比较熟悉的。确立选题时,要选择自己比较熟悉,并且有条件、有把握讲好的题目。所谓自己熟悉的题目,是自己在某个领域的某一个问题上经历了一番辛勤的劳动,进行过研究和探讨,如亲自实践过,收集和整理了有关的资料,用心做过周密的思考,获得了一些独到的体会等。许多演讲者的实践证明,选择自己比较熟悉的或是选择和自己的专业、知识面比较接近的题目,就容易讲得深、讲得透,讲出自己的风格。因为熟悉,才有话可说;因为熟悉,演讲者才能产生激情,也才能去感染听众。如果演讲者对自己的题目根本不熟悉,或者对演讲题目所涉及的基本知识一知半解、似懂非懂:他所写出的演讲稿内容一定贫乏;表明的观点,作出的结论,就必然缺乏坚实可靠的论据。另外,演讲的选题要合乎演讲者的身份,要能够体现演讲者的个性特点和风格,不能选那些与自己身份根本不相称的题目作为自己的演讲选题。

4.2 演讲稿提纲的编列

编列演讲稿的提纲,是演讲稿写作过程的重要一环。通过编列提纲,可以把腹稿的轮廓用文字固定、明确下来,以免写作时遗忘;同时还可以对腹稿不断加以修改和补充,使整个演讲稿的构思更加周密完善。如果不列提纲、心中无数,动笔就很难做到脉络清晰、层次清楚,从而导致内容混乱。提纲编列得好,就为演讲稿的撰写提供了有理、有据、有序的纲领和"蓝图",从而为演讲稿的撰写打下一个良好的基础。

编列演讲稿提纲的过程,实际上就是对演讲内容具体构思的过程。一个较为具体、详细的演讲提纲,不仅包括演讲题目、结构层次、论述要点、典型事例、引文材料以及有关资料等,而且还显示出了整个演讲的基本内容和演讲过程。编列演讲稿的提纲,也是培养和锻炼演讲者认真观察问题、反复思考问题、全面分析问题的一个好方法。在编列提纲的过程中,演讲者一直处于积极思维的紧张状态,要仔细推敲诸如演讲主旨是否正确、演讲材料是否合适、演讲层次是否清楚、演讲的前后段落是否均衡等问题。这就促使演讲者必须全面地分析有关问题,使思维条理化和科学化,培养和提高观察能力、分析能力和解决问题的能力。

编列演讲稿提纲的方法多种多样,没有固定格式:既可以编写得粗一些,也可以编写得细一些。编写得粗略一些的叫概要提纲,编写得详细一些的叫详细提纲。下面就这两种提纲的编写举例说明。

4.2.1 概要提纲的编列

概要提纲以其简洁的语言和高度压缩的方式,简明扼要地列举出演讲的主旨、材料、层次和大意等。下面以《荣誉的光环是"钉子"精神的闪烁》为例,它的概要提纲是这样编列的:

开头:
作者的成就与雷锋"钉子"精神的关系——雷锋的"钉子"精神激励作者自学了14年而被部队树为"自学十年,锲而不舍"的学雷锋标兵,破格提干。
主体:
发扬"钉子"精神走自学之路的契机——作者失去上大学的机会而渴望学习、深造。
"钉子"精神在自己身上产生的效应——作者自学获得大专文凭。
"钉子"精神促使作者拼搏所取得的成果——概括6个事例及17次立功受奖。
发扬"钉子"精神走自学之路的艰难——极度劳累、时间紧张等。
结尾:
赞扬"钉子"精神,揭示《荣誉的光环是"钉子"精神的闪烁》的演讲主旨。

4.2.2 详细提纲的编列

详细提纲比较具体、细致,甚至要把每个细节都写上,可以说是演讲稿的缩写。详细提纲编列得好,演讲者不写演讲稿即可进行演讲。例如,李燕杰在《演讲美学》一书中介绍了他《爱情美学》演讲稿第三部分的提纲编列：

爱与美的凯歌

引马克思语，详见卡片。

引马克思之女爱琳娜语，见卡片。

只有付出艰巨的努力，才能奏响壮丽的婚姻曲。

问题一：信心不足，认为年龄太大，难以找到理想的爱人。

举例：

1. 陈毅同志与夫人张茜结婚时，已42岁。

2. 高士其同志与夫人金爱娣结婚时，已超过50岁。

问题二："文革"期间片面宣传"个人事业再大，也是小事；国家的事再小，也是大事"，造成心理障碍。诡辩论冒充辩证法。

问题三：注重外表、忽视内在。

适当批评，要求外表要适度。

问题四：门当户对观念。

说明：无产阶级已破除此观念。许多人不仅不计较出身，也不计较肤色。

正面举例：

1. 财政部长吴波同志与保姆结成儿女亲家。

2. 廖承志同志四个子女找的是普通工农群众的子女。

反面举例：

1.《简·爱》中罗彻斯特的第一次婚姻。

2. 青年当中的一两个例子。待找。

问题五：鄙视再婚，使离婚或失去配偶者难以找到对象。

讲点历史，批判"好女不嫁二夫郎""女子无才便是德"。

举例：

1.《孔雀东南飞》中刘兰芝被休后仍有不少人求婚。

2. 蔡文姬与董祀。

3. 卓文君与司马相如。

4. 曹丕纳甄氏。

评所谓"烈女"。

详讲：《青春之歌》中林道静与余永泽的结合，初婚而感情不和——破裂。

林道静与江华结合，再婚而情深意笃——幸福。

要冲破一切旧思想、旧观念的束缚，真正美好的爱情，属于那些具有人类最崇高的道德观念的人们。

以前女青年选择对象的价值观念：解放军——大学生、知识分子——工人——贫下中农——干部、知识分子——现在要求：学历、职称、海外关系。

审美情趣与价值观念：

试提出：女大学生与万元户小伙子结合。

"土气"问题。主见、预见、远见。

结尾：一对大龄男女的通信，热情的祝愿。

编列详细提纲虽然费事，但写演讲稿时就要省力得多，这两种类型的提纲编列方法各有长处和短处，究竟采用哪种，可根据具体情况决定。

4.2.3 提纲编列的主要内容

由上述两例演讲稿的提纲编列，我们可以归纳出演讲稿提纲编列的主要内容。

（一）编列演讲的中心论点和分论点

演讲往往不仅有中心论点，而且还有若干分论点，甚至分论点下面还有小论点。编列演讲稿提纲时，哪个属于中心论点，哪些属于分论点，以及在几个分论点中哪个应该在前、哪个应该在后，都要在演讲提纲中明确清晰地显示出来。

（二）编列演讲所需要的事实材料、事理材料和参考资料

事实材料主要包括例证、例据等；事理材料主要包括科学原理、科学定律、法律条文、有关文件规定，以及名言警句、谚语、成语等；参考资料泛指演讲时所需要的各种资料或与演讲有关的各种备用资料。这些材料有的可以简明扼要地摘抄在提纲上，有的仅仅在提纲上做个标记而另外制作卡片，必要时还可以编列绘制成不同的图表。

（三）编列演讲内在的逻辑联系、演讲内容和演讲层次的先后顺序

有的演讲稿内容头绪繁多，结构层次复杂，信息蕴含量也比较大，在编列提纲时就需要分清演讲内容的轻重缓急和演讲结构的先后排列。哪些内容应该在前，哪些内容应该在后，这里有个内在的逻辑问题，不能随便颠倒，应防止出现杂乱无章、轻重倒置、前后倒置或残缺不全等现象。

4.3 演讲稿标题的拟制与开头的写作

4.3.1 演讲稿标题的拟制

演讲稿的标题，是演讲稿不可缺少的有机组成部分，是一篇演讲稿的定音之弦。人们常把标题比做文章的眼睛，这种比喻形象地说明了标题在文章中的重要作用。演讲标题的拟制涉及演讲稿内容的整体布局，关系到演讲开始能否吸引听众，并自然地引出演

讲内容。

标题拟制得好，不但可以引起听众的注意，吸引听众听讲；而且还能起到概括文章的思想内容，突出演讲的中心论题，明确演讲所要讨论的特殊对象或所涉及的特定场合及其范围等作用。新颖的、具有吸引力的标题，具有大幅度、高强度震撼听众心弦的功能。许多好的演讲标题，一听就能让人为之一振，使人心向往之。许多听众，特别是青年听众，就常常是根据演讲者的演讲标题来决定自己听或者不听、认真听或者不认真听。因此，在写演讲稿的时候，首先就应该千方百计地拟制一个鲜明生动、富有吸引力的演讲标题，使演讲一开始就以新奇取胜，以美妙夺人。

(一) 演讲稿标题的拟制要求

1. 标题要贴切

贴切的含义有二：一是演讲的标题要与演讲内容和谐统一，标题含义的大小、宽窄要与演讲的内容一致；二是拟制演讲标题时，要使用准确、恰当的语词和语句，不能使用含糊笼统、艰深晦涩、令人费解的语词和语句。标题晦涩、令人费解，就引不起听众的兴趣，从而影响听众认真听演讲的起始心理。

2. 标题要简洁

演讲的标题要有概括性，要用最简洁的语言表达最丰富的内涵，即所谓"意唯其多，字唯其少"。一般地讲，演讲的标题要概括演讲的基本内容，或者反映演讲的中心论题。从语言表达的角度要求来说，概括出的演讲标题要尽可能做到简短有力、字少意多、言简意深。如果过长，就会显得散漫无力，分散听众的注意力。恩格斯说，标题"愈简单，愈不费解便愈好"(《马克思恩格斯通信集》第二卷第 597 页)。简洁的题目，既让人容易了解其内涵，又便于记忆，连同演讲的内容，常常给人留下深刻的印象。

3. 标题要醒目悦耳

标题也叫题目。题，指人的头额；目，指人的眼睛，是一个人最显眼、最具特征的地方。演讲稿的标题，就是演讲稿的"前额"和"眼睛"。因此，演讲标题一定要新，要奇。新而奇才能醒目。由于演讲稿具有语言美声性特点，故演讲稿标题不仅要醒目，更要悦耳，要使演讲稿标题念出来有音乐般的美感。

4. 标题要有启发性

一个好的演讲标题，还要具有一定的启发性。只有这样，才能引起听众认真听讲的兴趣，才能激发听众迫切要求了解演讲内容的心情。

(二) 演讲稿标题的拟制方法

1. 提要型标题的拟制

提要型标题的拟制，即标题要概括演讲的基本内容，把演讲内容的核心简明地提示出来。如：

《成功并不像你想象的那么难》

《生命的价值》

这种类型的标题，有利于集中表达演讲者的思想，使听众一听便知道演讲的中心问题，给听众思想上打下一个烙印，有利于领会和吸收。

2. 象征型标题的拟制

象征型标题的拟制，即运用比喻或象征等修辞手法，把抽象的哲理或某种特殊意义具体化、形象化，从而深入浅出地揭示题意。如：

《让美的横杆不断升高》

《扬起生命的风帆》

前一标题用"横杆"作比，把本来抽象的"美"具体化、形象化；后一个标题，演讲者巧比妙喻，赋予理想、信念生命、感情和思想，鼓励青年荡起双桨，乘风破浪，借此激励青年奋发进取。这种类型的标题，一般具有强烈的感情色彩，容易引起听众感情上的共鸣，强化演讲效果。

3. 含蓄型标题的拟制

含蓄型标题的拟制，即运用伏笔，造成悬念，用婉转的话来烘托或暗示某种内涵，让人思而得之，而且越思含义越多。如：

《一片冰心在玉壶》

《笑声中的忧虑》

4. 警醒型标题的拟制

警醒型标题的拟制，即运用哲言隽语，立片言以居要，提醒、劝谏、鼓励听众，以激起听众的警觉，使之猛醒。如：

《走自己的路》

《困境即是赐予》

《天下兴亡，匹夫有责》

5. 设问型标题的拟制

设问型标题的拟制，即通过设问，提示演讲所涉及的内容，亦即演讲内容是对标题设问的回答。如：

《人才在哪里？》

《娜拉走后怎样？》

6. 抒情型标题的拟制

抒情型标题的拟制，即抒发自身的情感，以情感人，具有浓烈的感情色彩。如：

《我骄傲，我是军人的妻子》

《为了我们的父亲》

诚然，标题的类型绝不仅仅限于上述几种。好的标题往往很难一下确定下来。很多演讲常常在准备好演讲内容后，还苦于找不到合适的标题。许多标题的拟制和提炼，要经过反复推敲、深思熟虑，有的甚至可谓是"煞费苦心"。

4.3.2 演讲稿开头的写作

演讲的开头,是演讲者与听众的一座引桥;是演讲者与听众建立初步友谊的纽带;它在整个演讲过程中起着不可低估的作用。演讲稿的开头写得好,就能沟通演讲者与听众的感情,集中听众的注意力,唤起听众的兴趣,从而使听众对演讲内容产生一种强烈的追求。大凡成功的演讲,都要在演讲稿的开头下一番工夫,精心设计和安排一个好的开头,力图使演讲的开头和听众的心挨得近些、靠得紧些,以此博得听众的好感,来为自己的演讲成功奠定基础、铺平道路。反之,如果演讲稿的开头写得不好,演讲时就失去了与听众交流感情的链环,从而会减弱演讲的吸引力。一个好的演讲开头,能为全篇演讲定下基调。一篇演讲稿,其类别是属于议论型、叙事型,还是抒情型,其格调是庄重严肃、喜庆欢快的,还是诙谐幽默的,往往在演讲稿的开头即可体察品味出来。这说明演讲稿的开头对定下全篇演讲的格调起着不容忽视的作用。因而,有经验的演讲者在写演讲稿的开头时,往往要对全篇演讲的格调和写法做精心的考虑和认真的选择。一个好的演讲开头,能起到画龙点睛的点明演讲主旨、自然顺畅地引领下文的作用。

写文章要求开头像凤凰之冠那样俊美、漂亮,写演讲稿的开头也是如此,甚至要求更精彩、更有艺术性。演讲稿开头的艺术性,概括地说,就是要求"镇场"。所谓"镇场",是戏剧舞台艺术的专门术语。演戏要求镇场,而演戏的镇场,大多用演员上场的亮相来"镇"。演讲也要求镇场,即一开始就要求将会场中听众的注意力吸引集中过来。演讲镇场虽然与演讲者上台的风度、情感、气质有一定的关系,但最主要的还是靠演讲稿开头本身的语言魅力。

无论用何种方式开头,都要在内容上力求有新意,能给人耳目一新之感;在形式上力求巧趣、别致、新奇,能像磁铁般吸引住听众的心。开头要避免使用谦虚过度的谦词。

下面介绍几种比较恰当具体的开头方式:

(一)开门见山,揭示主题

一般政治性或学术性的演讲稿都是开门见山,直接揭示主题的。如,"我为接受加拿大维多利亚大学博士学位感到荣幸!"这是宋庆龄在接受加拿大维多利亚大学荣誉法学博士学位仪式上演讲的开头,一句话就把演讲内容和盘托出。

再如尼·阿·奥斯特洛夫斯基的《我为什么要写〈钢铁是怎样炼成的〉》这篇演讲的开头:

> 同志们,我写《钢铁是怎样炼成的》这部小说,是为着响应苏联共产主义青年团中央的号召。团中央曾号召苏联作家创造我们时代青年革命者的典型。假如我们看一看由中世纪到现在的世界各国的文学,就可看出,那些文学杰作都是讲述统治阶级的青年的历史的。资产阶级文学的天才作家,是如何生动如何努力地描绘了本阶级青年人的典型和他的生活、成长、志愿、感情呀!他们是如何地用力指明了青年

人是怎样地学习着取得荣誉,怎样继承了父亲的财产并增多了这财产,改进了从工人阶级身上吸血的技巧!

运用这种方法,必须先明确地把握演讲的中心,使听众一听就知道讲的中心是什么。但是,这种方法容易显得过于冷淡、平静,难以吸引人。

(二) 用巧妙的提问开头

以提问开头的演讲,虽属常见,但提问巧妙就能引人入胜。

"关于青年与祖国的关系,人人皆知。但是,我想提个问题,谁能用一个字来概括呢?"全场立刻静了下来。接着演讲者又说:"可能有人会说:'希望'……"。话刚出口,坐在前面的人脱口而出:"不对!'希望'是两个字……"

这是复旦大学全校演讲第一名获得者杨高潮设计的开头。这种开头不仅使听众产生兴趣,而且迫使听众同演讲者一起动脑筋思考问题,把注意力都集中到演讲上来。需要注意的是,提的问题不宜过多,关键是要能达到抛砖引玉的效果。在演讲开始时接二连三地提一个又一个的问题,反而容易分散听众的注意力。

(三) 以说明情况、介绍背景开头

比如恩格斯所作的《在马克思墓前的讲话》的开头:

三月十四日两点三刻,当代最伟大的思想家停止思想了。让他一个人留在房里总共不过两分钟,等我们再进去的时候,便发现他在安乐椅上安静地睡着了——但已经是永远地睡着了。

这个开头对事情发生的时间、地点、人物作了必要的说明,为进一步向听众揭示主题作准备。运用这种方法开头,一定要从演讲的主题出发,有所针对、有所选择地简要介绍。不能把一切情况都详尽地加以介绍,没完没了、信口开河、离题万里,以致最后使听众不知所云何事。

(四) 引用名言、警句开头

使用名言、警句开头的好处是,名言、警句都是大家耳熟能详的,并且具有某种权威。许多人对名人都有一种崇拜感,所以,引用他们的话就具有权威性和说服力。如左英的《生命之树常青》的开头:

伟大的诗人歌德曾有这样一句话:"生命之树常青。"是的,生命是阳光带来的,应该像阳光一样,不要浪费它,让它也去照耀人间。

这个开头引用了歌德的名言,对演讲的内容起到揭示主题的作用,并能引起读者的思考。但在引用名言、警句时要尽量引用原文,不要以讹传讹;更不能断章取义、歪曲原意。

(五)用故事、幽默开头

演讲者所用的故事、幽默要吸引人且与演讲主题相关,立意不同凡响。如美国黑人演讲家约翰·罗克的《要求解放黑人奴隶的演讲》的开头:

女士们,先生们——我到这里来,与其说是发表讲话,还不如说是给这一场合增添一点"颜色"。(笑声)

面对白人听众,演讲者一语双关,幽默而又恰切,激起了满场的笑声和热烈的掌声,使会场气氛热烈。

有一篇批评盲从的害处的演讲稿。演讲者开头先介绍他刚经历的一件事:

上班了,大家陆续来到办公室,发现最早来的一个人在仰望天花板,大家也都仰起头来。好久,没有发现什么异状,但还是引首仰颈。最初仰头的人反而发生疑问:"你们都在看什么?""我们都看你在看……"。那人哑然失笑:"我刚才点了滴鼻药。"

听众哄堂大笑,接着引入正文。

(六)用赞美的话开头

大多数人是喜欢听赞美的,因此,演讲者开始演讲的时候,首先对听众的勤劳善良、热情助人、英勇顽强等优秀品德表示赞颂,或对当地的自然风光、悠久历史、传统风貌等表示自己由衷的敬佩之意。这样易引发听众的自豪感,满足他们的自尊心,从而获得听众的认同,使自己接下来的演讲在愉快的气氛中进行。如拿破仑在1796年5月15日率军进驻米兰后以胜利者的骄傲向士兵发表的讲话:

士兵们,你们像山洪一样从亚平宁高原上迅速地猛冲下来。你们战胜并消灭了一切阻挡你们前进的敌人。
从奥地利暴政下解放出来的皮埃蒙特,表现了与法国和平友好相处的感情。
米兰是你们的,在全伦巴迪亚上空,到处都飘扬着共和国的旗帜。
帕尔玛公爵和莫德纳公爵能够保留政治生命,完全归功于你们的宽宏大量。
号称能够威胁你们的敌军,再也找不到更多的障碍物,可以凭借它们来抵挡你们的勇气了。波河、提契诺河和阿达河不再阻挡你们前进了。意大利这些所谓了不起的堡垒看来都是不堪一击的，你们像征服亚平宁山脉一样迅速地征服了它们。

你们取得这样多的胜利使祖国充满喜悦。你们的代表们规定了节日，以示庆祝你们的胜利，共和国所有的公社都在庆祝这个节日。你们的父亲、母亲、妻子、姊妹，以及你们所有心爱的人都为你们的胜利而欢欣鼓舞，他们都以自己是你们的亲人而感到自豪。

拿破仑热情奔放地赞颂得胜之师，鼓舞士气，以饱满蓬勃的热情感染鼓动士兵，勉励他们珍惜荣誉，抓住得胜士兵的心理，把得胜之师的荣誉、自豪与他们的父母、妻子、姊妹联系起来，使他们保持高昂的士气和忘我的献身精神。利用胜利，提出今后任务，使部队能乘胜前进。

（七）用与听众利益相关的话题开头

演讲者能在开头的时候用涉及听众自身利益的话题，那听众一定会竖起耳朵。
1954年8月7日，法国总理孟杰斯·法朗士在一次电台广播讲话时，就用了此种开头：

8月上旬正是你们中间很多人休假的时候，我想如果打断你们片刻的休息时间，跟你们说几个关系重大的问题，你们是不会对我反感的，因为这些问题事实上对大家都是休戚相关的。

这样，听众就能从始至终被吸引住。

（八）从日常生活或亲身体会入题

这样的开头，是借助某件日常生活小事、个人经历、亲身体会等，唤起听众的注意，同时使它成为与题目有关的媒介，或与演讲的主要内容衔接起来的因素。其长处是朴实、平易，针对性强，观点鲜明。如王惠平同志的演讲词《走自己的路》的开头：

在日常生活中，我们经常可以听到有人在唉声叹气："唉，现在是说话难，办事难，做人更难！"难吗？就现实生活来讲，确实有些难。比方说你想在工作中干出点成绩，有人就说你假积极，想捞取名利；假如某个领导表扬了你，有人就会说你准是拍了马屁；假如你在公共场所制止了坏人坏事，就会有人说你是多管闲事，冒"傻气"……

同志们，当我们遇到这些问题的时候，该怎么办呢？记得陶铸同志说过："心底无私天地宽。"只要你的选择是正确的，那就应该坚持走自己的路，让别人说去吧！

（九）用"反弹琵琶"的方法开头

演讲开头时,为了获取某种特殊的表达效果,在某种特定的场景中,演讲者也可以置听众正常的思维定势和理解意向于不顾,有意反其道而行之,这就是演讲的"反弹琵琶"。实践表明,恰当地运用反弹琵琶技巧,往往能够使演讲内容更具有新奇性和吸引力,引发听众的强烈兴趣,从而收到独特的表达效果。在一次戏剧创作座谈会上,有位女演员作了即席演讲。第一句是:"今天是来和大家谈情说爱的。"这一提法奇特,满座惊讶。接着她又解释:"我是来谈演员对剧本的感情和喜爱的。"这下听众都恍然大悟,静听她的讲话。

以上所列举的只是演讲开头的常见方式,实际上还远远不止这些。写演讲稿时可以任意选择和设计,但必须紧扣主题、合情合理,而又别出心裁、具有魅力。

4.4 演讲稿的层次与内容设置

4.4.1 演讲稿层次的体现

演讲稿的主体部分具有动态性结构特点,演讲中为使听众能够明确地感到演讲层次的存在和脉络的清晰,针对演讲稿的动态性结构特点,撰稿时可采用下列方法来体现层次。

（一）建立有声语言标志

撰稿时要有意识地建立鲜明的有声语言标志来表明层次,体现结构,即依靠有声语言标志作用于听众的听觉,使听众感觉到演讲稿结构层次的存在和清晰。具体方法则是采用排比段、过渡句等有声语言标志。

例如演讲稿《长城颂》,为了证明中国人民解放军这座绿色长城始终如一地坚持党的绝对领导,用自己的血肉之躯,抵御各种风暴的冲击,经受了无数次血与火的洗礼,捍卫了祖国的尊严,一次又一次地向党和人民交出了合格的答卷,就是采用排比段来显示层次的:

祖国可以作证——在外来侵略者面前,我们的"长城"是一道不可逾越的铜墙铁壁(列举对越还击战、对印反击战、南沙之战……)。

人民可以作证——在自然灾害面前,我们的"长城"是抢险救灾、扶助危难的中流砥柱(列举抗震救灾、大兴安岭扑火、华山抢险……)。

共和国可以作证——在国际资本主义和国内外敌对势力面前,我们的"长城"是抗击八面来风、防止"和平演变"的无产阶级专政的坚强柱石(列举西藏平叛,以血醒民、以死警民……)。

采用这种排比段的方式建立起鲜明的有声语言标志,诉诸听众的听觉后,听众自然会感觉到演讲结构分明、层次清楚、脉络清晰。

又如,演讲稿《莫让年华付水流》,就是在每个段落的开头,都采用"时间"这个词做有声语言标志,再选用与时间紧密关联的短句子来表明层次:

  时间是个常数。
  时间是青春的要素。
  时间是无情的。
  时间就是速度。
  时间就是胜利。
  时间就是生命。
  我们要做时间的主人。

这样既承上启下,又各不相同,从多侧面、多角度说明了青年朋友应珍惜宝贵的青春年华。在演讲中这样多层次、反复地强调时间的重要,而在每个短句的后面,都有丰富的内容,前后又互相关联。它作用于听众的听觉后,便使听众感觉到层次清楚、印象深刻。

当演讲稿受到内容限制不能采用排比段的方式时,就要使用特殊的过渡段来建立有声语言标志,以加强照应和衔接,使其主体部分脉络清晰。演讲稿的动态性结构特点,制约着内容的调整:若衔接不紧,便会松散零乱,有损于演讲的整体结构;若衔接巧妙、联结畅达,演讲似一气呵成,天衣无缝,就不仅会给人脉络清晰的印象,更重要的是使演讲的结构浑然一体,给人一个完整的印象。

例如演讲稿《荣誉的光环是"钉子"精神的闪烁》在介绍完主人翁发扬雷锋的"钉子"精神,取得了成绩,获得了荣誉之后,接着回头介绍如何克服艰难困苦时,作者是这样过渡的:

  在自学途中,如果只说捧到了鲜花,无疑是片面的;只说吃到了蜜糖,也并非实事求是。在荣誉的光环里,在获得成功的瞬间,在"挤"和"钻"的背后,得忍受多少常人难以克服的困苦,得承受多少别人望而却步的艰难?!

采用这种过渡句来建立有声语言标志,过渡自然、衔接紧密、文气贯通;不仅使演讲脉络清晰、层次分明、浑然一体,而且还会由于语言的含蓄委婉、巧妙多变和活泼新颖,受到听众的格外关注。听众喜欢这种既生动又含蓄、富有哲理、能启迪人们思索的过渡语言。

（二）依靠内在的逻辑联系

撰稿时要依靠演讲内容内在的逻辑联系来体现层次、安排结构。演讲稿各部分之间的逻辑联系，属于结构中的内在的深层的联系，往往表现为复杂的因果关系。演讲时依靠内容的内部逻辑联系条理脉络，也能使演讲脉络清晰、层次清楚。

议论型演讲稿各段落之间或步步深入、或条项罗列、或正反相衬，都包含着逻辑上的因果必然性。因此，可以按提出问题、分析问题、解决问题（作出结论）的方式来体现层次。

叙事型演讲稿，可以按人物认识的发展、感情的变化等顺序（由浅入深、由表及里、由局部到全局、由怀疑到相信、由错误到正确、由落后到先进等）体现层次；或按事物发生的先后顺序（发展、高潮、结局）来体现层次；或按事物发生的直接因果关系来体现层次；或按事物存在的时间、空间、距离三维变化来体现层次；或按事物的类别、属性的聚集来体现层次，等等。例如，在对越自卫反击战中的战斗英雄盛其顺的演讲报告《在战火中坚定共产主义信念》，就是以人物的思想认识转化与成长过程作为主线而安排结构的。

> 盛其顺所在的连队在临战前，全连 76 名团员青年，有 75 名写了入党申请书，就他一个人没有写。领导和战友劝他，他却说："入党咋的，能当饭吃，还是能当钱花？"
> 正是这样一个昔日对政治漠不关心的战士，在战火的考验中，被党员们那种临危不惧、公而忘私的献身精神所感化。他奋勇作战，积极要求并入了党，成为一名战斗英雄。

这种关于人物事迹的叙事型演讲，以典型个人的思想发展规律和事迹的先后顺序作为主线，脉络清晰，层次清楚。

抒情型演讲稿，应该体现演讲者感情的起伏变化或蓄势待发的过程。激烈的感情应是在一定的铺垫下表达出来的：既不能一味地慷慨激昂，也不能从头到尾都怒不可遏。

一般文章的结构，是文章部分与部分、部分与整体之间的内在联系和外部形式的统一；而演讲稿的动态性结构，则是演讲稿部分与部分、部分与整体的内在联系和有声语言的统一。严密地、准确地说，演讲稿的动态性结构，乃是客观事物固有的逻辑、条理、秩序与作者观察、认识和表现客观事物的独特思路，以及听众接受有声语言信息的不同思路三者的辩证统一和密切配合。因此，在演讲稿主体部分的写作时，必须针对演讲稿的动态性结构特点，在其完整性、连贯性、有序性、严密性、灵活性上，要考虑到接受信息的对象是听众而非读者，而与有声语言紧密地相配合。

4.4.2 演讲稿内容的设置

演讲的魅力在于演讲的内在力与外在力的统一。演讲的外在力指演讲者的技巧与风度，演讲的内在力指演讲稿内容的鼓动性。

针对演讲稿内容的鼓动性特点,在主体部分的内容设置上,要做到如下几点。

(一)以事感人

一篇演讲稿,特别是叙事性演讲稿,要感动听众,离不开感人的事迹。即使是说理性演讲稿,也必须有感人的事例作为论据。演讲稿中若没有具体感人的事例,没有充实的内容,思想就会失去依托,说理也将流于空泛。撰稿者面对众多的事实材料,怎样选择?怎样加工?怎样处理?特别是叙事型演讲稿,大多是演讲者以自身艰难坎坷的经历或可歌可泣的事例作为演讲的主要内容的,坎坷的经历是漫长的,所经历的事情也是复杂的、多样的,在每个时期的具体环境中所遇到的客观条件以及主观情绪也是多变的,因此,演讲稿主体部分对事实材料的处理可采用"凝聚法",即将全部事例凝聚为一个思想焦点,作为演讲稿的主旨。无论事例有多少,也无论事例有多么复杂,撰稿前,可将这些事例加以提炼、概括,找到一个凝聚点——能够概括出这些事例的思想凝聚点,并将这一思想凝聚点概括成哲理性语言或形象性语言,以此作为演讲稿的主旨。例如曲啸的事迹演讲,就是将自己的坎坷经历、曲折的人生以及自己的思想认识,凝聚为一个思想焦点——"心底无私天地宽",并以此作为演讲的主旨。

在列举事实材料时,事例既要有概括性,又要有具体性。由于演讲受时间限制,许多事例不可能都一一道来,但要舍弃又难以割爱,因此,解决的办法是对事例进行概括。对事例进行概括的主要目的是增大演讲稿的容量,增大演讲内容的"厚度",增大听众的信息接收量。但概括性事例由于不细腻而往往缺乏"情"韵,因此,要与具体事例相结合,通过一两个具体的事例体现人情味,让细腻的叙述和生动的描写深深地打动听众。稿中所列举的事例,贵精不贵多,关键在于有典型性。演讲稿没有事例,则空泛乏味;演讲稿中事例过多,则繁缛芜杂。主体中安排的事例一定要精炼,要选取有典型意义的事例。若从报刊上引用古今中外的事例,既要注意材料的可靠性,也要注意人物和事例的真实性,在此基础上,再考虑典型性。事例要真实准确地再现客观事物的本来面目:在演讲稿中叙述事例时,既要讲清楚客观事物的来龙去脉,又不能放过对重要细节的介绍。以自己的亲身经历作为演讲的具体事例时,既要讲自己的成功与欢乐,也要讲自己遇到的挫折和烦恼。听众正是从你生活的欢乐和痛苦、成功与失败、顺利与挫折中领悟人生的真谛,获得前进的力量和勇气。

(二)以理服人

由于演讲稿内容的鼓动性特点,要求演讲稿主体部分写作时,必须以理服人,对听众晓之以理,阐明利害。

演讲稿中的"理",不同于一般议论说理。一般的议论说理,目的是使听众"有所信";而演讲稿中的"理",不仅要说得听众"有所信",同时它应是演讲稿内容中的思想与精神的闪光。从形式上说,一般的议论说理主要是运用概念、判断、推理;而演讲稿中的"理",不仅要靠运用概念、判断、推理来论理,而且主要是靠高度凝练的哲理性语言来示理。

一篇好的演讲稿主体部分的议论说理，实际上就是演讲者的深刻认识和独到见解。这深刻认识和独到见解是以作者的思想水准和道德修养为前提的，所以，演讲稿中议论说理要站得高、看得远来分析问题、认识问题。议论要紧扣事例的内在精神，并且必须是事例所含精神的揭示和升华，而不能是离开所叙的基本事实随意加上去的任何看法；议论要有感而发。语言要精练简短，以揭示出事实隐含的实质精神为准则，不要无休止地泛泛而论，而应使议论起到"画龙点睛"的作用。

议论要有哲理性，观点的概述要精警透辟，既是醒世恒言，又是喻世明言，还是警世通言，使听众如饮醍醐，受到启迪；分析论证则要做到有理有据，要符合逻辑规律的要求，避免出现偷换概念、转移论题、自相矛盾、模棱两可、虚假理由、论证不充分等逻辑错误。议论要抓住时机，瞅准机会：一般来说，在将一件相对独立的事叙述完结后，要进行议论，或述评、或引申、或比较、或探究；但并不是每叙述一件事之后都要议论，而要根据所述事的分量和内涵而定。一般性事例无需议论，重要的、典型的事例才应议论。另外，在引用了一系列例证之后，对所引例证所包蕴的思想内涵要进行归纳、总结、概括性的议论，借以揭示主旨。这种总结性议论，要求抓住本质的东西，以保证对事例的叙述和对观点的阐明相吻合、相统一。

（三）以情动人

由于演讲稿内容的鼓动性特点，要求演讲稿的主体内容要以强烈的感情来打动听众。特别是抒情性演讲稿，感情色彩更需强烈。演讲稿怎样来抒发情感、以情动人呢？

演讲稿要写出感人肺腑的真情，关键在于作者的内心深处要充满激情。而这种激情的源泉来自于对演讲主旨的彻悟，对演讲事例的感动，对演讲对象的挚爱。演讲者在讲台上发表演讲时的感受和听众听演讲时的感受，两者共振越是鲜明强烈，演讲效果就越好、越圆满。而演讲者与听众感情上的共鸣与共振，关键在于情真意切。情真意切在演讲稿中的体现就是讲实话、讲真话、言必由衷。如果不说真心话，你就别希望打动听众。如果你自己都不被所说的内容感动，听众自然也不会为之感动和振奋。罗伯特·弗罗斯特曾说："作者没有眼泪，读者也不会有眼泪。"这更适合于演讲。演讲稿中感情的倾泻一定要与演讲的内容协调一致，由演讲的内容来牵动演讲者激昂的情绪和沸腾的热血。如果只是为抒情而抒情，即使感叹号再多，也只会令听众无动于衷，使演讲变得滑稽可笑。

感情的表达可凭借多种多样的方式：既可凭借语言的抑扬顿挫，也可凭借各具特色的姿态动作，还可凭借多种多样的修辞手法。演讲稿的写作应当善于根据演讲的不同内容来综合运用修辞手法：既可以进行形象化的描写，又可以运用比喻、象征、排比、设问等方法。抽象的议论，往往带有理性的色彩和哲理的思考；而婉转的抒情，往往依赖于形象的描绘。

形象化的描绘，是指在现实生活的基础上创造出来的具有一定思想内容和艺术感染力的具体、生动、鲜明的人生画面。演讲稿就是要借助这些画面来表达演讲者的感情，从而达到阐明道理、宣传听众、征服人心的演讲目的。

演讲者在抒发感情时，一定要以理驭情。演讲稿中的抒情有别于散文和诗歌中的抒情。虽然同为"情中有理"，但散文和诗歌其主要目的在于"抒情"，不在于说理；而演讲稿中的抒情，是以理驭情，即抒情是手段，说理是目的。

（四）以美娱人

演讲不仅有教育作用、认识作用，而且还有美感作用。科学通过逻辑思维使人认识抽象的真理，艺术则通过形象思维使人认识真理。演讲艺术不仅能通过形象使人认识真理，而且能激动人的情绪，使人产生美的感受。演讲艺术的这种特殊作用，就是美感作用。许多人不满足于听演讲录音，不满足于听一般的报告，而一定要面对面地听演讲者演讲，其中一个重要的原因，就是人们追求演讲艺术的美感作用，希望获得一种"以美娱人"的心理享受和满足。加强演讲艺术的美感作用，是增加演讲稿内容鼓动性的有效途径。

演讲艺术的美感作用，除了演讲者的演讲技巧，如演讲者漂亮的仪表、潇洒的风度、圆润动听的嗓音等自然素质和训练素质外，演讲稿撰写过程中的艺术处理也很重要。比如在演讲稿中注意塑造人物形象，就能给听众看得见、摸得着的直观感。这种生动形象的直观感，能够化静为动、化虚为实、化远为近，再现生活中的某些场面，使听众如见其人、如闻其声、如临其境，有助于听众从现象到本质地认识事物。演讲稿通过各种途径和运用各种手法塑造出人物的形象，具体地展示人物丰富复杂的精神世界，把意和境、情与理自然和谐地统一起来，能使听众见其形、感其情、得其神，发挥丰富的审美想象。

如同"戏剧性的矛盾冲突"是戏剧吸引观众的重要手段一样，演讲稿的内容如果突出情节的矛盾性，表现矛盾的冲突，在矛盾冲突中展现人物的性格，揭示人物细微复杂的内心世界，就能把听众的情绪推向高潮。但是，在演讲稿中如果为了突出情节的矛盾性，像演戏那样编造杜撰，就会使演讲内容严重失真，违背演讲的实质，造成不良的效果。

4.5 演讲稿的语言锤炼与技巧的暗含

4.5.1 演讲稿的语言锤炼

演讲语言是演讲内容的工具，是听众了解演讲者思想感情的媒介，是演讲的要素之一。认识演讲语言的美声性特点，是掌握演讲规律，写好演讲稿的重要一环。演讲语言的美声性特点，使它同日常谈话有许多相似之处，如都是以声音作主要媒介传播信息，都重视声音、声调的作用，都是以态势语言和实物语言为辅助手段，都要求简洁、通俗、易懂，等等。但是，两者也有许多不同：日常会话不受时间和主题的限制，不要求有完整的构思；而演讲则受时间和主题的限制，是有感而发，需要有完整的构思，语言上要求严格的遣词造句，以避免错误。因此，由于演讲语言的美声性特点，要求演讲稿的语言，一方面要保持着会话语言的自然朴实、简洁明了的本色,另一方面又要吸收科技语言的准确严密、公文语言的条理规范、文学语言的形象生动等特点。演讲语言既要有平时说话般的平易亲切,又要有诗歌朗诵般的圆润动听;既要有说相声式的幽默风趣,又要有说评书式的跌宕起伏;既要有作报告式的条分缕析,又要有论辩式的哲理锋芒。为使演讲稿的语言具有美声性的特点,在锤炼演讲稿的语言时,要注意两点:

(一)语义组合要雅

演讲稿语言组合意义的"雅",特指演讲语言运用和锤炼的六个方面:

1. 既要整齐,又要变化

演讲稿为了加强语气、强化语义、增强力度、创造气势、渲染感情,要把结构相同或相似、语言一致、关联密切的句子或句子成分排列在一起使用,给人以整齐一律、对称均衡、节奏和谐的美感。例如,有的演讲稿大量使用对偶、排比、顶真、回环等修辞手法,使语言具有整齐美。这种整齐的语言,演讲者讲起来朗朗上口、铿锵有力,作用于听众的听觉,悦耳怡情,给人以美感。整句的特点是形式整齐、声音和谐、气势贯通、意义鲜明。但是,这种语言形式又不可过多采用,否则又势必会显得单调、呆板,甚至显得矫揉造作。因此,演讲稿的语言既要讲究整齐,又要富于变化,注重整散结合,在整句的形式中夹带散句。整散结合、交错使用、结构参差、句式多样,就能给人一种灵活多样的参差错落美。

2. 既要规范,又要灵活

演讲中的语言同其他文章的语言一样,要求规范、准确,不能随便生造词汇,影响语言的纯洁与健康;但是,演讲的语言又要求形象化、口语化。为了更好地发挥语言的交际功能,要求演讲语言突破现行语言规范的束缚,灵活地使用一些词素仿造新词,以提高表达效果。

活用词汇的方法,在许多文学作品中都取得了成功。王安石的著名诗句:"春风又绿江南岸",就是形容词的使动用法,将形容词"绿"活用为动词,而成为千古传颂的名句。其他的文章写作,活用词汇也能有好的效果,如:"推波助澜"说成"推改革之波,助四化之澜",就比原型成语的语势更强一些,也更活泼风趣和具有现代感一些。同样,使用这种仿词、析词的方法,我们也能让它为演讲稿的语言添几分色彩。

3. 既要平实,又要华丽

演讲稿语言要求通俗、平实,追求"清水出芙蓉,天然去雕饰"的简朴文风;但过分朴实易失去文采,通篇大白话,会使人感到贫乏、单调。在演讲稿中,为了描述美好的理想境界和美好的事物,常常需要选用许多美好的、华丽的辞藻。在演讲稿中加进一些绚丽多彩的言词,其作用就好比交响乐章中揉进一段抒情的慢板,具有诱人的魅力。

华丽是相对平实而言的。辞藻华丽能给演讲稿增添文采,使演讲更加悦耳动听。但辞藻雕饰过分,又易流于堆砌,显得华而不实。因此,演讲语言的平实与华丽是一对矛盾体,写作中要讲究辩证统一、和谐协调。

4. 既要简洁，又要繁丰

简洁，要求演讲稿语言简明、利落，不拖泥带水。繁丰，则要求演讲稿不惜笔墨，对事物进行必要的多侧面、多层次的叙述和描写。演讲稿语言内容的繁简，应根据演讲的题旨、情境，演讲的对象、场合，演讲的重点、容量来决定，力求做到简繁结合、详略得当，避免平均使用力量。演讲稿内容的重点部分，应是中心和主题所在，宜用繁笔，反复强调；交代故事情节，描写人物的复杂心理活动，亦宜用繁笔；次要部分，即起配合、辅助作用的内容，宜用简笔，如过渡的地方应该从简；听众已知之事、已明之理，更应一笔带过，不必多说，否则就会喧宾夺主、令人烦腻。简洁力求精练扼要、干净利落，没有闲言赘语，但简洁不等于"苟简"，不等于越简越好：若简洁过头，把不该简的简了，就会使演讲减少力量，缺乏生气，甚至会给听众造成一种模糊不清的印象。

简洁和繁丰这两种语言的使用方法并无好坏、优劣之分，而是各有利弊长短。简洁，词少而意多，而其弊是易流于费解；繁丰，词义详尽，但易流于冗琐。因此，演讲稿中的繁和简贵在得当。该简时，要简得惜墨如金；该繁时，要繁得用墨如泼。

5. 既要直露，又要含蓄

演讲语言既要曲折含蓄、峰回路转，也要说得明白晓畅、开门见山。前者耐人寻味，后者予人明快。"含蓄"作为一种艺术手法和审美形式，在演讲稿中不能变成单纯地追求形式的曲折变幻或语言的隐晦暗涩。演讲稿中所使用的"含蓄"语言，必须有"意境"之所在，使听众"意会"得到；不可含混模糊、莫测高深，令人莫名其妙。相对于"含蓄"的"直露"，更是演讲稿语言值得注意的另一方面。演讲语言更需要直陈其事、袒露胸臆。但直露和含蓄一样，也要注意分寸，不宜过多。过直过露，就会走向浅陋，给人以贫乏、浅薄之感。

因此，演讲者要注意从对生活的深刻感受、演讲所要表现的思想情趣及听众接收信息的可接受程度出发，根据内容、对象和形势背景来决定两种表现手法的取舍及表现程度的深浅。使用哪一手法和使用这一手法时程度的深浅，取决于作者对现实生活的感受、所要表现的思想情趣，以及听众对信息的可理解性。

6. 既要庄重，又要诙谐

演讲语言的庄重与诙谐，给人的感受是迥然不同的。一般说来，演讲语言的庄重，往往同崇高壮烈的情感、肃穆沉静的氛围及内容的含蕴相连。这时的庄重与严肃是必要的、必需的。但庄重与严肃要恰如其分，讲究"得体"。

庄重过多，就会变成命令说教，令人听而生畏。根据演讲内容的不同，场合、环境氛围的差异，有的演讲语言还需要一些诙谐与幽默。因为在一定的氛围中，演讲中出现一句妙趣横生、幽默诙谐的语言，往往要比某些辞藻严厉的套话和庄重的说教更能触动听众的心灵。一句有意思的笑话更能使听众受到启发，可以寓哲理于笑声中，寓教育于笑声中，寓讽刺于笑声中，使听众在愉悦的笑声中受到启迪，受到陶冶。应该注意的是，在演讲稿中诙谐和幽默的语言，绝不能是低级庸俗的笑料和牵强附会的噱头，也不能诙谐无度，一味追求风趣，那样必然失之于油滑，流于轻佻庸俗。

(二)语音配合要有美感

语音配合要美,是指在演讲时要有意识地使用那些音色美的词汇,以增加音色的音乐美感。在汉语中,有些语词发出来的音色沉闷、枯涩;有些语词发出来的音色尖利、刺耳;而有些语词发出来的音色则浑厚、清脆、圆润。撰写演讲稿,特别是修改演讲稿时,要有意识地使用发音浑厚、清脆、圆润的词汇来增加音色的动听程度,使其产生悦耳的声音效果。因为动听的音色,能赏心悦耳,给听众的听觉以舒适感、愉悦感,从而显示美声的特点,产生美声的效果,达到"以美娱人"的目的。例如把"从秋末冬初到冬末春初"改为"冬去春来,寒来暑往",把"军营里成长的两代人"改为"红星下走来两代风流",就使得语句无论是从语义的组合上,还是从语音的配合上,都提高了一个层次,使语义组合典雅,语音配合优美。

4.5.2 演讲技巧的暗含

根据演讲稿演技的暗含性特点,撰稿者在写稿过程中要将演讲技巧预先设置、暗含到演讲稿的内容中去。

(一)造势技巧的暗含

演讲要求以势夺人,但有的演讲者由于性格使然,讲话缺少激情,产生不了气势。因此在写稿过程中,撰稿者要大量地使用排比句和设问句。因为排比句可以化一般性的叙述为激情洋溢的抒情,使演讲者在演讲时,一句比一句声音高,一句比一句力度大,一句比一句节奏快,形成一种排山倒海的气势。设问句则会由于反复设问和反问,使得其语气强烈有力、扣人心弦,能使所要回答的问题带上鲜明的感情色彩,具有极强的感染力,从而构成一种不容置疑的态势,显示出一股咄咄逼人的氛围。故此,演讲稿有"排比句的森林,设问句的海洋"之说,意即大量使用排比句、设问句,演讲稿能自然产生一种夺人的气势。

(二)幽默技巧的暗含

幽默有引人发笑的特点,有促人深思的功效。注重幽默能增强演讲的亲切感。在演讲中恰当地运用幽默,会使听众不感到枯燥,会使严肃的会场变得活跃,会使深奥的道理变得浅显,能使听众在笑声中得到启发和教育,领悟其中的道理,发现其中的智慧。在演讲中,由于幽默而使听众不时发出轻松愉快的笑,这对演讲者和对听众无疑都是一种美的享受。演讲效果中听众的笑,是对演讲艺术的审美评价,是一种积极有意义的社会心理反映,往往融汇着听众的理性认识和道德评价,凝聚着听众对真善美的赞美和假恶丑的贬抑。听众讥讽的笑,是通过对丑的否定来间接地肯定美;听众赞美的笑,则是直接以愉快欢悦的情感体验来肯定美。

幽默技巧暗含的方法,主要是通过设置一些具有幽默特征的语言,一些高雅而有情趣的笑料,一些寓教于乐的顺口溜、打油诗等来实现的。诚然,这些语言、笑料、顺口溜、打油诗等,必须是高雅的,必须是与演讲内容紧密关联的;否则,效果会适得其反。

(三)高潮技巧的暗含

"文似看山不喜平",演讲稿更加要求节奏鲜明、张弛相间、跌宕起伏,要有波澜起伏的段落和引人入胜的高潮,力避平铺直叙、泛泛而谈。一次演讲,若能出现一次或几次高潮,说明演讲者的信念与意志得到了响应,说明演讲者所宣传的观点和主张得到了听众发自内心的欢迎和赞同,说明演讲者所介绍的事迹和事例得到了听众的理解和引起了反响与共鸣。反之,则说明演讲的结构平板呆滞,演讲的内容枯燥无味,演讲的语言平淡烦腻,演讲者的技巧平庸低劣。演讲中一次高潮也没出现,那么听众便会分散注意力,甚至产生厌倦情绪,从而使整个演讲大为逊色。

成功的演讲,总能掀起几次高潮,使演讲达到"快者掀髯,愤者扼腕,悲者掩泣,羡者色飞"的出神入化的佳境。演讲的高潮,既是演讲者感情最激昂、气势最强劲,听众情绪最激动、精神最振奋的时刻,也是演讲者与听众心理交融的时刻。演讲者讲得听众为之欢呼、为之鼓掌、为之雀跃是高潮,讲得听众为之哭泣、为之悲恸,乃至沉默同样是高潮。因为听众此时的沉默、此时的凝神屏息,是一种山洪暴发前的沉默,是此时无声胜有声的沉默,是一种于无声处听惊雷的沉默。如果说前者掀起的是正向高潮,那么,后者造就的就是反向高潮。

演讲稿中怎样设计安排高潮呢?李燕杰曾经就此作过较为精深的论述。他说:"一次演讲,怎样达到高潮?这需要演讲者在感情上一步一步地抓住听众,在理论上一步一步地说服听众,在内容上一步一步地吸引听众,使听众的内心激情逐渐地燃烧起来,演讲将自然推向高潮。"(《演讲美学》)李燕杰所言为"自然推向高潮",其实是因为演讲稿在撰写过程中蕴含了高度凝练、精心设计、匠心独具的技巧,通过现场的发挥,演讲才能自然推向高潮。许多有经验的演讲者都有这样的体会和经验,写演讲稿时,或是通过对所举事例的准确恰当地阐释分析,从中提炼出新颖的观点及深刻的哲理而使其片语惊人,掀起高潮;或是运用比喻、排比等修辞手法,妙语连珠,使满座皆惊,掀起高潮;或是通过对演讲的中心论点的精当、透彻精辟的议论,使听众为之折服而掀起高潮;或是通过人物的感人事迹,催人泪下,令人沉思而掀起高潮;或是运用充满感情的语言,设计自然得体的动作,饱含真挚热烈的情感,为听众创造一个真切动人的意境而掀起高潮;或是语言运用的富于变化,时而严峻论理、时而轻松谈笑、时而慷慨激昂、时而诙谐幽默,使听众情绪随之起伏,掀起一个个高潮。

将演讲掀起高潮的方法多种多样,但重要的是演讲稿写作中在设计和安排高潮时,要使演讲的高潮切实体现出情感浓烈、哲理丰富、令人回味无穷的特征。而体现演讲高潮的那些名言、警句,及简短的议论,要从可靠的事实或充分的事理中自然而然地生发出来,切忌牵强附会、生搬硬套。要以简洁得体的语句、恰当得体的方式,生动有力地将自己与听众的思想感情推向高潮,切忌拖泥带水、冗长啰唆。一次较短的演讲,宜将高潮安排在结尾;较长的演讲,则宜在中间或结尾出现几次高潮。

演讲技巧的暗含,根据技巧的不同而有多种预置和暗含的方法,诸如"现场技巧的暗含""余味技巧的暗含""镇场技巧的暗含"等等。在演讲稿写作中,可根据不同的要求,采用不同的方法。

4.6 演讲稿的结尾

演讲稿的结尾,是演讲稿的有机组成部分。演讲的最后成功,好的结尾是关键。如果演讲稿设计和安排的开头与主体部分都很精彩,再加上一个耐人寻味的结尾,整个演讲就如同锦上添花,会给听众带来一种精神上的愉快和满足。好的结尾能揭示题旨,加深认识,给听众留下完整深刻的印象;能收拢全篇,使通篇浑然一体;能鼓起激情、促人深思、耐人寻味;能让听众在反复回味中受到教育和启发。演讲的结尾,要用最有力量的语言,在一个很短的时刻内,抓住听众,使其领会全篇的完整意义。

(一)演讲稿的几种具体的结尾方式

1. 总结式结尾

总结式结尾,即是以总结归纳的方法结尾。这种结尾用极其精练的语言,对演讲内容进行概括性总结,使听众对整个演讲有清晰明确的印象;或简要地点明题意,对中心思想作集中、准确地归纳,使听众得其要而悟其旨。

读过《联共(布)党史简明教程》的人都会感到它的编写有一个非常突出的优点:每阐述完一个历史时期的事件后,都有一段称作"简短的结论"结束语。在结束语中,作者用非常简练的语言,把全文最重要的事件简单地罗列出来,然后作一段理论的总结。当全书完成后,又有一篇全书的结束语,对全书作了六点概括。这六点一直被无产阶级看成是革命经验的结晶。

2. 号召式结尾

号召式结尾,即是用提希望或发号召的方式结尾。这种结尾可以激起听众感情的波涛,使听众产生一种蓬勃向上的力量。如《再筑一道长城》演讲稿的结尾:

> 朋友们,让我们携起手来,用我们的思想,用我们的全部再筑一道长城,一道坚不可摧的血肉长城!让我们伟大的祖国、伟大的中华民族,永远、永远立于世界民族强林!

在这个结尾中,演讲者以深沉炽热的感情,呼唤着国民意识的增强,用火一样的激情、诗一般的语言,点燃众人炽烈的激情,感召大家去再筑一道坚不可摧的血肉长城。

3. 决心式结尾

决心式结尾,即是以表决心、立誓言的方式结尾。这种结尾有助于坚定听众的信念,增强演讲的号召力。如演讲稿《我的理想》的结尾：

> 历史,令我们懂得了国力强盛、国防坚强与国家安宁、人民幸福的休戚关系;现实,让我们知道了建设现代化国防需要的是拥有现代科学文化知识的真正人才。我——一名中学生,为我的理想、为我希望的橄榄绿、为创造国防事业更加灿烂的明天,我将努力学习、不断进步、全面发展。

结尾言简意赅,语言真切,充分表达了演讲者鲜明的立场和坚定的决心,从而有力地鼓舞着广大听众朝着这一目标奋进。

4. 余味式结尾

余味式结尾,即是以留余味、泛余波的方式结尾。这种结尾语尽而意不尽,意留在语外,像撞钟一样,清响有余,余音袅袅,能让人回味无穷。像秋天瑰丽的晚霞一样,收得俊美漂亮,并且伴有"渔舟唱晚"的悠然之声,让听众流连忘返,久久回味。如演讲稿《谁来保卫2000年的中国?》就是采用这种方法结尾的：

> 各位朋友,当我结束自己的演讲,走下这小小的讲台时,如果能听到您热烈的掌声,这无疑是对我莫大的鼓励,无疑将成为我前进路上的动力。但是,如果您走出会场,回到家里,仍然用"好男不当兵,好铁不打钉"的陈旧观念去责怪您要参军的儿子,责怪您要找军人作丈夫的女儿,那么,我宁愿不要这掌声,宁愿悄悄地、悄悄地走下这讲台……

5. 高潮式结尾

高潮式结尾,即是把高潮设计在最后,在高潮中结尾。演讲结束时,设法最后一次拨动听众的心弦,使异峰突起,掀起高潮。如演讲稿《美是军人》的结尾：

> 是呵,雕塑家奉献美,有了大卫、维纳斯;音乐家奉献美,有了《英雄交响曲》《国际歌》;科学家奉献美,有了卫星、导弹、宇宙飞船;农民奉献美,有了精美的食粮;教师奉献美,有了造福于社会的满天桃李……而军人,军人也奉献美,奉献美的生活、美的社会,更奉献个人的利益、生命和家庭。于是,军人的美便在牺牲中崇高无上,便在奉献中灿烂夺目。军人与大山为伍,与蓝天做伴,与碧海相随;军人整齐、和谐、刚毅、威严;军人勇于牺牲和奉献。作为军人,我们可以自豪地说:美在军营,美是军人!

采用高潮的方式结尾,从内容上讲,要有一定的高度,因为它是全篇演讲的概括和总结;从语言角度上讲,语言的含义要一层高过一层,语言的力度要一句比一句强。

6. 名言式结尾

名言式结尾,即是用名言诗句作结尾。这种结尾方式,是通过引用名言、警句、谚语、格言、成语、诗句等作为结尾。这样不仅使语言表达得精练、生动,富有节奏和韵律,而且还可使演讲的内容丰富充实,具有启发性和感染力,同时还可以给人一种生动活泼、别开生面之感。如李燕杰的《国家、民族与正气》的演讲稿结尾:

最后用几句名人名言作为结束语:
谁不属于自己的祖国,他就不属于人类。
爱国主义的力量是多么伟大呀!在它面前,人的爱生之念,畏苦之情,算得了什么呢?
我无论做什么,始终在想着,只要我的精力允许我的话,我就要首先为我的祖国服务。
真正的爱国主义不应该表现在漂亮的话上,而应表现在为祖国谋利益、为人民谋福利的行动上。

7. 抒情式结尾

抒情式结尾,即是以抒情的方式结尾。演讲本身是一种思想和激情的燃烧,用抒情的方式结尾,最易激起听众心中感情的浪花。如演讲稿《奉献之歌》的结尾:

啊!奉献,这支朴实的歌,这支壮烈的歌,这支深远的歌,这支永远属于母亲——我们祖国的歌,让我们每一个中华儿女都来唱这支歌吧!

这样的结尾情真意切、情理俱在,给听众以极大的鼓舞和感染力量。

8. 祝贺式结尾

祝贺式结尾,即是用祝贺式赞颂的言词结尾。用这种方式结尾,能造成欢乐愉快、热情洋溢的气氛,使人在愉快中增加自豪感和荣誉感,激励人们满怀信心去创造未来。

此外,还可以用幽默风趣的语言结尾,令人在笑声中深思,余味无穷;亦可以用歌声结尾,令人在美丽的歌声中陶醉而流连忘返,等等。

(二)演讲稿结尾需要注意的几个方面

一戒拖沓冗长。结尾一定要简洁、明快、有力,不允许拖泥带水、画蛇添足。重复的话不可多说,与主题无关的话一句也不要。

二戒草草收兵。有的演讲稿,在结束时不考虑如何给听众留下完整的总体印象,不作强调,不作必要的概括,就突然作结,显得很突兀,这就叫草草收兵。

三戒枯燥乏味。结尾是演讲主题的升华,往往要掀起一个新的高潮。所以,语言也应该更富有哲理和感情,要做到精练、生动、深刻。切忌呆板、累赘和肤浅平淡。

四戒陈言俗套。如"我的话讲完了,我讲得很不好,请大家批评,谢谢大家"等等一些别人听厌了的陈词滥调。

总之,演讲稿的结尾也没有固定的格式,总的要求是恰当自然、简洁有力,给人留下完整深刻的印象,最好能引发听众的回味与思索。

知 识 拓 展

一、奥巴马胜选演讲

俞敏洪:我第一次在电视上看到奥巴马演讲,觉得他很拘谨,语言也不那么流畅,觉得这样的人当总统也难;后来,随着美国总统竞选的推进,我发现奥巴马几乎每天都在进步。语言的流畅、眼神的坚定、思维的敏捷,无一不在他的演讲中透露出来,最后我几乎被他的语言魅力和个人魅力所倾倒。奥巴马当选总统后,我发出了一声欢呼,欢呼他的思想、他的语言、他的气度和胸怀,当然更欢呼他成为美国历史上第一个黑人总统。他的胜选日演讲和就职演讲,我都从头听到尾,并为之深深感动。

美国的变革时代已经到来

奥巴马胜选演讲

如果还有人对美国是否凡事都有可能存疑,还有人怀疑美国奠基者的梦想在我们所处的时代是否依然鲜活,还有人质疑我们的民主制度的力量,那么今晚,这些问题都有了答案。

这是设在学校和教堂的投票站前排起的前所未见的长队给出的答案;是等了三四个小时的选民所给出的答案,其中许多人都是有生以来第一次投票,因为他们认定这一次肯定会不一样,认为自己的声音会是这次大选有别于以往之所在。

这是所有美国人民共同给出的答案——无论老少贫富,无论是民主党还是共和党,无论是黑人、白人、拉美裔、亚裔、原住民,是同性恋者还是异性恋者,是残疾人还是健全人——我们从来不是"红州"和"蓝州"的对立阵营,我们是美利坚合众国这个整体,永远都是。

长久以来,很多人一再受到告诫,要对我们所能取得的成绩极尽讽刺、担忧和怀疑之能事,但这个答案让这些人伸出手来把握历史,再次让它朝向美好明天的希望延伸。

已经过去了这么长时间,但今晚,由于我们在今天、在这场大选中、在这个具有决定性的时刻所做的,美国已经迎来了变革。

我刚刚接到了麦凯恩参议员极具风度的致电。他在这场大选中经过了长时间的努力奋斗,而他为自己所深爱的这个国家奋斗的时间更长、过程更艰辛。他为美国做出了我们大多数人难以想象的牺牲,我们的生活也因这位勇敢无私的领袖所做出的贡献而变得更美好。我向他和佩林州长所取得的成绩表示祝贺,我也期待着与他们一起在未来的岁月中为复兴这个国家的希望而共同努力。

我要感谢我在这次旅程中的伙伴——已当选美国副总统的拜登。他全心参与竞选活动,为普通民众代言;他们是他在斯克兰顿从小到大的伙伴,也是在他回特拉华的火车上遇到的男男女女。

如果没有一个人的坚决支持,我今晚就不会站在这里,她是我过去16年来最好的朋友、是我们一家人的中坚和我一生的挚爱,更是我们国家的下一位第一夫人;米歇尔·奥巴马(Michelle Obama)。萨莎(Sasha)和玛丽亚(Malia),我太爱你们两个了,你们已经得到了一条新的小狗,它将与我们一起入驻白宫。虽然我的外祖母已经不在了,但我知道她与我的亲人肯定都在看着我,因为他们,我才能拥有今天的成就。今晚,我想念他们,我知道自己欠他们的无可计量。

我的竞选经理大卫·普劳夫(David Plouffe)、首席策略师大卫·艾克斯罗德(David Axelrod)以及政治史上最好的竞选团队——是你们成就了今天,我永远感激你们为实现今天的成就所做出的牺牲。

但最重要的是,我永远不会忘记这场胜利真正的归属——它属于你们。

我从来不是最有希望的候选人。一开始,我们没有太多资金,也没有得到太多人的支持。我们的竞选活动并非诞生于华盛顿的高门华第之内,而是始于得梅因、康科德、查尔斯顿这些地方的普通民众家中。

我们的竞选活动能有今天的规模,是因为辛勤工作的人们从自己的微薄积蓄中拿出钱来,捐出一笔又一笔5美元、10美元、20美元。而竞选活动的声势越来越大:是源自那些年轻人,他们拒绝接受认为他们这代人冷漠的荒诞说法;他们离开家、离开亲人,从事报酬微薄、极其辛苦的工作;同时也源自那些已经不算年轻的人们,他们冒着严寒酷暑,敲开陌生人的家门进行竞选宣传;更源自数百万的美国民众,他们自动自发地组织起来,证明了在两百多年以后,民有、民治、民享的政府并未从地球上消失。这是你们的胜利。

我知道你们的所作所为并不只是为了赢得大选,我也知道你们做这一切并不是为了我。你们这样做是因为你们明白摆在面前的任务有多艰巨。因为即便我们今晚欢呼庆祝,我们也知道明天将面临我们一生之中最为艰巨的挑战——两场战争、一个面临危险的星球,还有百年来最严重的金融危机。今晚站在此地,我们知道伊拉克的沙漠里和阿富汗的群山中还有勇敢的美国子弟兵醒来,甘冒生命危险保护着我们。会有在孩子熟睡后仍难以入眠的父母,担心如何偿还月供、付医药费或是存够钱送孩子上大学。我们亟待开发新能源、创造新的工作机会;我们需要修建新学校,还要应对众多威胁,修复与许多国家的关系。

前方的道路会十分漫长艰辛。我们可能无法在一年甚至一届任期之内实现上述目标,但我从未像今晚这样满怀希望,相信我们会实现。我向你们承诺——我们作为一个整体将会达成目标。

我们会遭遇挫折和不成功的开端。对于我作为总统所做的每项决定和政策,会有许多人持有异议,我们也知道政府并不能解决所有问题;但我会向你们坦陈我们所面临的挑战。我会聆听你们的意见,尤其是在我们意见相左之时。最重要的是,我会请求你们参与重建这个国家,以美国221年来从未改变的唯一方式——一砖一瓦、胼手胝足。

21个月前那个寒冬所开始的一切不应该在今天这个秋夜结束。今天的选举胜利并不是我们所寻求的改变——这只是我们实现改变的机会。而且如果我们仍然按照旧有方式行事,我们所寻求的改变不可能出现。没有你们,也不可能有这种改变。

因此,让我们发扬新的爱国精神,树立新的服务意识和责任感,让我们每个人下定决心全情投入、更加努力地工作,并彼此关爱。让我们铭记这场金融危机带来的教训:我们不可能在金融以外的领域备受煎熬的同时拥有繁荣兴旺的华尔街——在这个国家,我们患难与共。

让我们抵制重走老路的诱惑,避免重新回到长期荼毒美国政治的党派纷争和由此引发的遗憾和不成熟表现。让我们牢记,正是伊利诺伊州的一名男子首次将共和党的大旗扛到了白宫。共和党是建立在自强自立、个人自由以及全民团结的价值观上的,这也是我们所有人都珍视的价值。虽然民主党今天晚上赢得了巨大的胜利,但我们是以谦卑的态度和弥合阻碍我们进步的分歧的决心赢得这场胜利的。林肯在向远比我们眼下分歧更大的国家发表讲话时说,我们不是敌人,而是朋友……虽然激情可能褪去,但是这不会割断我们感情上的联系。对于那些现在并不支持我的美国人,我想说,或许我没有赢得你们的选票,但是我听到了你们的声音,我需要你们的帮助,而且我也将是你们的总统。

那些彻夜关注美国大选的海外人士,从国会到皇宫,以及在这个世界被遗忘的角落里挤在收音机旁的人们,我们的经历虽然各有不同,但是我们的命运是相通的,新的美国领袖诞生了。那些想要颠覆这个世界的人们,我们必将击败你们。那些追求和平和安全的人们,我们支持你们。那些所有怀疑美国能否继续照亮世界发展前景的人们,今天晚上我们再次证明,我们国家真正的力量并非来自我们武器的威力或财富的规模,而是来自我们理想的持久力量:民主、自由、机会和不屈的希望。

这才是美国真正的精华——美国能够改变。我们的联邦会日臻完善。我们取得的成就为我们将来能够取得的以及必须取得的成就增添了希望。

这次大选创造了多项"第一",也诞生了很多将世代流传的故事。但是今天晚上令我难忘的却是在亚特兰大投票的一名妇女:安·尼克松·库珀(Ann Nixon Cooper)。她和其他数百万排队等待投票的选民没有什么差别,除了一点:她已是106岁的高龄。

她出生的那个时代奴隶制度刚刚结束;那时路上没有汽车,天上也没有飞机;当时像她这样的人由于两个原因不能投票——一是她是女性,另一个原因是她的肤色。

今天晚上,我想到了她在美国过去一百年间所经历的种种:心痛和希望;挣扎和进步;那些我们被告知我们办不到的时代,以及那些坚信美国信条——是的,我们能做到——的人们。

曾几何时,妇女没有发言权,她们的希望化作泡影,但是安·尼克松·库波尔活了下来,看到妇女们站了起来,看到她们大声发表自己的见解,看到她们去参加大选投票。是的,我们能做到。

当30年代的沙尘暴和大萧条引发人们的绝望之情时,她看到一个国家用罗斯福新政、新就业机会以及对新目标的共同追求战胜恐慌。是的,我们能做到。

当炸弹袭击了我们的海港、独裁专制威胁到全世界,她见证了美国一代人的伟大崛起,见证了一个民主国家被拯救。是的,我们能做到。

她见证了蒙哥马利公车上的种族隔离、伯明翰的民权运动、塞尔马大桥上的人权游行,一位来自亚特兰大的传教士告诉人们:我们能成功。是的,我们能做到。

人类登上月球、柏林墙倒下,世界因我们的科学和想象被连接在一起。今年,就在这次选举中,她用手指触碰屏幕投下自己的选票,因为在美国生活了106年之后,经历了最好的时光和最黑暗的时刻之后,她知道美国如何能够发生变革。是的,我们能做到。

美国,我们已经走过漫漫长路。我们已经历了很多。但是我们仍有很多事情要做。因此今夜,让我们自问:如果我们的孩子能够活到下个世纪;如果我们的女儿有幸活得和安一样长,他们将会看到怎样的改变?我们将会取得怎样的进步?

现在是我们回答这个问题的机会。这是我们的时刻。这是我们的时代:让我们的人民重新就业,为我们的后代敞开机会的大门;恢复繁荣发展,推进和平事业;让"美国梦"重新焕发光芒,再次证明这样一个基本的真理——我们是一家人;一息尚存,我们就有希望;当我们遇到嘲讽和怀疑,当有人说我们办不到的时候,我们要以这个永恒的信条来回应他们:

是的,我们能做到。

感谢你们。愿上帝保佑你们,保佑美利坚合众国。

二、奥巴马演讲的六大技巧

(一) 照应到所有观众

在格兰特公园,对着20万观众演讲,奥巴马很容易踩到地雷。他没有。他对着在家里起居室里的美国人讲话;他对着投票给麦凯恩的人讲话;他对着全世界关注他的人讲话,从各国政要到穷国中最穷的人。他知道观众是谁。

"告诉那些远隔千山万水的人们;告诉各国议会和各国王室;告诉那些被世界遗忘的角落里、挤在一起收听广播的人们,我们的故事千差万别,但我们的命运休戚与共,美国领导的新时代即将到来。"

(二) 在故事中蕴含观点

美国历史上,长期争取民权的运动,使奥巴马参选成为可能。奥巴马用安妮·尼克松·库珀的故事,表达了这个观点。库珀是一位106岁高龄的女性,她的父母是奴隶;她经历了民权运动的几个重要里程碑。

"她出生时,上一代刚刚结束奴隶制;当时,路上没有车子,天空没有飞机;像她一样的那些人,因为两个原因不能投票:因为她是女人,因为她皮肤的颜色。"

这样感染力强多了,效果比干巴巴的历史课棒多了。

(三) 在观众眼前呈现情景

奥巴马用特定、具体的词汇给我们留下了深刻的印象。举几个例子:

"我们的竞选活动并非诞生于华盛顿的高门华第之内,而是始于得梅因、康科德、查尔斯顿这些地方的普通民众家中。"(得梅因、康科德、查尔斯顿均为美国城镇。——译者注。)

"即使今晚,我们站在这里;我们也知道,那些勇敢的美国人行进在伊拉克的戈壁滩上,行进在阿富汗的崇山峻岭中。用他们的生命,为我们冒险。"

"总而言之,我请你加入重建国家的行列,过去221年,在美国,这是唯一的路——用一双双布满老茧的双手,一砖一瓦地努力,一个街区一个街区地努力。"

(四) 具有人情味

巴拉克·奥巴马告诉全世界,他将给两个女儿弄一只小狗,并且带到白宫里。全世界人都喜欢这个话题。在首次新闻发布会上,他说,这是他网站上最热门的话题。

(五) 娓娓道来,举重若轻

奥巴马说话并不快。他等着观众明白以及互动。这让他的话有分量。你也可以这样。

(六) 情感色彩富有变化

奥巴马的竞选演说有不同的感情色彩:欢快——幽默——严肃——亲密——坚定。

三、奥巴马开学演讲《责任与梦想》

责任与梦想

弗吉尼亚州,阿林顿郡,2009年9月8日

嗨,大家好!你们今天过得怎么样?我现在和弗吉尼亚州阿林顿郡韦克菲尔德高中的学生们在一起,全国各地也有从幼儿园到高三的众多学生们通过电视关注这里,我很高兴你们能共同分享这一时刻。

我知道,对你们中的许多人来说,今天是开学的第一天,你们中的有一些刚刚进入幼儿园或升上初高中,对你们来说,这是在新学校的第一天,因此,假如你们感到有些紧张,那也是很正常的。我想也会有许多毕业班的学生们正自信满满地准备最后一年的冲刺。不过,我想无论你有多大、在读哪个年级,许多人都打心底里希望现在还在放暑假,以及今天不用那么早起床。

我可以理解这样的心情。小时候,我们家在印度尼西亚住过几年,而我妈妈没钱送我去其他美国孩子们上学的地方去读书,因此她决定自己给我上课——时间是每周一到周五的凌晨4点半。

显然,我不怎么喜欢那么早就爬起来,很多时候,我就这么在厨房的桌子前睡着了。每当我埋怨的时候,我妈总会用同一副表情看着我说:"小鬼,你以为教你我就很轻松?"

所以,我可以理解你们中的许多人对于开学还需要时间来调整和适应,但今天我站在这里,是为了和你们谈一些重要的事情。我要和你们谈一谈你们每个人的教育,以及在新的学年里,你们应当做些什么。

我做过许多关于教育的讲话,也常常用到"责任"这个词。

我谈到过教师们有责任激励和启迪你们,督促你们学习。

我谈到过家长们有责任看管你们认真学习、完成作业,不要成天只会看电视或打游戏机。

我也很多次谈到过政府有责任设定高标准严要求、协助老师和校长们的工作，改变在有些学校里学生得不到应有的学习机会的现状。

但哪怕这一切都达到最好，哪怕我们有最尽职的教师、最好的家长和最优秀的学校，但你们不去履行自己的责任的话，那么这一切努力都会白费。——除非你每天准时去上学、除非你认真地听老师讲课、除非你把父母、长辈和其他大人们说的话放在心上、除非你肯付出成功所必需的努力，否则这一切都会失去意义。

而这就是我今天讲话的主题：对于自己的教育，你们中每一个人的责任。首先，我想谈谈你们对于自己有什么责任。

你们中的每一个人都会有自己擅长的东西，每一个人都是有用之才，而发现自己的才能是什么，就是你们要对自己担起的责任。教育给你们提供了发现自己才能的机会。

或许你能写出优美的文字——甚至有一天能让那些文字出现在书籍和报刊上——但假如不在英语课上经常练习写作，你不会发现自己有这样的天赋；或许你能成为一个发明家、创造家——甚至设计出像今天的 iPhone 一样流行的产品，或研制出新的药物与疫苗——但假如不在自然科学课程上做上几次实验，你不会知道自己有这样的天赋；或许你能成为一名议员或最高法院法官，但假如你不去加入什么学生会或参加几次辩论赛，你也不会发现自己的才能。

而且，我可以向你保证，不管你将来想要做什么，你都需要相应的教育。你想当名医生、当名教师或当名警官？你想成为护士、成为建筑设计师、律师或军人？无论你选择哪一种职业，良好的教育都必不可少；但这世上不存在不把书念完就能拿到好工作的美梦；任何工作，都需要你的汗水、训练与学习。

你们的教育如何不仅仅对于你们个人的未来有重要意义，也会对这个国家，乃至世界的未来产生重要影响。今天你们在学校中学习的内容，将会决定我们整个国家在未来迎接重大挑战时的表现。

你们需要在数理科学课程上学习的知识和技能，去治疗癌症、艾滋那样的疾病，和解决我们面临的能源问题与环境问题；你们需要在历史社科课程上培养出的观察力与判断力，来减轻和消除无家可归与贫困、犯罪问题和各种歧视，让这个国家变得更加公平和自由；你们需要用在各类课程中逐渐累积和发展出来的创新意识和思维，去创业和建立新的公司与企业，来制造就业机会和推动经济的增长。

我们需要你们中的每一个人都培养和发展自己的天赋、技能和才智，来解决我们所面对的最困难的问题。假如你不这么做——假如你放弃学习——那么你不仅是放弃了自己，也是放弃了你的国家。

当然，我明白，读好书并不总是件容易的事。我知道你们中的许多人在生活中面临着各种各样的问题，很难把精力集中在专心读书之上。

我知道你们的感受。我父亲在我两岁时就离开了家庭，是母亲一人将我们拉扯大；有时她付不起账单；有时我们得不到其他孩子们都有的东西；有时我会想，假如父亲在该多好；有时我会感到孤独无助，与周围的环境格格不入。

因此我并不总是能专心学习；我做过许多自己觉得丢脸的事情，也惹出过许多不该惹的麻烦；我的生活岌岌可危，随时可能急转直下。

但我很幸运。我在许多事上都得到了重来的机会，我得到了去大学读法学院、实现自己梦想的机会。我的妻子——现在得叫她第一夫人米歇尔·奥巴马了——也有着相似的人生故事；她的父母都没读过大学，也没有什么财产；但他们和她都辛勤工作，好让她有机会去这个国家最优秀的学校读书。

你们中有些人可能没有这些有利条件，或许你的生活中没有能为你提供帮助和支持的长辈，或许你的某个家长没有工作、经济拮据，或许你住的社区不那么安全，或许你认识一些会对你产生不良影响的朋友，等等。

但归根结底，你的生活状况——你的长相、出身、经济条件、家庭氛围——都不是疏忽学业和态度恶劣的借口，这些不是你去跟老师顶嘴、逃课，或是辍学的借口，这些不是你不好好读书的借口。

你的未来，并不取决于你现在的生活有多好或多坏。没有人为你编排好你的命运，在美国，你的命运由你自己书写，你的未来由你自己掌握。

而在这片土地上的每一个地方，千千万万和你一样的年轻人正是这样在书写着自己的命运。

例如德克萨斯州罗马市的贾斯敏·佩雷兹(Jazmin Perez)。刚进学校时，她根本不会说英语，她住的地方几乎没人上过大学，她的父母也没有受过高等教育，但她努力学习，取得了优异的成绩，靠奖学金进入了布朗大学，如今正在攻读公共卫生专业的博士学位。

我还想起了加利福尼亚州洛斯拉图斯市的安多尼·舒尔兹(Andoni Schultz)，他从三岁起就开始与脑癌病魔做斗争，他熬过了一次次治疗与手术——其中一次影响了他的记忆，因此他得花出比常人多几百个小时的时间来完成学业，但他从不曾落下自己的功课。这个秋天，他要开始在大学读书了。

又比如在我的家乡，伊利诺斯州芝加哥市，身为孤儿的香特尔·史蒂夫(Shantell Steve)换过多次收养家庭，从小在治安很差的地区长大，但她努力争取到了在当地保健站工作的机会，发起了一个让青少年远离犯罪团伙的项目。很快，她也将以优异的成绩从中学毕业，去大学深造。

贾斯敏、安多尼和香特尔与你们并没有什么不同。和你们一样，他们也在生活中遭遇各种各样的困难与问题；但他们拒绝放弃，他们选择为自己的教育担起责任，给自己定下奋斗的目标。我希望你们中的每一个人，都能做得到这些。

因此，在今天，我号召你们每一个人都为自己的教育定下一个目标——并在之后，尽自己的一切努力去实现它。你的目标可以很简单，像是完成作业、认真听讲或每天阅读——或许你打算参加一些课外活动，或在社区做些志愿工作；或许你决定为那些因为长相或出身等等原因而受嘲弄或欺负的孩子做主，维护他们的权益，因为你和我一样，认为每个孩子都应该能有一个安全的学习环境；或许你认为该学着更好地照顾自己，来为将来的学习做准备……当然，除此之外，我希望你们都多多洗手、感到身体不舒服的时候要多在家休息，免得大家在秋冬感冒高发季节都得流感。

不管你决定做什么，我都希望你能坚持到底，希望你能真的下定决心。

我知道有些时候，电视上播放的节目会让你产生这样那样的错觉，似乎你不需要付出多大的努力就能腰缠万贯、功成名就——你会认为只要会唱rap、会打篮球或参加个什么真人秀节目就能坐享其成，但现实是，你几乎没有可能走上其中任何一条道路。

因为，成功是件难事。你不可能对要读的每门课程都兴趣盎然，你不可能和每名代课教师都相处顺利，你也不可能每次都遇上看起来和现实生活有关的作业。而且，并不是每件事，你都能在头一次尝试时获得成功。

但那没有关系。因为在这个世界上，最最成功的人们往往也经历过最多的失败。J.K.罗琳的第一本《哈利·波特》被出版商拒绝了十二次才最终出版；迈克尔·乔丹上高中时被学校的篮球队刷了下来，在他的职业生涯里，他输了几百场比赛、投失过几千次射篮，知道他是怎么说的吗？"我一生不停地失败、失败再失败，这就是我现在成功的原因。"

他们的成功，源于他们明白人不能让失败左右自己——而是要从中吸取经验。从失败中，你可以明白下一次自己可以做出怎样的改变；假如你惹了什么麻烦，那并不说明你就是个捣蛋鬼，而是在提醒你，在将来要对自己有更严格的要求；假如你考了个低分，那并不说明你就比别人笨，而是在告诉你，自己得在学习上花更多的时间。

没有哪一个人一生出来就擅长做什么事情的，只有努力才能培养出技能。任何人都不是在第一次接触一项体育运动时就成为校队的代表,任何人都不是在第一次唱一首歌时就找准每一个音,一切都需要熟能生巧。对于学业也是一样,你或许要反复运算才能解出一道数学题的正确答案,你或许需要把一段文字读好几遍才能理解它的意思,你或许得把论文改上好几次才能符合提交的标准。这都是很正常的。

不要害怕提问,不要不敢向他人求助——我每天都在这么做。求助并不是软弱的表现,恰恰相反,它说明你有勇气承认自己的不足、并愿意去学习新的知识。所以,有不懂时,就向大人们求助吧——找个你信得过的对象,例如父母、长辈、老师、教练或辅导员——让他们帮助你向目标前进。

你要记住,哪怕你表现不好、哪怕你失去信心、哪怕你觉得身边的人都已经放弃了你——永远不要自己放弃自己。因为当你放弃自己的时候,你也放弃了自己的国家。

美国不是一个人们遭遇困难就轻易放弃的国度,在这个国家,人们坚持到底、人们加倍努力,为了他们所热爱的国度,每一个人都尽着自己最大的努力,不会给自己留任何余地。

250年前,有一群和你们一样的学生,他们之后奋起努力、用一场革命最终造就了这个国家;75年前,有一群和你们一样的学生,他们之后战胜了大萧条、赢得了二战;就在20年前,和你们一样的学生们,他们后来创立了Google、Twitter和Facebook,改变了我们人与人之间沟通的方式。

因此,今天我想要问你们,你们会做出什么样的贡献?你们将解决什么样的难题?你们能发现什么样的事物?二十、五十或百年之后,假如那时的美国总统也来作一次开学演讲的话,他会怎样描述你们对这个国家所做的一切?

你们的家长、你们的老师和我,每一个人都在尽最大的努力,确保你们都能得到应有的教育来回答这些问题。例如我正在努力为你们提供更安全的教室、更多的书籍、更先进的设施与计算机。但你们也要担起自己的责任。因此我要求你们在今年能够认真起来,我要求你们尽心地去做自己着手的每一件事,我要求你们每一个人都有所成就。请不要让我们失望——不要让你的家人、你的国家和你自己失望。你们要成为我们的骄傲——我知道,你们一定可以做到。

谢谢大家,上帝保佑你们,上帝保佑美国。

四、白岩松《我的故事以及背后的中国梦》

导语:2009年3月30日,中央电视台主持人白岩松和央视摄制组赴美国拍摄专题片《岩松看美国》,3月31日白岩松及摄制组从纽约驱车赶往耶鲁大学,白岩松向耶鲁师生发表了题为《我的故事以及背后的中国梦》的演讲。他以自己出生的年份1968年作为开始,讲述了1968年、1978年、1988年、1998年、2008年五个年份的故事;讲述了自己如何从一个边远小城的绝望孩子成长为见证无数重要时刻的新闻人,并以个人命运为线索折射了四十年中美关系发生的深刻变化。白岩松的幽默向美国学生展现了中国人不一样的一面。

我的故事以及背后的中国梦

过去的20年,中国一直在跟美国的三任总统打交道。但是,今天到了耶鲁大学我才知道,其实它只跟一所学校打交道。透过这三位总统我也明白了,耶鲁大学毕业生的水准也并不是很平均。

接下来,就进入我们今天的主题,如果要起个题目的话,应该叫《我的故事以及背后的中国梦》。

我要讲五个年份,第一要讲的年份是1968年。

那一年我出生了。但是,那一年世界非常乱,在法国有巨大的街头的骚乱……在美国也有,然后美国总统候选人罗伯特·肯尼迪遇刺了(他的哥哥约翰·肯尼迪总统在1963年遇刺)。但是,的确这一切的原因都与我无关(哄堂大笑)。

那一年，我们更应该记住的是马丁·路德·金先生遇刺。虽然，那一年他倒下了，但是"我有一个梦想"的这句话却真正地站了起来，不仅在美国站了起来，也在全世界站了起来。但是，当时很遗憾，不仅仅是我，几乎很多的中国人并不知道这个梦想。因为当时中国人，每一个人很难说拥有自己的梦想，将自己的梦想变成了一个国家的梦想，甚至是领袖的一个梦想。中国与美国的距离非常遥远，不亚于月亮与地球之间的距离。但是我并不关心这一切，我只关心我是否可以吃饱。

很显然，我的出生非常不是时候，不仅对于当时的中国来说，对于世界来说，似乎都有些问题（众笑）。

1978年，10年之后，我10岁了。

我依然生活在我出生的地方，那个只有20万人的非常非常小的城市。它离北京的距离有2 000千米，它要想了解北京出的报纸的话，要在三天之后才能看见。所以，对于我们来说，是不存在新闻这个说法的（众笑）。

那一年，我的爷爷去世了。而在两年前的时候，我的父亲去世了。所以，只剩下我母亲一个人抚养我们哥儿俩，她一个月的工资不到10美元。因此，即使10岁了，梦想这个词对我来说，依然是一个非常陌生的词汇，我从来不会去想它。我母亲一直到现在也没有建立新的婚姻，是她一个人把我们哥俩抚养大。我看不到这个家庭的希望，只是会感觉，那个时候的每一个冬天都很寒冷。

就在我看不到希望的1978年的时候，不管是中国这个国家，还有中国与美国这两个国家之间，都发生了非常巨大的变化。那是一个我们在座的所有人都该记住的年份：1978年的12月16日，中国与美国正式建交，那是一个大事件。而在中美建交两天之后，12月18日，中国共产党十一届三中全会召开了，那是中国改革开放31年的开始。

历史将两个伟大的国家、一个非常可怜的家庭就如此戏剧性地交织在一起，不管是小的家庭，还是大的国家，其实当时谁都没有把握知道未来是什么样的。

接下来的年份，该讲1988年了，那一年我20岁。

这个时候我已经从边疆的小城市来到了北京，成为一个大学生。虽然，今天在中国依然还有很多的人在抨击中国的高考制度，认为它有很多很多的缺陷。但是，必须承认正是高考的存在，让我们这样一个又一个非常普通的孩子，拥有了改变命运的机会。

当然，这个时候美国已经不再是一个很遥远的国家，它变得很具体，它也不再是那个过去口号当中的"美帝国主义"（众笑并鼓掌），而是变成了生活中很多的细节。

这个时候，我已经第一次尝试过可口可乐，而且喝完可口可乐之后会觉得中美两个国家真的是如此接近（众笑）。因为，它几乎就跟中国的中药是一样的（众笑）。

那个时候，我已经开始非常狂热地去喜欢上摇滚乐。那个时候，正是迈克尔·杰克逊长得比较漂亮的时候（哄堂大笑）。

更重要的是，这个时候的中国，已经开始发生了非常大的变化。因为，改革已经进行了10年。

那一年，中国开始尝试放开很多商品的价格。这在你们看来是非常不可思议的事情。但是，在中国当时是一个很大的迈进，因为过去的价格都是由政府来决定的。

就在那一年，因为放开了价格，引起了全国疯狂地抢购，大家都觉得这个时候会有多久呢？于是，要把一辈子用的食品和用品，都买回到家里头。

这一年也就标志着中国离市场经济越来越近了。当然，那个时候没有人知道市场经济也会有次贷危机（众笑）。

当然，我知道那一年1988年对于耶鲁大学来说是格外的重要，因为你们耶鲁的校友又有一个成为了美国的总统。

接下来又是一个新的年份：1998年，那一年我30岁。

我已经成为中央电视台的一个新闻节目主持人。更重要的是，我已经成为一个1岁孩子的父亲。我开始明白我所做的许多事情不仅要考虑我自己，还要考虑孩子及他们的未来。

那一年，在中美之间发生了一个非常重要的事件，主角就是克林顿。也许在美国你记住的是性丑闻。但是，在中国记住的是，他那一年访问了中国。在6月份他访问中国的时候，在人民大会堂和江泽民主席进行了一个开放的记者招待会，然后又在北京大学进行了一个开放的演讲，这两场活动的直播主持人都是我。

当克林顿总统在上海即将离开中国的时候，记者问道："这次访问中国，您印象最深的是什么？"

他说："我最想不到的是这两场讲座居然都直播了（笑）。不过，直播让中国受到了表扬，而美国却受到了批评（众笑）。"当然只是一个很小的批评。在北大的演讲当中，由于整个克林顿总统的演讲，用的全是美方所提供的翻译。因此，他翻译的那个水准远远达不到今天我们翻译的水准（听众大笑并鼓掌表示对现场翻译的感谢）。我猜想有很多的中国观众，是知道克林顿一直在说话，但是说的是什么，不太清楚（众笑）。

所以，我在直播结束的时候，说了这样的一番话："看样子美国需要对中国有更多的了解，有的时候要从语言开始"，美国包括美联社在内的很多媒体都报道了我的这句话。但是，我说的另外一句话不知道他们有没有报道？我说："对于中美这两个国家来说，面对面永远要好过背对背。"

当然也是在这一年年初，我开上了人生的第一辆车。这是我在过去从来不会想到的，中国人有一天也可以开自己的车。个人的喜悦，也会让你印象很久，因为往往第一次才是最难忘的。

接下来，我要讲述的是：2008这一年，这一年我40岁。

很多年大家不再谈论的"我有一个梦想"这句话，但是在这一年我听到太多的美国人在讲。看样子奥巴马的确不想再接受耶鲁占领美国20年这样的事实了（耶鲁大学一直盛产总统，而出身哈佛大学的奥巴马终结了这一事实）。

他用"改变"以及"梦想"这样的词汇，让耶鲁大学的师生在他当选总统之后举行游行，甚至庆祝。在这个细节中，让我看到了耶鲁师生的超越。

这一年，也是中国梦非常明显的一年。它就像全世界所有的伟大梦想，注定都要遭受很多的挫折才能显现出来一样。无论是期待了很久的北京奥运会，还是神舟七号中国人第一次在太空行走，那都是很多年前，我们期待了很久的梦想。

但是，突如其来的四川汶川特大地震，让这一切都变得没有我们期待中的那么美好。这个时候中国人对于生命的看待，我相信跟美国人和世界上一切善待生命的民族都是一样的。8万个生命的离开，让整个2008年中国人度日如年。

我猜得到在耶鲁校园里头，在每一个网页、电视以及报纸的前面，也有很多的来自中国的人，以及世界各地的人们，为这些生命流下眼泪。但是，就像40年前，马丁·路德·金先生倒下，却让"我有一个梦想"这句话站得更高、站得更久，站得更加让人觉得极其有价值一样，更多的中国人也明白了，梦想很重要，但是生命更重要。

在北京奥运会期间，我度过了自己的40岁的生日。

那一天，我感慨万千。虽然，周围的人不会知道（众笑）。因为时间进入到我的生日那一天的时候，我在直播精彩的比赛。24小时之后，当这个时间要走出我生日这一天的时候，我也依然在直播。但是，这一天我觉得非常的幸运。因为，正是这样一个特殊的、在北京奥运会期间的40岁，让我意识到了我的故事背后的中国梦。正是在这样的 40 年的时间里头,我从一个根本不可能有梦想的,一个遥远边疆的小城市里的孩子,变成了一个可以在全人类欢聚的一个大的节日里头,分享以及传播这种快乐的新闻人,这是一个在中国发生的故事。

而在这一年,中国和美国相距并不遥远,你中有我,我中有你,彼此需要。布什总统据说度过了他作为总统以来在国外、一个国家待得最长的一段时间,就是在北京奥运会期间。菲尔普斯在那儿拿到了 8 块金牌,而他的家人都陪伴在他的身边,所有的中国人都为这样一个特殊的家庭祝福。当然,任何一个这样的梦想都会转眼间过去。在这样的一个年份里头,中美两国历史上几乎是第一次同时发出了"我有一个新的梦想"的时候,如此的巧合,如此的应该。美国面临了一次非常非常艰难的金融危机,当然不仅仅是美国的事情,也对全世界有重大的影响。

昨天我到达纽约,刚下了飞机,我去的第一站就是华尔街,我看到了华盛顿总统的雕像,他的视线是那么永久不变地盯着证券交易所上那面巨大的美国国旗(众笑)。而非常奇妙的是,在这个雕像后面的展览馆里正在举行"林肯总统在纽约"这样的一个展览。因此,林肯总统的大幅的画像也挂在那上面,他也在看那面国旗(众笑)。我读出了非常悲壮的一种历史感。

在离开那个地方的时候,我对我的同事说了这样一句话:"很多很多年前如果美国发生了这样状况的时候,也许中国人会感到很开心。"因为,大家会说:"你看,美国又糟糕了!"(众大笑)但是,今天中国人会格外地希望美国尽早地好起来,因为我们有几千亿的钱在美国(鼓掌,众大笑),我们还有大量的产品等待着装上货船、送到美国来。如果美国的经济进一步好起来的话,在这些货品的背后,就是一个又一个中国人增长的工资,是他重新拥有的就业岗位,以及家庭的幸福。因此,你明白,这不是一个口号的宣传。

在过去的 30 年里头,你们是否注意到了,与一个又一个普通的中国人紧密相关的中国梦。我不知道世界上还有哪个国家,在过去这 30 年的时间里头,让个人的命运发生了这么大的变化。

一个边远小城市的孩子,一个绝望中的孩子,今天有机会在耶鲁跟各位同学交流,当然也包括很多老师和教授。中国经历了这 30 年,有无数个这样的家庭。他们的爷爷奶奶依然守候在土地上,仅有微薄的收入,千辛万苦;他们的父亲母亲,已经离开了农村,通过考大学,在城市里已经有了很好的工作;而这个家庭的孙子孙女也许此刻就在美国留学:三代人,就像经历了三个时代。但是在中国,你随时可以看到这样的家庭。如果我没有说错的话,现场的很多个中国留学生,他们的家庭也许就是这样。对么?(鼓掌)

那么,在我们去观察中国的时候,也许你经常关注的是"主义"——"社会主义"或其他庞大的政治词汇,或许该换一个视角去看 13 亿个非常普通的中国人——他们并不宏大的梦想、改变命运的那种冲动,依然善良的性格和勤奋的那种品质——今天的中国是由刚才的这些词汇构成。

在过去的很多年里头,中国人看美国,似乎在用望远镜看。美国所有的美好的东西,都被这个望远镜给放大了。经常有人说美国怎么怎么样,美国怎么怎么样,你看我们这儿什么时候能这样(众笑)。

在过去的好多年里头,美国人似乎也在用望远镜在看中国。但是,我猜测可能拿反了(哄堂大笑,热烈鼓掌)。因为,他们看到的是一个缩小了的、错误不断的、有众多问题的中国。他们忽视了 13 亿非常普通的中国人,改变命运的这种冲动和欲望,使这个国家发生了如此巨大的变化(鼓掌)。

但是,我也一直有一个梦想:为什么要用望远镜来看彼此?我相信现场在座的很多个来自中国的留学生,他们会用自己的眼睛看到了最真实的美国,用自己的耳朵去了解最真实的来自美国人内心的想法。无论再用什么样的文字也很难再改变他们对美国的看法。因为,这来自他们内心的感受。当然我也希望非常多的美国人,有机会去看看中国,而不是在媒体当中去看中国。你知道,我并不太信任我所有的同行(众笑,鼓掌)。

开一个玩笑。其实美国的同行是我非常尊敬的同行。我只是希望越来越多的美国的朋友去看一个真实的中国。因为,我起码敢确定一件事情,即使在美国你吃到的被公认为最好的中国菜,在中国却很难卖出好价钱(众笑)。就像很多很多年之前,在中国所有的城市里流行着一种叫加州牛肉面,加利福尼亚牛肉面。相当多的中国人都认为,美国来的东西一定非常非常好吃。所以,他们都去吃了。即使没那么好吃的话,由于觉得这是美国的也就不批评了(大笑)。这个连锁的快餐店在中国存在了很多年,直到有越来越多的中国人来到美国,在加州四处寻找加州牛肉面(众笑)。但是,一家都没有找到的时候,越来越多的中国人知道,加州是没有这种牛肉面的(笑)。

于是,这个连锁店在中国,现在处于消失的过程当中。你看,这就是一种差异。但是,当人来人往之后,这样的一种误会就会越来越少。

所以,最后我只想再说一句。

40年前,当马丁·路德·金先生倒下的时候,他的那句话"我有一个梦想"传遍了全世界。但是,一定要知道,不仅仅有一个英文版的"我有一个梦想"。在遥远的东方,在一个几千年延续下来的中国,也有一个梦想。它不是宏大的口号,并不是在政府那里存在,它是属于每一个非常普通的中国人。而它用中文写成:"我有一个梦想!"

好,谢谢各位!

五、柴静《认识的人　了解的事》

2009年8月29日上午,庆祝中华人民共和国六十华诞"为祖国骄傲为女性喝彩——首都女记协演讲大赛"在人民网演播厅举行。中央电视台记者柴静以"认识的人　了解的事"为主题演讲,荣获特等奖。

认识的人　了解的事

十年前在从拉萨飞回北京的飞机上,我的身边坐了一个五十多岁的女人,她是三十年前去援藏的,这是她第一次因为治病而离开西藏。下了飞机下很大的雨,我把她送到北京一个旅店里。过了一个星期我去看她,她说她的病已经确诊了,是胃癌的晚期,然后她指了指床上的一个箱子,说:"如果我回不去的话你帮我保存这个。"那是她三十年当中,走遍西藏各地,跟各种人——官员、汉人、喇嘛、三陪女交谈的记录。她没有任何职业身份,也知道这些东西不能发表,她只是说,一百年之后,如果有人看到的话,会知道今天的西藏发生了什么。这个人姓熊,拉萨一中的女教师。

五年前,我采访了一个人,这个人在火车上买了一瓶一块五毛钱的水,然后他向列车员要发票,列车员乐了,说:"我们火车上自古就没有发票。"然后这个人把铁道部告上了法庭,他说:"人们在强大的力量面前,总是选择服从,今天如果我们放弃了一块五毛钱的发票,明天我们就可能放弃我们的土地权、财产权,和生命的安全。权利如果不用来争取的话,权利就只是一张纸。"他后来赢了这场官司。我以为他会和铁道部结下梁子,结果他上了火车之后,在餐车要了一份饭,列车长亲自把这份饭菜端到他的面前,说:"您是现在要发票,还是吃完之后我再给您送过来?"我问他你靠什么赢得尊重,他说我靠为我的权利所作的斗争。这个人叫郝劲松,三十四岁的律师。

去年我认识一个人,我们在一起吃饭,这个六十多岁的男人,说起丰台区一所民工小学被拆迁的事儿,他说所有的孩子靠在墙上哭。说到这儿的时候他也动感情了,然后从裤兜里面掏出来一块皱皱巴巴的蓝布手绢,擦擦眼睛。这个人十八岁的时候当过大队出纳,后来当教授、当官员。他说他做这些事的所有目的,是为了给农民做一点事。他在我的采访中说到,征地问题,给农民的不是价格,只是补偿,这个分配机制极不合理,这个问题不仅出在土地管理法,还出在1982年的宪法修正案。在审这期节目的时候,我的领导说了一句话:"这个人说得再尖锐,我们也能播。"我说为什么,他说因为他特别真诚。这个人叫陈锡文,中央财经领导办公室副主任。

七年前,我问过一个老人,我说你的一生也经历了很多的挫折,你靠什么来保持你年轻时候的情怀。他跟我讲,有一年他去河北视察,没有走当地安排的路线。然后他在路边发现了一个老农民,旁边放了一副棺材,他就下车去看。那个老农民因为太穷了,没钱治病,就把自己的棺材板拿出来卖。这个老人就给了他五百块钱让他回家。老人说我给你讲这个故事的目的是告诉你,中国大地上的事情是无穷无尽的,不要在乎一城一池的得失,要执著。这个人叫温家宝,中华人民共和国总理。

一个国家是由一个个具体的人构成的,她由这些人创造,并且决定。只有一个国家拥有那些能够寻求真理的人,能够独立思考的人,能够记录真实的人,能够不计利害为这片土地付出的人,能够去捍卫自己宪法权利的人,能够知道世界并不完美但仍不言乏力、不言放弃的人,只有一个国家拥有这样的头脑和灵魂,我们才能说我们为祖国骄傲。只有一个国家能够尊重这样的头脑和灵魂,我们才能说我们有信心让明天更好。

六、如何修改演讲稿

1. 深化主题。主题是演讲稿的核心,修改主题最为重要。修改时,我们首先要看主题是否贴切现实、深刻有力。其次要看主题是否新颖独特,令人耳目一新。最后看一下主题是否集中鲜明。

2. 增删材料。材料是用来说明观点的,为观点服务的,撰写演讲稿应力求做到材料与观点的统一。对材料的修改主要是指删削材料、增添材料、调换材料。对那些无关紧要的、游离于主题之外的材料,要下决心尽量删去,还有对于一些道听途说、缺乏根据的材料,也应该及时删除,只留那些典型的、生动的、确凿真实的材料。

3. 调整结构。对于结构的修改,往往是比较困难费神的工作。如果主题有了变动,结构就必须作相应的调整。即使是主题没有什么变动,也得要认真考虑全文的布局,如开头是否引人入胜,结尾是否深刻有力,各段的中心意思是否明确,段与段之间的内在联系是否紧密,过渡衔接是否自然,层次脉络是否分明,前后照应是否得当等。如果发现演讲稿的结构有残缺不全、松散混杂、轻重倒置、前后脱节等现象,就应该着手修改。有时段落需要拆开或合并,有时段与段之间应调换位置,有时需要加上承上启下的过渡段或恰当的词语、句子。开头与结尾,尤其要反复斟酌,认真修改。

4. 润色语言。草稿中首先找出用词不当、句子成分残缺,还有丢、落、错、别字等等这些毛病,然后按照演讲语言简洁有力、生动感人的要求,对语言进行加工润色,使语言富于变化,产生韵律美。

5. 修改题目。认真琢磨一下演讲稿的题目,看看拟订的题目是否涵盖了演讲的中心内容,是否具有吸引力,能够一下子抓住听众。演讲稿的题目,有一个基本要求,就是要有内容,简短明快、表态含情。

演讲稿修改的方法包括:第一,虚心请教,集思广益;第二,边讲边改,反复修改。

七、例说如何使演讲立意深刻

立意深刻,是指演讲者确定的主题能透过事物的现象,挖掘事物的本质,揭示事物的规律,从而具有相当的思想深度和启迪意义。这样的立意,往往准确而深入地把握了事物的个性、共性及规律性,有独到之处,因此备受听众青睐。相反,那些立意肤浅的演讲,浮在表面、蜻蜓点水,只会让听众生厌,令人鄙而远之。

在演讲课上,老师让学生就"阎崇年吃耳光"事件发表演讲。一学生以《都是冲动惹的祸》为题进行演讲,有这样的片段:

阎崇年先生在江苏无锡签名售书时,被一个30多岁的年轻人当众掌掴。据报道,这名年轻人是因为不赞同阎崇年关于清朝的一些观点与表述,而采取了过激行为,这实在令人震惊!曾记得鲁迅先生说过"辱骂和恐吓绝不是战斗",不知他老人家见到这一幕有何感想? 其实,那名年轻人不是到了现场吗? 正好可以和阎老先生来一场唇枪舌剑啊,有本事就把阎老先生驳得瞠目结舌,批得体无完肤啊? 可他没有这样做，竟然一巴掌甩过去，这算哪门子本事呢？一个30来岁的年轻人当众甩一位70多岁老人的耳光，就好比孙子跟爷爷动粗，就算有天大的理由，终归是"忤逆"一个。不过仔细想想，这也没什么大惊小怪的。现在的有些年轻人喜欢玩个性、耍脾气，动不动就来粗的。其实，这都是冲动惹的祸啊！

平心而论，这位同学的演讲语言流畅、态度鲜明、立意也正确，但致命的不足是主题不深刻。演讲者把年轻人掌掴阎崇年的原因归为"冲动"，显然是一种浅层、笼统的认识。因为，这个年轻人为什么冲动？粗鲁的背后有什么样的动机？这些都是听众急于想知道的，演讲者却只字未提。换句话说，由于演讲者不能透过现象挖掘本质，也就只能在"掌掴"与"冲动"上大做文章。如此一来，就算"年轻人忌冲动、要克制"这样的主张没有错，其立意也是极其肤浅的。再者，这些见解都是听众耳熟能详的，等于给听众传递的是零信息。这样的演讲，当然没有吸引力。

同样是这个话题，我们来欣赏另一位学生的演讲片段：

我国著名清史专家阎崇年先生到无锡签名售书时，被一个素不相识的年轻人甩了一记耳光。这样的遭遇实在令人意外，更令人愤怒！文化之争自有文明的解决办法，每个人对世界都有自己的认知，阎崇年的观点可能不符合你的认识，但一个人对自己观点的坚持，无论别人的言论多么离谱、荒谬，采取暴力的方法来攻击对方，这肯定是不对的。"我不同意你的观点，但我誓死捍卫你说话的权利"，伏尔泰的这句名言不是最为大家所钟爱吗？若果真如此，又怎能"我不同意你的意见，就掌你的嘴"呢？

在我们这个国度，说起来很讲面子、很讲平和，但偏偏特别容易出现暴力与对抗。无论何时何地，无论争论的是什么问题，双方意见不合，就很容易对立起来，甚至闹到不可开交的地步。如果要双方心平气和地坐下来讨论，那几乎是不可能的事儿。动手甩阎先生耳光的人，据说开始不过是不同意阎先生的观点而已。这种不同，最终竟演化成武力批判。这跟我们这种暴力的传统密切相关。

一些国人不善于讨论，也容不得不同意见，这种极其恶劣的习惯，古已有之，且源远流长。翻开历史，秦始皇的焚书坑儒，汉武帝的罢黜百家，满清朝的大兴文字狱。封建君王对持不同意见者，轻则声讨，重则追杀。不幸的是，这种劣习似乎一直都很时髦、很火爆。因而动手打架、扇人耳光，也就一点都不新鲜了。

其实，在当今之世，稍微有点修养的人，都知道要尊重别人的言论表达自由。但是，大多数人遇到在自己看来非常荒谬观点的时候，都很难容忍。其实，别人的所谓荒谬观点，不见得真的就是荒谬的。就算真的荒谬，只要它没有强加于你，仅限于言辞，就应该被容忍。容忍不同声音的程度，实际上是检验一个民族文明程度的试金石……

在这一部分的演讲中，演讲者并没有停留在"掌掴"的表面，而是深入挖掘事件的根源——肇事者与阎崇年之间实际上是一场"文化之争"，是因为观点的不合。演讲者通过探本求源的方法揪出问题的本质，因而演讲立意也就深刻了。肇事者为什么会冲动？是因为阎崇年的观点不符合他的认识，而肇事者又"不善于讨论，容不得不同意见"，归根结底是不"尊重别人的言论表达自由"。这种劣习，一旦外化就是暴力了。肇事者不知道或不愿意通过报刊、网络和其他渠道来表达自己的意见，而想借"动手打架、扇人耳光"的过激行为来引起外界注意，实际上呈现的是一种匹夫之勇、愚人之习。这样层层剥开、条分缕析后，演讲者的思想也就呼之欲出了。"容忍不同声音的程度，实际上是检验一个民族文明程度的试金石"这一立意，与"年轻人忌冲动、要克制"的立意相比，孰高孰低，孰优孰劣，不言自明。

可见，深刻的立意，就是要透过现象深入本质，见人之不见或少见、言人之未言或少言、发人之未发或少发，并能给人以启发和教育。总之，思维的深刻性表现在对事物本源的探求和由此及彼的分析。只要方法得当，深入挖掘，演讲的立意就能走出肤浅而达于深刻。这样，演讲才耐听，听众才愿听、爱听。

实践训练

一、模拟陈铭的演讲《女人永远是最佳辩手》

根据本章知识,分析此演讲稿的写作技巧。

女人永远是最佳辩手

今天要跟大家分享的是一个关于女人和辩论的故事,名字叫做《女人永远是最佳辩手》。

我在辩论的赛场上拿过世界冠军,拿过全场最佳辩手,也算得上是小有收获。但是说实话,有一件事情真的非常丢人。可是在这里我必须要向在座所有人坦白:就是在生活的辩场上,有那么一个人,我是从来都没有赢过,那个人就是我的老婆。所以不知道在座各位会怎么想,但是我本人是发自内心深处赞同一句话:"女人永远是最佳辩手。"

但是,凡事总有原因,为什么呢,后来我开始琢磨、琢磨、琢磨,我找到了第一层原因,男人总是输,那是因为男人总是讲道理。我有一个饱经沧桑和血泪的小小忠告,告诉在座所有的男士,就是当你面对女人的时候,你永远永远不要试图讲道理。因为她们会坚信你解释就是掩饰,掩饰就是欺骗的开始。

我老婆有一次,她看中了一款包,她就把我拉过去说她想买。大家都知道全世界所有的女人,喜欢的包就只有两个特色:第一美,第二贵。当然女人会比较关注它的前者,男人呢,只能关注后者。所以我老婆一直在看那个包的时候,我也一直在看那个包的价签。我在数,个十百千。我当时数着数就崩溃了,我赶紧背着导购把她拉到一边。我得说服她,我说老婆,你知道咱们中华民族五千年,最美的传统美德是什么吗?勤俭节约呀;你知道当今中国经济最欠缺的精神是什么吗?是支持国货呀。你看看这个包,你看看这个包的价格,你知道它成本只有多少吗,你知道它利润翻了多少倍吗?你冷静一下,你跟我一起深呼吸。你想想看,我们家庭现在的经济情况,我们的收入状况。你现在买这么一个包,它理性吗,它负责吗,它是个现在我们应该有的选择吗?你这么漂亮一个大姑娘,你拎着这么一个包走在路上,你遭贼惦记呀;你拎着这么一个包去单位,你遭人妒忌呀。你考虑过单位和谐吗,你考虑过人际关系吗,你考虑过你办公室大妈的感受吗?

我当时说实话,上到民族情怀、消费理念,下到买这个包的性价比、收现比、收益比、风险比、收支情况对比。我慷慨激昂、鞭辟入里,我自己都已经快被我自己的沉稳和理性征服了。

然后,然后她只是看着我,眨巴着她的大眼睛,然后她问我说,是你的那些道理重要,还是我重要。傻了吧,你说呀、说呀、说呀、说呀。你的那些叽叽咕咕、滴滴答答的臭道理、烂道理,都比我重要一千倍、一万倍对不对;在你心里,我根本就不重要对不对;你根本就不爱我了对不对;你之前要娶我的时候,说的那些你爱我你爱我,都是骗人的对不对;你根本就不爱我了,对不对?真的,她的眼泪当时已经快要飙出来了。

各位,在座的各位,你说这个时候你除了宣布她是最佳辩手,并且掏出银行卡给她颁奖之外,你还有任何其他的选择吗?

这是我总结的第一层原因,然后我往下深入地踏了一步,完了,我发现了事情的真相,女人永远是最佳辩手。就是因为女人根本就不是辩手啊,亲们。她们是,她们是评委啊。她们是在你们感情生活中,判断对错输赢、选择最佳辩手的评委和导师啊。对不对?李咏老师,是不是?很多时候如果您和您的老婆发生了争执,万籁俱寂的夜晚,您看向身边爱人的时候,有没有一种看着导师,甚至是看着导演这种感觉?对不对?

当然,对于我本人来讲,我是个辩手。作为一个辩手大家想一想,还有比发现你对方辩友其实是评委更深的悲哀吗?

就在这一份浓的不能再浓的悲哀当中,突然有一个全新的观点,让我一下是灵台透亮、豁然开朗。大家想一想,作为一个男人,咱们输,咱们输掉了一生的比赛。可是咱们赢,赢得了什么呢?那是一颗可爱的、俏皮的,甚至有一点点蛮横的,但是从不遮掩、从不伪装的,少女的心啊。

这个世界上还有什么比一颗愿意陪伴你到终老的真诚的少女的心更宝贵的东西呢?

所以人生的辩场上,女人永远是最佳辩手,男人总是输,女人总是赢。

那只是因为,爱。

二、赏析习近平澳门演讲结束语

2014年12月20日,习近平在庆祝澳门回归15周年大会上讲话(结尾):

"接天莲叶无穷碧,映日荷花别样红。"在中央政府、澳门特别行政区政府和社会各界人士共同努力下,在全国各族人民的大力支持下,"一国两制"在澳门的实践必将谱写出新的精彩篇章,澳门这朵祖国的美丽莲花必将绽放出更加绚丽、更加迷人的色彩!

三、赏析习、奥致辞中的引用艺术

2014年11月12日,在欢迎参加APEC会议并对中国进行访问的奥巴马的午宴上,习、奥先后登台致辞。

习大大回顾中美两国交往和中美建交35年来双边关系取得的发展,指出中美35年前建交是轰动世界的大事件,开启了两国关系和两国人民交往的新时代。高度赞赏奥巴马为促进中美新型大国关系取得重要进展所做的"突出贡献"。

习近平分别引用中国古语"志行万里者,不中道而辍足"和美国作家爱默生的名言"人但有追求,世界亦会让路",指出双方要站得高、看得远、锲而不舍,排除万难,推动中美关系沿着正确的方向走稳、走实、走远。

奥巴马高度评价美中建交35年来各领域取得的丰硕成果,更引用了鲁迅的话"世上本没有路,走的人多了便成了路"和中国古话"世上无难事,只怕有心人",积极回应习近平对发展中美关系的评价与发展方向,期待和欢迎中国更繁荣和发展,强调美方与中方将共同努力,推动美中继续向前发展。

相互引用对方的名言,是尊重对方文化的体现,更重要的是,对方能听得懂、记得住。

四、撰写一篇鼓励大家学好演讲的演讲稿

先列出演讲稿提纲,再逐渐丰富内容材料,完善层次结构。要经过反复试讲,再进行精细的修改,尤其是语言的锤炼。准备充分后,上台演讲。

5 演讲的过程

5.1 演讲过程概述

　　演讲,是演讲者在特定的时间和环境中,借助自己的有声语言和态势语言等信息载体,针对社会的现实问题,面对广大听众,直接发表见解,抒发感情,从而达到感召听众并促使其行动的一种传播信息的社会活动。演讲是一门艺术,一门学问。演讲与一般说话不同之处:首先它面对的是广大听众,其影响要比一般的交谈要大得多。从过程看,演讲的难度要大得多。要征服听众的心,就要使自己说话的内容紧紧地扣住听众的心。这不但是一个技巧问题,更重要的是立场问题。没有正确的思想,没有与群众相同的立场,即使再"精彩"的演讲,对听众也不是"鼓励",而是"煽动";不是宣传真理,而是妖言惑众。中山大学语言学者陈大海老师把演讲过程看作是"科学上的一次发现、灵魂上的一次震颤、感情上的一次宣泄、艺术上的一次展示"。

　　许广平在谈鲁迅的演讲时说:"鲁迅演讲时几分钟之内就掌握了群众的思想……说出了人们心坎里所要说出的话……使听众如饮醇醪,如服清凉散,这种演讲,听一百遍也不会厌。"

　　前民主德国领导人蔡特金听了列宁的许多演讲,曾这样赞扬列宁:"我知道只有一件事情能和有偿的演讲方式相比,那就是托尔斯泰的伟大艺术。"列宁怎样回答呢?他说:"这个我不知道,我只知道当我'成为演讲者'的时候,我总是想到工人和农民,而不是我的听众。"

　　诺贝尔文学奖自 1901 年设立至今,问鼎者大多是诗人、文学家和戏剧家。演讲家并不是文学的殿堂能容纳得了的,所以,诺贝尔文学奖授予冠以演讲家头衔的人实在是很不平常的。在整个 20 世纪里,这种事仅出现过两次:一次是授予既是文学家又是演讲家的萧伯纳,另一次是由善于演讲的政治家温斯顿·丘吉尔获得该奖。

当时,瑞典皇家文学院是这样评价丘吉尔的演讲的:

> 丘吉尔成熟的演讲,目的敏捷准确,内容壮观动人,犹如一股铸造历史环节的力量。拿破仑的碑铭体宣言十分鼓动人心,但丘吉尔在自由和人性的关键时刻的滔滔不绝的演讲,却有一种动人心魄的魔力。也许他自己正以这伟大的演讲,建立了永垂不朽的丰碑。

总之,古今中外,有许多演讲家,他们善于用最富于战斗性的、高度浓缩的语言把千千万万的人心里的火种点燃起来,鼓舞人们进行挑战。

反过来说,如果不懂得演讲艺术面向听众的特点,却不得不当众演讲,那是很令人难堪的。像有的作报告的人,上台匆匆忙忙从口袋取出一张讲稿,就照本宣科读了起来,看他哼哼唧唧不知所云,不用说,稿子是秘书或别人代写的。更糟的是,他事先未认真看过,心中无数,读到一些难字生句的时候便结巴起来,茫无头绪地东翻西找,像头失去母亲的小鹿到了一个陌生的森林里,东撞西闯想求出一条生路。由于紧张地说不出话来,只好借助于喝水来解窘。接着,零乱不堪的话颠来倒去,急得满头大汗,干脆又拿出手帕去揩汗,真恨不得地下有个缝钻进去。

这样的人给听众的印象是:主题不清、结构松散、平淡无味。这是不会演讲的典型的表现。

总体来说,初登讲坛的人总不免有一个从恐惧到镇定的过程,同时,恐惧心理(怯场)也是初学演讲者都会遇到的。在演讲过程中我们要清楚地认识到:背逆听众感情的演讲不会成功。演讲者只有以热情之火去感染听众,去激动听众。要进行演讲,应该尽量做到:充分准备,开个好头,把握好节奏,注重结束方式和调整好演讲的情感。这样,才有可能演讲成功。

5.2 演讲的准备

1830年,丹尼尔·韦伯斯特在国会发表了题为《答复海涅》的著名演讲。有人问他是如何在一时冲动之下发表这篇雄辩的演讲的?他回答说:"我以自己毕生的精力准备了那次演讲。"据克鲁普斯卡娅介绍,列宁"对自己的每次演讲、每次报告,总是要仔仔细细地做准备工作,并做出演讲计划"。可见,做好演讲前的各项准备工作,是获得演讲成功的基础和关键。

5.2.1 熟悉讲稿

要获得演讲成功,关键是有自信心,而自信心来自充分的准备。充分的准备主要是指熟悉演讲内容,特别是演讲稿。

熟悉讲稿,目的是脱离讲稿。一方面,这样做主要是为了更多地与听众进行目光的交流和情感的沟通。演讲者如果不能利用目光与听众直接传情,其演讲的感染力就要大大地打折扣。另一方面,脱稿演讲可以缩短演讲者与听众的心理距离,提高演讲的可信度。美国人桑迪·林弗总结自己多年从事口才训练的经验认为:"凡是演讲,百分之九十九都无须拿讲稿,一个人拿起讲稿来'读'话的时候,人们对他的相信程度就降低了。"可见,将演讲内容"烂熟于胸",对于获得演讲成功是至关重要的。

熟悉讲稿可以采用背诵的方法。背诵绝不是死记硬背。公元一世纪罗马修辞学家昆提连说过:"演讲变成背书,便失掉演讲稿的魅力。"熟悉演讲稿的目的在于脱稿,关键在于反复揣摩、理解。因为只有这样,演讲者才能够成竹在胸,从容自如,不慌不忙;才能够把重点放在表现和发挥上,而不是只想着背诵内容。但是即使把讲稿背得滚瓜烂熟也不是最后的目的,真正的目的在于进一步熟悉每个部分、每个段落要说的主要内容,如主要的论点是什么,使用的论据有哪些,采用了怎样的论证方法等。

列提纲也是熟悉讲稿的一个好办法:首先在全文标题之下把要讲的几个问题用小标题的方式写出来;接着在每个小标题下,写明一些关键性的材料,如重要的数字、主要的字词或词组、人名、地名等;然后从讲稿到提纲,从提纲到讲稿反复记忆,达到熟悉。

能力较强的演讲者,也可以在熟悉讲稿的同时,再准备一些与之相关联的其他材料,这样可以防止万一。因为死记硬背往往容易出现一个致命的问题:由于忘记了几个字、几句话或一段话,有可能出现"卡壳"的现象,甚至茫然不知所措,脑子里一片空白,导致演讲失败。

5.2.2 演讲前的演练

演讲前的准备工作除了对演讲稿充分熟悉之外,还需要进行多次演练。

古今中外一些著名的演讲家都十分注重演讲前的试讲演练。林肯曾住在伊里诺斯州一家客栈,一天早晨,人们发现他正面对墙壁慷慨陈词:"一个政府绝不能持久,倘若一半人是奴隶,一半人是自由人……"原来他正在练习即将向公众进行的演讲。我国当代著名的演讲家李燕杰每次演讲前都要试讲几次。他对着录音机讲,讲完之后再放录音仔细听,对那些讲得不顺畅的地方、发音不准确的地方、感情表达不充分的地方,进行认真修改。西方著名演讲学家卡耐基也提倡:"在你把演讲材料想出并整理已毕,走在街上时当默默地练习着,找一个清静的地方,一个人把演讲从头至尾正式地高声讲一遍,并做出必要的姿势,想象自己是对着一群听众讲。你愈如此练习,等到实际演讲时便愈觉泰然习惯。"著名的演讲家们尚且如此重视试讲,对于大多数技艺不高的演讲者特别是初学者来说,更应高度重视才是。

试讲,是演讲者对自己再认识的过程,是对一次演讲进行全面检验、修改和完善的过程,也是一个由陌生到熟练、由胆怯到大胆的实践过程。它有助于演讲者对自己的水平有较清晰的了解;有助于演讲者对演讲内容是否得当,前后、上下是否连贯,气势、风格是否和谐统一,字词是否朗朗上口等问题反复进行检验并做到心中有数;可以使演讲者对语气、语调、动作、表情等做出适度的调整和安排;可以使演讲的内容、动作、技巧等由陌生到熟练,由粗糙到精致,从而保证演讲的成功。

试讲的方法多种多样:可以独自一人找个安静的地方讲,可以找朋友或家人听自己讲,可以在心中默默地进行,也可以借助录音机、录像机等现代化的设备进行。演讲者不管采取何种方法,都必须注意以下三点:一是要假设自己置身于大庭广众之中,众目睽睽之下,身临其境、旁若无人地放开胆子"讲",而不是找个僻静的地方偷偷摸摸地"背"。二是要艺术地设计无声语言,可以借助一面镜子,镜子中的你便是演讲者,而镜子外的你便是听众,对着镜子,反复琢磨每一句、每一段用什么样的体语形式加以适度、巧妙的配合,反复查找并纠正在体语运用上存在的问题。如:手部是否动作过多?是否皱起了唇角,使得谈吐和面部丑陋不堪?面部表情是否过于冷漠、僵硬、紧张?眼睛是否不停地眨动,是否大而无神、大而无光?三是要虚心听取他人的意见,特别是要把自己置换到听众的位置上,以一种旁观者和局外人审视的眼光、挑剔的态度来分析自己的演讲,多问自己几个"假如我是一名听众,我喜欢听什么,我喜欢怎样的语气、语调,我喜欢怎样的动作、表情?""假如我是一名听众,我将怎样看待和评价这个演讲?"等问题。通过严格的"自检""自评",努力把问题解决在正式演讲之前。总之,认真做好试讲,可以使得演讲更顺畅、更纯熟、更准确、更优美、更得体。

5.3 演讲的开始

演讲的开始是至为重要的。好的开端是成功的一半。从心理学的观点来看,人们的一次活动刚开始的两三分钟是注意力最集中、感知最清晰的时候。如果演讲者以独特而恰当的称呼和开场白开场,一下子抓住听众的心理,使听众难以让思维活动游离于演讲者所讲的主题之外;让听众感到新颖、亲切、有趣,从而集中注意力、积极思维、认真听讲,就会收到良好的演讲效果。

5.3.1 称呼

称呼,是演讲者上台以后开口说出的第一句话,是在整个演讲过程中界定演讲者和听众关系的关键词语,是演讲稿外在结构的重要组成部分。庄重得体、艺术巧妙的称呼,是成功的演讲的一个重要构成因素。

(一)称呼的作用

在演讲中使用称呼,主要是在演讲的开头,在演讲的过程中有时也需要称呼。称呼,看似简单,却具有并不简单的作用。苏联著名演讲学家阿普列相认为:称呼"确实是行之有效的,有助于演讲者对听众施加心理影响的手段。这种演讲手段可以使听众精神集中,并与演讲者协调配合,甚至有时与其意见相一致。这种演讲手段还有助于活跃与会者的思维。"称呼的作用,具体表现在两个方面：

1. 沟通感情,营造友好气氛

在演讲的开头,运用恰当的称呼,是沟通听众感情、架起友谊桥梁的关键。演讲开头的主要目的就是吸引听众、接近听众,营造一种良好的演讲气氛,克服演讲者与听众之间的心理障碍,使演讲从一开始就在听众的友好配合下顺利进行,最终达到影响听众思想和行为的目的。

要做到这一点,首要的是解决好与听众沟通的问题,而沟通的第一个环节就是如何称呼听众。开场的称呼,实际上是听众在演讲者心目中的定位,是演讲者和听众关系的外在表现,也是听众评判演讲者综合素质高低的初始依据。称呼使用得当,不仅可以显示演讲者的修养和文化素质,而且还可以使听众因感觉受到尊重和爱戴而产生愉悦,融洽演讲者和听众之间的感情,使演讲者赢得听众的信任、敬佩和欢迎,使听众感到演讲者是他们的朋友和知心人、代言人,从而为演讲的顺利进行创造一个良好的开端。

1983年,曲啸到一少管所演讲,在开场的称呼上便倾注了浓烈的感情:"触犯了国家法律的年轻朋友们……"话音刚落,全场立即爆发出热烈的掌声,台下竟有人当时就流下了激动的泪水。这一称呼尽管十分简单,但寓意却非常深刻。首先,明确指出了这些人与年轻朋友的根本不同——他们触犯了国家的法律;第二,指出了这些人与一般的朋友们的不同——他们还年轻;第三,尽管有根本的不同,但仍然是朋友。爱与恨、批评与鼓励,本来是完全对立的情感和做法,而演讲者却用浓浓的感情丝线将其巧妙地贯穿了起来,这样一下子使台上与台下实现了感情沟通和心理相容。据曲啸介绍,"三个半小时的演讲不仅无一人退场,甚至连走动的都没有,他们的情绪按照我的演讲内容起伏变化着",可见情感的力量是巨大的。

2. 强调内容,增强演讲效果

在演讲的过程中,运用恰当的称呼,有助于内容的表现和演讲效果的增强。一方面,恰当地运用称呼可以强调演讲的核心内容,增强信息刺激的强度和力度,使演讲的气势进一步强化,结构更加严谨,吸引听众的注意力。另一方面,恰当地运用称呼可以调动听众的情绪,打动人心,活跃思维,促使人们立即行动。

如李大钊在《"少年中国"的"少年运动"》的主体部分中,就连续使用"少年中国的少年好友啊"引领三个自然段：

少年中国的少年应该把物质、精神文化的改造运动当作车的双轮、鸟的双翼;要深入山林村落,进行这两种文化改造运动;中国少年要目光远大,少年运动可扩充到全世界。

层次清晰、淋漓尽致,具有强烈的鼓动和激励作用,且中心和重点突出,容易理解和记忆。

在一些演讲特别是政治性演讲的结尾处,有时也采用称呼语,其作用在于调动听众、收拢思绪、集中注意、增强效果。

(二) 称呼的设计

演讲中,用得最多的是不区分职业、不考虑年龄、不区别层次的泛称,如:"各位领导,同志们""各位老师,同学们""同志们,朋友们""女士们,先生们"等。这种称谓,用在有不同层次听众参加的场合是比较合适的,恰当地使用这样一些称呼,可以表现出对听众的尊重谦和,或亲切和蔼。但是,你这样,我也这样,此时如此,彼时也如此,就不免显得俗套、死板了。因此,要营造一种先声夺人的气势,努力与听众实现心理相容,关键在于别开生面、独辟蹊径、匠心独运地设计和使用庄重得体、充满感情、醒人耳目的称呼。

在演讲中妙用称谓,还应特别注重特称的使用。演讲者要善于从听众的职业、年龄、经历、兴趣爱好、思想感情等方面中的共性因素出发,或是强调共同职业的地位和作用,或是突出同一年龄段的共同兴趣和爱好,或是抓取共同的经历中不可磨灭的瞬间,抓住这些交叉点、兴奋点、共融点来设计和使用恰当的特称,便容易收到融洽气氛、拉近距离的效果。如一位演讲家面对农业科技工作者和医务工作者进行演讲时,是这样称呼的:"绿色生命的保护神和人类生命的保护神们:你们好!"不同凡响、十分贴切,既使人耳目一新,又使人倍感亲切。

当然,任何艺术形式、表现手段和表达方式的选择、设计和运用,都必须坚持从客观存在的现实情况出发,都必须服从和服务于内容的表现和思想感情的表达,注重创造,讲求创新,否则,便难以达到内容与形式的完美统一,从而影响演讲的综合效果和整体美感。尽管简单、恰当的称呼有着并不简单的作用,但也不是在任何演讲中都非用不可。有一次,李燕杰到首都一家大医院演讲,就是从听众的成分、身份、情绪和心理需要出发,从当时的环境和气氛出发,一改"各位领导、各位同志"的常规形式,充满激情地朗诵了自己在路上即兴创作的一首赞美医务工作者的小诗,也照样收到了较好的开场效果。

5.3.2 开场白

高尔基说过:"最难的是开场白,就是第一句话,如同在音乐上一样,全曲的音调,都是它给予的。平常得好久去寻找。"如同在图书馆或资料室浏览各种书籍,最先看到的是书名。拿起一本书,想看不想看,往往就取决于书名和开头的几行文字是否有吸引力。演讲也是这样,开头至关重要。它像唱歌唱出的第一个音调,又如与人会面给人的第一印象。演讲的开头是演讲者向听众传播的第一个信息。这个信息能否吸引听众的注意力,对于整个演讲的成败往往具有决定性的意义。因为开头担负着两项任务:一是引起听众的兴趣和好感;二是确定格调,引入正题。如果要使演讲引人入胜,就一定要精心设计独具特色、别开生面的开头。

在古希腊时代就有人研究过这个问题,他们把演讲分为导言、本体、结论三部分。由于那时交通不发达,各地都消息闭塞,因此演讲的开始往往讲一些与本题无关的事,如新闻、笑话之类。如今随着人们生活节奏逐步加快,因而演讲要适应时代的频率,不能慢条斯理,用喝功夫茶的优哉游哉来演讲。

演讲开头不讲多余的话。有的演讲者一上台就向听众道歉,用自己不会讲话之类的词自谦一番,实在是一种要不得的陋习。叶圣陶先生对此举过一个例子,一位演讲者开始就说:"今天本来没有什么准备,实在是没有什么说的。"针对这种情况,叶先生说:

> 谁都明白,这其实是谦虚。可是,演讲者未免少了一点思考,你说不曾准备,没有什么说的,那么为什么要上讲台耗费听众大量时间呢?如果没有什么可说的,台上那些长篇大论(或三言两语),算不算"没有说的"呢,抑或是逢场作戏?如说一些连自己也信不过的话,却说来给人听,又算什么品德呢?

其实,演讲者那种"自谦"并不一定出自本心,不过是遵循了开场客套的陈规,难怪人一听了这样的开头就说,再讲下去的都是废话了。如果你真的没有准备,听众绝不因为你事先这样说便原谅你;听众花费这么多时间来听你的演讲,是希望得到一点教育和启发,绝不会因为你谦逊一番,就可以容忍你理直气壮地大讲废话。过分的谦虚就是谦卑。

第一句讲什么?没有固定的格式可以让人墨守成规,要从演讲本身的内容、环境、听众的情绪等等来确定。

或者是提问式的,或者是号召性的,或者引用名言警句,或者使用排比句。下面介绍几种演讲的开场方式:

(一) 以提出问题开场

在开头向听众提几个问题,请听众帮助共同思考,可以立即引导听众进入共同的思维空间。提出不久,你再把自己的意见讲出来,自然可以使听众格外留神把你的话听下去。例如:

孙中山在《北伐的原则》演讲中是这样开头的:

> 各界诸君,今日诸君在这里开帮助北伐大会。我们今日为什么有北伐之举?

李大钊的《庶民的胜利》是这样开场的:

> 我们这几天庆祝战胜,实在是热闹得很,可是战胜的,究竟是哪一个?我们庆祝,究竟是为哪个庆祝?我老老实实讲一句话,这回战胜的,不是联合国的武力,是世界人类的新精神。

(二) 引用名言开场

名人说的话不一定是名言,名言也不一定是名人说的。但是,名言总有一种引人注意的力量。名言之所以"名",是因为它用简练的语言、生动的形象概括了一定的哲理,至少是在语言上有其独到之处。比如,我们都谈要珍惜学习机会,意思大家都懂,但说不出来不一定能成为名言。可是看看下面几句话:

  书山有路勤为径,学海无涯苦作舟。

——韩愈

  行是知之始,知是行之成。

——陶行知

  人们的灾祸常成为他的学问。

——伊索

可见,名言具有一定的说服力。在演讲开头引用一句名言,可以起到提纲挈领的作用,也易吸引人。

(三) 以自嘲开场

演讲者在开场白里,也可以先谈谈自己的情况,而且这往往同样是一种实现与听众心理相容问题的方法。在说自己时,不可与说到听众时用同一种赞美的口吻。相反,可以用揶揄的、自我解嘲的口吻,但不必过分。要让听众感到这种自我嘲讽中的乐观情绪和幽默感。

使用自嘲方法主要出于这种考虑:听众一般会这样认为,能在人前随便谈谈自己的人通常是透明度较高的人和没架子的人。同时,由于自我评论带有揶揄自己的味道,听者就会自觉地滋生某种优越感,从而心理比较舒服起来。许多演讲者是以几句谦恭、风趣的自我评论开场,实现与听众感情的沟通的。

中山大学语言学者陈大海在一次演讲讲座上给自己这样形象设计:

  远看像杀猪的、近看像种田的,原来是教书的。

物理学家爱因斯坦在一次科学讨论会上说:

  因为我蔑视权威,所以命运惩罚我,使我自己也成了权威,这真是一个十分有趣的怪圈。

著名作家梁实秋在北京师大任教期间,曾被校长刘真邀请作过一次即兴演讲。原因是刘真请的演讲者未到。梁实秋很不愿充当这种替补角色,但为了不使校长难堪,还是走上了主席台,然后慢吞吞地说:

  过去演京戏,往往在正戏上演之前,找一个二三流的角色,上台来跳跳加官,以便让后台的主角有充分的时间准备。我现在就是奉命出来跳加官的。

话一出口,引起全场哄堂大笑。

（四）即兴开场

根据会场气氛即兴添加。演讲者准备了一段讲话开头,但临时会场发生一些意外的情况,那么你不妨大胆地根据当时的情况,拟一段即兴的开头。这样,演讲者的讲话与现场气氛紧密联系在一起,能引起听众强烈的共鸣。

高尔基曾应邀在苏联作协理事会第二次全体会议上讲话,当代表们听到高尔基的名字时,长时间热烈地鼓掌与欢呼。高尔基打消原来的开场白,即兴地开始说道：

如果把花在鼓掌上面的全部时间计算起来,时间就浪费得太多了。

这时,台下响起一片笑声。这个开头实在是好,它是对现场情况自然作了评价,使大家倍感亲切,而且也表现了高尔基的谦逊和幽默,从而更加吸引听众。

有一次基辛格应邀演讲。他被介绍给大家后,听众起立,鼓掌不断。最后掌声停歇了,听众坐下来。"我要感谢你们停止鼓掌,"基辛格说,"要我长时间表示谦虚是很困难的事。"

这与高尔基的即兴开场有异曲同工之妙。

（五）引起听众的好奇开场

有这样一段演讲：

在一百四十年前,伦敦出版了一本被公认为不朽的小说杰作,很多人都叫它为"全球最伟大的一本小说"。当小说出版之时,使得市民在街头巷尾与朋友见面,都要彼此问一声："你读过这本书吗?"答案几乎都是"是的,我已读过了"。这本书出版的第一天,便销售了一千本,两周内销售了一万五千本。以后再版了数次,世界各国都有译本。几年前,银行家摩根以连城的价格买到了这本书的手稿,现在这本书原稿陈列在纽约市的美术馆。

这段话是成功的,它一开始就引起听众的注意,并增强了兴趣,之后在听众急不可耐时,演讲者才点破谜底：这部世界名著是狄更斯在19世纪40年代写的《圣诞欢歌》。

好奇是人的天性,对于一些超出自己想象的事物,听众都有特别强烈的求知欲。所以,针对这种心理,在谈话的开场白中设立一些悬念,会格外吸引人。

要开头吸引人,还有一个较好的办法,就是向听众展示一些实物：模型图片、物件等,它能迅速吸引全体听众。但展示的实物一要显眼,二要位置有一定高度。

5.4 演讲的结束

在演讲中,结尾与开头一样,也是非常重要的。好的开场白能赢得听众的兴趣和注意力。精彩的结尾能给听众留下最后一个深刻的印象。可以说,好的演讲的终点,也是思维的起点。换句话说,要做到苏东坡讲的"言有尽而意无穷"。那些平淡的结束,往往有可能使千尺之仞,功亏一篑。

比如有人这样结束演讲:"……上面的就是我对这件事情的看法,现在完了。"这句话还不算画蛇添足,但是也不能说是好的结尾,因为话讲得太直,没有什么余味了。这是非常典型的不成功的结尾。能给人一点什么思考余地呢?不能,而且结束太唐突。我们要干脆,但不是唐突。这两者的区别在于:前者不但把话讲完,而且还注意结尾的圆满而不拖延;而后者是不管问题讲得清不清楚,也不注意结尾要给人留下一个什么样的总体的印象,不作强调,不作必要的概括,也没有高潮,就突然说完了。这好比一位朋友谈兴正浓时突然站立告辞。

但是,说废话更是要不得。常有这种情况,当演讲者在津津有味画蛇添足时,听众乒乒乓乓起身离座了,至少是如释重负地叽叽喳喳聊天了。有一个民族,有个古老的风俗,全体集会时,发言者只准用一只脚站着讲。不管讲完讲不完,站不下去就算结束,这也不失为一种高明的办法。

怎么才能把演讲的结尾搞好呢?我们在第4章演讲稿的写作中列举了八种常见的结尾方法。但是,演讲稿准备的结尾还要根据演讲进行的情况和现场出现的各种情况而调整,比如前面已经有人对同一个问题发出呼吁了,就不应该旧话重提,仍然如法炮制地再呼吁一遍,而可以一并总结一下,尤其是即兴演讲,事先并没有准备演讲稿,结尾一定要照应开头和主体内容。这里,我们就演讲的结束重点强调一下以下几种方式。

5.4.1 总结式

用总结结束演讲,是一种最古老的结束演讲的方法。用这种方法时,要注意:第一,演讲者必须有很强的概括能力;第二,概括的表达方法要新颖,得用与前面的演讲"不同的话",不能是前面已说过的词句和段落的简单重复,否则听众会不耐烦。可以说,总结的本质是重复,但重复的方式是新鲜别致的,因而才会吸引人。如《自豪吧,我们的名字叫军人》是这样结束演讲的:

> 自豪吧,同志们!因为我们的职业是军人,军人的代名词就是牺牲,而这种牺牲换来的是我们民族的繁荣昌盛!

作者把自己宣传的要点概括、总结,一是提醒,二是强调。既要撒得开,又要收得拢。

5.4.2 撞钟式

也即余味式的结尾方式。古人行文作诗向来讲究结尾的力量。"凡起句,当如爆竹,骤响易彻;而结尾,当如撞钟,清音有余。"演讲的结尾也"当如撞钟",讲到高潮,果断收束,戛然而止,其意犹未尽,给人以有力的激励或无穷的回味。总结式结尾着重于理论性,撞钟式结尾就是着重感情性的。

北美独立战争前夕,国务卿帕特里克·亨利在议会发表演讲,其结尾给人的印象极为深刻。他讲到高潮的时候说:

……我们的同胞已经身在疆场了,我们为什么还要站在这里袖手旁观呢?先生们希望的是什么?想达到什么目的?生命就那么可贵?和平就那么甜美?甚至不惜以戴锁链、受奴役的代价来换取吗?全能的上帝啊,阻止这一切吧!在这场斗争中,我不知别人会如何行事,至于我,不自由,毋宁死!

他说出最后9个字时,戛然而止,致使全场先是惊愕,随后就群情激愤地喊出了"拿起武器"的强烈呼声。而"不自由,毋宁死!"这句话便成为美国人民争取独立与自由的著名誓言。可见,这样的结尾具有多么动人的力量。

5.4.3 幽默式

美国演讲教育家戴尔·卡耐基说:"最好在听众的笑声中说'再见'。"其含义是用幽默的话来作结尾。幽默是个外来词的音译,英语是"humour",有"会心的微笑""谐而不谑""非低级趣味的、只可意会的诙谐"等意义。幽默之所以幽默,主要是因为同样的内容,却用别出心裁的方式表达出来。

鲁迅先生的《上海中华艺术大学的演讲》的结尾是这样的:

以上是我近年来对于美术界观察所见的几点意见。今天我带来一幅中国五千年文化的结晶,请大家欣赏欣赏。

说时,手伸进长袍,把一卷纸徐徐从衣襟上方伸出,打开看时,原来是一幅病态十足的月份牌,引得哄堂大笑。在笑声和掌声中结束了他的演讲。

老舍先生在一次演讲中,开头即说:"我今天给大家谈六个问题,"接着,他第一、第二、第三、第四、第五,井井有条地谈下去。谈完第五个问题,他发现离散会的时间不多了,于是他提高嗓门,一本正经地说:"第六,散会。"听众先是一愣,不久就欢快地鼓起掌来,十分惊奇老舍的幽默。

5.4.4 诗文式

结尾使用诗文的语言,或者是名人名言,使演讲结尾文采斐然、形象生动、感情充沛,往往可以造成听众情绪上的高潮。同时，这样结尾还能使听众沉浸在遐想之中，飘然意远，含义隽永。

郭沫若在1978年3月召开的全国科学大会上的闭幕辞《科学的春天》的结尾就充分体现了诗人的气质：

> 春分刚刚过去，清明即将到来。"日出江花红胜火，春来江水绿如蓝。"这是革命的春天，这是人民的春天，这是科学的春天！让我们张开双臂，热烈地拥抱这个春天吧！

我们再看两个诗一般语言的结尾。李莹洁在1986年作的演讲《我愿做一支燃烧的蜡烛》的结尾是这样讲的：

> 请相信一个教育战线新兵的誓言吧！燃烧自己，照亮别人；燃烧生命，得到永生！

在1991年9月空军幼儿园教师、子女学校教师"让青春在教育事业中闪光"演讲大赛中获一等奖的苗岭的《根的事业》的结尾是这样讲的：

> 所以，今天，我要说：
> 花的事业固然显赫，叶的事业同样荣耀，而根的事业最崇高！

在中国传统的说书中，用诗文结尾的形式是十分普遍的。在演讲结尾用诗文，能产生意境深远、语言精练、音韵和谐的音乐美感。这种"铿锵金玉，句句欲飞鸣"的效果格外沁人肺腑，大大增强了感染力和鼓动力，而且也可以把演讲推向一个新的高潮，更有利于演讲的最后成功。

5.4.5 号召式

这是演讲者经常使用的方法。一般的演讲，总是要通过演讲者演讲的内容影响听众，所以，很自然地要在最后向听众发出号召。演讲者在指出意义的基础上，向听众提出了殷切的希望，使听众明确了前进的方向、看到了胜利的曙光，从而受到鼓舞和振奋。例如：

1861年3月4日林肯第一次就职演讲的结尾是这样的：

> 我恨不能永远说下去。我们不是敌人而是朋友。我们一定不要成为敌人。虽然目前的情绪可能有些紧张，但一定不要使我们之间亲密情谊的纽带破裂。记忆的神秘琴弦，从每一个战场和每一个爱国者的坟墓延伸到这片广阔国土上的每一颗跳

动着的心和每一个家庭,它们一定会被触动,它们一旦被我们天性中更善良的性灵所触动,必将高奏出联邦的大合唱。

公元前 341 年,德摩西尼发表了最著名的第三篇反腓力演讲,其结尾是这样:

即使所有民族同意忍受奴役,就在那个时候我们也应当为自由而战斗!

闻一多先生的《最后一次的讲演》的结尾是这样的:

我们不怕死,我们有牺牲的精神,我们随时像李先生一样,前脚跨出大门,后脚就不准备再跨进大门!(长时间热烈鼓掌)

这样的结尾,铿锵有力,字字千钧,显示了演讲者破釜沉舟的决心,从而坚定了听众的信念,增强了演讲的号召力,使听众愿意跟着演讲者,向着既定的目标去行动、去奋斗。号召听众做出某种行动,必须先有共同思想、共同的愿望、共同的利益和共同的语言作基础。然后,演讲者使用富有哲理的、感情激昂的、动人心弦的语言去打动听众的感情与理智,产生强烈的共鸣。

5.5　演讲的情感

演讲的过程往往总是和情感连在一起的。情感是演讲成功的一个重要因素,演讲者必须有着美好的、健康的、高尚的情感,才能作一次成功的演讲,才能有益于听众、有益于社会。

5.5.1　情感的作用

具体来说,情感在演讲中的作用表现在:

(一) 传播真理,提高素质

"动之以情,晓之以理""通情才能达理""感人心者莫先乎情"等等,都是讲"情"之重要。演讲要启迪听众,首先要有情。演讲中的这种情感,对于理性还不够发达,并且习惯于用形象和感觉来思考问题的青少年来说,就显得尤为重要。狄德罗说:"没有感情这个品质,任何笔调都不可能打动人心"。尽管演讲不属于文学艺术的范畴,但在情感上的要求却是和文学艺术相通的。如果演讲者没有情感,不但不能唤起听众相应的情感,而且也不可能引起听众对演讲者所传播的崇高思想产生强烈的共鸣与追求。

（二）传播科学和文化知识

传播科学文化知识离不开情感。一个人的思维活跃与否，直接影响到知识的传授成功与否。一个人的情感与思维有直接关系，两者在发展中，往往是互为先后、相互促进。有时情感的激烈引起思维的活跃；有时思维的活跃又激起情感的高昂。情感高昂了，思维活动活跃起来，就能收到接受知识的最佳效果。忽视了情感的培养，演讲传授知识的目的也就不能达到。

情感教育包括了道德情感、理智情感和美感教育。作为演讲者应自觉地对听众进行情感教育，用美好的情感去陶冶人们的情操。情感在演讲中是须臾不可离开的，而且它关系到演讲的成败。

另外，演讲是一个综合的实践活动，它牵涉到人的诸种心理因素。一个杰出的演讲者，总是有着较强的记忆力，丰富的想象力、联想力，敏捷的观察能力；而这些能力又与演讲者的情感关系极为密切。只有情感丰富、炽热的演讲者，才能促进和推动心理诸因素发挥最大的效果。反过来，这些心理因素又促进和推动内心的情感，这样才能使演讲成功。孙中山如果没有推翻清朝、建立共和国的革命大略，他的演讲怎么会激动人心？鲁迅如果没有要揭出社会的病苦，引起人们疗救的深刻意图，他的演讲怎么会震动人的心魄？丘吉尔如果没有誓与法西斯血战到底、决一雌雄的凛然正气，他的演讲怎么会使人同仇敌忾、热血沸腾？

这些都充分说明，演讲者的情感价值，不只在影响听众的情感和形成听众对于现实的态度，而且还在于它能激励和促进人们的行动。

从某种意义上来说，演讲中情感的作用是和思想教育的作用同等重要的。

5.5.2　情感的来源

古语云："人禀七情，应物斯感。"演讲者的情感是在长期的社会实践中产生和发展的。一个演讲者如果离开丰富的社会生活，离开了人与人之间的来往，就无所谓人的情感，演讲自然也就不可能产生强大的感染力和号召力。

社会存在决定社会意识。火热的现实生活，是产生演讲者情感的沃土。同时，间接的生活也可以起到辅助的作用，同样可以激发演讲者的情感。演讲的情感不仅来源于直接经历的现实生活，也可以来源于间接生活。一个有志于演讲事业的人，总是能兼收并蓄，从各个渠道培养、发展、丰富自己的情感。这样，他在演讲中，才能用自己充沛的情感，感染和打动听众。所以，真正的演讲不仅要晓之以事，而且要动之以情。

从以上我们可以认识到：直接的生活和间接的生活，可称为演讲者情感的第一和第二源泉。而演讲者生活的深度和广度，又决定了演讲者情感的丰富与否、强烈与否。一个生活面狭窄、孤陋寡闻、阅历浅薄的人，一个对生活缺乏浓厚兴趣的人，他的情感是绝不会深厚、丰富的。要想使自己的情感更浓烈、更丰富，就必须投身到广阔的生活中去，扩大自己的视野，开阔自己的眼界，接触各种人、各种生活，在与人的交往中体验出生活的喜怒哀乐，从而使自己的情感更强烈、更深刻。

演讲者的情感来自于生活、来自于实践，同时也作用于现实。把情感和思想并列，把它归入"上层建筑"，其主要原因是它能对社会生活产生作用。如面对侵略、面对失去自由的险恶现实，德摩西尼产生了强烈的爱国主义情感。他把这种炽烈的情感毫无保留地倾注到演讲中去，从而强烈地感染了广大听众，使群情激奋，纷纷投身于保卫祖国的行列。

林肯在葛底斯堡的演讲感情深厚、思想集中、措词精练。他不是向人们显示他会演讲，而是要人们相信他的政府是神圣的，他的事业是正义的。他要人们坚定不移地赞成他的事业、拥护他的政府。一个演讲者的情感愈强烈，往往就愈能表达出现实生活的真实，就愈有感染力，其改造现实的作用也就愈大。

但是，我们要看到人们的情感具有历史性和社会性。只有高尚、美好的情感（集体主义、爱国主义、国际主义和同志的友谊等），才是我们所需要的，才是有益于人类、有益于社会的。相反那种庸俗的、卑微的情感，甚至是兽性的情感，对人类社会只能起到消极作用和破坏作用。

既然演讲的目的是为了影响听众，演讲者自身就必须旗帜鲜明，即赞成什么，反对什么，必须明确无误，不能吞吞吐吐；同时应该倾注强烈的感情，在大是大非问题上，立场坚定，毫不动摇。

在新的世纪里，我们面临新的形势——社会主义市场经济体制新形势，社会处于一个转型时期，经济、政治和教育体制的改革进一步深入和发展。现实生活是演讲者情感产生的沃土，但它并不能全然决定或保证人们的主观情感因素完全相同。面对同一现实，有的人可能产生积极的、热烈的，甚至高尚的、美好的情感；有的人却可能产生平淡的、卑微的，甚至庸俗的情感。这种不同倾向的情感，又是某种相应思想的直接反映，甚至成为某种思想的外形。所以，思想是情感的指针，思想决定着情感性质，情感受着思想的制约。只有以正确的思想为指导，才能有正确的、健康的情感，才能激发起演讲者的想象和联想，从而抓住生活中具有本质意义的事物。同时，被思想指导的情感，反过来又能促使思想向深处挖掘。二者相互促进，相得益彰。存在决定意识，意识又能动地反作用于存在，这是辩证唯物主义的一个根本观点。演讲者只有具备了完美的新思想，又有高尚的情感，才能演讲成功。演讲者应当到生活的沃土中去培养和丰富自己的情感；同时，要善于把情感置于正确思想的指导下，发挥它在演讲中应有的作用。可以说，演讲是智慧、是情感、是知识、是恰到好处。恰当即精彩。

5.5.3 以情动人的基本方法

演讲者面对听众进行演讲时，首先应考虑并明确自己与听众交流的方式，有了非说不可的情感，或是对所讲的事理有了真切的主观感受，这就具备了以情动人、演讲成功的前提和条件。要实际做到，还要运用演讲艺术的一系列方法和技巧与听众交流。

在与听众交流上，可把演讲大体分为两种类型：权威型风格和大众型风格。权威型风格是要让听众服从自己。他们演讲时无论语言、结构和体态均不失自己的个性和规范。大众型风格特征是在较大程度上服从于听众。他们对自己在讲台上的口语表达、体态动作、与听众交流的方式以及内容的变动调整，有较大的适应性，有多种多样的选择余地。针对听众的反应，他们表现出有一定个性特征又比较灵活的交流方法。

两种类型各有其优点和缺点，两者都有自己的个性特征，也都要考虑适应听众的反应，只是侧重点有所不同。在理论上应把两者结合起来，不可非此即彼。从指导思想上，两者还应各有侧重，不宜等量齐观。各有侧重是从演讲的实际出发，具体问题具体分析。所以从总体上演讲的两种类型的结合，就叫做心理相容型的风格。从演讲者与听众的交流方式看，演讲要以情动人，就要力求心理相容，并在心理相容过程中完成心理转换即心灵沟通的任务。正是"情不深，则无以惊心动魄"，无以惊心动魄，则不能影响听众。要做到演讲者与听众的心理相容，须注意以下几个方面：

（一）以真诚使心理相容

演讲的开头应侧重于大众型的风格。演讲者最好是先摆正自己的位置，与听众寻求共同点、相通处。演讲者是普通平常的，而不是居高临下的，自认为"我比你们高明"的。这样才能与听众心理相容，有效交流。

有一年，北京市选举市长和副市长，候选人第一次同各界代表见面并发表讲话，到张百发发言时，他是这样说的：

> 我今年53岁，岁数不算小，精神很好，身体更好。说心里话，我还想当一届副市长，也希望大家选我。我从事城市建设37年了，对这工作有感情，也还有住房制度改革等很多事要干。如果选不上我，这么大岁数的人了，我百分之百地保证不会闹情绪。

简洁、实在、真诚自发，讲话就是要讲真心话。这样，很快就能和听众心理相容、感情融洽、沟通到位。

另一种情况，装模作样、矫揉造作是不会沟通而只能阻碍心理相容的线路。但这种不自然的表现不一定都是虚伪，也可能是出于好心。如一位公关小姐的演讲：

> ……让我搞公关！于是我紧张起来了，于是我开始郑重其事。因为我知道我的形象代表整个公司、代表董事长、总经理、也代表门卫和清洁工。我不能让他们日复一日的劳动因我的懈怠而失去光彩……我想既然分寸感不好掌握，不如干脆不吭声，"深沉"起来吧！我不说话，一切过失都无从谈起；我不开口，只能使人觉得含蓄之中必有高深。谁知，刚"深沉"了两天。经理把我找去质问：公司哪一点对不起你？你干啥一天到晚哭丧着脸？我当时心里很火，心想这一切不是为了公司？经理说，你那副表情，仿佛我们濒于破产，已经亏损了3个亿……这下子我明白了，公关不是作戏，用不着效仿谁。公关是一种人格修炼，它代表着真诚。

我们看到，这位公关小姐"深沉"，效果适得其反，更谈不上以情动人了。但她真诚自如地说出了自己的体会，却能使人信服和感动。其实掌握演讲艺术，做到以情动人，就其实质而言，也是一种人格修养和综合素质的体现。

(二) 以细节使心理相容

心理相容是演讲者必须始终遵循的原则，而不仅是一个前提。它贯穿于演讲的全过程，而不仅在演讲开始起作用。这就是说，演讲者不能只求一个与听众心理相容的顺利开场，而是要以全部的思路内容、完整的表达情态吸引听众的注意和兴趣，进入并打动听众的心灵。再者，心理相容不仅仅以听众听得懂直至听到底为目的。听众能听下去并在结束时给予掌声，常常是出自礼貌和其他原因。能听下去，不等于愿意听。从心理上讲，听众的反映仍有可能是消极的、被动的，这就谈不上以情动人了。

所以，心理相容的原理实际上还包含了表达与接受两个方面的心理转换过程。演讲一开始，听众在自己的心理上大都处于消极和被动的状态，随着演讲的内容逐步展开，逐渐变为主动，进而靠拢并参与演讲者的思想感情，达到双方心理的交相融合。这就是心理转换、心思的感动、感情的共鸣。那么，这个潜移默化、感动心思的过程如何实现呢？这就需要在演讲中努力以具体事实和细节使演讲者与听众心理相容。

平时，我们看一部动人的小说、电影、电视剧，为什么会受感动？会随着作品中的人物一同喜怒哀乐？不是因为看到某某人物高兴得笑了或难过得哭了，就跟着笑了或哭了，而是了解了他（她）的性格、追求、处境，了解了一系列的事实和细节才受感动的。例如，讲一个青年每天晚上按时到夜校上课，并不能使你感动；但若说有个跛腿的残疾青年每晚都按时来上课，风雨无阻，这就能使人感动。

同样，笼统地讲一个教师认真讲课，并没有什么动人之处；如果具体讲述这个老师怎么抽空去为一个患病住院的学生补课，这就能触动人的心弦。可见，以情动人就是要用具体事实和细节来打动人心，主要是用充满着人情味或能形成鲜明对比的事例和细节来打动人心。

黑格尔曾说过，艺术家"形象表现的方式正是他的感受和知觉的方式"。演讲者要有真情实感，它来自演讲者对内容的真切感受；同时，对听讲的听众要有真情实感。只有这样，在演讲过程中演讲者的语言、声音以及形体动作，才会真实自然，才能产生较大的感染力，做到科学上的一次发现、灵魂上的一次震颤、感情上的一次宣泄、艺术上的一次展示。

知识拓展

一、演讲开场白六个技巧

一般演讲的开场白只要几句话就行，长一点的演讲则需几段。如何在几分钟内有效地做到吸引听众、引出话题、建立信任、介绍要点呢？下面这六个技巧不妨一试：

1. 语出惊人

如果你想迅速吸引你的听众，那么开场白一开始就要语出惊人。你可能会描绘一个异乎寻常的场面，透露一个触目惊心的数据，或者栩栩如生地描述一个耸人听闻的问题。听众不仅会蓦然凝神，而且还会侧耳细听，更多地寻求你的讲话内容，探询你演讲的原因。

南达科他州北部州立大学的希瑟·拉森在撰写她的演讲词《逆流而行》时,运用了一系列的惊人之语,迅速地把她的听众吸引了过来。

举例:

每11分钟就有一个美国人死于这种病。这个数量是死于谋杀犯罪案人数的两倍。今年有4.6万人死于这种病,而8年越南战争的死亡人数也不过是这个数字。在近十年里,美国人死于这种病的人数是死于艾滋病13.3万人数的三倍。这种病将使你我和其他美国人今年在医疗费用上花费掉超过60亿美元,并失去劳动能力,更不用说我们所遭受到的生命损失了。我所说的患乳腺癌这种疾病的浪潮可能会直接袭击我们在座的每一个人。

2. 提出问题

你可以通过提出与中心思想相关的问题来使听众投入于你的开场白。

举例:

威德森:看到这张美钞吗?它对你有什么用呢?你可以用它来投资,可以省下来买更贵的物品,或者干脆花掉。虽然现今1美元买不了多少东西,但另一方面,孩子们可以用这1美元去买他们喜欢的东西,即便是他们买来的东西会伤害他们。这1美元可以让孩子们廉价地、随处可得地,但非常致命地"爽"一把。

分析:很显然,威德森不想让她的听众真的来回答她的问题。她只想引发他们对她的话题——吸入溶剂和气溶胶的危险——进行思考。

3. 利用幽默

幽默如果运用得恰当,在吸引听众注意力上能取到很好的效果。它有助于缓和现场气氛,使他们愿意继续听你的演讲。

下例演讲者以幽默的语气用他自己的故事作开场白,来表达他对被邀请作演讲的感谢。

举例:

三位公司主管试图给"名声"这个词下个定义。

第一个说:"名声就是白宫邀请你去与总统会面。"

第二个说:"名声就是白宫给你发出邀请,当你在那儿时,电话响了,但是总统却不接。"

第三个主管说:"你们俩说得都不对。名声就是你被邀请到白宫拜见总统,这时总统的热线电话响了,他接过来,听了听,然后说:'找你的!'"

今天我应邀在这里演讲就如同在白宫有电话找我。

4. 设置悬念

丽贝卡·威特就读于圣路易斯州的密苏里大学,她曾给大学生做过演讲,看看她是如何开场的。

举例:

我是一个由七个字母构成的单词。我破坏了友情、亲情、邻里之情、同学之情。我是当今青少年中最大的杀手。我并非酒类,也并非可卡因,我的名字叫自杀。

分析:威特的开场白激起了听众的好奇心,促使他们继续听下去以便找到答案。于是,为了保持听众的兴趣,威特引用了一些触目惊心的统计数据后,又提出了两个令人深思的问题。

举例:

为什么高级中学没有采取措施呢?作为日常课程的组成部分,为什么高级中学缺少强制性的自杀防范纲要?这些问题都很重要。这也正是我今天在这里做演讲的原因。

分析:起初,威特的开场白激起了听众的兴趣,因此,在一两分钟内就吸引住了他们。但是在头两句话之后仍旧保持听众的兴趣,戚特就必须继续努力。通过提出问题,她确保了她的听众兴致不减。

5. 讲述故事

只要与你演讲的主题相关,动人的故事人人都会喜欢。不论哪种类型的演讲,以故事开篇都会给人留下深刻的印象。

一位大学生用下面这个故事开始了他的演讲《卫生保健的斗争领域》。

举例:

加利福尼亚急诊护士提姆·杜非弥尔成了一位英雄,不是因为他成功地抢救了一位病人,而是因为他勇敢地营救了一位急诊医生。一个不满的患者在没有任何征兆的情况下枪击三位急诊科医生,造成两人轻微受伤,一人中弹——正中头部和胸部。杜非弥尔猛扑向持枪者,救出了重伤的医生,迅速送往急诊手术室。

6. 建立信任

听众之所以倾听你的演讲,与你可信度密切相关。你得让你的听众明白:你有资格站在这里阐述这个话题。

约翰·F·富格逊部长在华盛顿 Kirkland 的一所中学举行的老兵节集会上讲话时,在开场白中获得了听众对自己的信任。

举例:

我们齐聚一堂,向服过兵役的美国男人和女人,尤其是那些参加过越战的老兵,表示敬意。我是他们中的一员。1967 年我在美国海军陆战队中服役。我是反间谍第 15 组的成员,就在非武装区之外活动。我们组是情报军事行动部队的一小部分,现在叫做凤凰计划。

分析:约翰·F·富格逊向听众说明他曾亲自参加了越战。他并没有自吹自擂,夸大其辞;他只阐明了他那时的任务是什么。他的经历与战争老兵的主题以及学校集会的目的直接相关。因此,对听众来说,他似乎显得更为可信。

这些技巧并非每一条都适用于任何演讲、任何场合。然而,你肯定能从这些技巧中受到启发,举一反三,为你的演讲设计一个精彩的开场白。

二、演讲开场白八种糟糕的方式

演讲者都希望在开场的时候就能牢牢地抓住听众的注意力,建立和听众之间的紧密、和谐的关系。我们希望听众在听完我们的开场白后说:"看来我应该认真地听下去。"

赢得听众的兴趣并产生倾听的愿望,其实非常简单——做好你的开场白。下面我们来说说你需要避免几种错误的开场白:

糟糕的开场白之一:消极否定

消极否定的开场白是自杀式的开场白。比如,你说:"但愿大家听我的演讲不至于是浪费时间,但是我的确没有准备充分……"可能你想通过这种表白求得听众的原谅,因为"的确没有准备充分"。但是你不但在自我否定,而且也在否定下面的听众,因为听众会认为你表达的意思是:"你们一点都不重要。"这种开场白的结局如何,可想而知。

糟糕的开场白之二:用专业词汇

不要在开始的时候用那些古怪、陌生的词语来吓唬听众,他们的兴趣会被你专业的、听似高深的言论吓跑。除非演讲的实际需要,你没有必要一开始就表现出你学问丰富、深不可测,这样的开场白也必将导致演讲以失败而告终。

糟糕的开场白之三:道歉

有的演讲者喜欢一开始就向观众表达歉意，表达歉意是最糟糕的开场白之一，比如："很抱歉，我只能简单地为大家讲几句，因为我的时间很紧。"如果这样开场，这表明你是个以自我为中心的人。难道听众没有资格听你演讲吗？或者你说："很抱歉大家看到的不是原来那个演讲者，而是我站在这里。"你认为这对听众有用吗？

除非你一不小心碰倒了讲台，或者按灭了演讲大厅的灯光，否则你不需要道歉。听众不希望听到你的借口和道歉，即使他没有表现出来。你也没有资格浪费听众的时间，本来他们是怀了很大的热情才来听你的演讲的，不要一开始带给他们不幸的消息。你为自己存在的一些问题感到不安，这是很自然的事，但是你没有必要在一开始就说出来。

糟糕的开场白之四：开玩笑

常听喜剧演员说："去死很容易，但是要演好喜剧很为难。"的确，要把大家逗笑很困难，尤其是当这种幽默跟你的演讲有关的时候。有时候，利用幽默做开场白有点像是一个命中率极低的赌注，很难收到良好的效果。

糟糕的是，很多演讲者喜欢用幽默作为开场白，好像除了这个方法之外，没有其他的选择一样。那些成功把听众逗笑的人，表现上看起来好像听众对他很欢迎，事实上却并不如此。因为他们就好像在看一场滑稽剧，看完之后就忘记它的内容和表演者是谁了。

糟糕的开场白之五：表达自己演讲的主题很艰难

不论你选什么样的演讲主题，无论演讲主题如何棘手，你都不要对听众说："对这个主题我感到力不从心……"你害怕你的演讲中有错误，被权威笑话吗？既然你已经选择了这个主题，那么就一定是你所熟悉的，除非你的演讲稿是别人替你准备的。你的这些话有损你演讲的说服力，既然你选择了这个主题，就信心百倍地告诉你的听众，就你所演讲的主题而言，你就是权威。

糟糕的开场白之六：区别对待听众

有的演讲者喜欢一开始就特别提及那些坐在台下的重要人物，他们或是政府官员、学术权威，或是德高望重的人。但你千万不要区别对待听众，千万不要让听众认为他们被轻视了，充分表现你对他们的尊重和关注，否则你失去的是大部分听众的兴趣和信任。

糟糕的开场白之七：陈词滥调

不要使用毫无新意的话语。有的演讲者喜欢以时髦、低俗的话作为自己的开场白，其实这样的开场白只会使听众对你失望和厌烦，要尽量给听众一种新鲜的感觉。

糟糕的开场白之八：告诉听众你是被迫的

我们都有这样的感受：当你被迫做一件事情的时候，你一般都做不好它。有些演讲者常常在一开始就告诉听众他是被迫来发表这个演讲的，这句话表现出无奈、消极。在这种情况下，让听众对你所讲的内容感兴趣不是一件容易的事，所以，切忌这样的开场白。

实 践 训 练

一、赏析习近平在布鲁日欧洲学院的演讲开场白

（2014年4月1日，布鲁日）

尊敬的菲利普国王夫妇，

尊敬的范龙佩主席，

尊敬的迪吕波首相，

尊敬的德维戈主席、莫纳尔院长，

尊敬的各位使节，

老师们，同学们，

女士们，先生们，朋友们：

大家好！很高兴来到欧洲学院同大家见面。首先，我向学院的老师们、同学们，向各位关心和支持中国发展的欧洲朋友们，致以诚挚的问候和良好的祝愿！

在弗拉芒语中，布鲁日就是"桥"的意思。桥不仅方便了大家的生活，同时也是沟通、理解、友谊的象征。我这次欧洲之行，就是希望同欧洲朋友一道，在亚欧大陆架起一座友谊和合作之桥。

刚才，我和菲利普国王夫妇一起，参观了位于根特的沃尔沃汽车工厂。这家工厂是比利时最大的汽车生产企业，也是中国、比利时、瑞典三方经济技术合作的典范，在"中国投资"和"欧洲技术"之间架起了一座互利共赢的桥梁。

二、赏析习近平与奥巴马庄园会晤经典开场白

2013年6月7日，习近平主席与美国总统奥巴马在美国加利福尼亚州有"阳光之乡"之称安纳伯格庄园举行了会晤。习近平的开场白堪称经典：

总统先生，感谢你的邀请，很高兴来到"阳光之乡"的安纳伯格庄园同你举行会晤。这里是离太平洋很近的地方，大洋彼岸就是中国。我去年访美时曾讲过，宽广的太平洋有足够空间容纳中美两个大国，我现在依然这样认为。今天，主要目的就是为中美关系发展规划蓝图，开展"跨越太平洋的合作"。

当前，中美关系又站在一个新的历史起点上。我们需要一个什么样的中美关系？中美应该进行什么样的合作来实现共赢？中美应该怎样携手合作来促进世界和平与发展？我们双方应该从两国人民根本利益出发，从人类发展进步着眼，创新思维，积极行动，共同推动构建新型大国关系。

三、赏析莫言演讲的开场白

1. 莫言于2009年9月在法兰克福"感知中国"论坛上的演讲

女士们先生们，下午好！

开了两天会，终于谈到了文学。（笑声）上个月，我因为胃出血住进了医院，出院以后身体虚弱，本来想跟有关方面打个招呼，在家养病，不来参加这个会议。但我妻子说：既然已经答应了别人，就应该信守承诺，尽管你一爬楼梯就冒虚汗，但我建议你还是要去。你若不去，对会议主办方很不尊重。听妻子话，我来了。我临出门的时候，妻子对我说：听说德国的高压锅特别好，你买一个带回来。（笑声）我这才明白她让我来的真正目的是让我来买锅。（笑声）

我前天上午已经完成了任务，买了个高压锅在床头放着。（笑声）这次来呢，我还知道德国某些媒体给我背上了一个黑锅——非常抱歉，可能给同传翻译的女士增加了困难，中国人将强加于自己的不实之词称为"背黑锅"——中国有一些小报经常这样干，经常造我的谣言。我没想到像德国这样号称严谨的国家的媒体也会这么干。（笑声，掌声）由此我也明白，全世界的新闻媒体都差不多。（笑声，掌声）

这次我来法兰克福，收获很大，买回了一个银光闪闪的高压锅，同时卸下了一个黑锅。我是山东人，山东人大男子主义，如果一个男人听老婆的话会被人瞧不起的，我这次来才体会到老婆的话一定要听。（笑声，掌声）我如果不来，第一买不回高压锅，第二我的黑锅就要背到底了。我老婆的话体现了两个很宝贵的原则：一个是要履行承诺，答应了别人一定要做到；第二个就是别人好的东西我们要拿过来。德国的锅好，我们就买德国的锅。（掌声）

我老婆的这两点宝贵品质值得很多人学习。前天晚上我给她发了个短信，把我这次的行动做了汇报。她给我回短信：再买一个高压锅。（笑声）两个高压锅太沉了！我就给她撒了一个谎：德国海关规定每个人只能买一个高压锅。假如我们的德国朋友不反对，不怕中国人把德国的高压锅买得涨价的话，

我回去会利用我在中国的影响,写文章宣传德国锅的好处,让全中国的家庭主妇都让她们的丈夫来买锅。(笑声,掌声)

光说锅也不行,我们还得说文学。我认为优秀的文学作品是应该超越党派、超越阶级、超越政治、超越国界的。(掌声)作家是有国籍的,这毫无疑问;但优秀的文学是没有国界的。(掌声)优秀的文学作品是属于人的文学,是描写人的感情,描写人的命运的。它应该站在全人类的立场上,应该具有普世的价值。(掌声)

2. 2012年诺贝尔文学奖获得者莫言在瑞典学院以《讲故事的人》为题发表演讲

尊敬的瑞典学院各位院士,女士们、先生们:

通过电视或者网络,我想在座的各位,对遥远的高密东北乡,已经有了或多或少的了解,你们也许看到了我的九十岁的老父亲,看到了我的哥哥、姐姐、我的妻子、女儿和我的一岁零四个月的外孙女。但有一个我此刻最想念的人——我的母亲,你们永远无法看到了。我获奖后,很多人分享了我的光荣,但我的母亲却无法分享了。

我母亲生于1922年,卒于1994年,她的骨灰,埋葬在村庄东边的桃园里。去年,一条铁路要从那儿穿过,我们不得不将她的坟墓迁移到距离村子更远的地方。掘开坟墓后,我们看到,棺木已经腐朽,母亲的骨殖,已经与泥土混为一体。我们只好象征性地挖起一些泥土,移到新的墓穴里,也就是从那一时刻起,我感到,我的母亲是大地的一部分,我站在大地上的诉说,就是对母亲的诉说。

3. 2005年莫言接受香港公开大学荣誉博士学位时发表题为《我怎样成了小说家》的演讲

我看到"莫言博士"这几个字,心里就忐忑不安,我怎么会变成博士呢?

四十年前我从叔叔那里偷过一支博士牌钢笔,还被父亲痛骂一顿。"你还会用钢笔?铅笔都用不好。"谁知道过了四十年,博士这两个字竟然跟我的名字联系到了一起。(全场笑)

几个月前,得到香港公开大学要授予我荣誉博士学位的消息,我就立刻向父亲报告了。我说:"还记得当年您骂我吗?我偷了我叔叔的钢笔,您不是还笑话我吗?"他说:"有这事吗?"然后,他又问我:"博士大还是县长大?"我说:"这个很难比较,差不多吧,相当于副县长。"他就很高兴地说:"这个干部已经做得很大了。"总之,公开大学授予我这个学位,让我惶恐之至。其实感觉是浪得虚名、受之有愧。

一般来说,博士要精通三门以上的语言,要著作等身、学贯中西,我就是会写两篇小说而已。中文都说得不流利,英文呢,学了"厕所"这个单词,现在也忘记了。所以我是没有语言财富的,起码我是没有语言天分的,在学外语方面。

既然把荣誉博士学位授予了我,我自然非常高兴,也非常感谢,以后会经常把这个头衔在我的书上印出来。我也会把这一次接受学位时拍的照片,挂在我们家的墙壁上。让我父亲看看这个相当于副县级的职位,儿子还是有点出息的。(全场笑)

一直到我20岁的时候,一年也只有两件衣服。夏天一件褂子,冬天在这件褂子里面再套上一件褂子,中间铺上一层棉花。

小时候的志向就是怎样填饱肚子。

刚才校长阁下说,莫言是一个有远大志向的作家。这对我绝对是一个夸奖,我从来没有远大志向。我的志向、我的野心是随着年纪的增长而逐渐膨胀的。

小的时候,我的志向和小动物相同。我出生的年代是上个世纪50年代,童年正遇上中国内地经济最困难的时期。那时候,吃饭、穿衣都非常成问题。有很多老百姓在死亡线上挣扎。每天一睁眼想到的就是怎样搞到一点东西吃,来填饱自己的肚子。

4. 2010年12月4日莫言在东亚文学论坛上的演讲

悠着点，慢着点
——"贫富与欲望"漫谈

感谢而且佩服日本朋友们，为论坛选择了这么一个丰满的议题。人类社会闹闹哄哄，乱七八糟，灯红酒绿，声色犬马，看上去无比的复杂，但认真一想，也不过是贫困者追求富贵，富贵者追求享乐和刺激——基本上就是这么一点事儿。

中国古代有个大贤人司马迁说过："天下熙熙，皆为利来；天下攘攘，皆为利往。"中国的圣人孔夫子说过："富与贵，人之所欲也；贫与贱，人之所恶也。"中国的老百姓说："穷在大街无人问，富在深山有远亲。"无论是圣人还是百姓，无论是知识分子还是文盲，都对贫困和富贵的关系有清醒的认识。

为什么人们厌恶贫困？因为贫困者不能尽情地满足自己的欲望。

四、赏析克林顿在北京大学演讲开场白

1998年6月25日—7月3日，克林顿对我国进行正式友好访问。6月29日克林顿总统在陈佳洱校长的陪同下步入会场，北大学生报以热烈掌声。克林顿的演讲以祝贺北大百年校庆为开端，他特意用中文向全场道一声"恭喜"，引来满场热情的回应。

谢谢。陈校长、任书记、迟副校长、韦副部长，谢谢你们。今天，我很高兴率领一个庞大的美国代表团来到这里，代表团中包括第一夫人和我们的女儿，她是斯坦福大学的学生，该校是和北大具有交流关系的学校之一。此外，我们的代表团中还包括六位美国国会议员、国务卿、商务部长、农业部长、经济顾问理事会理事长、我国驻华大使参议员尚慕杰、国家安全顾问和我的办公厅主任等。我提到这些人是为了说明美国极为重视对华关系。

在北大百年校庆之际，我首先要向你们全体师生员工、管理人员祝贺。恭喜了，北大！（掌声）

各位知道，这个校园曾经一度是由美国传教士建立的燕京大学。学校许多美丽的建筑物由美国建筑师设计。成千上万的美国学生和教授来到北大求学和教课。我们对你们有一种特殊的亲近感。我很庆幸，今天和79年前的一个重要的日子大不相同。1919年6月，就在这里，燕京大学首任校长司徒雷登(John Leighton Stuart)准备发表第一个毕业典礼致辞。他准时出场，但学生一个未到。学生们为了振兴中国的政治文化，全部走上街头参加"五四"运动去了。我读到这个故事后，希望今天当我走进这个礼堂时，会有人坐在这里。非常感谢大家前来听我演讲。（掌声）

一百年以来，北大已经发展到两万多学生。贵校的毕业生遍及中国和全世界。贵校建成了亚洲最大的大学图书馆。去年贵校有20%的毕业生去国外深造，其中包括一半的数理专业学生。在这个百年校庆之年，中国、亚洲和全世界有100多万人上网访问贵校的网址。在新世纪黎明之际，北大正在率领中国奔向未来。

你们是中国下一代的领导者。我今天要跟你们讲的是，建立中美两国牢固的伙伴关系，对于你们的未来至关重要。

在几千年的历史长河中，中国为人类文化、宗教、哲学、艺术和科技作出了贡献，美国人民深深钦佩你们。我们铭记着第二次世界大战期间两国的牢固伙伴关系。现在我们看到，中国处于历史性时刻：能和你们光辉灿烂的过去相提并论的，只有贵国目前气势磅礴的改革和更加美好的未来。

五、赏析俞敏洪的演讲《度过有意义的生命》

在网上搜索俞敏洪此演讲，从学习演讲的角度谈谈有哪些技巧可以学习借鉴，从听众的角度谈谈你受到哪些启迪。

6 演讲的技巧

6.1 演讲技巧概述

演讲是一种艺术,它具有天然去雕饰的、自然性的品格。但纯自然性,也并非是演讲。演讲的语言,是在自然语言的基础上有所加工,但又有别于舞台语言。演讲的态势语言,既能增强表现力,又能造成视觉形象,但又有别于舞台上的表演。演讲还要善于临场应变,从应变中表现出超常的机智,但又有别于油滑。如此等等,一切都取决于各种娴熟的技巧运用,没有技巧,就无法建构出演讲的艺术。

演讲的根本目的在于影响听众的意识,促进某种行为的实现或改变。要达到这一目的,临场演讲就必须实施有效的控制。正如斯坦尼斯拉夫斯基指出的那样:"创作愈是有控制地进行,演员的自制力愈大,角色的设计和形式就会表达得愈鲜明,它对观念的影响就会愈强烈,演员的成就会愈大。"(《斯坦尼斯拉夫斯基全集》第 3 卷第 266 页)演讲虽然有别于表演艺术,但两者都有共同的艺术规律。失去控制,就不可能获得"善讲"与"动听"的艺术效果。

在演讲的诸要素中,演讲者和听众是最根本的、最主要的两个因素,是信息传递的两个终端。两者既矛盾又统一,相互影响,相辅相成,缺一不可。任何一次成功的演讲,都是演讲者和听众共同创作的结果。因此,演讲艺术的控制主要表现在对这两者的控制:一是自控,即演讲者的自我控制;二是控场,即对全场听众的控制。

控制是个系统,既有理智控制,也有情感控制,还有心理控制、行为控制,以及演讲的场内外意外情况的控制,其中不乏各种技巧的运用。

在本章中,我们主要就演讲的自控与控场技巧、一些基本技巧以及演讲技巧的典型例子加以介绍,而关于演讲的口语及态势语技巧则在本书第3章里介绍过了。

6.2 演讲的自控技巧

在演讲活动中,演讲者是主体,是信息的传播者,是对听众施加影响的一方。亚里士多德说:"演讲有没有效,要看它对人有没有影响。"怎样才能有效地影响听众呢?除了演讲前的充分准备之外,在演讲的实施过程中,演讲者必须自我控制,以保证演讲的顺利进行。

6.2.1 怯场心理控制

怯场,是束缚演讲者的精神枷锁,是所有演讲者的通病。轻则影响演讲者正常水平的发挥,重则导致演讲彻底失败。

戴尔·卡耐基经过多年的调查,得出一个统计数据,说:"有80%~90%的学生,对上台说话感到困扰,而已经步入社会的成年人,则100%都恐惧公开发表演讲。"甚至连英国大政治家狄斯瑞黎也公开承认:"我宁愿带领一队骑兵冲锋陷阵,也不愿意首次去国会发表演讲。"

对于怯场的表现,一些伟人、名人都曾作过真实的描绘:

西塞罗说:"演讲一开始,我就感到面色苍白,四肢和整个心灵都在颤抖。"

林肯说他在演讲时"也有一种畏惧、惶恐和忙乱"。

丘吉尔说:"心窝里似乎塞着一个几寸厚的冰疙瘩。"

人为什么会怯场呢?原因在哪里呢?演讲家、心理学家众说纷纭:有的说是胆小;有的说是"缺乏自信心"等等。这些说法都不无道理。然而罗斯福却有他自己的看法,他说:"每一个新手,常常都有一种心慌病。心慌并不是胆小,乃是一种过度的精神刺激。"这种刺激来自两方面:一是外在的,即台下黑压压的听众,一双双明晃晃的眼睛全部投向演讲者,使演讲者望而生畏、局促不安;二是内在的,担心讲不好,担心听众不爱听,担心声音不好听,担心手势不好看,甚至连自己的长相也在担心之列。总之,一上台,各种担心一起涌上心头,也就是说自我意识太强,因而形成过度的精神刺激,刺激引起生理变化,肾上腺增强了肾上腺素的生成,激素涌入血管,于是血压增高、脸色涨红、心跳加快、呼吸急促、手心冒汗,甚至肌肉颤抖。

如何恰当地控制怯场心理呢?

(一)正确对待

首先,应对怯场心理有一个正确的估计。这是一种正常的心理和生理现象,人人都有,只是程度不同而已,并且主要是表现在第一次,第一次又主要是表现在开场的部分。如果能客观地认识并把握其规律,是完全可以控制的。

第二,有点怯场心理也不是坏事,可以使演讲者认真准备,不轻率、不马虎,正如戴尔·卡耐基说的:"少许的恐惧是有利的,可以加强你的临场感和说服力。"

(二) 采取有效的控制措施

1. 自我暗示

一上台只把注意力集中在自己的眼前的动机和效果上:我要说服你,我要使你接受,我能说服你,我能使你接受。正如华盛顿说的:"我只知道有眼前的听众,而我的说辞,正是为眼前的听众而说的。"至于日后人们怎样评价,在演讲实施过程中,演讲者是可以不加考虑的;否则,就可能产生畏惧感。因此,还应少作"我不如你"这种否定自我的设想。有的人甚至提出"把听众当傻瓜"的说法。当然这种说法不好听,使人难以接受,但作为克服怯场心理,也并非荒谬绝伦。

2. 回避刺激

上台前不与人争论、不吵闹、不大声说话、不回忆不愉快的事、不接触不喜欢的人,竭力保持心理的平衡、情绪的稳定。上台后,开始不使用实眼,而用虚眼,回避听众的各种表情、各种举动,只在听众中造成一种流动感,实际上场内的一切,什么也没看。

3. 转移视线

开头讲点具体的、生动的、有趣的事,最好是自己的一段经历、一段见闻、一则有趣的故事。这样做有两个好处:一是不担心讲不好,二是可以立即引起听众的浓厚兴趣,这种浓厚兴趣反馈过来,可以使演讲者立即轻松起来。

除了上述这些技巧的应用之外,关键还是认真准备,认真收集典型生动的材料,认真选择切合听众实际需要的主题,认真设计好演讲的各个环节,充分估计演讲现场的各种情况,等等。准备越充分,自信心就越强。一个充满自信的人,是无所畏惧的。

6.2.2 情感控制

演讲需要感情,它是古今中外的演讲家在实践中所形成的共识。亚里士多德在他的《修辞学》中甚至这样说道:"一个充满了感情的演讲者,常使听众和他一起感动,哪怕他说的什么内容也没有。"

但情感需要控制。失控的情感是不堪设想的。情感失控所导致的失态、失言,在演讲中、在辩论中、在与人交往中都是屡见不鲜的。譬如拍案打椅、声嘶力竭、脸红脖子粗、吹胡子瞪眼、说过头话,甚至拳脚相加等,既破坏演讲效果,又影响人际关系。

情感应该服从理智,服从动机和目标,服从演讲的表达。傅雷曾经教育他的儿子傅敏:"中国哲学的理想,佛教的理想,都是要能控制感情,而不是让感情控制。假如你能掀动听众的感情,使他如醉如狂,哭笑无常,而你自己稳如泰山,像调动千军万马的大将军一样不动声色,那才是你最大的成功,才是到了艺术与人生的最高境界。"(《傅雷家书》)"要能控制感情,而不是让感情控制",这是演讲者必须牢牢记住的精妙所在。处在正常情况下,也许可以用理智、动机、目标控制情感,能够获得正常的表现。处在最得意或者最难堪的情势下,也许是最容易失控的危险处,即所谓"得意忘形""恼羞成怒"的时候。

如何避免失控呢?

（一）制怒

除了要加强理智,克服情感的随意性之外,还要具备处变的能力和技巧。首先要控制住自己的愤怒的情绪。

1959年庐山会议,林彪当着毛主席、周总理等中央政治局常委的面奚落彭德怀元帅,彭总虽然怒火中烧,但他还是控制住了。除去个人胆略和气魄之外,他还用了一个辅助手段,他使劲地交替着掐手心。事后他向人解释说,这是制怒穴,使劲掐可以制怒。心理学家介绍,怒极时,还有一个比较好的办法是数数字。哲学家培根对这些办法作了一个总的归纳,叫"沉默"。"沉默是金","沉默也是一种谈话艺术"。演讲学家称为"停顿",停顿也可以产生摧毁性的力量。

（二）排难

"或者是你去换一块手表,或者是我来换一个秘书。"这是华盛顿给一个开会迟到的秘书的批评。遇到这种类似的情况,除了上述处理手段以外,还可能采取严厉批评和严词厉色的训斥或反驳。显然后者是不可取的,不仅效果不好,还可能出现失态。华盛顿却是以温和的口气,幽默的方式说出来的,既达到了目的,又不乏机智。培根说:"温和语气的力量胜于雄辩。"

（三）解窘

我国有一位驻法国的外交官与法国小姐跳舞,小姐突然问:"法国小姐和中国小姐两者中,你喜欢哪一个多一点?"此时,他既不想伤害眼前这位法国小姐,又不能因为贬低中国小姐有失民族尊严。于是他微微一笑,答道:"凡喜欢我的小姐,我都喜欢她。"

这个回答,就态势来说,他使用了微笑;就语言形式来说,他使用的是模糊语。其实两者都是模糊的,微笑虽然给人一种愉悦感,其内涵可能是赞许,也可能是笑而不答,回避,不赞成。这样既使自己解脱了窘迫的困境,又不给人生硬的感觉。

6.3 演讲的控场技巧

6.3.1 引发兴趣的技巧

"兴趣是最好的老师。"在兴趣的驱动下,人们才会投入极大的热情和极大的精力,才会获得成功。演讲是否成功,在很大程度上取决于听众的兴趣。

爱因斯坦论述:"兴趣必须同社会价值结合起来。"演讲之所以使人感兴趣,就在于演讲具有教育功能、宣传功能和审美功能。听众的兴趣,是演讲活动中具有选择性的积极态度,是一种具有优势的情感倾向。要引发听众的兴趣,绝不是一件轻而易举的事。譬如有人讲了下面的一个故事:

> 有一个个子特别矮小的人,他住在大楼的第20层,可他每次坐电梯回家,总是坐到第10楼然后再一层一层地登上去。你们想,这是为什么?

讲到这里,说故事的人停顿下来,并向听众投去询问的目光。于是听众议论开了,有的说,这个矮子肯定很胖,爬楼是为了减肥;有的说,这个人有心脏病,适量的步行可以增强血液循环,有利于早期心脏病康复,如此等等。

正当听众议论纷纷的时候,说故事的人笑容可掬地解释说:"因为他太矮,他只能按到第10个按钮,再上面的他够不着了。"于是听众哗然,兴趣上来了。

显然这里有两个问题值得研究:

一是内容。听众经过了一番思索,仍然没有找到正确的答案,最后还是由演讲者说出来的。于是听众心里很懊恼,为没有想到这点而责怪自己。也许这就是引发兴趣的原动力。

二是表达形式。不选择恰当的表达形式同样不能引发兴趣。假如这个说故事的人,在说出原因之前,不向听众发问,发问之后不能停顿,而是平铺直叙地说出原因,听众也许会说这么简单的道理,还用得着你来跟我说吗?因而不可能引发兴趣。正是演讲者采用了提问的方式,运用了停顿的技巧,让听众自己去思考,去寻找答案,调动了听众的参与感,因此才能使之哗然而产生兴趣。这就是说,引发兴趣同样需要方法、需要技巧。

听众的兴趣是广泛的,有的对演讲的内容感兴趣;有的是对演讲者的雄辩感兴趣;有的是对演讲者的态势风度感兴趣;有的偏重于与现实生活贴得很紧的话题,寻找解决实现问题的答案;有的侧重在对未来的憧憬,希望鼓起自己奋斗的勇气;有的希望在宏观上把握纷繁复杂的世界,对精辟的哲理更有兴趣,如此等等不一。

为了照顾方方面面的兴趣,演讲者在话题的选择上就应该考虑选择话题的共同性,即使难以满足,也应在材料的选择上尽可能广一点。不要使一部分听众感兴趣,另一部分听众不感兴趣。即使是平常的朋友们坐在一起聊天,也要注意选择大家都聊得上的话题,否则势必造成少数人谈笑风生、高谈阔论,多数人受冷遇、坐立不安。

要调动听众的参与感。凡是自己能参与进去的一般都能引发兴趣,凡是不能参与的,也许永远不会感兴趣。为此,演讲者常常采用下面几种技巧:

(一)设问

把握演讲的话题,找到演讲的关键处,用提问的方法表述出来,让听众参与思考。

> 谁是我们的敌人?谁是我们的朋友?

这是毛泽东在《中国社会各阶级的分析》中打头提出的问题,"敌人"与"朋友"是两个根本对立的概念,似乎很明确、很肯定,但是要真正准确地、科学地说出来,又的确不是很容易的事,所以人们很乐意听个明白。

曾记得三年前的今天吗?(会场大喊"记得")大家试想想:三年前的今天,那班军阀地主劣绅们将武力来解散我们的农会。到了今天,我们居然能够驱逐他数十万兵的军阀。到底是什么原因呢……

这是 1926 年 8 月 12 日彭湃在海丰农民纪念"七五"农潮三周年大会上的即席演讲的设问,其作用既是为了突出讲话的要点,更重要的是为了引发在场的听众积极思考。

（二）对比

俗话说,不比不知道,一比吓一跳。正是因为"比"和"吓",才引发了兴趣。例如,在一次以《奋斗,做生活的强者》为题的演讲中,演讲者选用了两个事例,一个是北大物理系一名女大学生,在向"中国的居里夫人"的目标奋斗的途中死去了;另一个是某学院一名大学生,为三角恋爱而卧轨自杀。一正一反,足以引起听众的思索。

（三）制造悬念

这是一种心理结构,把听众的心悬起来,以后顺着听众的心理轨迹娓娓道来,同样能使听众兴趣盎然。例如:

事情已经定局了吗?希望已经没有了吗?胜利已经失去了吗?

这是 1939 年 6 月 18 日戴高乐面对法国人民发表的反法西斯的广播演讲的开头。这是人民最忧虑的几个问题,一经提出,人民便急切想知道答案或结论。戴高乐正是在这种听众迫切期盼的心态中展开了演讲。

（四）幽默

没有幽默的语言等于公文。培根说,善说者应善幽默。幽默能使听者对演讲抱有极大的兴趣。这是因为:

其一,幽默是一种自信的表现,充满自信的演讲者是轻松的、活泼的,而不是呆板的、老气横秋的;其二,幽默是机智的表现,机智是一种美,有极高的欣赏价值;其三,幽默是谐趣的表现,它直接引发的是笑,所以人们把幽默称之为笑的艺术。

笑是愉悦的。对丑陋的、违反常规常理的、矛盾的不良行为,"笑是一种制裁"（别林斯基语）。这就是说,即使是用来进行尖锐的、辛辣的批评,幽默也同样能给人轻松感和美感。20 世纪 50 年代,在思想改造运动中,由于某些基层干部作风粗暴简单,使一位老

教授投河自杀,后来又被人及时救了起来。后来在一次高级知识分子的大会上,这位老教授在座,陈毅发表讲话说:

> 我说你呀,真是读书一世,糊涂一时。共产党搞改造,难道是为了把你们整死吗?我们不过是想帮大家卸包袱,和工农群众一道前进,你为啥偏要和龙王爷打交道,不肯和我陈毅交朋友呢?你要投河也该打个电话给我,咱们再商量商量嘛!当然啦,这件事主要怪基层干部不懂政策,也怪我陈毅教育不够……

这段话,从总体上来说是批评,既批评这位老教授不应该这样做,也批评了基层干部,还作了自我批评。但语调是诙谐的、幽默的,怎么投河还要给人打电话商量商量呢?这是谈话中顺着某种逻辑有意制造的反常,正因为反常,才形成了幽默。正是这种幽默的作用,才缓解了批评的紧张气氛,才使人心悦诚服地接受了批评。这是最能使听众感兴趣的一种演讲方式。

6.3.2 激发情感的技巧

激发听众的情感,这是控场最有效的手段之一。

情感,是一种复杂的心理现象,是人们对客观事物的态度和体验,是一种特殊的反映形式。它是介于主体与客体之间的一种媒介。情感一旦被激发,便立即使人精神振奋,全身心都处于高昂的积极状态,进而对客体产生一种不可估量的能动作用。正如马克思指出的那样:"热情、激情是人强烈追求自己的对象的本质力量。"演讲的目的在于影响听众的意识,促进或改变听众的行为。要达到这个目的,就必须在演讲的实施过程中,采用各种手段和技巧激发听众的情感,使之投入极大的热情,实现演讲的情感功能。

要激发听众的情感,演讲者首先就要有情感。表演艺术家李默然先生深有体会,他说:"演讲者不动情,听众当然不会引起共鸣。只要你真正地动情了,观众保证被你打动,不管是多大声音,哪怕是轻微的,观众也会被你震慑住的。"演讲者的情感,不是靠喊几句空口号,不是借助几个感叹词,不是凭着某些技巧可以表现出来的。它只能从听众可以想象得到,体会得出的领悟中自然流露出来。

另外,感情还要有适当的控制,要善于用理智把握自己情感的闸门,保持稳定的、饱满的、良好的情绪,不温不火。过于激动,容易导致失态失言。

对控场来说,关键是激发听众的情感。一般应从以下几个方面去做。

(一)以情感情

人非草木,孰能无情?喜怒哀乐,七情六欲,是人的共性,而且具有感染性。尤其是处在大致相同的境遇中,这种感染性更加强烈,所谓"兔死狐悲"讲的就是感情的感染性。演讲者常常以此来激发听众的情感。

孙中山在一次演讲中,对听众讲了一个真实的故事:南洋爪哇有一个财产超过千万的华侨富翁。有一天,他外出访友后,却因未带夜间通告证和夜灯而无法返回。因为当地法令规定,华人夜出如无通行证和夜灯,一旦为荷兰巡捕所查获,轻则罚款,重则坐牢。出于无奈,富翁只得花一元钱,请一个日本妓女送自己回家,因为荷兰巡捕不会过问日本妓女。

讲到这里,孙中山激动地说:

> 日本妓女虽然很穷,但是她的祖国却很强盛,所以地位高,行动也就自由。这个中国人虽然很富,但他的祖国不强盛,所以他连走路也没有自由,地位不如日本的一个妓女。如果国家灭亡了,我们到处都要受气,不但自己受气,子子孙孙都要受气啊!

这一番饱含激情的讲话,如同电击般叩击听众的心弦,当时便激起强烈的反响。

(二)融情于事

1994年在新加坡华语演讲大赛中,一位印度姑娘在题为《宜将寸草报春晖》的演讲中,叙述了发生在中国内地的两件事,她说:

> 有这样一位母亲,她的小女儿不幸患上了白血病,得抽掉身上坏死的血液而换上新鲜、健康的血液。就是这样一位极其平凡的母亲,她什么也没说,毅然把自己的血液一滴一滴地输给女儿。为了让女儿能多留几声笑语给这个世界,能多收获一段美丽的人生,她整整地输了8年!女儿的面色由惨白转为红润,而母亲的面色却由红润转为惨白!还有一位母亲,她的两个孩子在水边玩耍,不小心,一同掉进水中,母亲闻讯赶来,看到在水中挣扎的孩子,她什么也没想,什么也没说,一头扑进水里,奋力把两个孩子顶出水面,孩子得救了,可她自己却永远沉到了水底。

这段叙述,同样使听众为之动容。这是为什么呢?第一,演讲者是怀着对这两位母亲极其崇敬的情感在叙述这两件事,这种情感直接感染了听众;第二,通过演讲者的叙述,把当时的"感情再生出来"了,也就是说,演讲者把听众带到了可以想象得出的情境之中去了。设身处地、将心比心,听众怎能不为之感动呢?

(三)寓情于理

列宁说过:"没有人的情感,就从来没有,也不可能有人对真理的追求。"有情才有理,有理必有情,情与理相互促进、相辅相成。情理兼备才能与听众产生共鸣,才能收到预期的效果。没有一丝人情味,只有干巴巴的教条,只有一些抽象的概念,或一些现象罗列,怎能感动听众呢?因此,不少的优秀演讲者也同样以论理的方式去激发听众的情感。这种情感一旦被激发,就更真挚、更深厚、更炽烈,因为这种情感是建立在理智的基础上的。

1943年8月2日,周恩来同志在《延安欢迎会上的演讲》中,在讲到抗战"不是拖而是打"这点时,他说:

> 殊不知你要拖,敌人却不让你拖。敌人要在希特勒垮台以前,至迟要在太平洋决战以前,解决中国问题,这是很明显的,而这次公开诱降,主要的就是由于墨索里尼倒台所引起的。不仅敌人不让你拖,就是国内情形也不会让你拖。许多军队不开到前线,不积极作战,士气能提高么?兵役制度不改变,军队待遇不提高,战斗力能加强么……这些现象不改变或消灭,中国抗战的局面能拖到胜利么?我们的回答:"要胜利,不是拖而是打!"要胜利,不是消极的抗战而是积极的抗战!要胜利,不是国内的分裂而是国内的团结!要胜利,不是政治的压迫而是政治的民主!

从演讲的方式来说,这是一段说理,即从国际和国内两方面精辟地分析了"不能拖只能打"的道理,有理有据,很有说服力。然而在说理过程中,却充满了渴望胜利的激情,十分有感染力。正因为如此,才激起了听众彻底放弃拖的想法而积极投入抗战的激情。

"激人以怒,哀人以怜,动人以情",激发听众的情感是多种多样的。不管为何激发,能否有效地组织听众的情感状态,却是决定演讲成败的一个重要条件。

6.3.3 说服的技巧

说服是演讲的基本功能。所谓说服,顾名思义,就是用说话或演讲的方式,使别人信服、服从、接受。不是压服,不是盲从,不是口服而心不服,而是心悦诚服。正如周恩来所说的那样:"与人说理,须使人心中点头。"如果不是采用说服的方式,而是摆出一副教训别人的架势,那么其演讲的效果就可能会适得其反。

例如,有位老干部在某高校给大学生作报告,目的在于教育青年学生养成艰苦朴素的作风。开始,他大谈当年红军爬雪山、过草地、吃野菜、啃皮带等人所共知的史实,接着便批评有的学生只想出国,只向往美国、日本、加拿大,并把跳迪斯科、唱卡拉OK、看外国影片等,统统斥为"崇洋媚外",追求西方资产阶级生活方式,图享受等等。于是,场内由开始的冷淡渐渐转为骚动,进而有人大声喧哗,敲桌子,喝倒彩。给当代的大学生谈艰苦朴素,这是十分必要的,问题是怎样才能使他们心悦诚服地接受呢?批评也应该实事求是,恰如其分。别说是大学生,就是一般听众,谁还会习惯于听大话、空话、套话呢?由此可见,能否有效地说服听众,便成了演讲成败的一个关键。

能使听众接受自己的意见、主张、措施或办法,这是演讲者一种极有价值的本领。这种本领既具有科学性,又具有艺术性。说科学性,主要是就内容而言,即以理服人。说艺术性,是就论理的方式而言,或义正词严,慷慨激昂;或娓娓道来,循循善诱;或设喻明理,深入浅出等等。两者比较,最根本的是以理服人,但说理的方式又不可偏废,方法不对,有理也不能服人。能说服人的理,总是科学的,能反映事物内部本质规律和本质特征的。

人总是要死的,但死的意义有不同。中国古时候有个文学家叫司马迁的说过:"人固有一死,或重于泰山,或轻于鸿毛。"为人民利益而死,就比泰山还重;替法西斯卖力,替剥削人民和压迫人民的人去死,就比鸿毛还轻。

这是毛泽东说的。

不要问你们的国家能为你们做些什么,而要问你们能为自己的国家做些什么。

这是肯尼迪就职演讲中的一句话。

不自由,毋宁死!

这是美国人佩特瑞克·亨利演讲的结束语。

这些至理名言,不仅能为当时的听众所接受,而且还能超越时代的堤岸,成为全人类共同的精神财富。

能说服人的理,总是建立在事实的基础上,是实事求是的,不是虚假的,因此应说真话,不说假语。一贯以说真话著称的彭德怀元帅,1947年7月8日,在延安各界保卫边区,保卫延安动员大会上的演讲,就是一篇气势磅礴,使人深信不疑的演讲,其中说到能不能消灭胡宗南的进攻军队时,他是这样说的:

我看能消灭它。有人要问我:你有什么证据?证据在哪里?这自然是有证据的。

1935年的事情就是证据。当时陕北刘志丹只不过3 000人,后来,来了个徐海东也不过3 000人,最后中央红军开到陕北,也只有7 000人,共计不超过15 000人。可是那时候敌人有多少呢?

据我记得的,那时敌人有101个团,30万人。今天胡宗南却只有35个团。那时候我们只有15 000人,现在可就大不同了,边区那时只有三四十万人,5个县,现在我们的力量是大得多了。大家想一想,看我是不是扯谎。(群众:是真的!)没有扯谎,这是事实。当时红军却总共不超过15 000人。国共兵力是20与1之比。可是今天他只有35个团,17个旅,我们比那时的15 000人就多得多了,我们能打胜吗?(群众:一定能打胜的!)是的,是一定能够打胜的。

为什么能够打胜,因为有事实作根据,而且这些事实"是真的"。所以听众才信服,才充满了必胜的信心。这正是演讲者说服听众最根本的手段。

同时,能说服人的理,总是符合逻辑的。前后矛盾,理由不充足,甚至诡辩,都是不能服人的。例如,中国为什么会发生革命呢?美国人曾经作过一个解释,说是"中国人口在

18、19世纪里增加了一倍,因此使土地受到不堪负担的压力。人民的吃饭问题是每个中国政府必然碰到的第一个问题。一直到现在没有一个政府使这个问题得到了解决。"把这个意思说明确,就是"人口太多,饭少了,发生革命。"(引自《毛泽东选集·唯心史观的破产》)美国人说这个话是在1949年,当时我国的人口是4.5亿,时过60多年,我国已是13亿人口的大国了,按照美国人的逻辑,那又作何解释呢?显然,当时美国人为了给自己在国际舞台上扮演的不光彩的角色作掩饰,竟然犯了一个推不出的逻辑错误。因而理所当然地要遭到中国和世界反对压迫、反对奴役的人民的唾弃。演讲也是如此。演讲者的判定,与听众对演讲的价值评定,常常是不一致的。本来是没有理的,或者理由不充分的,却一定要强词夺理,是说服不了听众的。正如培根批评的那样:"有些人在谈话的方式上,只图博取机敏的虚名,却并不关心对真理的讨论。"这样的谈话,这样的演讲,怎么能说服人呢?

马克思曾经指出:"理论只要说服人就能掌握群众;而理论只要彻底,就能说服人。"所谓"彻底",就是有真知灼见,有充足的事实根据,而且严密。演讲者能够说服听众,自然就控场了。与此相反,演讲者平庸、浅薄、立论片面,甚至还漏洞百出,听众自然不愿听,也不会听,因此而无法控场。

如何去说服听众呢?这既是技巧,也是艺术,同时也是科学。说服的技巧,说服的艺术,同样都必须以传播学、心理学、语言学、逻辑学等作为依据,都是这些学科的综合运用。

下面介绍几种说服的方法和技巧:

(一)拉近距离,创造气氛

日常生活中常有这种现象,关系亲切的人,没有什么话不可以说,就算是骂几句,不仅能使人信服,而且还有一种亲切感;关系不好的人,稍有微词,就不舒服,就有反感。对此,心理学家解释为心理相容与不相容。相容则可相互吸引,不相容就会相互排斥。根据这个道理,演讲者就应努力去寻找与听众的共同点,创造良好的演讲气氛,建立特殊的亲近的沟通关系,缩短心理距离,获得听众的心理认同。

> 北京大学是我的娘家,回到了娘家,见到了红楼,我心中就有说不出的感情。

这是1951年6月1日,马寅初先生任北大校长的就职演讲的开头。

> 今天早晨,我走出旅馆的时候,看门人问我:"将军,您上哪儿去?"一听说我要去西点时,他说:"那是个好地方,您从前去过吗?"

这是1962年82岁高龄的麦克阿瑟重返母校——西点军校时发表《最后的演讲》的开头。

西安事变后的第四天,西安市民大聚会,张学良将军发表演讲,开头是这样说的:

我们今天在这里开会,我相信我们的心里,都是一样的!……在"一二·九"那天,我曾经向请愿的同学们讲,关于抗日问题,一星期内,有事实答复,想诸位还记得,那天的事情,真是给我一个大的刺激,现在我再把发动"一二·一二"事件的近因,也是最主要的原因,简单向诸位讲一讲。

这些开头,有一个共同的特点,都是以演讲者与听众处在同一环境和共同关心的话题开始演讲的,令听众产生一种特别亲切的自己人的感觉。因而极大地增加了演讲的影响力。

即使是处在与听众不合作,甚至是对立的情势下,演讲者也要千方百计地改变这种局面。林肯1858年作的竞选演讲就是成功的实例。

这次演讲是在伊利诺斯州南部的少数民族部落进行的。这个部落生性粗野,嗜好酗酒斗殴。奴隶主造谣煽动,制造骚乱,还扬言要杀死林肯。面对如此野蛮和对立的听众,林肯是这样开始他的演讲的:

伊利诺斯州的公民兄弟们,肯塔基州的公民兄弟们,密苏里安州的公民兄弟们——你们中的一些人警告我,说要给我些厉害看看。我不理解你们为什么要这样做。像你们一样,我是一个真诚而普通的人……我出生在肯塔基州,成长在密苏里安州,同你们中的大部分人一样,从小靠艰苦的劳动糊口度日。我熟悉肯塔基州的人民,熟悉伊利诺斯州的人民,甚至也熟悉密苏里安州的人民,因为我曾是他们中的一个成员……现在让我们像亲如手足的兄弟一样,开始讨论问题吧。

林肯在这里,尽量把自己说成听众中的一员,而且说相互很了解,目的在于缩短距离;然后再谈自己的希望,说得很诚恳,以增加听众的信任感;接着肯定他们的品格,进一步消除敌意,因而化敌为友,变对抗为接纳,为自己的竞选演讲扫清了障碍,创造了良好的气氛。

(二)旁征博引,发挥名人效应

一个演讲者要把一个观点、一个看法、一个意思基本说清楚并不是一件很难的事,但是要给听众一种厚重感,要多方位地开启听众的思维,却不是轻而易举的事了。尤其是某些有见地、带结论性的地方,不借助名人伟人的建树,会使听众将信将疑,不完全信服。为了加强对听众的说服力,演讲者常常旁征博引,引用一些经典性的论述。1994年,在新加坡举行的两年一度的世界华语演讲大赛中,一位印度姑娘以《我与汉学》为题,从自己长期从事汉语学习与研究的体会中,着重谈了中国的传统文化。她认为,中国的历史发展到春秋战国时期,以孔子为代表的儒家学说,就已经为中国传统文化全面奠定了扎实

的基础,她历数儒学在各个朝代的演变发展过程,最后她得出结论:

  经过两千多年的不断发展,不断完善,一个以儒学为核心的中国传统文化,终于以其夺目异彩璀璨于人间。它不仅一代又一代地孕育着炎黄子孙,同时也对世界的文明与进步产生了不可估量的影响。

  一个外国人,对中国的传统文化能了解得如此全面,如此透彻,能有如此的见地,并且站在新加坡的讲台上,用流利的标准的普通话演讲出来,这的确是难能可贵的,同时也令新加坡的听众茅塞顿开。但是,为了使听众确信无疑,在讲完这段话之后,她又作了几段引证,她说:

  正因为如此,中国人称孔子为"至圣先师",外国人说孔子是"真理的解释者"(伏尔泰语)。正如宋朝著名理学家朱熹说的:"自尧舜以下,若不生孔子,后人何处去讨分晓？天不生仲尼,万古如长夜。"

  这些引证,不仅是对结论的佐证,同时也增强了演讲者的权威效应。

（三）设喻明理,深入浅出

  要说服别人,要使人接受,首先必须使人理解,使人听懂。否则,再好的道理,再好的意见或办法,说出来也是白说,也是对牛弹琴。1905 年,爱因斯坦在《物理年鉴》上发表了长达 30 页的论文,以其深奥的理论阐述了狭义相对论,这一理论是超越了同时代人的理解能力的。怎样才能使人理解呢？他曾经向一个疑惑者作出这样一个通俗的解释,他说:

  如果你在一个漂亮的姑娘身旁坐一个小时,你只觉得坐了片刻;反之,你如果坐在一个热火炉上,片刻就像一个小时,这就是相对的意义。

  恰当地运用比喻,这是说服人的有效手段。比喻的作用就在于能用具体的取代抽象的,用有形的取代无形的,用熟知的取代陌生的,用通俗的取代深奥的。这样,不仅能使人听懂,而且使人凭借具体的、生动的、熟知的事物多方面启发思想,增强理解。
  亚里士多德说过:"思考要像圣人,说话要像凡人。"这就是思考要深刻、严密、精辟,而说出来却又是通俗易懂、深入浅出。也就是说不平庸、不浅薄、不鄙俗,也不是似懂非懂、不懂装懂,更不是故弄玄虚、故作高深。

（四）正反对比,震撼心灵

  是与非、美与丑、善与恶,对比之下,形成极大的反差,正是这种反差,才产生极大的震撼力,也正是这种震撼力才迫使走入歧途的人不得不洗心革面,弃恶扬善。"像热烈地主张所是一样,热烈地攻击所非",同样是演讲者说服听众的一种有效手段。例如,在一篇题为《朋友,你到底要什么》的演讲中,演讲者用了两个事例:

  有一个干部子弟,出身好,家庭很富裕,他要什么,父母就给什么,可他并不满足,一直在偷东西,把厂里价值10万元的钻石偷出去卖了。事情败露后,他的父母想用钱给他抵罪,可是法律不允许,他被判了刑。他妈妈去探监,冲着他哭喊:"孩子,你到底要什么?"

  最近,我的一个亲戚从老山前线回来,他也是20岁,本来是一个很活跃的青年,可是现在却变得非常深沉。为了使他高兴,他父母给他买了照相机、吉他,可是他还是不感兴趣。我不解地问他:"你到底要什么?"他看看我,突然激动起来,说:"这些东西,能使我的那些打瞎了眼的战友重新见到光明吗?它们能使在我身边牺牲的同志们重新拿起冲锋枪吗?"

一个湮灭于贪图物质享受之中,一个沉浸在战友牺牲的悲痛之中;一个卑微,一个伟岸;一个自我毁灭,一个激励奋进。孰是孰非,在血淋淋的事实的震撼中,听众不是很明白吗?

这种正反对比的方法,不仅用于事例的对比,即使是纯粹的议论说理,演讲者也可从正反两方面进行说理。例如:"'当面不说,背后乱说,开会不说,会后乱说。'不是为了团结,为了进步,为了把事情弄好,向不正确的意见斗争和争论,而是个人攻击,闹意气,泄私愤,图报复。"等等,这同样造成一种强烈的反差,同样可以造成心灵的震撼,使听众能坚持正确的观点和做法,修正错误的观点和做法。

(五)有的放矢,不无中生有

"凡说之难,在知所说之心。"(韩非子《说难》)演讲好比放箭,放箭要对准靶子。这个"靶子"就是听众的实际情况,即想法、意见、主张、情绪,或需要回答、需要解决的问题,也就是韩非子所说的"心"。要对准听众这个靶子,演讲者除了在确定演讲的主题、选择演讲的材料等方面加强针对性之外,在演讲的实施过程中,还常常针对听众中的一些不正确的想法、错误的言行加以批评,对影响较大的谬论加以揭露和批判。采取正面说理与反面批评(或批判)相结合,先立后破或边破边立的手段,点明错误所在,指出改正方法,因而也特别能说服人。但是,这种针对性很直接的批评不可太多,应坚持以正面说服为主,尤其不可无中生有。例如,每年一到三月份学雷锋,就有人说什么"雷锋无户口,三月来,四月走",并举例说,某某工厂、某某机关,上街学一天雷锋是多少钱等等。显然这些谈话或演讲的方式是不恰当的。对听众来说,这种演讲方式,就是一种无中生有,无事生非,而且还会导致听众对这些不正确的、错误的说法或做法的认同。

6.4 演讲中的特殊情况处理技巧

6.4.1 忘记

演讲者在演讲过程中,突然忘记下一句该讲什么了,演讲者结结巴巴,惊慌失措,听众则可能发出唏嘘和嘲笑,使演讲者狼狈不堪。

究其忘记的原因有这样几种:一是怯场引起的紧张使记忆的清晰度下降,原来很熟悉的东西一下子记不起来了,大脑一片空白;二是演讲时注意力不够集中,在演讲时头脑中出现别的问题和事情;三是听众中有些异常声音或出现喧哗,打断了记忆,一下子想不起来下面该讲什么了。

为了使演讲流畅、顺利地进行,就要准备充分,把演讲内容记得滚瓜烂熟,演讲时集中注意力。如果这样做还会出现忘记的情况,可以试试以下几种应付的方法:

(一)插话衔接法

当突然忘记时,立即插入一两句与演讲内容关系不大的话,利用短暂的时间迅速回忆下面的内容。比如问听众:"朋友们,前面这些内容不知大家听清了吗?"然后环视全场,同时赶快想下面的话。想起来后就可以说:"既然大家听清楚了,下面就接着往下讲。"这样就可以比较巧妙地摆脱忘记。

(二)重复衔接法

一旦忘记了下面的内容,就把最后一句话加重语气再讲一遍。演讲中的每一句话往往都不是孤立的,有来龙,有去脉,加重语气说出的话一般能使人想起前一句,引起后面的内容,使中断的思维连接起来,从而使演讲顺利进行下去。

(三)跳跃衔接法

演讲者在演讲中忘记的内容,常常是衔接句或衔接段落,而不是全部忘记。这种情况只好让它忘了算了,不必在那儿苦思冥想,尤其不能就此停了下来。要能从哪里提起,就从那里接着讲。用这种方法虽然丢掉几句或一段,但不会因突然忘记而中断,破坏了演讲的气氛,分散听众的注意力。如果这几句或段落比较重要,讲着讲着又想起来,可以在结尾处补上,用"这里值得一提的是……""这里需要强调一下……"等等提起下文,就可以了。

6.4.2 讲错

在气氛热烈、情绪激昂的演讲中,在情绪紧张的情况下,谁都难免说错话,或者说错了数字、年代,或者张冠李戴、说错人名,或者说得不得体等。出现了这种情况,要根据不同的程度采取相应的措施。如果讲错了字、不符合语法,不影响演讲的内容,听众又没有察觉,就不必纠正。如果关键性的问题或句子讲错就应纠正,纠正的方法是按正确的再讲一遍,既不影响演讲效果,听众也会通融。另外,还可以用一个设问句,巧妙地纠正,让听众毫无察觉,如:"这句话对吗?我刚才说的这个词对吗?""不对",然后再按正确的讲一遍。

6.4.3 吹口哨、鼓倒掌、喝倒彩

在演讲中,由于自己失误或听众偏见,听众中可能会出现对演讲不利的喧哗。遇到这种情况切忌硬着头皮往下讲,而是要迅速弄清问题的症结,采取相应的方法控制场面。如果是因为自己的差错和失误,应赶快纠正,用"对不起,这个材料用得不准确,应该是……"或者"对不起,我这句话说得有点过了,实际情况没那么严重……"等话语稳定听众的情绪,并伴以歉意的微笑和手势,听众则会安静下来。如果是有人故意刁难,大声喧哗、吹口哨等,则先要控制好自己的情绪,不要因为这些干扰而怒形于色,也不要提高演讲的音高,增大音量来与喧哗较量,更不要怒斥、责问听众。有的演讲者采用压制的办法,当出现喧闹和起哄的情况时,就会大喊一声:"别吵了!要吵就出去!"这样不但收不到效果,反而使自己更加被动。喧哗者会从演讲者的话中抓到把柄与之顶撞,让演讲者下不来台。而比较好的解决问题方法有这样几种:

一是对此抱宽容态度。面对喧哗,演讲者突然停下来不讲了,用眼光盯视少数起哄的人,然后说:"今天的场面很热闹,不知大家对台上台下同时讲的情况有什么看法?"把刁难者交给大多数认真听演讲的听众,让刁难者成为众矢之的,迫使他们收敛自己的行为。

二是妙语解答,变被动为主动。作家谌容访问美国时,有人曾挑衅性地问她:"听说您至今还不是中共党员,请问您对中国共产党的私人情感如何?"谌容机智地答道:"你的情报很准确,我确实还不是中共党员。但是我的丈夫是个老共产党员,而我同他共同生活了几十年尚无离婚迹象。可见,我同中国共产党的感情有多么深。"这种巧妙的回答让刁难者哑口无言。

三是运用幽默的方式静场。英国前首相威尔逊发表竞选演讲时,台下有人高喊:"狗粪、垃圾!"这明明是攻击威尔逊的演讲,而威尔逊则不紧不慢地回敬说:"这位先生,我马上就要谈到你提出的脏乱的问题。"捣乱者只好闭嘴。

6.4.4 反应冷漠

在演讲中,或由于时间、环境的原因,或由于演讲内容的原因,或由于演讲方法的原因,演讲引不起听众的兴趣,听众打瞌睡、看书、窃窃私语等。出现了这种情况,演讲者最好不要照着自己所准备的内容讲下去,而应根据当时的情况,采取措施。

如果时间长,听众困倦了,就应提出一些问题,如"这是为什么?""这个问题怎么解决

呢?"促使听众活跃思维,调动听众的情绪。如果是听众对演讲不感兴趣,就可以穿插一些与主题有关的故事或朗诵一首诗歌,用饱满的情绪和热情的态度感染听众,以引起他们感情上的共鸣。李燕杰有一次到一家大医院演讲,一登台就发现听众有的看书,有的织毛衣,反应很冷漠。李燕杰一手扶话筒,一手举着稿纸,高声朗诵了一首即兴诗:

> 每当我忆起那病中的时光,
> 白衣战士就引起我深情的遐想。
> 他们那人格的高尚,
> 心灵的美,
> 还有那圣洁的光,
> 给我们顽强生活的信心,
> 增添我前进的力量!

李燕杰热情洋溢的朗诵,使大家抬起头来注视他,停下了手中的活儿和议论,会场一下子起了变化。

如果是自己所讲的内容与前面讲的一样,听众已经厌倦了,这时就应改变自己的演讲角度,另辟蹊径,调动听众的兴趣。在一次主题为"爱我中华"的演讲赛上,几乎所有的演讲者都把重点放在歌颂伟大祖国的地大物博、灿烂历史文明上。于是演讲就成了千篇一律、贫乏、单调的重复,听众越来越厌倦,会场开始出现了嘈杂之声。最后一个演讲者在这种情况下上台了,他的演讲稿也与前面的一样,但他一开口,就改变了会场的气氛。他说:

> 前面的同志对我们伟大祖国悠久的文明史,雄伟壮观的长城和给世界文明带来飞跃发展的四大发明进行了充分的讴歌。听着这些,我们不能不承认我们祖国拥有这一切的确会使人自豪。(说到这里,他突然把声音提高八度)但是,我认为只有这些还不够! 因为,长城尽管又高又长又厚,却没能挡住侵略者的铁蹄! 指南针是我们祖先发明,却引来了武装到牙齿的侵略者,引来了帝国主义的战舰,引来了毒害中国人民的鸦片! 火药是我们中华民族智慧的闪耀,但却使外国强盗刀剑换炮毁我家园国土,奸杀我国同胞! 至于洁白纸张的发明,正好方便列强与我国签订种种不平等条约,写下了丧权辱国的几十上百条……是的,我们的祖先曾是何等荣耀! 我们的祖国曾是怎样的富裕、强大过! 但是,我又清楚地知道,这一切终归是祖先的光荣,祖先的骄傲! 我们炎黄子孙们,绝无权利在祖先的功劳簿上沾沾自喜,大吹大擂! 古话说,好汉不提当年勇,我们怎能忘记自己肩上的重任!(掌声)祖国,只有在我们的辛勤劳动中,在我们坚强有力的大手中,才变得在全世界范围内领先,变得强大、富裕,才遂了我们的意,称了我们的心!(热烈鼓掌)

这位演讲者的成功，就在于他能随机应变，另辟蹊径。要做到这一点，就必须对要讲的内容烂熟于心，而且要储备一些与主题相关的资料，必要时可以重新组织材料，重新谋篇布局。

6.4.5 条子处理

演讲者在演讲时，台下往上递条子的情况常常发生。有的演讲者一看到下面写条子、递条子心里就发毛，主要是担心别人故意找茬，提一些偏、怪、难的问题。对这些问题，怕自己或是难以回答，或是回答得难以使人满意，因而使自己丢了脸面，下不了台。

这种担心其实是完全多余的。就其性质来说，递条子与面对面提出问题没有什么不同，但就方式方法来说，递条子对于演讲者似乎更有利些。因为递条子往往是"半秘密"的，不可能全场听众周知条子上的内容，而且接到条子后，也不必立即逐条做出回答，这便为演讲者留下了较充分的思考时间。

演讲者接到条子后，绝不能不屑一顾地丢在一边，否则，会使人感到对听众特别是对递条子的人不重视、不尊重，或是对递条子的举动不满意。较好的做法是镇静、潇洒地把条子打开，放在讲桌的一边。演讲者也不要中断演讲去专门看条子，否则会分散自己和听众的注意力。较好的办法是利用讲话的间隙快速浏览上面的内容。

对于条子上所提的问题，可以采取如下方法加以处理：如果所提问题前面已经讲过，是听众没有听清楚、理解透，可以把它放在小结时或其他适当的时候进一步重申一下即可；如果这些问题在接下来的演讲中将会涉及，讲到这些内容时只需将条子上所提的有关问题与之联系起来，加以突出就可以了；如果所提的问题自己早有准备，能够现场回答，就可以在演讲的过程中巧妙地"加塞"；如果是与演讲内容无关的问题，或是属于不同的意见，或是演讲者自己一时还没有想明白的，最好是放在最后处理。

在处理条子时，一定要注意五个"不可"：一是不可中断或脱离演讲去专门处理条子；二是不可对听众提出问题的举动表现出厌烦、不满情绪；三是不可对听众所提的问题置之不理；四是对于听众所提的合理问题，不可采用"无可奉告"等外交辞令避而不答；五是对于自己从未接触过、考虑过、说不清、道不明的问题，要坦言相告，不可不懂装懂，乱讲一通。

6.4.6 逆反心理

行为心理学家卡罗夫说过："逆反心理人人都有，这建立在人的自我意识之上。一旦别人超过或违背自己的行为规范，哪怕对方不错，也会难以承受。"在演讲中，由于主客观因素的影响，听众也时常会出现一种与演讲者思想意识、观点主张、思想情感相逆反的意识与思维。要获得演讲的成功，绝不能对其置之不理，更不能加以排斥和压制，而应该认真对待、积极化解，关键是努力避免。

为了避免听众产生逆反心理，特别要注意以下几个方面：

对演讲者而言，要自身过硬，以身作则，言行一致，表里如一，克服"言教"与"身教"相脱节的问题,做到"以正抑逆"。

在无声语言的运用上,要努力把握好"度",避免给听众以过频、过大、过火的刺激。如上台的动作幅度不要太大,表情不能高傲,穿着打扮不能太时髦、太华丽、太耀眼等。

在演讲的过程中,要努力做到情动于衷,有感而发,情理结合,"以情消逆""以理制逆",避免抒情生硬,说理武断。同时,演讲的开场白不要有太多的客套;不要讲一些假话、大话、空话、官话、套话、废话;不要在演讲中流露出任何轻视、蔑视听众的情绪;不要以启蒙者、训诫者和评判者的姿态居高临下地教训、压服别人;不要说过头的话,不要把任何事情说绝;所选用的理论论据和事实论据要准确无误,经得起检验和推敲;在论辩中,要坚持真理、据理论辩,绝不能胡搅蛮缠,更不能搞人身攻击等等。

主持人在介绍演讲者时,可能讲一些过高、过头的吹捧的话,但演讲者自己一定要以谦虚之心、谦虚之情、谦虚之词加以适当的"纠正",不能"既然你这样说了,我就只好默认了",更不能沾沾自喜、洋洋自得。在自我介绍时,一定要简洁、如实、适度、谦虚,切忌自吹自擂,目中无人。

6.5 典型演讲技巧示例

6.5.1 娓娓道来

以热切的语调、真实的细节和充满戏剧性的情节引出幽默力量。在关键的那句话说出之前,不妨制造一点悬念。但是,这时也可能发生令人扫兴的事情,就是演讲人迫不及待要把妙语趣事说出来。太急于要引起听众发笑,于是太早让人知道有趣的事将要发生。笑话之所以能发挥趣味的效果,一定要让听讲者有意料之外的感觉。

如果演讲者的笑话失败,那么极可能是由于他开始得不当。讲笑话、妙语或警句,不要操之过急,太早泄露天机!

先把听众引到错误的想法上。不要先泄露了惊奇,不要预期故事有合理的结尾。讲故事之前,不要说"我现在要讲一个失业的笑话",直接把故事讲出来。

> 爱情可以解决失业问题。
> 何以见得?
> 把所有的男人都放在一个岛上,所有的女人都放在另一个岛上。
> 这样又如何能帮助解决失业问题?哦,我明白了。这样一来,每个人都开始忙着造船,失业问题就可以解决了。

讲话的时候要慢慢讲,使听众对结果有错误的预期。但也不能太慢,慢到使听众听了后句忘了前句。不要使听众觉察到你想的是什么,不要让他们太早看出意外的结果。

如说:"他说他正注意自己在喝酒。"(停顿)"他只是到有镜子的酒吧喝酒。"

当说笑话时,停顿、姿势、语调等就是逗号、问号等标点符号。对重要的、关键的字眼要加重,以强化笑话的效果,在重要的语句说完之后,要停顿一下,以加深别人对它的印象。

当讲完整个故事,再停顿一下。不要急急忙忙进入下一个故事或另一个趣点,让听众有机会接受你的幽默力量。停顿一下,让他们笑。

6.5.2 不卑不亢

袁庚曾任深圳蛇口工业区党委书记,在涉外经济活动中,他善于同外商斗智周旋。一次,袁庚出访某国,与某财团谈判,要在蛇口工业区合资经营新型浮法玻璃厂。对方恃其技术设备先进的优势,向我方漫天要价,使谈判陷入僵局。

一天,某财团所在的市商会邀请袁庚发表演讲,袁庚欣然前往。他在发表演讲时,若有所指地说:

> 中国是个文明古国,我们的祖先早在一千多年前,就将四大发明——指南针、造纸术、印刷术、火药的生产技术,无条件地贡献给人类,而他们的后代子孙,从未埋怨他们不要专利权是愚蠢的;相反,却盛赞祖先为推进世界科学的进步作出了杰出的贡献。现在,中国在与各国的经济合作中,并不要求各国无条件地让出专利权,只要价格合理,我们一个钱也不少给……

袁庚不卑不亢的精彩演讲,赢得了与会者的热烈掌声,也促使这一财团在以后的谈判中,愿意降低专利费与我们携手合作,由此达成了近亿美元的合作项目。

6.5.3 豁达理智

肯纳尔曾是利比里亚的国家元首。他上任的第三年,应邀去法国访问。不料,第二天,国内发生了军人政变,推翻了现政府。有消息说,新政府将派人到法国暗杀他。

肯纳尔学识渊博,擅长演讲。他毅然决定利用外国电台向利比里亚民众发表讲话。他心情平静、语气和缓地说道:

> 我们每个人都有上台的机会,也有下台的时候。当我听到国内有些人想解除我的职务,我并没有怨言。希望利比里亚人民消除分歧,团结友好,为保持局势平稳,支持新政府的工作而努力合作。

这篇豁达、理智的讲话,使新政府改变了原定计划,并发表声明,欢迎他在适当的时候回国养老。肯纳尔不但保全了性命,而且得以在晚年致力于写作,成为一名史学家。

6.5.4 妙语惊人

1984年的诺贝尔和平奖被南非的图图主教获得了。同年冬天,他在纽约的一次基督教仪式上讲话,深刻地揭露了西方利用宗教侵略非洲的历史。他说:

> 传教士刚到非洲时,他们手里有《圣经》,我们手里有土地。传教士说:"让我们祈祷吧。"我们就闭目祈祷。待我们睁开眼睛一看,我们手里有《圣经》,而土地都到他们手里去了。

6.5.5 避繁就简

郁达夫在福州任省参议时,被当地文化局邀请作一次关于文学创作的演讲。那天,郁达夫一到会,便径直跑上讲台,在黑板上快速地写了三个大字:"快、短、命"。台下的听众不知何意,面面相觑。郁达夫写完这三个字后,从容地开始演讲。他说:

> 本人今天所要讲的文艺创作的基本概念,就是这三字要诀。快——就是要痛快,写得快;短——就是要精简扼要;命——当然是指不离题,言词达意。话题确定,不要说得天花乱坠,离题万里,又不能像缠脚布,又长又臭。完了。

讲完,郁达夫就快步走下台去。

台下听众正听得有味,没想到这么快就"完了",先是一片愕然,待仔细回味到郁达夫演讲的含义,方才顿时省悟,会场上响起雷鸣般掌声。

6.5.6 慷慨激昂

主席先生:

没有人比我更钦佩刚刚在会议上发言的先生们的爱国精神与见识才能。但是,人们常常从不同的角度来观察同一事物。因此,尽管我的观点与他们截然不同,我还是要毫无顾忌、毫无保留地讲出自己的观点,并希望不要因此而被认为是对先生们的不敬。此时不是讲客气话的时候,摆在各位代表面前的是国家存亡的大问题,我认为,这是关系到享受自由还是蒙受奴役的大问题。鉴于它事关重大,我们的辩论应该允许各抒己见。只有这样,我们才有可能搞清事物的真相,才有可能不辱于上帝和祖国所赋予我们的伟大使命。在这种时刻,如果怕冒犯各位的尊严而缄口不语,我将认为自己是对祖国的背叛和对比世界上任何国君都更为神圣的上帝的不忠。

主席先生,沉湎于希望的幻觉是人的天性。我们有闭目不愿正视痛苦现实的倾向,有倾听女海妖的惑人歌声的倾向,可那是能将人化为禽兽的惑人的歌声。这难道是在这场为获得自由而从事的艰苦卓绝的斗争中,一个聪明人所应持的态度吗?难道我们愿意做那种对这关系到是否蒙受奴役的大问题视而不见充耳不闻的人吗?就我个人而论,无论在精神上承受任何痛苦,我也愿意知道真理,知道最坏的情况,并为之做好一切准备。

  我只有一盏指路明灯,那就是经验之灯,除了以往的经验以外,我不知道还有什么更好的方法来判断未来。而既要以过去的经验为依据,我倒希望知道,十年来英国政府的所作所为中有哪一点足以证明先生们用以欣然安慰自己及各位代表的和平希望呢?难道就是最近接受我们请愿时所流露出的阴险微笑吗?不要相信它,先生,那是在您脚下挖的陷阱。不要让人家的亲吻把您给出卖了。请诸位自问,接受我们请愿时的和善微笑与这如此大规模的海陆战争准备是否相称。难道舰艇和军队是对我们的爱护和战争调停的必要手段吗?难道为了解决争端,赢得自己的爱而诉诸武力,我们就应该表现出如此的不情愿吗?我们不要自己欺骗自己了,先生,这些都是战争和征服的工具,是国君采取的最后争执手段。主席先生,我要向主张和解的先生请教,这些战争部署究竟意味着什么?如果说其目的不在于迫使我们屈服的话,那么哪位先生能指出其动机所在?我们这块土地上,还有哪些对手值得大不列颠征集如此规模的海陆军队吗?不,先生,没有其他对手了。一切都是针对我们而来,而不是针对别人。英国政府如此长久地锻造出的锁链要来桎梏我们了,我们该何以抵抗?还要靠辩论吗?先生,我们已经辩论十年了,可辩论出什么更好的抵御措施了吗?没有。我们已从各种角度考虑过了,但一切均是枉然。难道我们还要求救于哀告与祈求吗?难道我们还有什么更好方法未被采用吗?无须寻找了,先生,我恳求您,千万不要自己欺骗自己了。我们已经做了应该做的一切,来阻止这场即将来临的战争风暴。我们请愿过了,我们抗议过了,我们哀求过了,我们也曾拜倒在英王的宝座下,恳求他出面干预,制裁国会和内阁中的残暴者。可我们的请愿受到轻侮,我们的抗议招致了新的暴力,我们的哀求被人家置之不理,我们被人家轻蔑地一脚从御座前踢开了。事到如今,我们再也不能沉迷于虚无缥缈的和平希望之中了。希望已不存在!假如我们想得到自由,并拯救我们为之长期奋斗的珍贵权力的话,假如我们不愿彻底放弃我们长期所从事的,曾经发誓不取得最后的胜利而决不放弃的光荣斗争的话,那么,我们必须战斗!我再重复一遍,必须战斗!我们的唯一出路只有诉诸武力,求助于战争之神!主席先生,他们说我们的力量太单薄了,不能与如此强大凶猛的敌人抗衡。但是,我们何时才能强大起来呢?是下周?还是明年?还是等到我们完全被缴械,家家户户都驻守着英国士兵的时候呢?难道我们就这样仰面高卧,紧抱着那虚无缥缈的和平幻觉不放,直到敌人把我们的手脚都束缚起来的时候,才能获得有效的防御手段吗?先生们,如果我们能妥善利用自然之神赐予我们的有利条件,我们就不弱小。如果我们300万人民在自己的国土上,为神圣的自由事业而武装起来,那么任何敌人都是无法战胜我们的。此外,先生们,我们并非孤军作战,主宰各民族命运的正义之神,会号召朋友们为我们而战。先生们,战争的胜负不仅仅取决于力量的强弱,胜利永远属于那些机警的、主动的、勇敢的人们。况且,我们已没有选择余地了。即使我们那样没有骨气,想退出这场战争,也为时晚矣!我们已毫无退路,除非甘愿受屈辱和奴役!囚禁我们的锁链已经铸就,波士顿草原上已经响起镣铐的叮当响声。战争已不可避免——那么就让它来吧!我再重复一遍,就让它来吧!

回避现实是毫无用处的。先生们会高喊:和平!和平!!但和平安在?实际上,战争已经开始,从北方刮来的大风都会将武器的铿锵回响送进我们的耳鼓。我们的同胞已身在疆场了,我们为什么还要站在这袖手旁观呢?先生们希望的是什么?想要达到什么目的?生命就那么可贵?和平就那么甜美?甚至不惜以戴锁链、受奴役的代价来换取吗?全能的上帝啊,阻止这一切吧!在这场斗争中,我不知道别人会如何行事,至于我,不自由,毋宁死!

这是美国独立战争前夕,帕特里克·亨利发表的演讲。

亨利的演讲在几位妥协主义者发表了主张与英国媾和之后。他先按捺住满腔的愤怒,不但没有声色俱厉地斥责他们,反而夸赞他们有爱国主义精神和学识才能。这种"欲擒故纵""先抑后扬"的手法立刻收到了好的效果。妥协主义者放松了警惕,会场剑拔弩张的气氛缓和下来。

但是这只是亨利的虚晃一招而已。局面打开后,亨利的话锋一转,其刚劲有力的语言、坚决严峻的态度、强烈奔放的情感如滔滔江河势不可挡。越来越激烈的言辞与凶猛的气势使会场如临战场,紧迫的气氛感染了每一个与会者的心。

接着,亨利用足够的事实来说明向英国"恳求"和平也是办不到的。亨利连用五个问句,其咄咄逼人之状跃然于纸上。在这五个无可辩驳的事实问句面前,妥协主义者哑口无言,他们的谬论:因为美国力量弱小,不是强大的英国的对手,就被击破了。这种先立后破的演讲手法往往起到出其不意的效果。在对手目瞪口呆之际,演讲者已经占了优势。

最后一段,精短凝练的语言读起来朗朗上口,有诗一般的韵律。如果一句一行写下来,就是一首很激动人心的政治抒情诗。

6.5.7 反唇相讥

马雅可夫斯基(1893—1930),苏联诗人。马雅可夫斯基以热情的文笔颂扬革命,歌唱新的生活,然而他却极其厌恶对他个人的谄媚,他毫不留情又不失风度地拒绝了对他的谄媚和讨好。但由于他的刚直与对革命的颂扬,也招致了不少人的攻击,聪颖的诗人用机智、幽默的语言,击退了反对者的进攻。诙谐的语言是他的矛与盾。

诗人马雅可夫斯基常把"十月革命"亲切地抒写为"我的革命"。

有一次演讲时,有人想刁难他,讥讽说:"马雅可夫斯基同志,你在诗中老是写'我、我、我',这难道还称得上是无产阶级集体主义的诗人吗?"

诗人轻松地回答道:"向姑娘表白爱情的时候,你难道会说'我们、我们、我们'爱你吗?"

在另外一次朗诵会上,诗人在朗诵完自己的一首新诗后,收到一张条子。条子上写道:"您说您是一个集体主义者,可您的诗里却总是'我、我、我',这是为什么?"

诗人在念完条子后答道:"尼古拉二世却不然,他讲话总是'我们、我们'……难道你以为他倒是一个集体主义者吗?"

马雅可夫斯基有一次在演讲时受到一群人的围攻,但他一次次地击退了挑衅,终于使演讲获得成功。当时在演讲过程中曾有一个人挤上主席台来指责马雅可夫斯基"狂妄",并说:"我应当提醒你,马雅可夫斯基,拿破仑曾有一句名言:'从伟大到可笑,只有一步之差'……"

诗人并不恼怒,而是认真地目测了一下自己与那个人的距离,突然用手指了指自己和对方,说道:"对极了!的确是这样。从伟大到可笑,只有一步之差。"

在一次演讲时,一个人不怀好意地对马雅可夫斯基嚷道:"你的诗太骇人听闻了,这些诗是短命的,明天就会完蛋,你本人也会被忘却,你不会成为不朽的人。"

"是吗?那么请您过一千年再来,到那时我们再谈吧。"诗人和善地答道。

在一次群众集会上,马雅可夫斯基的演讲妙趣横生,不时引起笑声和热烈的掌声。

忽然,听众中有人喊道:"您讲的笑话我听不懂!"

"您莫非成了长颈鹿!"马雅可夫斯基立刻感叹道,"听说长颈鹿是周一浸湿了脚,到周六才能感觉到。"

诗人的演讲引来听众的各种反应,他们纷纷递上条子,请诗人回答。

一个条子上写道:"您为什么喜欢自夸呢,马雅可夫斯基?"

"我的一个中学同学经常劝我说:'你要多讲自己的优点,缺点让朋友们给你提。'"

"这句话您已经在哈科斯皮尔讲过一次了!"一个人从座位上跳起来嚷道。

"看来,你是来作证的。"马雅可夫斯基平静地扫视了一下大厅,换了口气说,"真感谢您,不知道您到处陪伴着我。"

一张条子又向诗人发难:"您曾说过,有时应当把沾满'尘土'的传统和习惯从自己身上洗掉,那么您也需要洗脸,是不是可以说您是肮脏的?"

"那么如果您不洗脸,您就自以为是干净的吗?"诗人反问道。

"您为什么手上戴戒指?这对您很不合适的。"

"照你的意思,我是不应该戴在手上,而应该往鼻子上戴?"

"马雅可夫斯基,您的诗不能使人沸腾,不能使人燃烧,不能感染人。"

"我的诗不是大海,不是火炉,更不是鼠疫。"诗人笑着说。

6.5.8 心理相容

1860年,林肯作为美国共和党候选人参加总统竞选,他的对手是民主党人、大富翁道格拉斯。道格拉斯租用了一辆豪华富丽的竞选列车,车后安放了一尊大炮,每到一站,就鸣炮 30 响,加上乐队奏乐,其声势之大,史无前例。道格拉斯洋洋自得地说:"我要让林肯这个乡巴佬闻闻我的贵族气息。"

面对此情此景,林肯毫不畏惧,他照样买票乘车,每到一站,就登上朋友们为他准备的耕田用的马车,发表竞选演说。他说:

> 有人写信问我有多少财产。我有一个妻子和三个儿子,都是无价之宝。此外,还租有一间办公室,室内有办公桌一张,椅子三把,墙角还有一个大书架,架上的书值得每人一读。我本人既穷又瘦,脸蛋很长,不会发福。我实在没什么可依靠的,唯一可以依靠的就是你们。

道格拉斯炫耀财富,盛气凌人,企图使林肯产生自卑心理而退出竞选。林肯运用心理相容的战略,巧妙地借助道格拉斯的盛气凌人的形象,来反衬自己与人民群众的贴近。林肯不讲排场,不自我炫耀,在演讲中树立了心地善良、富有人情味、廉洁勤奋、好学上进的良好形象,迎合了选民的心理需求,获得了选民的认同,最终登上了总统宝座。

6.5.9 以势夺人

> 我们的会议之所以称之政治协商会议,是因为三年以前我们曾和蒋介石国民党一道开过一次政治协商会议。那次会议的结果是被蒋介石国民党及其帮凶们破坏了,但是已在人民中留下了不可磨灭的印象。那次会议证明,和帝国主义的走狗蒋介石国民党及其帮凶们一道,是不能解决任何有利于人民的任务的。即使勉强地做了决议也是无益的,一待时机成熟他们就要撕毁一项决议,并以残酷的战争反对人民。那次会议的唯一收获是给了人民以深刻的教育,使人民懂得:和帝国主义的走狗蒋介石国民党及其帮凶们决无妥协的余地,或者是推翻这些人,或者是被这些人所屠杀和压迫,二者必居其一,其他的道路是没有的。中国人民在中国共产党的领导之下,三年多的时间内,很快就觉悟起来,并且把自己组织起来,形成了全国规模的反对帝国主义、封建主义、官僚资本主义及其集中的代表者国民党反动政府的统一战线,援助人民解放战争,基本上打倒了国民党反动政府,推翻了帝国主义在中国的统治,恢复了政治协商会议。
>
> ……
>
> 诸位代表先生们,我们有一个共同的感觉,这就是我们的工作将写在人类的历史上,它将表明:占人类总数四分之一的中国人从此站立起来了。中国人从来就是一个伟大的勇敢的勤劳的民族,只是在近代落伍了。这种落伍,完全是被外国帝国主义和本国反动政府所压迫和剥削的结果……我们团结起来,以人民解放战争和人民大革命打倒了内外压迫者,宣布中华人民共和国成立了。我们的民族将从此列入

爱好和平自由的世界各民族的大家庭，以勇敢而勤劳的姿态工作着，创造自己的文明和幸福，同时也促进世界的和平和自由。我们的民族将再也不是一个被人侮辱的民族了，我们已经站起来了。我们的革命已经获得全世界广大人民的同情和欢呼，我们的朋友遍于全世界。

《中国人民从此站起来了》这篇演说是毛泽东在全国即将解放的前夕在第一届全国人民政治协商会议上所致的开幕词。整篇演说在形式上几乎全部使用陈述判断句。由于演说者采用了多重定语和数量词等修辞手法，因而避免了过多使用判断句带来的平淡单调的感觉，反而给人以沉稳、有力的印象。这篇演说用了相当多的"我们"和"了"的排比句式，充分表现了中国人民革命胜利后的自豪和蔑视一切反动派的英雄气魄，突出了人民强大的力量和民族的自信心。

在内容上，全篇演说以事实为依据，直抒胸臆，没有过多的铺垫。

在感情色彩上，这篇演说通篇给人一种崇高的庄严有力的感觉，没有太多的情感变化，很难找到哪里是高潮。

这篇开幕词气势宏伟、庄严，如黄河滔滔一泻千里。

6.5.10 幽默风趣

流氓是什么呢？流氓等于无赖子加壮士，加三百代言。流氓的造成，大约有两种东西：一种是孔子之徒，就是儒；一种是墨子之徒，就是侠。这两种东西本来也很好，可是后来他们的思想一堕落，就慢慢地演成了所谓流氓。

司马迁说过，"儒以文乱法"而"侠以武犯禁"。由此可见儒和侠的流毒了。太史公为什么要说这样的话呢？因为他是道家，道家是主张"无为而治"的。这种思想可以说是"癞蛤蟆想吃天鹅肉"，简直是空想，实际上是做不到的。

儒墨的思想恰好搅乱道家"无为而治"的主义。司马迁站在道家的立场上，所以要反对他们。可是，也不可太轻视流氓，因为流氓要是得了时机，也是很厉害的。凡是一个时代，政治要是衰弱，流氓就乘机而起，闹得乱七八糟，一塌糊涂，甚至于将政府推翻、取而代之的时候也不少。像刘备，从前就是一个流氓，后来居然也称为先主。刘邦，出身也是一个流氓，后来代秦灭楚，就当了汉高祖。还有朱洪武（明太祖）等等的都是如此。

以上全说的是流氓，可是和文学又有什么关系呢？就是说，流氓一得势，文学就要破产，我们看一看，国民党北伐成功以后，新的文学还能存在么？！早就灭亡了。为什么呢？就是因为他们没有新的计划，恐怕也"无暇及此"。既然不新，便要复旧。所谓"不进则退"，就是这个意思。

本来他的目的，就是要取得本身的地位。及至本身有了地位，就要用旧的方法来控制一切。如同现在的提倡拳术，进行考试制度什么的，这都是旧有的。现在又要推行广大,这岂不是复旧么?为什么在革命未成功的时候,整日提供新文化,打倒一切旧有制度,及到革命成功以后,反倒要复旧呢?我们现在单一个例来说,比方有一个人在没钱的时候,说人家吃大菜,抽大烟,娶小老婆是不对的,一旦自己有了钱也是这样儿,这就是他们本来如此。他所用的方法,也不过是"儒的诡辩"和"侠的威胁"。

从前有《奔流》《拓荒者》《萌芽月刊》三种刊物,比较都有点儿"左倾"赤色,现在全被禁止了。听说在禁止之前,就暗地里逮捕作家,秘密枪毙,并且还活埋了一位!你瞧,这比秦始皇还厉害若干倍哪!

兄弟从前作了一本《呐喊》,书皮儿用的红颜色,以表示白话、俗语的意思。后来,有一个学生带着这本书到南方来,半路上被官家给检查出来了,硬说他有赤色嫌疑,就给毙了。这就和刘备禁酒一样。刘备说,凡查着有酿酒器具的,就把他杀了。有一个大臣跟他说,凡是男子都该杀,因为他们都有犯淫的器具。

可是,他为什么行这种野蛮的手段呢?就是因为他出身微贱,怕人家看不起,所以用这种手段,以禁止人家的讥讪诽谤。这种情形在从前还有,像明太祖出身也很微贱,后来当了皇帝怕人家轻视,所以常看人家的文章。有一个人,他的文章里头有一句是"光天之下",太祖认为这句的意思是"秃天子之下",因为明太祖本来当过和尚,所以说有意侮辱他,就把这个人给杀了。像这样儿,还能长久么?所以说:"马上得天下,不能以马上治之。"

这篇学术性演讲,观点新颖、论据充分、推理有力、知识面广、现实性强、幽默生动、趣味无穷。

流氓与文学本来是"风马牛不相及"的两样东西,鲁迅把两者联系起来,的确显出了他作为大文豪的与众不同之处。标题新颖别致,引人入胜。

在听众产生疑问和兴趣的时候,鲁迅以设问发端,先声夺人,来解答听众心中的疑问。"流氓是什么呢?流氓等了无赖子加壮士,加三百代言。"是"儒"和"侠"沦落成的。

那么流氓与文学有什么关系呢?"流氓一得势,文学就要破产。"一句话就使两者的关系联起来了,既自然又简洁。听众的思维不知不觉中跟着演讲者了。

演说中列举了大量的历史故事历史人物,不仅避免了使学术演说听起来枯燥乏味,又提起了听众的兴趣,扩大了他们的知识面,活跃了他们的思维。

这篇演说寓理于例,发人深省。通过演讲者耳闻目睹的事例,控诉揭露国民党反动派的流氓本质。

演说的内容从古代的人物故事转回到现实世界,回到人的自身世界里,从而唤起听众对国民党反动统治的憎恨。论证的过程简单、明了,听众在轻松愉快的气氛中不知不觉接受了演讲者的观点。

鲁迅擅长利用幽默讽刺的艺术手法。例如用"癞蛤蟆想吃天鹅肉"来讽刺道家"无为而治"的主张,用"光天之下"与"秃天子之下"来说明朱元璋的无赖流氓习气。"比方有一个人在没钱的时候,说人家吃大菜,抽大烟,娶小老婆是不对的,一旦自己有了钱也是这样儿,这就是他们本来如此。"形象刻画了国民党反动军阀落后残暴的本质,流氓的样子显现出来了。

本文言辞简约,朴实无华,语言近乎口语化,历史故事信手拈来,娓娓说谈中给听众以启迪,是一篇学术演讲的典范。

知识拓展

一、25条演讲技巧精要

1. 要想成功演讲,就必须具有强烈的欲望,保持高度的热忱,更重要的是相信自己一定能够成功。

2. 用意念激励行动:
人们以为行动似乎紧随于感觉之后,但事实上是与感觉并行的。

3. 克服恐惧:
害怕当众讲话并不只是个别现象。
一定程度上的登台恐惧感是有利的,因为我们天生就具备了应付环境挑战的能力。
即使是职业人士也不可能完全消除登台演讲的恐惧。
你之所以害怕登台讲话主要是因为你不习惯。
恐惧产生于无知与不确定。

4. 充满活力:
当你登台时,应该充满了对演讲的期盼神态,而不是像一个犯人。
轻快的步伐能够为你创造神奇,让听众感受到你谈这件事的强烈愿望。

5. 充满热情:
"生命力、活力、热情",是演讲者首先需要具备的条件。
听众的情绪完全受到演讲者的影响,旺盛的精力是很吸引人的。
表现出热情,你就会感受到热情可以吸引观众的注意力。

6. 与听众建立桥梁:
演讲时,要尽快指出你和听众之间存在某种直接的关系。
演讲时,提到某些听众尽量使用第二人称"你"而不是第三人称"他"。
说一些敏感的话题时,要巧妙地使用"我们""咱们"和"他们"。
如果你让听众感觉你高高在上,那么你将会受到敌视。
很多演讲者认为讲台上的人和讲台下的人之间有一堵墙。然而,你若能利用听众的参与就可以推倒这堵墙。
演讲者与听众之间建立和谐关系,是一切演讲成功的关键,没有这种关系,真正的沟通就不可能出现。

7. 保持信心:
你首先要表现得很有信心,你就会变得很有信心。

8. 从听众的角度出发:
要从听众的立场来撰写演讲稿和思考问题。

9. 说具体内容:
说话具体而明确的人,无论教育程度如何,都会吸引别人的兴趣和注意。

明确,是指你说的内容指代明确,并且大家都能够听得懂。

10. 不求全,只求专:

不要妄想讲一个无所不包的话题,那么你是说不清楚的。

包含了太多的内容无法吸引听众的注意力。

11. 演讲就像讲故事:

如果你的演讲比较长,那最好加入一些小故事、双关语和奇闻轶事等来串联整个演讲,同时也帮助阐述观点。优秀的演讲者都知道怎样将小故事和要阐述的观点联系起来,从而达到吸引观众的目的。

一个人如何在恶劣的环境中艰苦奋斗并最终获得成功,这一类故事一直是最激励人心的,也最能吸引人们的兴趣。

12. 做好开场:

大人物的格言、事例最能够引起大家的认同,可以在开场使用。

制造气氛最简单的方法也许就是拿自己开个玩笑,而不是听众。

演讲者以自己的经历和故事开始,就可以立于不败之地。因为这不需要苦思冥想,不必害怕理念遗失。他讲述的是自己的经历,是他过去生活的重现,是他自身经历的一部分。他那自信而闲雅的神态能够帮助他与听众建立良好的关系。

13. 注重细节:

时间、地点、人物、时间和原因,丰满的细节能够使人产生身临其境的感觉,使内容视觉化。

14. 热情与感染力:

当你说服别人时,动之以情比晓之以理更有用,你的热情会感染他人。

演讲中仅运用例子,不加入热情,是没有说服力,别人会怀疑你的诚挚之情。

演讲是一种引导而不是一种纠正。

15. 有趣的演讲:

演讲要讲求寓教于乐。不是指做演讲时要像猴子一样又蹦又跳,但是同文章或杂志相比,人们期望在演讲中感受到你的激情,而不是枯燥无味的背诵。

如果演讲的目的是想让观众感到快乐,而不是说教,你就需要把它们变得温和、简洁,使之尽量口语化,使用一种就像平时并不怎么经过认真思考就说出来的方式。如果你不能这么做,就会烦死整屋子的人。

16. 切忌背诵:

当我们逐字背诵讲稿,面对听众的时候就很容易因为紧张而遗忘。

背诵的内容不是发自内心。

17. 10—20—30 原则:

这是 Guy Kawasaki(美国旧金山湾区著名的风险投资家,同时也是位充满激情、睿智和幽默的演讲家)提出的一个幻灯片制作和演讲原则,即一个 Powerpoint 文件不能超过 10 张幻灯片,演讲总长不能超过 20 分钟,而且幻灯片的字体要大于 30 号。他说,不管你的想法是否能够颠覆世界,你必须要在有限的时间里,用较少的幻灯片和精练的语言将其精华传达给听众。

18. 放慢速度:

紧张或没经验的演讲者更容易在演讲时像打机关枪一样说个不停。试着放慢你的语速,并且通过增加一些停顿来达到强调的效果。

19. 眼神交流:

与所有听众进行眼神交流。

20. 不要读幻灯片：

很多人都认为自己可以脱稿演讲，可事实上却常常回头看屏幕。读幻灯片，只会不断打断你的演讲思路，这也间接地告诉听众你根本就不理解自己要讲的内容，从而令他们对你的演讲失去信心和兴趣。

21. 提高音量：

演讲最忌讳听众无法听到演讲者在讲什么。提高音量不是说要你喊，正确的做法就是挺直身体，从肺部而不是从喉咙里发出更为清晰的声音。

22. 避免道歉：

只有做错事情时才需要道歉。不要为自己的能力不足、紧张和准备不充分道歉，这只会使听众觉得你没自信。再者，多数情况下，听众并不会注意到你的紧张和小错误。

23. 当你错误时一定要道歉：

虽然要避免道歉，当你在传达信息时包涵了错误的观点时，或者有其他明显错误的地方，一定要道歉。保持自信是当然的，但是过度自信就会出问题了。

24. 演讲中最重要的三件事：

谁在演讲？如何进行演讲？演讲的内容是什么？

25. 台风如流水：

演讲者在演讲时应该像"装得满满的一桶水，被打开木塞后，里面的水会自然地流出"。

二、临场意外及应对案例

1. 有一位演讲者，当主持人宣布由他上台演讲，听众报以热烈的掌声，他快步走向讲台，不料，在登台时突然摔倒，此时，全场听众突然哄笑起来。待他走上讲台，站定之后第一句话是："大家太热情了，我为大家的热情而倾倒，谢谢你们！"全场报以热烈的掌声。

2. 西方一位黑人领袖在讲演时被一位牧师打断："先生有志于黑人解放，非洲黑人多，何不去非洲？"黑人领袖当即反驳说："阁下既有志于灵魂解救，地狱灵魂多，何不下地狱？"

3. 英国首相丘吉尔一次演讲时，一位女议员打断他的话："如果我是你的妻子的话，我就在你的咖啡里放上毒药。"丘吉尔立即回答："如果我是你丈夫的话，我就把它喝下去。"

4. 一位西方外交人士在一次会议上打断中国代表的发言，挑衅性地说："如果你们不向美国保证，不用武力解决台湾问题，那么显然就没有和平解决的诚意。"中国代表义正词严地回答："台湾问题是中国内政，采取什么方式解决是中国人民自己的事，无须向他国作什么保证，请问：难道你们竞选总统也需要向我们作出保证吗？"一句反问，使这位西方外交人士哑口无言。

5. 2009年温家宝在英国剑桥大学发表了题为《用发展的眼光看中国》的演讲。其间，现场突遭高声骚扰。礼堂后方一名西方人模样的男子突然起身叫嚷，并向讲台投掷鞋子。该男子的行径引起全场听众的强烈不满，大家齐声高喊"可耻""滚出去"。在一片斥责声中该男子被带离现场。温家宝随后在演讲中说："这种卑鄙的伎俩，阻挡不了中英两国人民的友谊。人类的进步，世界的和谐，是历史的潮流，是任何力量阻挡不了的。"温家宝总理从容的神态和坚定的语气赢得了全场长时间热烈的掌声。剑桥大学随后发表声明，校长理查德说："我们对温总理来剑桥发表演讲深感荣幸，我对某个人违反剑桥大学传统，不尊重演讲者的行为表示非常遗憾。剑桥大学是理性、争鸣和辩论的场所，不是掷鞋的地方。"个别人的行为不能代表剑桥师生，温家宝现场的表现令人敬佩，演讲内容精彩充实，深深吸引了听众。

实践训练

一、快速思维训练

每个人在小纸条上写下一个题目,把小纸条折好放在一起,按照一定顺序抽题即兴演讲,时长一分钟。目的是学会站着思考,训练快速调动自己的积累和思想、快速构思、快速组织语言进行表达、边思边说的能力。

二、演讲连接训练

首先请一位同学以任意主题作演讲,当演讲到一定时间之后,老师或主持示意即停,另一位同学起立接着话题继续演讲下去。

三、临场应变训练

每人设计四种演讲现场的突发意外情况及应对方法。

7 即兴演讲

7.1 即兴演讲概述

7.1.1 即兴演讲的含义

即兴演讲是在特定场景或主题的诱发下,或自发要求,或由他人提议,或抽签命题等而即刻进行的演讲。兴者,兴致、兴趣也。即兴演讲,也就是演讲者被眼前的事物、场面、情景所刺激,从而激发兴致而产生的一种临时性的演讲。我国20世纪30年代的演讲家杨炳乾先生说:"即兴演说者,演说家事先无演说之意,而忽遇演说之时机,不能不仓促构思,以即时陈述也。"

即兴演讲是演讲的类型中使用率最高、应用范围最广的一种。它应用的普遍性是其他演讲形式无法比拟的。如果说命题演讲还只是少数人、部分人的事,那么,即兴演讲则是每个人都可能用到且经常要做的一种演讲。在现代社会生活中,人们活动的实际领域不断拓宽,国际国内各个领域、各个行业、各个方面的横向联系不断扩大,人们在各种各样的会议中运用即兴演讲直接传播信息,交流感情,阐发主张的时机日趋频繁,这就要求人们能够随时随地根据需要发表得体的讲话。并且,在我们的社会生活中,总是有各种各样的集会、讨论、访问、参观、致贺、迎送、辞行、凭吊等场面和活动。而只要有这样的生活场面和社交活动,就必然需要有人发言,或阐述观点,或表示感谢,或致以慰问,或给予祝贺。有些发言是事先安排的,可以提前做好准备,但更多的是临时指定或现场要求的,需要发言者作即兴演讲。因此从某种意义上讲,即兴演讲的能力是一个人进行社交的必备条件。

7.1.2 即兴演讲的特点

即兴演讲既有演讲的一般特点,还有它自己的特点。

（一）动因的触发性

即兴演讲行为的产生，常常是由于某种特定的场景、特殊的时间和环境所引起的。这些刺激物触发了即兴演讲者，使之产生"不吐不快"的欲望。即兴演讲动因的触发性，要求讲话者要耳聪目明、反应迅速，能快速地出思想、出话题、出语言，并能使讲话一气呵成、首尾呼应、逻辑严密。

（二）准备的临时性

即兴演讲是在特定场景和主题的诱发下，或自发要求，或由他人提议，即刻决定进行的演讲。与其他种类的演讲相比，即兴演讲既无法像命题演讲那样事先拟就讲稿，也来不及反复修改和试讲，更不可能如论辩演讲那样对论辩的有关情况先行调查研究，甚至进行模拟训练。即兴演讲大多是靠"临阵磨枪"。因此，准备的临时性是它最突出的特征。

准备的临时性特点，主要表现在三个方面：一是话题临时确定，或依据现场感受，或依据他人提议，或依据抽签等临时确定讲话的主题；二是材料临时搜集，即兴演讲的材料，主要是靠现场材料和大脑信息库中临时联想的材料；三是语言临时组织，即兴演讲的语言，基本上都是想到哪里，讲到哪里，有时甚至是想一句，讲一句，根本没有反复思索的余地。即兴演讲准备的临时性，要求演讲者边想边说，并能迅速地有机组合，在口头上如声应响、行云流水般地表达出来。

（三）时间的短暂性

即兴演讲的场合，多为生活中的一个场面。有的甚至是小规模、小范围的社交聚会。在这些场合，演讲者只要言简意赅，当场表示某种心意即可，不宜作过于冗长的演讲。况且，演讲者是临时兴起而发表的演讲，事先无充分准备，所以，即兴演讲一般都是主题单一、篇幅短小、时间短暂的演讲。有的二三分钟即能完成，有的甚至寥寥几句警策式的话，便能使听众感情激发。即兴演讲时间的短暂性，要求演讲者必须言简意赅，字字珠玑，句句中的，言必及义。

即兴演讲动因的触发性、准备的临时性、时间的短暂性特点，决定了即兴演讲这种形式对于演讲者来说，既是一门最能显示才华和风采的口才艺术，也是一种最能暴露弱点和短处的考验。

7.1.3 即兴演讲的类型

即兴演讲虽然都是演讲者在事先没有准备的情况下而作的即席讲话，但如果按照演讲的主题选择的相对自由度来划分，又可分为生活场景式即兴演讲和命题测赛式即兴演讲两种基本类型。

(一) 生活场景式即兴演讲

生活场景式即兴演讲,是演讲者针对日常生活中发生的各种事件、现场氛围和听众对象即兴而发的演讲。讲话人由于身临其境,在现场氛围中有所见、有所感、有所思而产生强烈的冲动,生发出一种想一吐为快的欲望,从而有感而发。它是各种社交活动中最常见、最普遍的一种演讲形式。例如生活中的联欢、竞选、就职、欢迎、辞行、哀悼、寿庆、答谢、婚礼等特定场合的讲话。

如著名语言学家张志公先生的《在演讲邀请赛闭幕式上的即席讲话》,就是一篇出色的即兴演讲。1984年7月8日,张志公先生和李燕杰等同志应邀出席《演讲与口才》杂志社和吉林市青年演讲协会联合举办的全国16城市首届"江城之夏"演讲赛并担任评委。在闭幕式上,张志公先生发表了这篇精彩生动而热情洋溢的即兴演讲。

> 同志们,青年朋友们:
> 　　我有自知之明,我不是演讲家。因此我先要做个声明:我讲话不超过5分钟。
> 　　演讲是科学,演讲是艺术,演讲是武器。什么是科学?科学是对客观事物的规律的认识。演讲没有规律性吗?不能认识吗?不是的。它是有规律性的,所以说它是科学;演讲不仅诉诸人类逻辑思维,而且是诉诸人类形象思维,不仅要用道理说服人,还要用感情感染人,所以说它是艺术;演讲捍卫、宣传真理,驳斥谬误,所以说它是武器,而且是重要的武器……我不再多解释下去。
> 　　我想说一个很不完整的名单,请同志们考虑。
> 　　我先说西方的:古希腊柏拉图、亚里士多德,中世纪宗教改革家马丁·路德,法国大革命的发动者、组织者、资产阶级民主思想的启蒙者卢梭、孟德斯鸠,美国发动、领导黑人解放运动、进行南北战争的林肯,宣布独立宣言的杰克逊;当然,我们更要提到我们革命导师:马克思、恩格斯、列宁、斯大林,都是杰出的演讲家。另外,一些自然科学家,如伽利略、布鲁诺、居里夫人、爱因斯坦等也都是杰出的演讲家。
> 　　再说我们中国:先秦时代孔、孟、老庄、荀子,还有其他一些诸子百家(古代思想家),统统是杰出的演讲家。我们都知道秦朝李斯的辩才,我们也知道汉朝的学术性会议——白虎观会议、盐铁论会议,参加会议的那些个人都是杰出的演讲家。很遗憾,演讲活动在我们的历史上,停顿了一段,不重视演讲,忽视演讲。但是到了近代、现代,从唯心改良者梁启超(梁启超的《饮冰室文集》里大量的是他的演讲词),到资产阶级革命家、新三民主义的倡导者孙中山先生(《孙中山文集》里大量的是他的演讲词),及以后的五四运动那些个先驱者,我们党的革命的先驱者,"一·二九"学生运动、抗日救亡运动那些个革命的前辈,反内战、反饥饿、反迫害运动那些个领导者,无一不是杰出的演讲家。所以我说演讲是科学、是艺术、是武器。诸位也许说:"你说的是历史。现代的例子呢?"那么,刚才李燕杰的演讲有没有科学?有没有艺术?他为什么能够使这样一个广大会场的同志全部聚精会神地听他演讲,不时地以热烈

的掌声去赞扬他的讲话？难道其中没有科学吗？没有规律吗？没有艺术吗？仅仅是因为李燕杰同志样子长得漂亮吗？我想不是的，而是有科学、有艺术的。他今天宣传了什么啦？驳斥了什么啦？坚定了我们什么信心啦？给了我们什么力量啦？这不是武器吗？也许诸位又说了："我们不就有那么一个李燕杰吗？"不，我们已经有，而且将要有更多更多、千千万万李燕杰。

我们这次演讲邀请赛，一共进行了两个上午一个下午，我从头至尾听了。这些小演讲家，都是李燕杰。（热烈的掌声）

我们这次邀请赛的中心主题是"党在我心中"。这些小李燕杰们用非常有说服力的、动人的语言，使我们听者感觉到党在我们心中。他们讲得很具体、很生动，对于那些少数玷污党的形象的人，对于那些少数企图动摇党的信心的人，给予了有力的批评。它告诉我们这样一个真理：我们的党过去是、现在是、今后是光荣的、伟大的、正确的党。他们讲了改革；他们讲了一些青年朋友遭遇过某些不幸，遭遇过某些困难，走了某些坎坷的道路，甚至到目前还面临某些困难，但是他们说，应当正确地对待；他们讲了如何学习革命前辈，跟上去，走开创新局面的道路等等。

说到这个地方，我很想改变一下子称呼，但又担心有倚老卖老之嫌，可是感情使我不能顾及这个责备，我把"亲爱的青年朋友"改成"可爱的孩子们"。（长时间热烈鼓掌）小李燕杰们和这位半老李燕杰，共同向全市、全国证明了演讲是科学、是艺术、是武器，是面向现代化、面向世界、面向未来的需要，是我们迎接新的技术革命挑战的需要，是迎接2000年的需要，是建设繁荣富强的新中国的需要，回答了对演讲学有所怀疑的同志指出的一些疑问。因此，我感觉到这次活动意义非常重大。从而我就想到在吉林市出现了我国第一个《演讲与口才》这样的刊物，进行演讲研究，之所以如此，是得到我们省、市党政领导的大力支持。也表明我们这里的领导有远见有胆识，来支持这次活动，支持这项工作。我滥竽充数，作为一个语言工作者，教育工作者，也支持这项社会工作。我对我们这里的领导，对这里辛勤工作的同志表示敬意，表示感谢。（热烈鼓掌）

等一会儿，我们这里的领导要向这次演讲优胜获奖的同志发奖，用行动表示对我们这项工作的支持。（热烈鼓掌）最后我祝愿这项工作百尺竿头更进一步，把演讲之学，把演讲活动更好地开展起来，更好地向全国开展起来，以至于向世界开展起来，取得更大的成绩。

谢谢大家！（长时间热烈鼓掌）

张志公先生的这篇即兴演讲，主题集中，结构严谨，内容充实而言辞流畅，现场效果极佳，堪称即兴演讲的典范。

生活场景式即兴演讲又包括主动型和被动型两种。主动型是指演讲者在没有外力的推动与督促下自发临时发表的演讲；被动型是指演讲者没打算演讲，但在外力的促动下，如在会议主持人敦请或群众的要求下临时发表的演讲。但不管是主动型还是被动型,基本特点都是由于生活场景及氛围的触动使之有感而发。在演讲的过程中,演讲者可以自由结构、驰骋想象,有较大的自由发挥的灵活性。

(二)命题测赛式即兴演讲

这是一种即兴演讲比赛,由组织者事先拟好各种演讲题目,演讲者待抽签定题后,依据题目略加思考而发表的演讲。这种即兴演讲类似命题口头作文,由于演讲者所抽的题目对演讲的范围或主题已作出了明确的限制,所以演讲者一般不能自由地从现场的情景中摄取材料,也不能自由选择主题。因此,命题测赛式即兴演讲要比生活场景式即兴演讲的难度更大一些。演讲者必须在演讲前处理好审题和取材两大关系,在规定的范围内调动自己的知识积累和生活经验,迅速确定演讲的主题,组织好材料,展开思路,从而去获得即兴演讲的成功。

1987年3月,吉林市四个单位联合举办了一次别开生面的演讲赛,主题是"女性的理想和理想的女性"。参赛者,女同志讲"女性的理想",男同志讲"理想的女性"。下面是荣获命题演讲一等奖的张枢龙同志的《我推崇敢于自我否定的女性》。

同志们:

有一点不容否认:生活在不同的社会、不同的地域、不同的环境中的人,对理想女性的认识是不尽相同的。

在封建社会,人们以恪守"三从四德"的女性为理想的女性;在资本主义社会,人们以富有浪漫气派的女性为理想的女性。然而,在我们的社会主义社会中,什么样的女性才算理想的女性呢?

有人推崇事业上有所作为的女性;有人推崇生活中温柔、贤良的女性;还有人推崇在事业上有所作为,而且在生活中又温柔、贤良的女性……可是,我却推崇敢于自我否定的女性。

今年春节,在我去农村探亲的过程中,耳闻目睹了这样一位女性。尽管岁月的风尘在她的眼角刻下了一道道皱纹,但从她那自信的神态、饱满的热情中,你无论如何想象不出她是一位年已45岁的乡村妇女,一位抚养着丈夫去世后留下的两个孩子、赡养现已70高龄的婆母达12年之久的乡村妇女。就是她,顶着世俗的压力,在农业科技人员的指导和帮助下,在村里第一个引进优良的大豆品种,实行科学种植,获得了创纪录的好收成,去年她全年农副业收入达4 000多元;就是她,肩负着一家4口人的生活重担,教育、抚养着两个上中学的孩子,赡养着年事已高的婆母。最近,朋友来信说:"她(思想)转过弯来了,婆母也同意,今年'五一'就要结婚了。为此,十里八村的人们都议论开了,她的一个远房叔叔还和她吵红了脸,甚至断绝了往来。"朋友还告诉我,说她打算趁婆母身子骨还硬朗,结婚时全家去北京逛一逛。

在世人的眼里,她不过是一位极普通的乡村女子。既没有英雄般的业绩,也没有光荣的证书;报纸广播中无名,电视屏幕上更见不到她的身影……然而,正因为她普通、平凡,才使我自然地联想到生活在我们周围的无数个她;联想到当代女性的精神风貌。

　　当代的女性确实不同于旧时代的女性了。她们重视自己的价值,有较强的进取精神。但是,这并不等于说,当今社会真正做到了男女平等,旧的习惯势力对妇女的束缚和歧视已不复存在了。同时,我也想到了,一个女人,她首先应该作为一个人而存在,其次才是女人。作为一个人总要注重自我完善,要能自觉地扬弃陈旧、落后的思想意识;作为一个女人,首先要有独立的人格和理想追求,其次是必须克服掉软弱、无为和依赖心理。在今天这个改革、开放的年代,女性只有敢于自我否定,以今日之我向昨日之我挑战,才能跟上时代的步伐,也才能有辉煌的前程。

　　因此,我推崇敢于自我否定的女性,我赞赏敢于向旧意识挑战的女性。前几天在街上,我遇到了一位中学时颇有个性和才华的女同学。大学毕业后她结了婚,爱人既是同学又是同行,当初美满得很。她的才气也很受单位领导的赏识和器重。可这次见面,她却伤感地对我说:年前她离婚了。据她讲,她很崇拜日本的影星山口百惠。自从有了孩子,她便放下了正在撰写的论文,一心一意地做起了贤妻良母。白胖胖的女儿一天天长大了,丈夫在事业上也小有成就。而她呢,专业生疏了,工作落后了。然而这些,并没引起她的注意。她觉得一心抚育孩子,照料丈夫的饮食起居,安安稳稳,不是也很好吗?她绝没有想到,自己深情爱着的丈夫竟会因为她的停步不前而离她而去。她始终理解不了的是:她没有做任何对不起丈夫的事情,离婚的痛苦为何会降临到她的头上?

　　是的,她无法理解。她做出了巨大的牺牲,奉献了自己的全部真诚,而得到的却是痛苦。这是为什么呢?我说,这是因为她忽视了一个人的价值,那就是她自己。她在旧意识的羁绊下,在个性的泯灭中毁了自己。她现在的出路,我想还是在于自我否定。

　　回想一下那位乡村女性。如果她没有对自己头脑中的旧意识的否定、对旧道德的扬弃,她就不可能重新组织家庭,去享受爱情的欢乐。也许,她会因此背上一个什么骂名,但那又有什么可怕的?无所畏惧的人面前才有路,才有不断更新的人生。记住吧,朋友,创新的生命才会永远年轻!

　　如果我的那位同学能够勇敢地解剖自己,否定自己,我相信,她会在痛苦中奋起,找到在事业和生活中比翼齐飞的伴侣。

　　思索吧,朋友!没有自我否定的精神,就难以使一些女性成为理想的女性;没有理想的女性,就不会有社会的文明。如果我们今天的女性都能沿着否定之否定的人生轨迹,勇于否定,勇于开拓,我坚信,中华的女性,定能够以崭新的风采再次扬名于世界,一定能够推动我们的事业和生活进入一个繁花似锦的新天地。

　　这篇演讲从不同社会、不同地域、不同环境中的人对理想女性的不同认识入手,提出了"在我们的社会主义社会中,什么样的女性才算理想的女性"的问题,在列举了种种理想女性之后,亮出了自己的观点,"我却推崇敢于自我否定的女性"。这样一个有起有伏、循序渐进的开场白,较有效地吸引了听众。主体部分以朴实具体的正反两个方面的例子,对自己的观点进行了论证,强调了"在今天这个改革、开放的年代",女性敢于自我否定的意义,"只有敢于自我否定,以今日之我向昨日之我挑战,才能跟上时代的步伐,也才能有辉煌的前程"。最后,采用点题式结束语,连用三个假设,层层推进,有力地表现了"敢于自我否定的女性是理想的女性"的主题。

7.2 即兴演讲的环节

即兴演讲的特点,决定了即兴演讲准备时间的仓促。但是,准备的临时性并不意味着演讲者在台上可以信口开河,乱说一通。演讲者应该把握住即兴演讲的基本环节,方能在演讲台上应付自如,潇洒自然。一篇精彩的即兴演讲,离不开吸引人的开场白、充实的主体内容、有力度的结尾,这便是我们进行即兴演讲必须把握的三个环节。

7.2.1 吸引人的开场白

演讲的开场白,是向听众抛出的第一条彩带,听众往往从开头来判断演讲者的优劣。美国演讲家洛克伍德·桑佩曾说过,"在整个讲话过程中做到轻松地、巧妙地与听众交流思想是困难的,然而,做到这一点的关键,是讲话开头的用字和表达。"即兴演讲尤其如此。由于即兴演讲的时间很短,听众没有过多的时间思考、回味演讲的全部内容,往往把注意力放在演讲者的开头几句话。

怎样才能使即兴演讲的开场白更具有吸引力呢?即兴演讲的开场白,切忌用套话、废话、虚话和陈词滥调,而应该采用直入式,直接跃入演讲的核心,迅速抓住听众的注意力。也只有如此,才能迅速搭起演讲者与听众之间的第一座桥梁,从而为整个演讲的成功奠定基础。

下面是胡适在1929年中国公学18年级学生毕业典礼上的即兴演讲的开头:

> 诸位毕业同学:你们现在要离开母校了,我没有什么礼物送给你们,只好送你们一句话罢。
>
> 这一句话是:"不要抛弃学问。"

短短的几句开场白,朴实自然,感情真挚而感染了每一个听众。

7.2.2 充实的主体内容

即兴演讲在短小的篇幅内要讲出充实的主体内容,实属不易。从方法上说,要抓住三点:

（一）要注重交代演讲与听众之间的利害关系

心理学家多柏雷宁认为,引起人们注意的原因有三种:一是外界刺激;二是人内在的兴趣;三是人们已有的经验。听众听演讲者演讲,总是希望从中能听到和自己切身利益有关的内容,总希望从演讲者那里得到某些启示。所以,在主体部分应该向听众说明听众与演讲内容的关系,点明和阐述演讲者发表这个演讲的理由和根据。对演讲与听众之间的利害关系阐述越明了,吸引力就越大。

我们仍以胡适的《中国公学18年级毕业赠言》为例,开头提出要毕业了的学生"不要抛弃学问",但学生毕业后就面临生活问题,还有做学问的条件问题,所以胡适就从学生的实际情况讲起:

> 有人说:"出去做事之后,生活问题亟须解决,哪有工夫去读书？即使要做学问,既没有图书馆,又没有实验室,哪能做学问？"

对这些学生毕业后面临的实际问题简明地加以解释和回答,使学生能够明白先生提出的要求是完全可以做到的。

（二）运用生动形象的事例

为了使在短时间内发表的即兴演讲内容充实、丰富,还需要尽快列举典型事例,使你的论点形象、简洁、生动地映入听众的脑海。事例往往能帮你从苦苦的思索中解脱出来,而且还能加深听众的记忆,激发兴趣,开拓主题。事例是抓住注意力的有效手段,是加强演讲说服力的有力证明。在生动形象的典型事例运用的同时,再加以精辟的分析,作出"点睛"的议论,演讲的主体部分也就有血有肉了。

张枢龙同志的《我推崇敢于自我否定的女性》,主体部分用朴实具体的正反两个方面的例子,一个是"一位年已45岁的乡村妇女,一位抚养着丈夫去世后留下的两个孩子、赡养现已70高龄的婆母达12年之久的乡村妇女",勇于自我否定,将要享受再婚的幸福；一个是"一位中学时颇有个性和才华的女同学。大学毕业后她结了婚,爱人既是同学又是同行,当初美满得很。她的才气也很受单位领导的赏识和器重"的城市知识女性,却因为不能勇于自我否定,独自承担着"降临在她的头上的离婚的痛苦",非常生动形象地表达了演讲者的观点。

（三）要有感而发,情真意切

即兴演讲是即席而起,有感而发。没有感情的演讲是苍白无力的。古人云:"感人心者,莫先乎情。"而要做到情真意切,叙事时,就需使听众如临其境,把"感情再生出来"；说理时,就必须情理相生；抒情时,应当情理兼备。要把自己的所写、所感、所爱、所憎传达给听众。

托马斯·赫胥黎的《在皇家学会年度宴会上的讲话》对反对科学的人进行了无情的嘲讽,巧借《圣经》典故谈科学与艺术的关系,奉劝欲与科学决战的"帕修斯"三思而行。用奖章的正面和反面作为比喻,形象地说明了科学和艺术之间的辩证的、相互依存的关系。针对性强,感情真挚,说理生动,比喻贴切。

> 我实在弄不懂,一个具有人类知识的人,怎么能以为科学的进步竟会威胁到艺术形式的发展。如果我对此还不是门外汉的话,我以为,科学和艺术乃是自然这枚奖章的正反面。两者都表达事物的永恒秩序,但艺术用的是感情,科学用的是思维。

7.2.3 有力度的结尾

即兴演讲最困难的是结尾。因此,即兴演讲者在开始即兴演讲之前,就要考虑好结尾。即兴演讲,既要求有一个吸引人的开头,又要求有一个响亮的结尾。这是即兴演讲与命题演讲的又一个区别。命题演讲的结尾讲究"留有余味""余音绕梁",而即兴演讲则要求有一个力度很大的响亮的结尾。演讲的结尾有许多种,但是在即兴演讲中用得较多的是号召式、希望式和展望式结尾。因为这几种结尾方式有气魄,气势浩大,鼓舞人心,能给人留下深刻的印象。

如郭沫若的《科学的春天》用热烈、生动的语句向听众发出的号召:"让我们张开双臂,热烈地拥抱这个春天吧!"感情奔放,感染性强,给人以鼓励和热情。

而胡适的《中国公学 18 年级毕业赠言》的结尾"再会了!你们的母校眼睁睁地要看你们 10 年之后成什么器"简直就是永远轰鸣在毕业生耳边的警钟!

7.3 即兴演讲的准备方法

在一般情况下,即兴演讲事先并无准备,更不可能预先拟就演讲稿,但是,没有准备并不等于演讲者是在对讲什么和怎样讲都心中无数的情况下便登台演讲,更不等于可以信口开河,随意胡诌,而是应该心中有"数",心中有"底"。这个"数"和"底"就是指腹稿。即兴演讲准备时间再仓促,也有一定的打腹稿的时间。即使是命题测赛式即兴演讲,通常至少也要给一分钟的准备时间。那么,有一分钟,就可以进行一分钟的准备,就要充分利用这一分钟来迅速构思腹稿。脑子再灵活的人,反应再快的人,进行即兴演讲也要构思腹稿。即使是想一句讲一句,也是在构思了讲话的基本框架、思路和要点的基础上边想边说的。想一句讲一句,"想",是指语言,而不是思路。腹稿构思是进行即兴演讲的基础,也是必不可少的关键步骤。而即兴演讲的腹稿构思与一般文稿构思相比,有很大的特殊性。最为突出的是构思时间非常短,来不及也不可能反复思考、反复修改。因此,即兴演讲的腹稿构思比一般文稿构思的难度要大得多。但是,任何事物有特点就有规律,有规律就有方法。即兴演讲的腹稿构思同样如此。那么,即兴演讲的方法,特别是腹稿构思的方法主要有哪些呢?

7.3.1 借引媒介,引出话题

即兴演讲中的"媒介",是指与场景、主题有紧密关联的,能迅速沟通演讲者和听众心灵的人或事,或物,或名言,或警句。所谓借引媒介,是指借引这些人、事、物、名言、警句来开头,从而引出话题,并达到沟通演讲者和听众心灵的目的。例如在欢送一名同志调动工作的会上,一位同志即席讲话说:"'昔人已乘黄鹤去,此地空余黄鹤楼','黄鹤'虽已飞走,带走了她的辉煌,却还留下了一片灿烂。她的精神风貌和高尚品德,还在我们的心中闪着光……"这里,这位同志的即兴演讲辞,一开始便借引唐代崔颢《黄鹤楼》中的诗句,以此作为媒介,从而引出欢送而又留恋,怀念而又赞颂的话题。

借引媒介,引出话题的方法有三种:

一是根据具体的场景、主题来借引"媒介",确定话题。例如,在一对青年的婚礼上,主持人便以结婚青年的所在地名为"媒介",发表如下讲话:

> 他们这一对,一个在海南,一个在河南,可算是"南南合作"。(笑声)各位来宾都知道,国际上有一个"南南合作",那是世界经济发展的共同体。而他俩"南南合作",可称为爱情发展的融合体。(笑声、掌声)他俩南南相望,南南相吸,南南相追。现在祝他们正式南南合作,结成秦晋之好。

这也不失为有趣的借引。

二是选择听众所熟悉、易理解的事物为媒介,以激发听众的共鸣,迅速沟通演讲者与听众的心灵,引出话题。鲁迅先生曾在厦门中山中学作过一次演讲,开头说:

> 今天我能够到你们这学校来,实在很荣幸。你们的学校,名叫中山中学,顾名思义是为了纪念孙中山。中山先生致力于国民革命四十年,结果创造了"中华民国"。但是现在军阀跋扈,民生凋敝,只有"民国"的名目,没有"民国"的实际。

鲁迅先生借特定地点(中山中学)之"题",从学校的名称谈起,一针见血地指出名与实之间的巨大反差,以此来激发中山学校师生们为完成中山先生未完成的事业而奋斗的热情。

三是选择与演讲主题有关、能充分表达演讲者此时此地特定思想感情的事物为媒介,做到客观媒介与演讲主题和谐一致,从而引出话题。在一次关于男女平等的演讲大赛上,权红的《世界也有我们的一半》是通过这样一组镜头的描绘引出她演讲的话题的:

> 朋友,你是否留心过生活中这样一组镜头:早晨上班,毫不费力挤上公共汽车的

是身强力壮的男子汉,而雨地里急哭了的是抱着孩子的女工;凶狠地谴责妻子没有及时把饭做好的是丈夫,委屈得哭了的是妻子;回到家里,轻闲、自在地看电视的是爸爸,情愿、认真洗衣服的是妈妈……

人常说,女人拥有世界的一半;可是,女人这一半竟是这样狭小吗?

借引媒介引出话题时,还要注意如下几点:一看宗旨,即看场景的主题、会议议题、邀请人的意向等,以此来进行切题发言,不说外行话,不说题外话;二看听众,即看听众的年龄、职业、文化程度等,有针对性地借引媒介,引出话题,如听众都是些学问渊博的儒雅之士,就不妨引经据典,旁征博引地引出话题;三看需要,即了解自己讲话之前有谁讲过什么,还有什么没有讲或讲得不充分、不完善,需要拾遗补阙、补充发挥的,要弄清楚需要自己讲什么,自己可以讲什么,但不要讲起来云天雾地、不着边际;四看自己,主要是看借引的媒介是否适合自己的身份。

7.3.2 展开联想,搜集材料

在即兴演讲的腹稿构思中借引媒介后,接下来就应该构思讲些什么内容,而内容决定于材料,演讲者必须在大脑里快速收集贮存的信息,联想便是最基本的思维形式。它由某一事物联想到另一事物,发生连锁反应,源源不断地再现贮存的信息,提供所需的材料。因此,即兴演讲的腹稿构思,必须展开丰富的联想。实际上,每一个正常人都能迅速展开联想。因为,当即兴演讲的腹稿还未成型之前,一般来讲,演讲者的大脑中都有一个短暂的内部语言的运动过程。在这个内部语言的运动过程中,即兴演讲者在具体时境的各种有关信息的刺激下,会迅速地展开联想,只是因贮存信息的多少和优劣使信息提供的速度和质量有所差异。但是,不管怎样,通过展开联想、反复记忆的方式提供演讲的材料,无论如何比临时编织、现场组织要快得多。并且,任何联想都是建立在记忆基础上的思维运动,由于即兴演讲的联想是在演讲主题和氛围中进行的,是借助即兴情感的推动,把演讲主体的感知(体验)和理解联结在一起,将现场场景、氛围、主题、时境所提供的特定条件跟自己记忆中的同演讲主题有内在联系的各种富有感情色彩的生动事例、幽默故事、风趣话语、格言警句、诗词歌赋等材料自然结合起来的。因此,这种联想的表象,就不再是曾经感知过的旧存表象的简单重现,而是经过加工、组合和改造了的新的信息形象。这种新的信息形象,就可成为此时即兴演讲的材料源或材料本身。

构思腹稿中联想的主要方式有两种:一种是接近联想,另一种是自由联想。所谓接近联想,是指因事物在性质上或形态上相似而产生的联想,比如,假若话题是"你心目中的男子汉",由此会联想到毛泽东、陈毅、孙中山、项羽、拿破仑、高仓健;联想到巍巍昆仑、滚滚长江、滔滔黄河、苍松翠柏、金戈铁马等等。所谓自由联想,指围绕话题进行的无拘无束的畅想,不拘泥于眼前场景,超越时间和空间,一任情感驰骋,接连不断地展开想象,从而在最大的范围内发现事物与事物之间的联系。这两种联想的方式,既可以单独使用,也可以交叉使用。

7.3.3 布点连线,理脉成文

在展开联想时,演讲者大脑中所显现的信息材料,大多是与话题有关的独立的、零乱的、散碎的、互不联系的材料。这些互不联系的、似乎无关却又有关的事物(比如一两个表述观点的核心词语,一两句能概括观点的格言警句,一两个小典故等等),我们称之为腹稿内容的"点"。所谓布点,则是对这些互不联系的、独立的、零乱的、散碎的"点"的材料迅速地加以筛选,选择出自己所需要的部分,作为组成演讲辞腹稿内容的"点";然后围绕主题,根据各"点"之间的联系,合理布局,快速组合,最后连贯成文,就是所谓的连"线"。因为布点时的联想是快速思考,思考中所布各点往往是零星散乱的,不是有序和有机的,故而需要合理组合。连线的任务,就是把所布的各点,根据一定的逻辑关系放到恰如其分的位置上,成为一个有机的系统,从而理脉成文。

布点连线,理脉成文的方式主要有三种:一是串珠式,即用横缀的方式把各点内容连接起来,使之成为像"项链"或"门帘"那样的"一线串珠",串联一体;二是楼梯式,即用直进深入的方式,把各点连缀起来,使之成为步步高、层层深的一体;三是网式,即把各点内容,有纵有横地连缀起来,使之既有时空顺序,又有逻辑层次,形成纵横交错的"网式"结构体。诚然,第三种方式较为复杂,只有思维能力很强、思维品质特别优异的人,才能纯熟地驾驭此法。

7.4 即兴演讲的准备要求

即兴演讲的少而精、小而活的特点符合时代的潮流,适应人们快节奏的现代生活方式,因此,这种演讲深受听众的欢迎。而正是即兴演讲的这种个性特点与特殊功能,决定了即兴演讲的特殊要求。

7.4.1 对即兴演讲者能力的要求

即兴演讲能力是最能反映演讲者修养和功底的演讲能力。因而,即兴演讲能力是一种高级的演讲能力。它的强弱对即兴演讲效果有非常重要的影响。因为即兴演讲场合常有变化,听众的职业、年龄、生活履历和文化教养也不尽一致,即使是在一次演讲会的过程中也常常会产生各种预想不到的情况。即兴演讲能力强的人,在错综复杂的场合,能泰然自若,侃侃而谈,能从当时当地听众的实际情况出发,及时调节演讲内容和演讲方式,从而提高演讲的效果。而即兴演讲能力弱的人,则不能随时变通,或者拘泥于原来的讲稿,以致脱离变化了的实际;或者即使是即席变化,但讲得不得体,语无伦次,纰漏百出,降低或损害了实际效益;或者根本缺乏临场发挥、即席发言的能力。

一个人的即兴演讲能力,要能够达到缘事而发,应付裕如的程度,而能做到天衣无缝、出口成章,确实有一定的难度,需要下一番苦工夫。这是因为,即兴演讲面临的具体课题多变,它要求演讲者必须确有真才实学、知识渊博,具有较高的才情禀赋。如果演讲者是一个闭目塞听的人,对需要阐述的论题茫然无知,那就没有发言权。如果是一个自命的"行家里手",专靠使用一堆连自己也没有真正懂得的新名词新概念来唬人,也是很难奏效的。听众中明白人很多,并不欢迎这种演讲。

同时,即兴演讲面临的情况比较复杂,这就要求演讲者必须具有最佳的心理素质,特别是要有良好的意志品质,"泰山崩于前而不惊",要能够控制自己的情绪,调节自己的心境,集中自己的神思来完成演讲。并且,因即兴演讲的触发性、临时性、短暂性特点,特别要求演讲者头脑清醒、机智、思维敏捷、词汇丰富,能迅速捕捉话题的精义、要害,理出头绪,列出提纲,快速组织语言。

总的说来,即兴演讲能力的形成,既需要演讲者有一定的功底,又需要反复的实践锻炼。否则,即使能勉强地应付即兴演讲,也难以产生好的效果,甚至会发生主旨不清、言不及义、层次混乱、重复啰唆等弊病,演讲者在理论素养、知识水平、工作经验、语言表达上的许多弱点也会随之暴露出来。故此,要真正成为一个优秀的演讲家,必须十分注重即兴演讲能力的锻炼和培养。

7.4.2 对即兴演讲内容的要求

对即兴演讲内容的要求,主要有两点:

1. 材料必须新颖

"文章最忌随人后",即兴演讲更是如此。一次即兴演讲没能给别人留下什么印象,往往是因为缺乏新意。不"新"就无魅力可言。如果重复别人的,或是翻来覆去讲一些人们早已熟知的内容、炒剩饭、说废话、老调重弹、拾人牙慧,就会令人生厌。而要讲出新意,就要讲那些别人想说而说不出或者没有想到过的道理;要讲那些大家正在思索,但还没有被正确地提出来的问题;要讲那些人们脱口欲出,但还没有找到合适语言表达的心声。这样就容易缩短演讲者和听众的距离,使听众产生共鸣而有所获,有所得。

2. 立意必须深刻

即兴演讲的立意深刻,是指认识要深刻、意义要深刻、体会要深刻,这样才能给听众以深刻的启迪。要立意深刻,就要选择一个合适的角度。因为同样的一件事情,它可以包含几种意义,我们可以根据不同的目的来确定演讲的主旨。要使立意深,演讲者确定中心论点的角度就要尽量少而集中,要小中见大。

所谓少而集中,是要求演讲者从生活中的平凡现象着眼,由此及彼,以点带面,抓住最本质的一点,使之触类旁通,引申扩展,上升到理论高度,就能产生小而实、短而精、细而宏、博而深的效果,令人回味无穷。

所谓小中见大,是指要求演讲者力求说出一点新意,哪怕是一星半点的火花和闪光,也会使道理增色生辉。前几年,人们常以"儿不嫌母丑"来比喻爱祖国不能嫌祖国穷的道理,这无疑有一定的说服力。但是,在这个基础上能不能再开掘深一点呢?上海青年刘擎在一次题为《为了母亲更美丽》的演讲中说:

请记住,母亲贫穷、落后,母亲不美,这不是母亲的耻辱,而是儿女的耻辱!所以我说:"子不嫌母丑",这还不够,"子不甘母丑",这才是我们的本分。

他演讲中的这一段话,由"子不嫌母丑"的认识上升为"子不甘母丑"的认识,认识的深度进了一个层次,且意新理正,从而使听众对热爱祖国、振兴中华有更深的理解。

7.4.3 对即兴演讲方法的要求

对即兴演讲方法的要求,主要有两点:

1. 构思要敏捷

即兴演讲因为要在事先无任何准备的情况下临时发表演讲,所以必定要求构思敏捷。要真正做到"构思敏捷"是很不容易的,正像诗人陆游所说:"汝果欲学诗,功夫在诗外。"构思敏捷是以智慧和学识为基础的。要做到构思敏捷,一是要注意培养敏锐的观察能力和分析、归纳、概括的能力;二是构思时要选取本人熟悉的人、事、物、景为话题,因为只有对自己熟悉的事物,大脑反应才迅速、快捷;三是构思时要选取听众熟悉的、感兴趣的事物和听众关心的热门话题,才能与听众产生共鸣。做到以上所述,演讲者构思时就能文思如泉涌,话语能滔滔不绝、长流不息。

2. 语言要简洁

即兴演讲,本来篇幅就不长,而短短的几分钟演讲要给听众留下深刻的印象,就特别要求语言简洁,不能说废话、空话、套话,不能冗长啰唆。并且,使用的句子不能过长,修饰语不宜用得过多。如果在句子中修饰语用得过多,就会使句子变得冗长累赘。即兴演讲,语言稍纵即逝,句子太长,后半句还没说完,前半句就可能淡忘了,听众就会觉得抓不住句子的主干;听众花心思去理解长句子的意义,将影响整个演讲的效果。所以,即兴演讲宜用短句,少用修饰语。张致公先生就曾说过:宁可用三个短句而不用一个长句来表达一个意思。值得注意的是,要使即兴演讲的语言简洁,不是单纯地把长句换成短句,而是要锤炼词句,要节省话语,含而不露,求得言简意赅。这就要求演讲者平时要"潜心炼字""苦心炼句"。

知识拓展

一、李克强即兴演讲艺术

2010 年 01 月 28 日,2010 年瑞士达沃斯世界经济论坛年会会场三层会议厅座无虚席,中国国务院副总理李克强与全球知名企业家们的对话会气氛热烈而融洽。李克强时而诙谐幽默、妙语连珠,时而略作思索、义正词严,坦诚地与全球企业精英们进行了沟通。

会场外,达沃斯飘起了鹅毛大雪,阿尔卑斯山下的小镇,一派银装素裹。"很高兴在达沃斯世界经济论坛举行期间和各位老朋友、新朋友们会面。在座的很多在中国有投资或其他业务,是老朋友了,还有一些是新朋友,但我们都是朋友。大家都很关心中国经济的发展,而且都直接或间接地参与或支持中国经济的发展,我对各位企业家所作出的努力表示谢意。"李克强开场说。寥寥几句话,润物细无声,瞬间温暖了每一个人的心,也拉近了彼此之间的距离。

最后,李克强满怀期望地说:"今年是中国的虎年,虎年在中国话当中,有虎虎有生气的意思,希望外商企业在华投资、合作虎虎有生气。中国还有一句老话,叫做'瑞雪兆丰年'。我到瑞士来,到达沃斯,一路上飘着雪花。刚才我下火车到会议中心的路上,到处可见茫茫白雪。我希望这预示着好兆头,预示着各位在中国的发展有新的业绩,更预示着全球经济会出现健康复苏、持续发展!"(来源:人民网)

二、李肇星的说话风格

经过多年外交历练,李肇星有了自己的说话方式:都说摆事实、讲道理,但在这个多元世界中,道理是不太容易讲清楚的,所以要多摆事实。

1985年,李肇星当上外交部发言人,他向季羡林先生请教发言人该怎么说话,季先生不太满意这个问题,说:不要太把头衔、官衔当回事儿,不管你是不是发言人,说话都要注意两点,第一绝不说假话,第二真话不全说。真话为什么不全说?真话多说不完,都说就太啰唆了。

有一次,一个美国高官对李肇星说:你们不讲人权,你们汉人像潮水一般涌进西藏去当干部。李肇星回应道,我请你去西藏,看看事实再说话。这个高官说去不了,他血压高。李肇星反问道:难道汉族官员血压不高?他们去西藏,并不是因为那个地方能享受,而是替老百姓去干活,我的老乡孔繁森去西藏了,他就是在那里得病的。这样,我们的医药很好,先给你治好高血压,再去西藏看看?可他怎么也不敢去。李肇星说:那以后就别再乱说了。

三、杨宇军妙答记者问

2013年4月国防部例行记者会

时间:2013年4月25日15:00—16:05

地点:国防部外事办公室

发布人:国防部新闻事务局副局长、国防部新闻发言人杨宇军上校

杨宇军:各位记者朋友,大家下午好!欢迎各位出席本月国防部例行记者会,特别是欢迎来自台湾驻京媒体的几位记者朋友。

记者:在海军成立纪念日的时候海军副参谋长透露中国将建更大的航母和更多的舰载机,能否介绍一下航母建设的总体情况?有报道说"辽宁舰"将择机远航,还有外媒猜测可能在钓鱼岛附近海域或冲绳附近海域展开训练,能否证实一下这个消息?

杨宇军:前两天海军的有关同志已经向大家介绍了航空母舰下一步发展建设有关情况。至于航母下一步远航的计划,中国有句古话说:"海阔凭鱼跃,天高任鸟飞。"航母不是"宅男",不可能总待在军港里面,因此将来航母肯定是要去远航的。究竟什么时候出去?到哪个海域?组成什么样的编队?这些到时候要根据各方面情况综合考虑。

记者:大陆一直非常希望两岸能够联手保卫钓鱼岛,但是保钓行动目前在两岸之间仅属于民间的行动,您认为大陆解放军是否愿意和台湾军方联手保卫钓鱼岛?另外一个问题,如果朝鲜一旦遭受攻击,根据中国1961年和朝鲜签订的《中朝友好合作互助条约》,一旦朝鲜发生战争,中国是否会给予其军事上的援助?

杨宇军:关于第一个问题,我们已经多次讲了,钓鱼岛及其附属岛屿是中国固有领土,维护对钓鱼岛及其附属岛屿的主权,维护中华民族的整体利益是两岸同胞义不容辞的共同责任。我们认为,在民族大义面前应该超越分歧、同心合力,共同维护中华民族的根本利益和整体利益。

关于第二个问题,大家都注意到,你这个问题是一个假设性问题,如果我作为发言人回答了这样的问题,可能明天会有朋友上网批评我不够专业了。

四、沙祖康日内瓦亮剑

日内瓦是名副其实的制定游戏规则的地方,这里云集着众多的国际组织,外交谈判斗争异常复杂激烈。沙祖康,他是一位多边外交谈判高手,他的声音代表中国无数次在联合国日内瓦总部响起。他被誉为中国的外交斗士,在没有硝烟的战场上,他主张敢于斗争、敢于亮剑。

记者:您刚刚出任派驻日内瓦的特命全权大使的时候,我们知道,那时候各个国家驻日内瓦的大使,都礼节性地来祝贺,来拜访,但是您却给英国大使一个不一样的礼遇是吗?

沙祖康:他是这样说的,大使阁下,我们大英帝国对你们的人权情况表示关切。我们是礼节性的拜会,你一上来就给我提出这样实质性的问题,我觉得,失礼的首先是他。我马上的反应就是说,大使阁下,您知道我现在想什么吗?他说我不知道。我说,我怎么看着你这张脸就想起鸦片战争来了!当年,你们强迫中国人民吸食鸦片,中国人拒绝了,因此你就挑起了战争。鸦片侵犯中国人民的健康权。你非法占领我香港多少年,1997年才归还,在你占领期间,你从来就没在香港搞过任何选举。今天你突然关心起中国人民的权利来了,我总觉得不是那么很自然。

记者:您说这番话的时候,这位英国大使的脸色是什么样?

沙祖康:他有点震惊,好像表现得不自然,他说我们政府其实并没有太多的关切,但是我们政府必须考虑到我们的民意。我们的非政府组织,对这个问题很关切,对政府施加压力。我当时说,我理解。我在国外工作那么多年,我当然知道,西方的非政府组织它们的影响,我可以理解这点,我可以告诉你,中国也有很多非政府组织,中国有13亿的人民,他们也有他们不同的关切,那么您说,因为他们有关切,你就代表他们来,非政府组织反映你们的意见。作为政府,不能有效地管理非政府组织,是不是说明你们政府很无能,管不了事,是这个意思吗?

记者:当您决定这种比较激烈的方式来回击他的时候,不担心以后会影响双方的关系吗?

沙祖康:不担心,因为他本身就是虚伪的。为什么我要考虑我影响双边关系呢?他为什么不考虑影响我们的双边关系呢?我信这一条,叫平等相待。因为他先错了,而且他这样做,完全是出于政治目的,他自己比谁都明白,他比谁都清楚,他是图谋不轨,我认为,他是罪有应得,如果我不给予反击的话,他会认为我示弱了,您原来是这么回事,你认了,他就会越来越嚣张,这我是不能接受的。

记者:您当时的情绪来讲,真的是被激怒了吗?

沙祖康:不激怒,这是我作为中国的外交官,我年纪也不小了,我没有那么容易激怒,我很冷静,我了解中国历史,我也了解世界的历史。因为我只要想到这一段,我就有一种羞辱感。你终于给我机会,让我表达了我的关切。

沙祖康:西方国家,绝不是保护人权国家的楷模。发展中国家,也绝不是侵犯人权的带领者。(联合国)人权会(议),并没有授权任何国家,或者国家集团,成为人权法官,而发展中国家,也不应该永远是人权法庭的被告。中国有句古话,"正人先正己",我们希望个别国家,在批评和指责别人之前,先拿镜子,好好照照自己。

这是2004年3月24日,沙祖康在联合国第60届人权会议上的一段精彩的大会发言。日内瓦一直是人权斗争的主战场,面对美国在大会上抛出的反华提案,沙祖康奋起反击,即兴用英文答辩,表示愿意免费送美国一面镜子照照。

沙祖康:我说,美国朋友,我们中国是贫穷一点,正在发展中的一个国家,但是我们即使再穷的话,我们买几面镜子还是买得起的。我们想免费买点镜子送给你,让你自己照一照你自己,因为你们发表的白皮书里缺了一块,我们国务院新闻办,写了一份材料,叫《美国的人权白皮书》,这是一面镜子,希望你们看看,写得怎么样。但是有一条,我劝你们最好睡觉之前不要看,因为美国人权记录,你要看了以后,特别是睡觉之前看了以后，你晚上会做噩梦的，你是会睡不好觉的。我也就开个玩笑。

记者：您说完这番话，会场什么反应？

沙祖康：我记得4分钟的答辩，5次被掌声打断。大家掌声雷动，包括美国代表团自己都在笑，他也觉得很好笑。说实在的，他提反华提案，也不是那么挺认真，我的感觉是这样的。他并不是真的关心中国的人权，他还表现出来比中国政府更关心中国人民似的，我感觉。恐怕这样的态度，我觉得也是很奇怪的，我看他们关心的首先是他自己。

记者：您当时讽刺意义很强的这段答辩，完全是即兴的吗？

沙祖康：即兴的，完全是用英文。我有个特点，我的英文并不好，就像我的中文那样，支离破碎的，但是在这样的场合，很奇怪，我的英文说得比平常稍微好一点。会议也太紧张了，需要有人来点小幽默，因此深受大家欢迎，成为日内瓦的佳话。叫美国人买面镜子照一照，成为妇孺皆知的一个名言。

今年8月份在接受英国广播公司BBC记者采访时，沙祖康的令人惊讶的直言再次引起全球媒体的关注。在谈到美国政府对中国增加军事预算表示担心时，沙祖康愤怒地表示美国最好闭嘴并保持安静，这是当时的广播录音片段：

"It's better for you to shut up and keep quiet, it's much much better."

（你最好闭上嘴，保持安静，这就非常非常好了。）

"Why blame China? No! Forget it. It's high time to shut up! It's U.S. sovereign right to do whatever they think good for them. But don't tell us what is good for China. Thank you very much!"

（为什么要谴责中国？不，忘了它吧！在这个问题上美国最好还是闭嘴！美国有权去做他们认为对自己有利的事情。但美国不应告诉中国该如何做。谢谢你们！）

记者：今年8月17号，您接受英国广播公司采访的时候，那些话，再次引起了媒体很高的关注度，您还记得吗？

沙祖康：我当然记得。因为他们提到中国的军费在连年的增长，又是不透明，因此威胁了别的国家的安全等等。你也知道我的背景，我搞了16年半、近17年的军控和裁军，我这方面要说的话很多，那天我就有点想法了。几年前，美国的军费相当于我们国民生产的总值，我说我13亿人口不吃不喝不用，我所有生产出来的东西，我们的国民生产总值，就相当于美国的军费总值，咱不要说别的了，就凭这一条。

记者：您当时还运用了"shut up""闭嘴"这样激烈的用词，我们感觉外交官应该不会轻易用这样的词来说吧？

沙祖康：因为不轻易，所以我才能起到效果。我觉得他应该闭嘴，因为我们一直在闭嘴，我们从来没说过你，那你为什么老喋喋不休地教训我们？而且你说得如此的不公道。所以我一直闭嘴，你为什么不能闭一下呢？我觉得很正常。外交官他们不说是他们的事，我觉得我应该说。我很高兴，他们终于闭嘴了。

记者：有这样的效果吗？怎么感觉得到？

沙祖康：好像他们没有反驳，没有答辩。当然他要答辩的话，我很高兴，我准备和他答辩，是这样的。

记者：像这种直接的表达，像您这张扬的性格，甚至有人说，您有一点点好斗的性格，从来没有让您为难过吗？

沙祖康：好像大家都很理解，我的朋友很多。感到奇怪的是，我的最好的朋友，就是我的美国同事。我非常喜欢美国人的性格，他们很张扬，所以我有这么一个说法，我是中国外交官，美国风格。我的性格，没有给我带来什么麻烦，大家都很欢迎，东西南北中，无论是发达国家和发展中国家，他们都觉得，沙先生可靠、可信、真诚待人！这不是自我吹嘘，你们有机会，可以去了解了解。

记者：但是恰恰有人说，正是您这种外在的张扬的性格，适合在日内瓦这样的一个国际舞台上。

沙祖康：这有一定道理，为什么呢？你这样做，只能受到对手的尊重，对手不会小看你。因为你的每一句话，代表你的祖国，因此人家很看重你的话。如果在这个时候，你吞吞吐吐，也说不清楚的话，那么我觉得这是一种失职。就需要加引号，应该"张扬"一点！因为你的利益，只有你自己去争取，去斗争，去维护你的利益，人家是不会维护你的利益的，因为他没这个义务。因此，多边外交的表现的方式是斗争多一点，大家都在争，为维护自己的利益而斗争。

记者：不管如何张扬，不管如何地直率，您会给自己规定一个边界吗？

沙祖康：张扬也好，直率也好，甚至什么，这是一种风格，但有一条，必须牢牢把握的，就是你必须在重大的政策问题上，也就是说你作为大使，你代表国家在行使使命，你必须忠实地、坚定不移地执行国家的政策，在政策问题上，是不能允许有不同的，必须和中央保持一致，这点我做得很好，我几十年都是这样做的。我没有说过违反政策的话。

从1971年大学毕业投身外交事业，沙祖康经历了中国外交的诸多风云。他曾处理过举世瞩目的"银河号"事件，负责谈判全面禁止核试验条约，处理第一次朝核危机等重大外交事件。沙祖康认为外交是高智慧、高强度的较量。5年日内瓦大使生涯，无数次代表中国发言和谈判，所幸的是不辱使命，从未输过，而且即将结束的36年外交生涯也从未打过败仗，这是让他最自豪的！

沙祖康：我这5年当中，我到任的4个月我是凌晨四点钟睡觉，天天如此，后来是三点钟睡觉，现在是两点钟到两点半睡觉。我没有节假日，我从来没有星期六，我没有星期天，我除了打球以外，打场球出身汗以外，我的全部时间都是用来工作的，我没有进过一个商店。我做了我应该做的一切。

实 践 训 练

一、即兴点评

播放演讲录像或现场某位同学演讲后，随机请几位听众同学点评。

二、即兴演讲

随机指定一位同学设置情景，由另一位同学依据情景即兴演讲，其他同学参与点评。

8 大学生实用演讲

8.1 演讲比赛的组织与评判

演讲是展示大学生风采和水平的重要实践活动,几乎每一所大学每年都要举办若干次不同级别不同形式的演讲比赛活动。演讲活动是一个系统工程,演讲活动的组织是整个演讲活动的重要机制,演讲活动组织得好,与单个演讲者和整个演讲活动的圆满成功有着密切的关系。这里,我们仅就演讲比赛的组织与评判作一点介绍。

8.1.1 命题演讲赛的组织

(一)命题演讲赛的组织原则

命题演讲赛,包括命题演讲选拔赛、命题演讲邀请赛、命题演讲比赛等几种形式。演讲选拔赛是为了选拔演讲人才而组织的演讲比赛;由于某种需要而邀请一些人参加的演讲邀请赛;为检验某一演讲活动开展的情况,评选出优胜者并予以奖励的比赛。这几种演讲比赛活动,统称竞赛性演讲活动。凡竞赛演讲,竞争便是其突出的特点。竞争性决定了整个赛场的竞争气氛和参赛者的竞争意识。竞赛演讲从一开始就有一个供演讲者争夺的目标,这就是胜负、高低、名次等。因此,竞赛性演讲活动的组织,尤显重要。在组织命题演讲赛时,必须把握下述三个原则:

1. 有偿性原则

命题演讲赛的有偿性原则,指演讲赛应给予参赛者一定的竞争目标。这是由竞赛性演讲活动的竞争性决定的。竞争就是较量,较量就有结果。只是不同规格、不同规模、不同层次、不同目的的演讲赛,其奖赏的性质不同。一般来说,命题演讲赛至少有三种奖赏类型：

一是资格奖。它是指获胜者才有资格参加下一轮的复赛或决赛,或被选拔参加更高规格、更大规模的竞赛。凡被淘汰的,即丧失继续参赛的资格。而优胜者具有进一步的参赛资格,这个资格本身就是一种奖赏。

二是名次奖。获奖者按预定名额排名次,不再参加高一级的竞赛,这属于一次性名次奖。另一种是终极名次奖,是指已经过（一次或多次）选拔而进入最后一轮决赛的参赛者,只要按要求顺利演讲完毕即能获奖,至少可获三等奖或优胜奖。名次越高,荣誉越多,奖赏越厚。

三是获职奖。获胜者即获得某种职务、职业或职位。例如："学生会干部竞选演讲赛"等。这种以选拔人才为目的的命题演讲赛,往往还附有其他条件,参赛者在获得竞赛资格之后,一旦在演讲中获胜,则对本人影响深远。因而这种奖赏更具诱惑性,对提高演讲在人们心目中的地位具有相当重要的作用。

2. 可比性原则

命题演讲赛的可比性原则,指演讲比赛要跟体育比赛一样,有大致相同的条件。例如：同层次,即参赛者必须有大致相同的文化、年龄或职业（专业）层次,只有参赛个体的基本条件相当,才具有可比性；同范围,即演讲内容要限制在一定的范围之内,有了限制,演讲者才有所遵循,评委也易于把握标准；同时空,即在同一时间段或相同的演讲场所演讲,在大致相同的氛围中决胜负,才谈得上可比性。

3. 公平性原则

命题演讲赛,要对每个参赛者作出评判,从而分出优劣或胜负,这就有一个公正平等地对待其演讲的问题。公平性是演讲赛得以顺利进行并充分发挥其效能的重要保证。要做到评判的公正、公开、公平,必须把握两点：

一是裁决要有评委。评委是竞赛演讲所特有的临时机构,显示出独特的作用,是公平竞争的重要组织保证。组成评委要考虑到三个方面的因素：①权威性。评委通常由包括领导在内的各方面人士组成,其中最好有为大家所公认的通晓演讲的专家或专业人员参加。②可靠性。评委应当公正无私,不偏不倚。③纪律性。评委要制定"评委守则",并于赛前当众公布。

二是评分要按标准。评委要按统一的标准给分,而标准要事先制定。制定标准应考虑：①要服从组织目的。组织演讲赛的目的,应当体现在评分标准之中,标准对听众和演讲者有指导意义,对评委起约束作用。②要突出重点。在全面兼顾的情况下要突出重点,即根据需要或突出内容,或突出技能。③要易于掌握。评委在赛场上担子最重,也最紧张,往往要在短时间内作出评判,这就要求在制定标准时,既要有细线条,更要有粗轮廓。一般来说,场下讨论标准时要细,场上掌握标准时宜粗。

（二）命题演讲赛的组织工作

命题演讲赛的组织工作,视演讲的规格、规模而决定其工作量的大小和事务的繁简。

一般来讲,主要有三个方面的工作。

1. 赛前准备

(1) 拟制实施方案

根据竞赛目的,拟制竞赛实施方案。方案的主要内容有:竞赛的规格、规模、命题及范围,比赛形式及时间、地点,参赛对象,报名方式及要求,设奖及评审,竞赛组织的组建及工作分工,评委的组建及评分标准的制定,主持人的确定,经费预算等等。

(2) 下发赛事通知

赛前,要根据演讲赛的规模提前下发赛事通知。赛事通知的主要内容有:竞赛目的、命题及范围,参赛对象,报名方式及要求,比赛形式及时间、地点,设奖及评审等。

(3) 编写下发《参赛指南》。大型比赛还要编写下发《参赛须知》一类的参赛指南小册子,主要内容有:祝词、开幕词、组委会名单、评委会名单、参赛须知、竞赛规则、日程安排、竞赛编组等。

(4) 设计布置赛场

赛场的大小,由听众人数确定。赛台的布置,主要有会标、会徽、评委席、记分台及灯光音响设备等。另外,还要准备好演讲比赛必需的物品,如议程表、评分表、计时器、计算器以及奖状、证书、奖品等。

(5) 组织新闻报道

大型比赛,应及时与新闻单位取得联系,一是预告大赛消息,二是进行比赛报道。

2. 赛中主持

演讲活动的组织者不一定就是演讲比赛的主持人。组织者负责全面的组织管理工作,主持人主要起介绍演讲者,并对每一次演讲起着上串下联的作用。主持人是演讲活动的核心人物,对演讲赛的成功与否起着至关重要的作用。主持人不仅担负着把每篇演讲像珍珠那样和谐有机地串联起来的职责,同时,也担负着引导听众认真听演讲,使演讲会能够顺利进行的重任。演讲过程中,如果主持人思维敏捷,善于随机应变,连贯紧凑,往往能对整个演讲活动起到增色生辉的作用。反之,如果主持人不懂得主持演讲会的艺术,演讲台上照本宣科、结结巴巴,或者信口开河、哗众取宠,势必对整个演讲活动产生不良影响。主持人的工作主要有三项:

(1) 做好介绍工作

比赛中需要向与会人员介绍的内容较广,诸如介绍举行演讲比赛的目的及演讲的主旨和内容;介绍演讲者、评委、来宾、领导的情况;介绍演讲者出场的先后顺序及演讲限定的时间;介绍评分规则;介绍设奖数额、等级及发奖方式和领奖办法等等。主持人的开场白很重要。瑞士作家温克勒说:"开场白有两项任务,一是建立说者与听者的同感;二是如字面解释,要打开场面,引入正题。"为达此目的,主持人的开场白,要根据演讲会的宗旨和要求,作灵活精巧的设计,要能恰如其分地介绍演讲者的身份、主要简历及其演讲内容,进而紧紧抓住听众的心,使听众对演讲者肃然起敬;要能稳定听众情绪,安定会场秩序,形成专心听讲的气氛。开场白的形式要不落俗套、新颖别致、活泼生动、亲切感人,给人一种清新悦耳的感觉。

(2) 做好连缀工作

为了使整个演讲活动气氛热烈、情绪高昂,主持人必须采用风趣、幽默、富有文采的串联词,把一个个演讲者的发言串起来,使听众在会心的笑声中消除疲劳,得到教益。主持人如果总是刻板机械地重复"下面请某某某演讲""下一个演讲者是某某某"之类的台词,势必会使听众感到单调乏味,甚至会减弱会场已形成的热烈气氛。串联词一般应具备下列特征:一是应与演讲稿内容紧密联系;二是融会贯通,承上启下;三是独具匠心而又善于随机应变,灵活串联;四是词汇丰富、文采斐然、生动活泼、风趣幽默。

(3) 讲好结束语

演讲会结束后,如果大会主持人的结束语意深旨远、新颖脱俗,即使是演讲活动散会了,与会的听众也会沉浸在思索与回味中。因此,绝不能忽视演讲活动的这个最后的环节。设计时,要选择有利于概括、揭示主旨,富有鼓动性和感染力的语言,才能令人久久回味。

3. 赛后评判与发奖

命题演讲赛结束之际的评判和发奖,是整个命题演讲赛现场活动的最后一个环节,也是演讲者和听众最关注的一个环节。评判工作的实施,由评委或仲裁委员会具体负责,作为活动的组织者,一定要把评委评选的结果与颁奖的实施衔接好。一般来说,最后一名选手讲完,评选结果就应立即打印出来(一式二份),并且要迅速交评委会主任签字。然后,一份交主持人宣布,一份交现场工作人员填写证书并组织颁奖。如不能及时整理出评选结果,为避免冷场,可安排评委主任或一位演讲专家作一个简短的讲评,同时抓紧时间拿出结果。

发奖工作的组织,主要是安排好颁奖的领导、来宾及选手上台的顺序和位置。发奖的顺序,一般由低名次到高名次。这样安排顺序,目的有两个:一是最高奖放在最后,有一种情绪聚集效应;二是其他领奖者不需要退场,最高奖的领奖者和发奖者正好都站在前排,可留下一个最佳的造型合影。如果先发最高奖再发最低奖,就产生不了这种效果。颁奖工作既要组织得紧凑热烈,又要有条不紊、忙而不乱。

8.1.2 命题演讲比赛的评判

(一) 评判内容

演讲评判的内容,包括演讲者的演讲内容、口语表达技能和态势表达技能三大项。演讲内容包括语言的准确性与通俗性,语言的形象性与生动性,发音的正确性与清晰性,声音的可闻性与节奏性四个小项;态势表达技能包括神态(眼神、面部表情等)和动作(手势、姿势等)两个小项。

(二) 评比分数

演讲评比分数,一般采用 10 分制或 100 分制。如采用 10 分制,其中演讲内容占 4

分,口语表达技能占4分,态势表达技能占2分。各小项占分比例见评分表。

评分表

演讲者姓名_____ 演讲日期_____

演讲题目_____

栏目	评分标准			得分	简要评语
演讲内容(4分)	主旨(1.5分)				
	材料(1.5分)				
	结构(1分)				
口语表达技能(4分)	语言的准确性与通俗性(1分)				
	语言的形象性与生动性(1分)				
	发音的正确性与清晰性(1分)				
	声音的可闻性与节奏性(1分)				
态势表达技能(2分)	神态(0.7分)	眼神(2分)			
		面部表情(0.5分)			
	动作(1.3分)	手势(1分)			
		姿势(0.3分)			
总分	(10分)				

单位名称_____ 评判员姓名_____

（三）评判标准

演讲的效果,是个很难进行定量分析的课题,在评判过程中,标准问题是一切评判的中心问题。进行演讲评判,首先需要有准确、客观、公允的标准,其次是评判员对评判标准的掌握应该准确、全面、科学。这两点是关系到对演讲作出正确认识和科学评价的关键。

1. 评判演讲主旨的标准

主旨是演讲的灵魂,是吸引听众、感染听众、引起听众共鸣的关键。评判演讲主旨,一是看演讲主旨的正确性,即看演讲内容是否符合辩证唯物主义和历史唯物主义的观点,是否符合生活的真实和历史的真实,是否揭示了客观事物的本质意义,是否符合客观实际;二是演讲主旨是否具有针对性,即告诉了听众什么,解决了哪些问题,是否讲了富有时代感、为听众所关心的问题;三是看是否具有深刻性,即看是否具有真知灼见和深邃的思想与哲理。

2. 评判演讲材料的标准

如果说主旨是演讲的灵魂,那么,演讲材料就是演讲的血肉。演讲材料是用来解释和说明演讲主旨的。评判演讲材料，一要看材料的可靠性和准确性，即看所使用的材料是否具有客观真实性，是否经得起实践的检验；二要看材料的新颖性，即看材料是否新颖别致，生动有趣，不落俗套；三要看材料的典型性，即看材料是否具有代表性，是否揭示出了客观事物的本质特征。

3. 评判演讲结构的标准

演讲结构是演讲内容赖以生存的组织形式。评判演讲结构，着重看演讲结构是否完整、严谨、匀称。所谓完整，是指演讲中不仅要有新颖别致的开头、引人入胜的高潮、余音绕梁的结尾，而且要有自然巧妙的过渡和知识性、形象性、哲理性、趣味性的演讲主体内容。所谓严谨是指演讲者在进行演讲时，能够准确地运用概念、恰当的判断、严密的推理和合乎逻辑的论证与反驳，将观点和材料有机地排列组合在一起，从而给人一种首尾圆合、层次清晰、天衣无缝的感觉。所谓匀称，是指在演讲中先讲什么，后讲什么，哪些地方该详讲，哪些地方该略讲，层次和段落怎样安排，开头和结尾怎样照应等，都能恰如其分地部署和安排。

4. 评判演讲口语技能的标准

一是语音的准确性与通俗性，着重看演讲者所使用的语言是否具有"上口""入耳"的特征，是否能准确无误、自然流畅地表达出思想内容来；二是语言的形象性与生动性，主要看演讲者所使用的语言是否风趣幽默，是否能紧紧吸引住听众；三是发音的正确性与清晰性，着重看演讲者的吐字、发音是否准确、规范、清楚，是否用普通话；四是声音的可闻性与节奏性，看演讲者的声音是否具有准确清晰、清亮圆润、有力耐久、富有变化的特征。

5. 评判演讲态势技能的标准

看演讲者的眼神是否随着思想感情的变化而变化，是否经常与听众进行着思想感情的交流，是否与有声语言、面部表情、动作手势密切配合、协调一致；面部表情是否与演讲内容和特定的演讲环境相适应并富于变化，是否自然真诚、发自内心，是否具有灵敏感和新鲜感，是否具有分寸感和自制力；精神状态是否具有积极、乐观、蓬勃向上的风貌；手势和其他动作是否自然、协调、得体、简练。

上述几项只是就演讲者方面来说的评判标准。如果对演讲进行全面评判，实际上还要看演讲的效果。要看听众接受演讲输出信息的多少，听众心灵产生共鸣或震撼力的大小。听完一篇演讲，如果听众觉得受益匪浅，引起了听众的思索和行动，使听众学到了不少知识，明确了不少问题，那么，其效果就是好的；反之，效果就是不好。但是衡量演讲效果的这些标准的大小、多少，对于现场评判者来讲，许多尺度只能凭现场感觉去正确地掌握。这一点是评判者要着重注意的。另外，除了这些标准外，演讲者对于演讲时间的把握，演讲者临场的应变技能等，也都可在评判时进行参考。

（四）评判方法

进行演讲评判，除了必须坚持正确的、公允的标准外，还必须采取科学的方法。就单个评判员而言,按 10 分制评判,可以"7 分垫底,9 分从严"为原则。因为参赛者都进行了认真准备,反复练习,7 分都评不上,容易挫伤其积极性;但上 9 分就要从严掌握,都打到 9 分,档次不易拉开,让分数在 7 分～9 分之间浮动,容易拉开档次。就整个评判而言,我国目前所采用的评判方法,大都是去掉两端极值求平均值的方法。即去掉一个最高分和一个最低分(评委人数多时,可去掉两个最高分和两个最低分)求平均值,得出演讲者的分数。然后,按分数的高低排列名次,当场予以公布。运用这种方法计算分数时,各位评分员一般计算到小数点后一位,计分员计算成绩则得保留小数点后两位。

采用上述评分方法,把评判者的评判结果客观地、原原本本地当场告诉给演讲者和听众,可使演讲者对自己的成绩一目了然,可以减少评委之间不必要的纠纷,使评判工作进行得比较迅速、顺利。诚然,对于选拔赛的评判,还应该加进一些补充措施,如口头测试、评委讨论等,将更为稳妥、更为准确。

(五) 评判要求

演讲评判,是一项科学的、严肃的工作,为了使演讲评判的结论尽可能接近事实,演讲评判要注意以下几点:

一是要制定出全面、准确、科学、确切的评判标准,避免出现标准过宽、过严,或含糊不清的弊病;评判员要正确地掌握和运用评判标准,克服不按标准随便打分的现象。

二是评判员要有较高的思想品德修养,在评判中排除私心杂念,尽可能对演讲者的演讲效果作出客观的、公允的、实事求是的评价,而不是凭个人好恶,随意褒贬。

三是演讲评判员要具有较高的演讲理论修养,要具有一定的演讲知识、演讲水平和演讲实践经验。评判员越是熟悉自己的研究对象,就越能准确地把握对象;越有演讲理论水平和实践经验,就越有评判的说服力。

四是演讲评判员应妥善处理好演讲者与听众之间的关系,既要考虑听众情绪,又不能被听众情绪所左右;既要严格评定演讲者,又不能唯我独尊、固执己见、滥用评判权。要注意尊重演讲者们的不同风格和特色的演讲,恰当、准确地作出评判。

五是演讲评判员还必须有广博的知识,对于一篇演讲稿的立意、逻辑、论据等内容因素的评价,不只是依靠演讲实践的体验和演讲理论的研究就可以胜任的,它还需要演讲评判员其他方面的知识所构成的判断力。

8.2 论辩赛的组织与评判

8.2.1 论辩赛的组织

论辩赛,是一种有组织、有准备、有规则、有评委、有观众的比较正规的演讲竞赛形式。这种辩论以技巧论胜负,而不以观点对错论高低,一般采用团体赛的方式。

（一）论辩赛的选题

组织好一场论辩赛，首先需要拟定一个既有辩论价值，又深受论辩双方和听众欢迎的辩题。论辩题目的选择是否得当，对论辩赛的成功与否或者质量高低起着决定性的作用。赛场论辩题目的选择确定，看似简单，实则较难。这是因为，这里有一个该不该辩和能不能辩的问题。这就需要论辩演讲赛的组织者从组织论辩的宗旨出发，紧密联系形势和人们的实际需要，遵循论辩的自身特点，精心设计好论辩的题目。论辩赛的选题，一般应把握下列原则：

第一，辩题要有可辩性。所谓可辩性，一是指辩题必须互不相容、势不两立，论辩双方都有话可说、有理可辩；二是指辩题必须既有明确的界定，又有可供论辩展开的宽度和开掘的深度。例如："温饱是谈道德的必要条件""艾滋病是医学问题，不是社会问题"等。

第二，辩题的正反方理由应相对平衡。辩题应选用让双方水平都可充分发挥的题目，使双方都有充足的理由可供论说。例如："人性本善与人性本恶""发展旅游业利大于弊还是弊大于利"等。

第三，辩题应有意义。辩题的意义，是指具有探讨价值的，能引起论辩者和听众兴趣的，通过论辩能达到启迪思想、提高认识、引导舆论的目的的特性。辩题的意义特性，可以考虑这样几个方面的问题：是非不明的问题；理论不清的问题；当事物的本质没有充分显露，人们对它尚有模糊认识的问题；给社会造成不良影响、损害人民利益、妨碍社会进步的言行等。例如："知识分子离职经商是知识的贬值""高薪才能养廉"等。

第四，辩题应严谨准确。辩题的严谨准确，首先是指辩题的每一个概念所表示的含义应该明确，不含糊。概念中可大可小或可伸可缩的外延应设法明确限制，不能出现多种解释。其次是指辩题所指示的辩论焦点应该十分明确和单一。其三是指辩题必须用肯定判断，而且应该就是正方观点。因为每场辩论，均由正方为立方，反方为破方。如果辩题不用肯定判断，正方率先发言时将无法开篇，而辩论也将无法进行。目前有些辩题用疑问的句式表示，这是不规范和不准确的，应修改为肯定判断句式为宜。

（二）论辩赛的方式

1. 论辩分组

参加论辩赛的人员分为两组，一组为正方，另一组为反方。正反方的分配，一般于论辩赛的前若干天由双方抽签决定。正反方参与论辩的人数相等，一般每组3人或4人。3人一组称为3∶3式；4人一组称为4∶4式。3人一组中设主辩一名，助辩2名；4人一组则不设主、助辩，更强调互相配合。

2. 论辩程序

（1）3∶3式一般辩论程序

每次论辩双方各出主辩一人、助辩两人。每方每次发言不得超过3分钟。首先由甲方主辩阐明观点，然后乙方主辩发言，时间都为3分钟。之后，双方展开辩论。各方助辩均可在本方每次发言的时间期限内发表观点,参加辩论。辩论进行到一定的回合以后,由主持人宣布双方主辩进行总结,也可请观众上台提问、参辩。

(2) 4∶4式一般辩论程序

4∶4式论辩赛,一般分团体辩论、自由辩论和总结三个阶段。

在团体辩论阶段,首先由正方第一位成员发言,接着由反方第一位成员发言,然后是正、反两方的第二和第三位成员轮流发言。每位发言时间均为3分钟。

在自由辩论阶段,每一位辩论员的发言次序、时间和次数都不受限制,但是,全组的发言时间累加应有规定。正方的任何一位成员先起立发言,之后,反方的任何一位成员应即刻发言。双方依此程序轮流发言,直到双方时间用完为止。

在总结阶段,先由反方第四位成员总结本方辩论观点,后由正方第四位成员总结。正、反方各有4分钟。双方总结完后,可由观众上台提问和参辩。

(三) 论辩赛的主持

1. 主持人的素质

论辩赛的主持人,有别于命题演讲赛的主持。论辩演讲赛的主持人,以具有干练和果敢气质的人担当更为理想。这种气质的人,大多说话明快,处事利索,符合赛场的气氛。再者,论辩演讲赛的主持人,应该具有较高的文化修养。文化修养较高的人,对辩题才能有较深的认识,才能高屋建瓴地控制和把握辩论的方向,并且能使用准确优美的语言,给论辩赛增添不俗的气氛。论辩演讲赛的主持人,还应该具有较强的组织能力和较强的应变能力,具有公允大方的行为修养等。

2. 主持人的职责

论辩赛的主持人,大致要做如下几项工作:

(1) 开场白

开场白的内容一般有介绍来宾、宣布比赛方式或比赛规则、介绍参赛队及队员名单、介绍评委、宣读辩题等。开场白是吸引听众的重要一环,要尽可能有吸引力,激发参赛人员的竞技情绪,激起听众的好奇心。开场白的语言必须简洁明了,熟练顺畅。

(2) 连缀

连缀是主持人引导每一位参赛者发言的过渡语。做好连缀工作,主持人首先要对论辩的程序和规则了如指掌,不要将发言的顺序引导错了。参赛者发言的时间到了,主持人应立即有礼貌地进行制止,并迅速引导下一位发言。

(3) 组织自由发言

有自由发言的论辩赛,主持人应组织好自由发言。无论自由发言的场面是冷清还是踊跃,主持人都要因势利导。

(4) 介绍评委代表发言

评委代表发言,是论辩赛精彩的一幕,主持人在介绍时既要渲染气氛,又不能喧宾夺主。

(5) 公布评判结果

公布评判结果,宜采用积聚情绪的手法。即先公布个人奖,再公布集体奖;先读负方分数,再读胜方分数,最后宣布胜方。当掌声骤起,即高潮已到,就要准备颁奖。

(6) 颁奖

颁奖的组织要紧凑,要注意维护赛场形成的高潮氛围。

(7) 结束语

完美的结尾会给人们留下完美的回忆,使人流连忘返。结束语宜戛然而止,切不可该止而不止,给人以续貂之嫌。

8.2.2 论辩赛的评判

论辩演讲比赛的评判工作主要有两项,一是评分,二是评价。

(一) 评分

评分的范围一般包括论辩技巧、辩词、风度和整体配合等项目,各项比分由组织者视论辩赛的具体情况事先确定。如1993年的国际大专辩论会,它的评分标准是这样的:

个人分数:个人总分为100分,其中辩论技巧40分,内容资料30分,风度及幽默感15分,自由辩论15分。

整体合作分数:40分。

小组总分:440分。

在辩论技巧方面,主要看辩论者语言的流畅,分析、反驳和应变能力以及论点的说服力和逻辑性;在内容资料方面,主要看论据内容是否充实,引述资料是否恰当;在风度及幽默感方面,主要看辩论员的表情动作是否恰当,是否有风度及幽默感;在自由辩论方面,主要看个人在自由辩论中的表现;在整体合作方面,主要看辩论员之间是否能配合默契,全队的论证结构是否完整,论点是否一致。

(二) 评价

评委将评分表填好后交由计分组计算分数,然后开始讨论。讨论的目的是要检查辩论双方的表现,以便归纳进评语之中。由于成绩是根据评分表决定的,故评委的讨论不影响比赛的结果。在讨论结束后,评委组推举一位代表,综合所有评委的意见发表对该场辩论的评语。在评语中,评委代表应分析两队的表现及优缺点,提出双方可改进的地方。评语应当见解独到和精炼,褒贬相宜。

8.3 竞选应聘演讲

竞选应聘演讲,是指在一定的组织形式中凭借聪明才智和良好的口才自荐、竞争某项职务或某项工作的一种演讲。这种演讲,可以在政府首脑中进行,也可以在各级组织团体中进行。在西方,这种演讲形式被使用得相当广泛而普遍。在我国,随着组织人事制度改革的不断深化,这种演讲形式也越来越多地应用于人们的政治和社会生活中。

竞选、应聘者发表竞选应聘演讲的目的,主要不是为了教育他人,而是为了充分展示自己的特长,让听众或招聘者进一步了解自己的"施政纲领",了解在"政纲"的勾画、阐述中显现出来的能力和素质,进而认识、认同自己。所以,那种善于阐明自己的"施政纲领",并通过这种阐述在众人面前塑造良好的自我形象的人,比较容易获得成功。

既然是竞选、应聘,这种演讲就具有一定的对比性、挑战性和竞争性。它往往不是一个人而是多个竞争对手同台演讲,众强者竞争,优中选优。因此,每个竞选、应聘者都面临着如何正确对待竞争对手的问题。可以说,对待竞争对手所采取的态度直接影响着最后的结果。纵观一系列竞选应聘演讲,对待竞争对手的做法主要有以下三种:

一是单纯攻击型。在演讲中,竞选、应聘者不谈或很少谈自己如何如何,而专挑对手的毛病,指责多于赞扬,批评多于肯定,借以抬高自己。严格说来,这种演讲不是在竞选、应聘,而是在批判、声讨,这是一种极不聪明又十分危险的做法。因为每个人都有一定的识别、分析和批判能力,到底谁高明,谁平庸,大家自然心中有数,用不着竞选、应聘者指手画脚肆意评判。就某种意义而言,竞选、应聘者实际上是"受审者",而不是"审判者",摆不正这个位置,就有可能导致他人对自己的反感、抵触和排斥。

二是抑扬结合型。竞选、应聘者在演讲中,先是肯定对方的合理部分或某些能力和做法,继而通过对比,进一步显示自己的优势和特长。采用这种方法,关键要实事求是、慎重稳妥,也就是说,无论是肯定还是批评对方,都要做到以诚为本、有理有据、恰当有度,切忌无中生有、肆意批评。因为虚扬实抑的做法的真实目的往往不言自明,所以如果弄巧成拙,有可能使人觉得竞选、应聘者更多了几分虚伪和奸猾,从而影响最后的成功。

三是力陈己见型。竞选、应聘者能够做到虚心有节,礼貌待人,取人之长,补己之短,就问题谈问题,只陈述自己的计划、方案,一般很少涉及对手。能够注意这种演讲的严肃性和使命性,坚持实事求是的原则,既在演讲中明确、简洁地勾画出自己一旦当选或得到聘用将要实施的蓝图、方略,又清晰地介绍自己为实现任期目标将采取的具体措施,使听众感到可信、可行、可靠、可盼,感到放心,产生信心,振奋精神。这种做法为不少竞选、应聘者所采用。

如有篇题为《同心协力,共创明天》的竞选演讲,在篇章结构的设计与安排,写作手法的使用,语言的运用,叙述、说理与情感的有机结合等方面,都是值得我们认真学习和借鉴的。

同学们：

晚上好！

大家一定很惊奇，生性腼腆的我怎么会有胆量站在这里参加本届班长的竞选。在此之前，我也问过自己同样的问题，但经过激烈的思想斗争后，我终于战胜了自己，鼓足勇气报了名，我庆幸自己的选择。面对大家一双双充满希望、信任的眼睛，我更有信心了。

我是一个沉默寡言的人，不擅长交际，有的同学说我清高，其实并不是这样。我很想为同学们做点什么，为班级添一份光彩，也很想缩短与大家的距离，但我却始终没有这个勇气。我很珍惜这次难得的机会，假若我当上班长，我一定全心全意地为班级服务，我衷心地希望大家给我支持和帮助。

我没有当干部的辉煌业绩，没有丰富的工作经验，没有一技之长，但我有颗为同学们服务的真心，有向同学们学习的诚心，有不断进取的信心。我想这些足以弥补我的不足，使我在工作中一帆风顺。

我们班在前几届班委会的领导下，在同学们的协助下取得了很大成绩，受到学校和老师的好评。假如我当班长，不但要保持光荣传统，还要发扬光大：争创文明优秀班，争当升旗班，使大家在一种积极上进、心情舒畅的气氛中学习、生活。具体讲，首先要加强纪律性，没有严格纪律的班级就好像一盘散沙，没有战斗力，给我们的学习也必然会带来不良后果；其次，要在班级开展一系列活动，丰富同学们的课余生活。我打算每月举办一次演讲比赛，每周办一期黑板报，开一堂阅读欣赏课。我们班还要成立兴趣小组，利用课外时间开展科技活动，培养大家广泛的兴趣和各种能力，为了祖国明天的辉煌打下坚实的基础。

这些只是我个人的初步设想，还有待于进一步与老师和同学们商量，使之完善。我深信：凭着一颗赤诚的心，凭着一腔沸腾的血，再加上我们的共同努力，我一定能把工作做好，我们一定能把班级建设好。不信吗？那就请给我一次证实的机会吧！

谢谢大家！

竞选班长的演讲，其目的是为了打动同学，赢得同学的信任和投票。所以如何打动同学，使他们信任，是演讲时要重点考虑的内容。演讲的听众是非常熟悉的同学，因而演讲时千万不可夸夸其谈，开空头支票，要尽力做到真诚、真率。

竞选、应聘者要想获得成功，在演讲或交谈时必须把握好"五个度"——展示自己的水平，要体现高度；展示自己的动机，要选准角度；展示自己的真诚，要增强信度；展示自己的气质，要表现风度；展示自己的热情，要保持热度。为此，应特别注意以下三个方面的问题：

第一，要坚持实事求是的原则。在竞选应聘演讲中，唯实是根本，就是在各种条件、因素的准确把握和正确分析上，在说服他人的可信度上，要尊重实际，实事求是，不能只唱高调不顾现实，不能脱离实际可能。这就要求竞选、应聘者在演讲中，既要考虑即时即地的效果,又要考虑长远效果,并力求做到两者的统一。要克服和杜绝头脑发热、主观想象、口若悬河、胡乱许愿等问题。

第二,要突出自身的优势,战胜对手,赢得听众。竞选、应聘者要对自己所演讲的内容进行精心的选择,把重点突出出来,运用恰当的方式展示自身的长处和优势,如自己已有的突出成绩,自己在知识、学历、技术、技能、年龄、精力、经历、经验等方面突出的特长,自己对形势的全面、深入的分析和对政策的准确、灵活的把握等。言之有物、言之有情、言之有理地打好这些"王牌",用好这些"筹码"。不可眉毛胡子一把抓,眉目不清,章法混乱;不可东拼西凑、华而不实。在这方面,有两点必须高度注意,一是表达要准确。要少用一些"可能""大概""也许""差不多"等词语,以免给人造成一种不可靠、没有把握、缺乏信心的感觉。二是内容要实在,展示自己的优点、特长等,要实事求是、谦虚谨慎,方法巧妙,语言得当、恰当适度。不说过头话,少用"绝对""肯定"等词。对于自身的缺点、不足等,也要坦然相告。切忌用鉴定式的语言、大而空的套话来勾画自己;切忌不合时宜、没有限度地把展示自己变成自我吹嘘、自我炫耀;切忌只谈优点和长处而对缺点和不足避而不谈。

运用恰当的方式如实、适度地展示自身的长处和优势,是获得竞选、应聘成功的重要方法,而善于转化劣势,化被动为主动的方法往往较之前者更为有效。它包括两个方面:

一是正视自身的弱点并善于转化这种不足,先抑后扬,在坦言自己劣势的同时,凸现自身所具有的常人难以相比的长处和优势,同时较好地展现出自己所具有的真诚、实在、充满自信、可以信赖等品质。如某师范院校一位教师应聘一革命博物馆解说员的演讲:

> 各位主考,根据启事的规定,我起码有两个不利条件:一是我的年龄,启事上说招25岁以下的,而我已经接近40岁了。不过任何事物都不是绝对的,一方面,我可以通过充满青春活力的热情和幽默来弥补。再说,要不是报名册上写着36岁,请问在座的有哪位看得出我是36岁之人?另一方面,年龄大些或许正可以成为成熟、可以信赖的标志呢。而这些,好像正是解说工作所需要的吧。第二个不利是我的职业。启事上说不招教师,认为教师太忙不能全身心投入解说工作。而我是师范院校历史专业的,一周就三课时,加双休日两天,时间充沛着呢。我们学校与博物馆紧紧相邻,随叫随到,十分方便。正因为我教历史,对史地知识尤其是我区历史、革命沿革,我能做到有问必答、有疑必解。况且,经过近20年教师工作的锻炼,我的普通话和表达能力均能胜任解说工作。

二是先肯定对方的优点和优势,并能够在联系和分析中辩证地指出其弱点和不足,先承后转、先扬后抑,进而申明自己在这方面的过人之处。如某旅行社招聘一名二十岁左右的业余导游,几轮筛选后,只剩下两名颇有实力的应聘者:23岁的女士、30岁的先生,招聘单位决定让二人作最后陈述以决定取舍。一般说来,年轻漂亮的小姐做导游优势明显,但这位先生却这样讲:

是的，正如这位小姐所说，她很年轻，充满青春活力，导游所需要的，正是像这位小姐这样既有人才又有口才的光彩照人的人。

可是，旅行社已有的 X 名专职导游员，全部都是女性，竟然没有一个男性。那许许多多的女游客，恐怕不会每个人都感兴趣于阴柔之美的女导游吧？

第三，要高度重视现场答辩。有时，在演讲之后或交谈之中，有些人会现场向竞选、应聘者提出一些问题，需要当场答辩。这种答辩，事实上是一种特殊形式的即兴演讲，它与前面进行的演讲或交谈是密切相连的整体，答辩的水平和质量的高低对前面演讲或交谈的效果具有明显的强化或弱化作用，而且直接影响着竞选或应聘的结果，所以需要竞选、应聘者认真对待。要努力通过现场答辩，进一步展示自己所具有的较高的政治和业务素质，反映出自己所具有的良好的管理和政策水平，表现自己良好的分析理解能力、判断能力、机敏能力和说服能力，进一步优化展现在听众面前的综合印象，争取竞选、应聘的成功。

因现场答辩出现问题而使竞选、应聘者前功尽弃的例子屡见不鲜：某招聘单位对一应聘者的业务水平比较满意，但当招聘者问到"你对我们国家的'入世'怎么看"时，那位应聘者坦言道："我不关心这些。"结果这位应聘者被婉言谢绝、拒之门外。有两位师范院校的毕业生到一所学校应聘教师，当招聘者问"你对当教师怎么看"时，一位说："我从心里不喜欢当教师，可是眼下进机关没路子，到企业效益差，只好不得已而为之。"而另一位的回答是："我是师范院校毕业的，我喜欢我的专业，当老师能够充分发挥我的特长。"假如你是一个认真负责的招聘者，你会选择谁呢？

8.4 就职离职演讲

8.4.1 就职演讲

就职演讲是担任新的职务时对如何履行职责、做好工作的一种表态。发表就职演讲，最重要的是演讲者要有不卑不亢的态度。既不能说空话，喊口号，夸夸其谈，哗众取宠，也不能一味地谦虚，满口客套话。听众对这两种做法都是十分反感的，因为他们盼望的是一个有能力、有干劲、有信心，既敢想敢干、开拓进取，又有自知之明、实事求是的领导者带领自己，或走出困境，步入坦途，或在已有成功的基础上，创造出更加出色的业绩，而不是听你或发自内心或言不由衷的客套。这里需要澄清两个问题：一是谦虚之心、谦逊之情不仅仅只表现在会说客套话上，而更应该体现在人的一言一行、一举一动等各个方面；二是客套话应该而且必须有，但不能通篇都是如此。因此，演讲者必须动真格的，要明确地亮出自己的思想观点，摆出自己的施政纲领，说出自己的任职设想，让听众感受到你的自信，赢得大家的理解、信赖和支持。总之，听了就职者的演讲，听众能够信任你并对你寄予希望——这是发表就职演讲应该追求的目标。

在发表就职演讲时,要注意以下几个方面的问题:

(一)就职演讲贵在情感鲜明、自然真挚

"感人心者,莫先乎情",就职演讲尤贵于此。对所有就职者而言,恳切的言辞是打动听众的关键因素之一。就职演讲毕竟不同于述职报告,不是以总结回顾取胜。它所凭借的一个重要因素是就职演讲者发自内心的那份真情,从而赢得听众的喝彩。所以,使用这一文体的人,还应从刘勰的《文心雕龙·风骨》篇里多受点启发:"深乎风者,述情必显。"

任职之初要亮相于公众的面前,演讲无疑是就职者整体风貌的一次全面展示,他的工作动机、思想作风、风格效率等等,无一不是通过演讲而集中地表现出来。他倾吐的是不是肺腑之言,人们一听便明。所以只要发诸真情,能如风行水上,就可打动听众,给人留下深刻的印象,从而获得普遍的好感。

譬如,张高丽同志2002年任山东省省长时的就职演讲就给人以深刻的启示:

> 我是一个农民的孩子,是党和人民培养了我,上了大学,进了工厂,走上了领导岗位。古人说"先天下之忧而忧,后天下之乐而乐"。我一定要保持同人民群众的血肉联系,像一把雨伞,能为百姓遮风挡雨;当一头黄牛,能为老百姓耕地种田;做一块石头,能为老百姓铺路搭桥。我一定要把全部的心血都用到工作上,解放思想,勇于创新,恪尽职守,埋头苦干,鞠躬尽瘁,不辱使命。我一定带头自觉遵章守纪,正派做人,公道办事,廉洁自律,绝不以权谋私,绝不弄虚作假,绝不拉拉扯扯。

张高丽同志的演讲,从自己的出身和成长经历谈起,抓住了一个"情"字,不矫饰,发乎自然,一下子就缩短了与山东人的距离,真正体现出演讲者与普通民众水乳交融的关系,给人树立起"我是农民的儿子,我是为人民工作的省长"这样一个光辉的形象。

(二)就职演讲贵在关注听众、切合心理

就职演讲能否博得众人的认可和赞许,还要看能否抓住听众最关心的热点问题。人们听就职者演说,无非是关心他下一步将如何领导这个单位和集体,他将在哪些方面有所发展和突破。所以,就职演说贵在"意切",即要紧扣人们当前所关心的问题,把握住事物的发展方向,真正说到点子上,凝聚起部属的工作热情,奠定起发展的民心"基石"。只有切合大家普遍关心的实际问题,摸准了听众的脉搏,才能够使自己的演讲更富有凝聚力和号召力。因此,每一位就职演讲者更有必要认真考虑这一问题,在与听众的"结合点"上做文章。譬如,某新建单位一处级领导的就职演讲,就紧扣大家关心的学院未来发展等问题,因而博得了人们的掌声:

各位领导、各位同志：

非常感谢大家把我举荐到××学院院长这个岗位。同志们的热情,使我感动；组织上的信任,坚定了我的信心；大家支持的目光,更增强了我认真履行职责为大家服好务的决心。

××学院是学校为适应建设综合性大学的发展需要而组建的一个新的单位,同志们从不同的部门和单位走到了一起,这对于学科的融合和发展是一个极大的推动。今天,我们这儿群英荟萃、人才济济。看到这么多有丰富治学经验的老同志,这么多年富力强的中年骨干,还有这么多充满朝气的年轻新秀,我备受鼓舞,我们这个学院是大有希望的。学校领导提出,要尽快把××学院建成学校的一流学院,我感到责任重大。在今后的工作中,我将虚心听取大家意见,合理协调各方面工作,科学制定学院发展规划,切实加强教师队伍建设,加快学科发展,严格教学管理；并尽快解决目前大家普遍关心的学术水平提高、教师专业进修以及职称评定等实际问题；同时,广开办学渠道,增强办学活力,千方百计改善和提高教职工的待遇,调动各方面积极性,尽快地实现我院工作整体突破。我决心秉公办事,清正廉洁,尽职尽责,勤奋工作,为实现我们预定的工作目标而不懈努力,绝不辜负组织上和同志们对我的厚望！愿我们携起手来,共创美好的明天！

谢谢！

（三）就职演讲贵在简洁干练、要言不烦

在今天这个快节奏的社会里面,连篇累牍、长篇大论的演讲不可能引起人们的好感,就职演讲者应特别注意到这一点。过于繁冗拖沓只能使人厌烦,因此,好的就职演讲应该简明快捷、要言不烦。就职者的工作作风、办事风格,人们从其演讲辞中即可窥见一斑。高明的就职演讲者理应尽量压缩自己演讲的内容,忌长须精。处于就职演讲这样一个特定的场合,最要紧的是怎样把公众最最关心的问题简要讲明；反之,不仅会淹没演讲辞中的闪光点,也会给人形成拖沓乃至"大而空"的感觉。可见,就职演讲尽量做到短小精悍,这并非演讲辞本身篇幅长短的问题,更主要的在于它是演讲者作风是否干练快捷的外在显示。如某单位党委书记（副厅级）的就职演讲,就是在水到渠成的表述中以简洁取胜：

各位领导、老师、同志们：

刚才,水利厅人事处××处长宣布了省政府及厅党组对我的任命,我感到这是信任,更是支持、鼓励和鞭策。水专（注：学校简称）,步入不惑之年的水专,经过前任党委的正确领导,经过几代水专人的共同努力,已经奠定了良好的发展基础,成为水利系统培养高等工程技术人才的摇篮,为我省培养了一大批专业技术骨干。水专的昨天是光荣和辉煌的！今天,学校发展的接力棒传到我们的手中,我深感责任重大、任重而道远。作为一名党员,我决心认真履行自己的职责,掌权为公,用权为民,勤政廉政,恪尽职守、尽职尽责,坚持团结党委一班人,团结全校广大教职员工,齐心协力,共谋水专发展大业。我决心继续认真抓好党的建设、行政管理、教学管理等各个方面的工作,使学校在原有的基础上,努力再上新台阶、再创新成绩!相信有广大教职工的共同努力,水专的明天将更加灿烂和辉煌!

  谢谢!

演讲者在谈完自身感受、充分肯定单位原有成绩的基础上,进一步表达了决心和今后工作的努力方向,简洁明快,切合听众心理,因而赢得了听众的喝彩。

(四)就职演讲贵在态度干脆、坚决果断

  不管前面是地雷阵,还是万丈深渊,我都将义无反顾,勇往直前,鞠躬尽瘁,死而后已。

朱镕基铿锵有力的话语,恐怕国人至今还能记忆犹新,倍感振奋。1998年,被视为是总理就职演讲的那次答中外记者问,当有记者问及改革如果碰到困难怎么办时,朱镕基斩钉截铁地作了上述表态,这不能不说是对演讲者的一个有益启示。

对即将上任的各级领导者而言,他演讲中的态度不可避免地要成为听众关注的热点。一个国家、一个单位、一个集体今后将如何发展,领导者取何种意向、态度怎样,会牵扯到整个的发展方向,影响着整体的工作氛围。因此,拖沓的演讲无疑会减损演讲者的魅力,而干练的表态却有助于营造一种高涨的氛围,振奋人们的士气,开创一个良好的开端。作为就职演讲的关键部分,态度的果断坚决是演讲取得成功的重要因素,一定要做到掷地有声、铿锵有力,而绝不夸夸其谈。

(五)就职演讲贵在条理清晰、表述方法灵活多变

科学合理地安排和处理演讲的内容,巧妙地运用表达技巧,有助于增强实际表达效果,以便使演说打动听众。为此,理顺演讲的内容使之条理化应成为首先考虑的问题。通畅的演讲脉络,最容易使听众切实感受到演讲者的确是思路清晰,他将来的工作也可能会像演讲一样有条不紊。

其次,适当运用演讲类文稿中常常使用的方法,增强演讲的魅力。譬如,用各种排比能使演讲气势酣畅,充分显示演讲人的魄力;像朱镕基同志那样,用比喻的方法将深奥的问题形象化,以使听众听得明白、意图领会得深刻;如前所述的张高丽同志的就职演讲,能够形象地把自己比作"一把雨伞""一头黄牛""一块石头",要"为百姓遮风挡雨""为老百姓耕地种田""为老百姓铺路搭桥",类似这些恰当的比喻,比任何华丽的辞藻更能打动人们的心扉,从而收到震撼人心之效果。

再者,尽量用短句,能借助于文势急促之特点,使自己的表达节奏明快、铿锵有力,把演讲者果断干脆的特点充分鲜明地表现出来。

另外,还可以根据表达需要,灵活运用各种句式,形成错落有致的节奏感。譬如,上面所举某厅级领导的演讲中的"水专,步入不惑之年的水专"一句,演讲者有意识地将这一句倒置并进行强调重复,既形成了语气上的抑扬顿挫之感,又概括出单位的特点,还将充沛的感情表达得淋漓尽致。只要能科学运用这些技巧,一定能使就职演讲锦上添花。

8.4.2 离职演讲

发表离职演讲,无论是对自己原来工作的简要总结回顾,还是对当前情势的具体分析与判断,都要坚持实事求是、认真负责的态度,出语真诚,绝不敷衍。在勉励听众时,要表现出无比的信心。总之,离职演讲的主调不应该是低沉的、哀婉的、酸楚的,而应该是积极的、高昂的、向上的。下面是英军蒙哥马利元帅在1943年12月30日调离第八集团军时所作的告别演说:

亲爱的官兵们:

在这里讲话很易激动,但我当努力控制自己。如果说不下去时,请你们原谅。

我不得不遗憾地告诉你们,我离开第八集团军的时刻来到了。我受命去指挥在英国的英国军队。

我实在很难把离别之情适当地向你们表达出来。我就要离开曾经和我一起战斗的战友。在艰苦作战与赢得胜利的岁月中,你们忠于职守的勇敢与献身精神,永远令我钦佩。我觉得,在这支伟大的军队中,我有许多朋友。我不知道你们是否会想念我,但我对你们的思念,特别是回忆起那些个人的接触,以及路上相遇时愉快致意的情景,实非言语所能表达。

我们共同作战,从未失败过。我们共同所做的每件事,总是成功的。我知道,这是由于每个官兵忠于职守、全心全意合作的结果,而不是我一人之力所能做到的。正因为这样,你们和我彼此建立了信任。司令官与他的部队之间的相互信任是无价之宝。

我激动得说不出话,但我还是同你们说:第八集团军之所以有今天,是你们的功劳,是你们,使得它在全世界家喻户晓。因此,你们一定要维护它的良好名声和它的传统。

再见吧!希望不久又再见面,希望在这次大战的最后阶段,会再次并肩作战!

蒙哥马利是英国著名军事家和政治家。在第二次世界大战中,他先任英国第八集团军司令,因指挥北非战役击溃隆美尔的德军而闻名于世。当他离开第八集团军时,他的心情非常激动,他回忆了和士兵们在共同作战中结下的深厚情意,赞扬了士兵们的勇敢和献身精神,称颂了第八集团军的凝聚力和战斗力。短短的演讲,几次提到他无法用语言表达内心的激动,这就使被压抑的情感显得愈发深切、诚挚。没有华丽的辞藻,没有言不由衷的表述,蒙哥马利的演讲却动人至极,感人至深。

8.5 学术演讲

学术演讲,就是运用演讲的形式,通过通俗易懂而又生动形象的语言把科学的内容、系统的知识、精深独到的见解等表达出来、传播开来的演讲。这种演讲的运用范围比较广泛,包括学术会议上的发言、学位论文的答辩、学术讲座、各种治学或创作经验报告等。

学术演讲的主要特点是严密的科学性、独特的创见性和语言的平易性。

美国航空航天科学家冯·布劳恩的《空间科学为人类服务》就是一篇脍炙人口的学术演讲:

我们现在有证据说明:我们有能力把空间技术用来为地球上的直接的永久的利益服务——空间科学为地球、生态学和能源服务。如果你希望的话……

首先,我认为,我们必须强调空间计划对解决世界面临的最大问题所能作出的贡献。除了核武器造成的大破坏以外,这个最大的问题就是人口爆炸。我们手头有使人信服的证据说明,空间计划未来的重大贡献之一将是帮助更加有效地管理世界资源的利用。

让我们看看原始事实吧!从耶稣降生到 1700 年,世界人口增加一倍,1700 年至 1900 年又翻了一番。根据联合国粮食及农业组织的最新统计资料,当前世界人口估计为 30 亿多一点,到本世纪末将大大超过 60 亿。假设增长率不再提高——这是不大可能的——到 2025 年,地球将必须养活 100 亿到 120 亿人,等于今天人口的 4 倍。除非我们能找到解决这种局面的灵丹妙药,否则我们的子孙所生活的世界,对于人类的绝大多数来说,将只是一个为生存而斗争的世界。然而,地球是可以养活更多的人的。在构成地球干燥陆地表面的大约 360 亿英亩面积中,现在只有 9% 用于耕种或养牲口,70% 的地区太冷、太贫瘠、太多山或土壤不足,剩下的 21% 有使用潜力,但是开始时需要大量的投资,以改善道路、建筑、电力和灌溉等条件。因此,从最低成本最早收益的观点看,我们的第一目标还是提高现有 9% 耕地的生产率。大体的比较表明:高度发达国家实际获得的三种主食——小麦、大米和玉米的产量,超过发展中国家产量的 4 倍。

我们已经学会了很多东西,已经能够为这项工作研制相当好的光谱传感器、红外线扫描器等。不久以后,我们将能使这种设备臻于完善,有效地用来勘探矿物、石油和天然气。已经有好几次,安装在卫星上的多光谱扫描器探测到森林大面积遭受传染性树病的影响,比负责同一地区的当地林警弄清问题的严重程度要早得多。这些仪器还特别适合于研究水文过程,如对蓄水坝管理极为重要的雨径流量预计。这些仪器对民用渔业和海产收成也有巨大的潜在价值。卫星可能用来测量全球的盐度和水温。众所周知，这两种因素对鱼类洄游有影响。浮游生物——吸引小鱼，小鱼又吸引大鱼——是很容易凭它的微绿色辨认出来的。盐浓度可以用偏测计测定。水温用红外线传感器很容易测出。因此，轨道资源勘测系统不仅能很快地把鱼群如何洄游的情况告诉世界的渔船队，而且还能指明在哪里才能抓到大鱼。

在这篇演讲中，演讲者以地球资源技术卫星为事实论据，运用真实精确、无可辩驳的数据和资料，向人们展示了卫星对人类所作的贡献。在论述"空间计划对解决世界面临的最大问题所能作出的贡献，是帮助更加有效地管理世界资源的利用"时，演讲者巧妙地设计和安排了这样一个逻辑推理和论述结构——首先，提出了"为什么"的问题。通过历史的分析和科学的预测，印证说明了世界面临的最大问题除了核武器造成的大破坏以外，就是人口爆炸，进而指出"我们子孙所生活的世界将只是为生存而斗争的世界"，把人们置于不安和无措的境地——然后，回答了"怎么办"的问题。通过对地球上陆地的构成以及人们开发利用土地资源的现实和可能的分析，印证了"地球是可以养活更多的人"的命题，把人们高悬着的心放了下来，使紧张不安稍稍得到释解——最后，提出了"做什么"的问题。通过我们已做或将做工作的作用和价值的介绍，说明印证了"我们有能力把空间技术用来为地球上的直接的和永久的利益服务"这一整篇演讲的主题，激发了人们关心、支持和参与空间科学研究的积极性和主动性。通过分析，我们不难看出，这是一篇集知识性和鼓动性于一体的演讲，题材新颖，主题明确，结构严谨，语言准确，使听众既学到了知识，开阔了视野，又明确了任务和目标。

进行学术演讲，要特别注意以下几方面问题：

一是恰如其分地看待自己。即使自己在某一方面确实作出了卓越的成绩，具有精辟独到的见解，也应该以虚心谦逊的态度进行演讲，而不是夸夸其谈，目空一切。因为演讲台毕竟不是领奖台和竞技场，况且，现代的科学研究"已不是个人行为"，而是"一个庞大的社会活动"，是"集合了很多人的专长及才智，彼此互相帮忙，再经政府机构的财力支持"的活动（李远哲）。所以演讲者站在台上，不应把主要的时间和篇幅用于强调自己在成功背后所付出的心血，强调自己的作用和价值，而应该冷静地思考现代的科学研究行为，如实客观地介绍科学研究本身。《放射性物质——镭》《立足小分子纵情大宇宙》分别是皮埃尔·居里和李远哲在获得诺贝尔奖时的演讲词，不仅简洁客观地介绍了自己所获得的重大科研成果，而且体现了演讲者高尚的人格和谦逊的情怀。

二是公正客观地对待他人。学术演讲难免牵扯到他人，牵扯到他人的研究或成果，一个高素质的演讲者一定要以科学、坚定的态度坚持真理、追求真理、捍卫真理，既要公正、客观、辩证地分析和评价他人的观点、他人的研究和他人的成果，又要以科学工作者的正义感和责任感严厉批判荒谬的理论、虚假的成果，不可听之任之，更不允许为错误、谎言和伪科学辩护。

皮埃尔·居里在获得诺贝尔奖时的演讲中，就首先讲到了许多科学家在这个领域的贡献：

> 今天我要讲的是"放射性物质"的特性，或者说"镭"的特性。我不可能只讲我们自己的研究工作。在1898年开始研究这个题目的时候，只有我们两个人和贝克勒尔对此问题感兴趣，但是从那时以后，越来越多的研究工作出现了，如果不讲这些物理学家们的研究成果，那么放射性也就无从谈起。这些人有卢瑟福、德比尔纳、埃尔斯特、盖泰耳、盖斯勒、考夫曼、克鲁克斯、拉姆赛和索迪。我只谈其中的几位，他们使我们对于放射性的认识有了重要的进展。

三是运用通俗易懂的语言进行演讲。准确严谨、言辞质朴、生动活泼、通俗易懂，这是对学术演讲语言的基本要求，其中最主要的是通俗易懂。为此，演讲者要注意采用比喻等手法，深入浅出地把抽象、深奥、枯燥的理论、概念等描述、表述得浅显易懂。例如王守武的《从晶体管说起》在讲述固体能带论时，就用在大厅里听报告的人作比：

> 人们通过研究，知道在固体中的电子，大致可以分成两类，一类是在较低能量的能带（一般称作价带）中，一类在较高能量的能带（一般称作导带）中。这好比在一个大厅里听报告的人，可以分成两类，一类是坐着听的，另一类是站着听的。这两类人都可以自由移动，但是坐着的人在移动的时候一直保持坐着，所以只有旁边有空位的时候，他才能移动过去，同时把原来的座位空出来。站着的人就不一样，他在移动的时候一直站着，所以可以在大厅里自由走动。如果要叫坐着的人站起来，必须给他很大的能量，这是很不容易办到的。不管是坐着的人或者站着的人，如果用较小的力推动他一下，只要他旁边有空位置，他就可以移动起来。现在，价带中的电子就像坐着的人，导带中的电子就像站着的人。

这样准确恰当、生动形象的一比，就使得难以理解的问题变得浅显易懂，使学术演讲具有了生动性和趣味性，大大增强了感染力。

8.6 礼仪演讲

礼仪演讲，即人们在各种社交仪式、社交集会上当众所发表的情感性演讲。如在宴会、集会、庆典、迎送仪式及追悼会等社交活动中，主持人或一些有特殊身份的人，经常要进行一段演讲，以表示祝贺、答谢、欢迎、希望及凭吊、悼念之情等，我们将其统称为致辞。一般说来，致辞分为纪念性致辞、公务性致辞、迎宾送客致辞、婚礼或庆典致辞等。

我们先来看一篇美国总统尼克松在1972年访问我国时，为感谢中国政府的盛情款待,庆贺访问成功,在离开北京之前举行的答谢宴会上的祝酒辞。

总理先生,中华人民共和国和美利坚合众国的我们十分尊贵的客人们:

我们能有机会在贵国做客期间欢迎你和今晚在座的诸位中国客人,感到十分荣幸。

我要代表尼克松夫人和同行的全体正式成员,对你们给予我们的无限盛情的款待,表示深切的感谢。

大家知道,按照我国的习惯,我们的新闻界人士有权代表他们自己讲话,而政府中的人谁也不能代表他们讲话。但是我相信,今晚在座的全体美国新闻界人士都会授予我这一少有的特权来代表他们感谢你和贵国政府给予他们的种种礼遇。

你们已使全世界空前之多的人们得以读到、看到、听到这一历史性访问的情景。

昨天,我们同几亿电视观众一起,看到了名副其实的世界奇迹之一——中国的长城。当我在城墙上漫步时,我想到了为了建筑这座城墙而付出的牺牲;我想到它所显示的在悠久的历史上始终保持独立的中国人民的决心;我想到这样一个事实,就是,长城告诉我们,中国有伟大的历史,建造这个世界奇迹的人民也有伟大的未来。

长城已不再是一道把中国和世界其他地区隔开的城墙。但是,它使人们想起,世界上仍然存在着许多把各个国家和人民隔开的城墙。

长城还使人们想起,在几乎一代的岁月里,中华人民共和国和美国之间存在着一道城墙。

4天以来,我们已经开始了拆除我们之间这座城墙的长期过程。我们开始会谈时就承认我们之间有巨大的分歧,但是我们决心不让这些分歧阻碍我们和平相处。

你们深信你们的制度,我们同样深信我们的制度。我们在这里聚会,并不是由于我们有共同的信仰,而是由于我们有共同的利益和共同的希望,我们每一方都有这样的利益,就是维护我们的独立和我们人民的安全;我们每一方都有这样的希望,就是建立一种新的世界秩序,具有不同制度和不同价值标准的国家和人民可以在其中和平相处,互有分歧但互相尊重,让历史而不是让战场对他们的不同思想作出判断。

总理先生,你已注意到送我们到这里来的飞机名为"76年精神号"。就在这个星期,我们美国庆祝了我们的国父乔治·华盛顿的生日,是他领导美国在我们的革命中取得了独立,并担任了我们的第一届总统。

在他任期届满时,他用下面的话向他的同胞告别:"对一切国家恪守信用和正义。同所有的人和平与和睦相处。"

就是本着这种精神——76年精神,我请大家站起来和我一起举杯,为毛主席,为周总理,为我们两国人民,为我们的孩子们的希望,即我们这一代能给他们留下和平与和睦的遗产,干杯!

这篇祝酒辞选取了富有象征意义的长城作比兴,由这个中国伟大的历史遗迹,而谈到中国伟大的过去;由长城本身不过是一道又高又厚起隔离作用的墙,而谈到世界上仍然存在着许多把各个国家和人民隔开的城墙,中华人民共和国和美国之间存在着一道城墙等现状。有了这些象征、比喻而引起的对现状的生动铺陈,便自然地转入了这次访问的成果——双方已经开始了拆除这座隔绝之墙的长期过程。

在长城之喻这个华丽的外表之下,"具有不同制度和不同价值标准的国家和人民可以在其中和平共处,互有分歧但互相尊重,让历史而不是让战场对他们的不同思想作出判断"的愿望,是这篇祝酒辞的精华。结尾引用华盛顿的名言,使整篇祝酒辞更加饱满、完美,令人回味无穷。

由特定的外交场合和尼克松的演讲才能所决定,这篇外交礼仪演讲较充分地层示出典雅含蓄的委婉型演讲风格。

一篇致辞,通常包括开头、主体、结尾三个部分。

在致辞开始时,除了对不同的听众进行不同的、恰当的、礼貌的称呼之外,一开头就应该开门见山,导入正题,提出主要内容,说明讲话意图,以便使听众能够及时迅速地抓住要领。

主体部分是致辞的重点。在这里,要突出讲话的中心,反复地(多方面、不断深入地,而不是简单地、机械地重复)阐明讲话的中心问题。如果要讲的内容比较多,可以分项来谈,使逻辑层次清晰,便于听众把握。一般说来,一篇致辞中,不可有多个中心、多个话题、多个论点。贪多求全,一方面时间不允许,另一方面演讲者操纵驾驭起来比较困难,特别是对听众来说,往往可能是听了后面的忘了前面的,零零碎碎,印象模糊。所以要把讲话的内容集中在主要问题上,反复申述,铺陈展开。对次要的或一般的问题,可以完全抛开,也可以一提了之,一带而过。这样,既有利于把主要话题讲深谈透,又能够在人们的思想上打下较深的烙印。

致辞的结尾部分,可以把前面所讲的内容简单小结概括一下,使听众对全部讲话内容有完整、清晰、深刻的印象,可以简单地提出希望、祝愿或要求,鼓励人们继续努力。质量较高的结尾,能够使听众感到力量,产生信心,充满希望。

致辞类的礼仪演讲,一般有四个方面的基本要求:

一是明确对象。即应该明确致辞面对的听众有什么风俗习惯,有什么样的心理要求,了解他们最关心的问题是什么。演讲者应选择大多数人共同关心的最主要的话题,诚恳地表明自己的态度,不讲对方忌讳的内容,不讲多数人不感兴趣的话。邓小平访美时,参加了一次由中美双方高级官员出席的宴会,针对同一听众层次和基本相同的心理要求,他在致辞中表达了对中美关系史上新时代开始的期待和祝愿:

> 我们来到美国的时候,正好是中国的春节,是中国人民作为一元复始,万象更新的节日。此时此刻,我们同在座的美国朋友有一个共同的感觉,中美关系史上一个新的时代开始了。

这段致辞从对象的需要出发,巧妙地以时间因素为"由头"引出话题,真挚诚恳地表达了我国政府和人民的态度。

二是礼貌热情。致辞是出于礼仪的需要而使用的,所以,要在有限的时间和篇幅内把欢迎、祝愿、纪念、感谢等感情充分表达出来,使对方感觉到演讲者的态度和诚意。要做到礼貌热情,第一,称呼要用尊称,或在姓名之后加上职称、职务等,如"教授""博士""厂长""经理",或在前面冠以表达亲切之意的词语,如"尊敬的""亲爱的"等。称呼对方不能用简称、代称,更不能戏称;第二,要有真挚热烈的感情,对初次见面的客人,说上几句客气话是可以的,也是完全必要的,但客气不等于客套,如果致辞通篇都是客套话,并无实际性内容,就会变得俗套、虚假、言不由衷,所以讲话还是应该推心置腹、朴实真挚;第三,要得体地运用礼貌语、委婉语,讲求措辞的文雅和婉约,注重语气的委婉和温和,而不要使用如"必须""应当""切忌"等词语和命令、生硬的语气;第四,要了解并尊重对方的风俗习惯,地区、民族、宗教信仰等的差异,使得各地的风俗习惯也不尽相同,不同的听众可能有不同的"吉祥语"或"避讳词",对颜色、日子、数字、物品等也可能有不同的禁忌习惯,事前一定要争取有更多的了解,免得无意之中冒犯了对方。

三是讲求技法。致辞要针对活动的主旨,有一个明确的观点。观点要力求新鲜,给人留下深刻的印象。致辞要让人听得清楚、明白,语言要做到通俗易懂、生动形象。抽象的道理要能够加以具体化,概念性的东西要努力使之形象化。在遣词造句方面,要避免产生歧义和误解。致辞只有饱含真挚深厚的感情,才能影响人、打动人、感染人,所以,在表达上要注意感情色彩,既有冷静客观的分析,又有热情主观的鼓动,要把说理与抒情有机地结合起来。对于篇幅较长的致辞,要力求跌宕起伏,动人心弦,而不是平坦如镜,波澜不兴。在内容上要做到有起有伏,有张有弛;有强调,有反复;有比较,有照应;有发展,有变化。

1991年11月,中国电影的"金鸡奖"和"百花奖"同时在京揭晓,电影《焦裕禄》中焦裕禄的扮演者李雪健荣获这两个大奖的"最佳男主角"这一殊荣,他在答谢辞中有这样一句:

苦和累都让一个好人——焦裕禄受了;名和利都让一个傻小子——李雪健得了。

对仗语言的运用,既歌颂了焦裕禄的高尚品质,又表达了自己受之有愧的心情,言简意赅,感情真挚,恰如其分。

四是短小精悍。社交演讲与其他类型的演讲相比,更具有短小精悍、言简意赅的特点。简短,是社交演讲的"生命线"。在日本,婚礼致辞通常被称为"三分钟演讲"。某些带有政治性或学术性的社交演讲,一般也不会超过10分钟。恩格斯《在马克思墓前的讲话》1 200字,大约6分钟;毛泽东的《为人民服务》不到1 000字,大约4分钟。

安徽省铜陵市市长汪洋在出访德国马尔巴赫市时的一次晚宴上的即席演讲就充分

体现了这一特点：

> 女士们，先生们：
>
> 中国人宴会上的习惯是先致辞后吃饭，这样做的好处是把该办的事办完，沉住气，不慌不忙地吃；而欧洲人是吃起来以后再讲话，这也有好处，不会饿肚子，今天我是随乡入俗——吃饱了再说。（笑声并鼓掌）
>
> 今天，我很高兴在这里见到了许多老朋友，又结识了许多新朋友，并且一起庆祝我们的签字仪式。刚才佐尔格和我谈到，在德国，结婚遇到下雨预示着会有好兆头，那么，开普勒市长1985年访问铜陵时，适逢下雨；今天我们签字，雨婆婆又再度光临。如果说协议标志着一种结合的话，这雨将是我们两市的好兆头！
>
> 最后，让我端起这金色的葡萄酒，在席勒的故乡，用他的著名诗歌《欢乐颂》里的一段话，为我们已经签订的盟约干杯！
>
> "巩固这个神圣的团体，凭着这金色的美酒起誓；对于盟约要矢志不移，凭星空的审判者起誓！"

这篇演讲，既短小精悍又寓意深刻，既生动活泼又非常精彩。开头部分，用中国和欧洲人不同饮食习惯的对比打开话题，语言活泼诙谐，使整个现场氛围变得轻松、和谐，与宴会应有的气氛相映成趣，浑然一体。主体部分，由结婚下雨预示着好兆头这一德国人的习俗谈开去，既有对过去美好时光的深情回忆，又有对今天幸福现实的巧妙串联，还有对光明前景的乐观展望。作为幸福吉祥化身的雨，把历史与现实有机地联系起来，从而把友谊与合作的主题较好地凸现出来。结尾部分，既切题又巧妙地引用了德国诗人席勒的诗句，表达了真诚的希望、良好的祝愿，同时进一步增强了亲切感和与现场受众的贴近感。

知识拓展

一、奥普拉·温弗瑞《感觉、失败及寻找幸福》

奥普拉（英文名：Oprah Gail Winfrey，生于1954年1月29日），美国企业家和电视节目主持人，当今世界上最具影响力的妇女之一。她的成就是多方面的：通过控股哈普娱乐集团的股份，掌握了超过10亿美元的个人财富；主持的电视谈话节目《奥普拉脱口秀》，平均每周吸引3 300万名观众，并连续16年排在同类节目的首位。

2013年，美国一家名为Quantified Impressions的沟通分析顾问公司从备受媒体好评的31场毕业演讲中，评选出了Top 10。在这份榜单上，前三名依次是：2008年奥普拉·温弗瑞在斯坦福大学的演讲《感觉、失败及寻找幸福》，2005年大卫·福斯特·华莱士在肯尼恩学院讲述的两条小鱼的故事，以及1963年美国总统约翰·F.肯尼迪在美利坚大学关于世界和平的演说。分析总结他们的上榜原因："这些顶级的演讲人做了三件关键的事情：与听众建立联系（'当时我就像你们一样'）；提供真知灼见（'我们来谈谈，未来生活将是什么样子'）；使用包容性的词汇——'你们''我们''和''与'。"

感觉、失败及寻找幸福

2008年在斯坦福大学毕业典礼上的演讲

Hennessy 校长,全体教员,家长,还有斯坦福的毕业生们,非常感谢你们。感谢你们让我和你们分享这美好的一天。

我决定透露一个小秘密给大家来作为这次演讲的开始。这个秘密就是 Kirby Bumpus,斯坦福 2008年的毕业生,是我的义女。所以当 Hennessy 校长让我来作演讲时,我受宠若惊,因为自从 Kirby 来这上学以来,这是我第一次被允许到斯坦福来。

正如你们知道的那样,Kirby 是一个非常聪明的女孩。她说,她希望大家通过她自己的努力了解她,而不是她认识谁。因此她从来不希望每一个第一次见到她的人知道她认识我。当她和她妈妈第一次来到斯坦福参加开学典礼时,我听说每个人都十分热情。他们说:"我的天啊,那是 Gayle King。"因为很多人都知道 Gayle King 是我最好的朋友。

有些人走到 Kirby 面前,对 Kirby 说:"我的天啊,那是 Gayle King 吗?"Kirby 说:"嗯,她是我妈妈。"然后人们说:"我的天啊,难道说,你认识 Oprah Winfrey?"Kirby 说:"有点吧。"

我说:"有一点?你有一点认识我?"我还有照片为证。我可以把 Kirby 和我骑马时的照片 E-mail 给你们。因此我不仅仅只是有点认识 Kirby Bumpus。我非常高兴来到这里,因为四年来我第一次来到她的寝室。我为 Kirby 感到自豪,因为她获得了人类生物学和心理学的双学位。这就是我多么的了解她。我可以叫她 Cakes。

我为她的父母感到骄傲,她的父母给了她很大帮助,还有她的哥哥 Will。我对 Kirby 大学四年真的没有什么帮助。但是在过去的几周里,每当人们问我在做什么时,我都会说:"我正准备去斯坦福。"

我就是喜欢这样说 Stanford(用一种奇怪的语调)。因为这是真的,我知道根本不会拿到我的学位,因为我没有去斯坦福念书。我去了 Tennessee 州立大学。但是我本来不会拿到我的毕业证,因为我本应该在 1975 年毕业,但是我少了一个学分。我认为我还是会忘了这件事。你们知道,我不会比得上我的同班同学,因为我已经上了电视。我在 19 岁还是大学二年级的时候就已经上了电视。我是唯一一个电视节目主持人,虽然有 11 点的宵禁,却做着 10 点钟的新闻。

严肃地说,我爸爸告诉我:"好吧,新闻 10:30 结束。11 点之前到家。"但是这对我并不重要,因为我已经自食其力了。我在走我自己的路。所以我想,我不能让关于我大学的那件事就这么过去,我还少一个学分。但是我的父亲从那时起却成了问题。由于我没有毕业,他总是说:"Oprah Gail(我的中间名字),我不知道没有学位你能做些什么。"然后我说:"但是,爸爸,我已经有我自己的电视节目啦。"

他说:"好吧,但是我还是不知道没有那个学位你能干什么。"我说:"但是,爸爸,现在我已经是脱口秀的主持人了。"他还是说:"我不知道没有那个学位你怎么去找其他的工作。"

在 1987 年,Tennessee 州立大学邀请我回去作他们的毕业典礼演讲。在那时,我已经有了自己的电视节目,并加入了国家联合会。我制作了一部电影,并被奥斯卡提名,而且成立了我自己的公司 Harpo。可我告诉他们,我不能去演讲除非我得到那一个学分,因为我爸爸总是说没了那学位我将一事无成。

因此,我完成了我的课程,上交了我的毕业论文,然后拿到了学位。我的爸爸非常骄傲。从此我知道,无论什么事发生,那一个学分是我的救世主。

但是我知道为什么我爸爸总是坚持让我获得文凭,因为,正如 B. B. King 所说:"关于学习的美好在于别人不会把知识从你身上拿走。"学习正是我今天想说的,因为你们的教育并没有在这里结束。在很多情况下,这才是刚刚开始。这个世界将会教会你们很多。我认为这个世界,这个地球,就像一个学校和我们人生的教室。有时这些课程会是弯路和障碍，有时会充满危机。我所学的应付这一切的秘密就是去勇于面对，正如我们面对大学课程一样。

我们能够充满激情地去生活和自我提高，这就是我们存在的意义。不断自我提高，去追求人生的更高境界，去追求更高级别的自我提高。

我记得我所受到的最大的赞扬就是当我刚刚在芝加哥开始工作时，我采访了一个记者。很多年以后我们又见面了。她对我说："你知道吗？你一点也没有变。你变得更加自我了。"

这就是我们一直努力在做的，去做我们自己。我坚信你们会从每一件做过的事上学到经验，这样你们就会取得进步。这样你们丰富了心灵。相信我，内在的智慧比外在的财富更加珍贵。你越是使用它，你就得到更多。

今天我想和大家分享我人生的三个经验。你们难道不觉得高兴吗？你们是否会反感，当有人对你说"我想分享一些"但事实上却是 10 个经验。你们肯定在想："听着，这是我的毕业典礼，不是你的。"因此这里只有三个经验我想和大家分享。

这三个经验对我的人生产生了很大影响，它们是关于感情、失败和追求幸福。

当我离开大学一年后，在 Baltimore 我得到了一个共同主持 6 点新闻的机会。在那时媒体界的最大目标就是获得更大的市场，而 Baltimore 是一个比 Nashville 大得多的市场，因此在 22 岁时得到这个机会对我来说非常重要。它那时对我来说仿佛是世界上最重要的事。

我非常自豪，因为我终于有机会去效法 Barbara Walters，而她正是我从业以来一直效法的对象。那时我 22 岁，每年挣 22 000 美元。我遇到了在电视台做实习生的 Gayle，我们立刻成了好朋友。我们说："我的天啊，真难以置信。你在 22 岁时每年能挣 22 000 美元。想象一下吧，当你 40 岁时你每年就会挣 40 000 美元。"

当我真的 40 岁时，我很高兴这并没有成真。

这就是我，22 岁时每年挣 22 000 美元，然而，这种感觉并不好。首先，正如 Hennessy 校长所说，当时他们试图让我改名字。那时导演对我说："没人会记住 Oprah 这个名字。因此我们想让你改名字。我们已经为你想了一个大家都会记住和喜欢的名字——Suzie。"

Suzie，一个很友善的名字。你不会厌恶 Suzie。记住 Suzie 吧。但是我的名字不是 Suzie。你们可以看到，自小我就不怎么喜欢我的名字。因为当你在午餐箱和牌号寻找你的名字时，你永远也不会找 Oprah。

我从小就不怎么喜欢我的名字，但是当我被告知去改名字时，我想，好吧，那是我的名字，但是 Suzie 真的适合我吗？因此我想，它并不适合我。我不会改我的名字。我也不介意人们是否记得住我的名字，这没什么大不了的。

然后他们还对我说他们不喜欢我的长相。那是在 1976 年，你的老板可以那么说。但是如果是现在的话，那就是一件很严重的事了。可是那时他们还是说："我不喜欢你的造型。"我根本不像 Barbara Walters。于是他们把我送到沙龙，给我烫了发。可是几天后我的头发一团糟。我不得不剃光我的头发。此时他们更不喜欢我的造型了。因为作为一个光头黑人坐在摄影机前，我肯定不漂亮的。

比光头更令我讨厌的是我不得不把播报别人遭受的痛苦作为我的日常工作。我深知我期待去观察，我的内心告诉我，我应该做些什么了。我需要为他人提供帮助。

正如 Hennessy 校长所说的那样，我播报了一起火灾，然后应当去给受害者拿毯子。由于白天播报的那些新闻导致我晚上难以入睡。

与此同时我尽量表现得优雅一些，使我更像 Barbara。我认为我可能会成为一个傻傻的 Barbara。

如果我做回我自己，我就会成为一个很棒的 Oprah。我努力像 Barbara 那样优雅。有时我并不读我的稿件，因为我的内心告诉我这是不自主的。所以我想为大家播报一些我想要的新闻。

有时，我不会播报像6个人在连环车祸中受伤这类的新闻。哦，我的天啊。

有时出于内心的本能，我不会去播报一些新闻。我还会遇到一些不认识的和念错的词。一天当我播新闻时，我把 Canada 读错了。我想这样下去学 Barbara 可不大好。我应该做回我自己。

但我爸爸却对我说："这是你一生的机会。你最好继续那份工作。"我的老板也说："这是晚间新闻。你是播报员，不是福利工作者。还是做你的本职工作吧。"

我歪曲了这些期待和义务，并感觉很糟。晚上回到家后我会记日记。自从15岁时我就开始记日记了，于是现在我已经有了好几卷日记。我晚上回到家后，我会记录下我是多么的不幸和沮丧。然后我消除了焦虑。这就是我如何养成了那个习惯。

8个月后我失去了那份工作。他们说我太情绪化了。但因为他们不想违背合约，他们就让我去 Baltimore 主持一档脱口秀节目。从我开始主持那档节目的一刻开始，我感觉好像回到了家一样。我意识到电视不应该仅仅是一个娱乐场，更应该是一个以服务为目的的平台，以帮助他人更好地生活。当我开始主持节目的时候，就像呼吸一样。感觉好极啦。这就是我工作的真正开始。

这就是我学到的经验。当你做的是一份你喜欢的工作时，那感觉棒极了。无论你能挣到多少钱，你都会有很大收获。

这是真的。但是你怎么知道你所做的是对的呢？你怎么知道？我所知道的就是你的内心是你人生的导航系统。当你应该或者不应该做某事时，你的内心会告诉你怎样去做。关键是去面对你自己，面对你自己的内心。我所做过的所有正确选择都是源自我内心的。我所做过的所有错误选择都是因为没有听取来自我内心的声音。

如果感觉不好，就不要去做。这就是我的经验。我的朋友，这个经验会帮你避免很多痛苦。甚至怀疑都意味着不要去做。这就是我所学到的。有很多次当你不知道如何去做时，什么也不要做，直到你知道怎么做为止。

当你什么也不要做时，让你的内心作为驱动力。不仅仅你的个人生活会提高，你在工作中也会获得竞争力。正如 Daniel Pink 在他的畅销书《A Whole New Mind》中所说的那样，我们进入了一个新时代，一个他称之为"概念时代"的时代。人们的内心使人与人之间产生隔阂。他说，重要的不仅仅是逻辑上的、线性的、直尺式的思维方式，移情、快乐、目标和内部特质同样也有卓越的价值。

当我们做自己喜欢的事时，当我们全身心地投入到工作中时，这些特质就会焕发生机。

因此我对你说，忘掉那些快车道吧。如果你真的想飞翔，就把你的力量投入到你的激情当中。尊重你内心的召唤。每一个人都会有的。相信你的心灵，你会成功的。

那么我是如何定义成功的呢？让我告诉你，钱很美好。我不会告诉你们成功与钱无关，因为钱是好东西。我喜欢钱，它能买东西。

但是拥有很多钱并不能使你自然而然地成为一个成功者。你想要的是钱和意义，你想你的工作更有意义。因为有意义使你的生活更加充实。你希望得到的是被信任你珍视你的人包围，这才是你真正富有的时候。因此，第一个经验，跟随你的心灵。如果感觉对了，就继续前进。如果感觉不对，就不要做了。

现在我想谈谈失败。

没有人，他的一生是一帆风顺的。我们都会遇到困难，受到挫折。如果事情出错了，你进入了死胡同，这正是生活在告诉你是时候改变了。所以，每当遇到困难和危机时，我都会问它教会了我什么？只要你吸取了教训,你就会继续前进。如果你真正吸取了教训,你就会顺利通过考验,不用再去经受失败了。如果你没有吸取教训,它会以另外一种形式出现在你面前并给你一些补救。

我注意到当你没有仔细对待生活的细节时,困难就会出现。因为生活总是提前低声地告诫你。如果你忽视了这个低声的告诫,过不了多久你就会得到一个惊声尖叫,无论你怎样反抗。但是如果你不去想为什么困难会发生,而是去反思困难会教给我什么时,你就会学到你需要的东西。

我的朋友 Eckhart Tolle,他写了一本非常棒的书,名叫《A New Earth》。这本书就是关于让你的意识激励你去做事。他说,不要去反抗困境,相反,要融入到其中。事情会变得越来越好的。因为暂时的屈服并不意味着放弃,它意味着一种责任感。

你们当中很多人都知道,正如 Hennessy 校长所说,我在非洲创办了一个学校。我希望给南非的女孩们一个像你们一样的未来。我花了5年时间来确保学校会像学生们一样好。我想让每一个女孩感觉到自己的价值受到重视。所以我检查了每一个设计图,亲自挑选每个枕头,甚至检查砖块间的水泥。我知道每一个细节。每一名学生都是我从9个省的村落里亲自选出来的。然而,去年的秋天我却遇到了一个我从未预料的危机。我被告知有一名宿舍管理员涉嫌性虐待。

你们可以想象得到这是多么令人沮丧的消息啊。首先,我哭了,啜泣了大约半个小时。然后我说,我们得面对它。一个半小时,这就是你全部所能得到的。你需要把注意力集中到现在,现在你应该做些什么。所以我联系了一位儿科创伤专家,我派了一队调查人员,我确定女孩们得到了安慰和支持。Gayle 和我坐上飞机飞向南非。

整个过程中我都在问自己:"这件事教会了我什么?"虽然这个经历十分困难,但是我学到了很多。我意识到自己所犯的错误,因为我一直以来都把注意力集中在错事上。我从外向内建造了那所学校,然而真正对我有意义的是从内向外地去建造它。最重要的是我对正直、品质和美好的理解。我学到了那个教训。我也明白女孩们也学到了一些事。她们从中恢复了过来并意识到她们的声音是有影响力的。

她们的恢复力和精神给了我很多东西,以至于比我给她们的还多。接下来是我最后的经验——关于寻找幸福,我可以谈论一整天,但是我有其他古怪的事要做。

追求幸福并不是一个小话题。但在某种程度上来说它又是最简单的话题。Gwendolyn Brooks 为她的孩子写了一首诗,诗名是《Speech to the Young; Speech to the Progress-Toward》。在诗的最后她说到,不要为了战胜而生活,不要为了歌曲的结尾而生活,要享受生活。她说,你应当为了现在而生活,无论过去发生了什么都不应该影响到现在,因为生活就是过好现在。

我想她还说过,去参与一些事。不要仅仅为了自己而生活。我可以非常肯定的是为了追求真正的快乐,你必须为了一些更有意义的事而生活。生活是互动的。为了前进,你必须后退。对于我而言,这是人生中最重要的经验。想要获得快乐你必须付出。

我知道你们已经很了解了,因为这个经验已经深深地融入了斯坦福。这个经验是 Jane 与 Leland 传承给你们的。因为你们所有的人都知道这座伟大的大学是如何建成的。斯坦福夫妇的独子在15岁时得了伤寒离开了他们。他们有权利和理由去恨这个世界,但是他们却用优雅的行动疏导了心中的悲伤。在他们儿子死后不到一年内,他们已经为这所伟大的大学筹集了建设经费,并发誓要为别人的孩子做一些他们自己的孩子不能得到的事。

这个经验非常明显,那就是,如果你受了伤,你需要帮助他人减轻伤痛。如果你感到痛苦,帮助他人减轻痛苦。如果你的生活一团糟,去帮助其他处在困难中的人摆脱困境。这样一来,你就变成了妇女联谊会或是互助会中最伟大的一个成员。

斯坦福夫妇遭受了世上父母所能遭受的最大痛苦,然而他们懂得通过帮助他人来帮助自己。这种智慧渐渐地被科学和社会学研究所证实,这不仅仅是某种软技能的谈话,这事实上是在帮助者的高度,一种从帮助别人而获得的精神大爆发。所以如果你想快乐,去帮助别人吧。但是当你做好事时,我希望你不仅仅是为了获得快乐,因为我深知做好事可以让你变得更棒。所以无论你怎样选择,若你能以服务他人为榜样,我相信你的生活会更有价值,你也会更快乐。

我也很高兴做我的脱口秀节目,那种快乐是一种更深层次的成就感,我很难去表达和衡量。我决定以电视作为我的职业,我要用电视这个平台来为我的观众服务,而不是让电视利用我。这改变了我成功的轨迹。

我知道无论你是否是一名演员,你都应该把你的才智贡献给能够鼓舞他人的事业。如果你是一名剖析家,你应当把你们的智慧投入到医治他人当中。无论你是否被召唤,你们中的很多人在经济、法律、人权、科学、医药方面都获得了诸如博士一类的学位,如果你们决定把你们的技能和智慧奉献给服务他人,选择把服务他人作为榜样,你们的工作就会变成一种天赋。我知道你们在斯坦福所做的一切就是为了出去找一份工作。

你们在很多方面都得到了提高,没有其他更好的方式能够分享你的丰富的才智了。我永恒的祈祷就是让自己能够为他人提供更好的服务。

就让我引用马丁·路德·金的话来作为结束语吧。他说:"不是所有人都会出名。"我不知道,但似乎今天所有人都想出名。

但是成名也是一种代价。有些人会尾随你到卫生间,听你尿尿。你会尽量尿得轻一些。这没什么大不了的。他们会对你说:"我的天啊,是你!你尿尿啦。"

这就是成名的代价,我不知道你们是否喜欢。

所以,正如马丁·路德·金所说:"不是所有人都会成名。但每个人都可以变得伟大,因为伟大是通过为他人服务而界定的。"你们当中学历史的人可能会知道他接下来的话:"为别人提供服务,并不一定要有大学学历,并不一定要认识柏拉图和亚里士多德,并不一定要会爱因斯坦的相对论,并不一定要了解热力学第二定律。你所需要的是一颗优雅的心灵和充满爱的灵魂。"

不久你们就会正式成为斯坦福大学2008年的毕业生了。

你们有聪明才智。你们将会决定如何利用它。说真的,你们将会如何利用它呢?你们拿到了学位。走向社会吧,我坚信伟大的事将会发生的。

你们知道,我一直坚信,如果你和他人分享,那么事情就会变得更好。所以在我离开之前,我想和大家分享一下毕业礼物。在你们的座位底下,你们会发现两本我最喜欢的书。Eckhart Tolle 的《A New Earth》——流行书俱乐部的精选品,我们的《New Earth》广播已经被下载 3 亿次。Daniel Pink 的《A Whole New Mind:Why Right-Brainers Will Rule the Future》——使我确定我在人生的正轨上。

我真的想送大家轿车,只是开不过来!祝贺大家!08 年的毕业生们!

谢谢大家。

二、国际大专辩论会辩词欣赏

正方:马来亚大学　　　辩题:美是客观存在

一辩:陈瑞华　二辩:郑玉珮　三辩:何晓薇　自由人:胡渐彪

反方:西安交通大学　　辩题:美是主观感受

一辩:樊　登　二辩:郭宇宽　三辩:路一鸣　自由人:谭　琦

主席:张泽群

时间:1999 年 8 月 28 日 19:00

主席：亲爱的朋友们，欢迎各位收看'99国际大专辩论会。今天是A组的决赛。几天来各路辩手充分展现了他们的风采，使我们大开了眼界，同时也使我们各位对什么是出色的辩论，什么是优秀的辩手有了进一步的认识。实际对于这个问题，两千多年前的荀子就有明确的论断，他说：好的辩论应该是"精装以利之；端严以处之；坚强以持之；彼称以喻之；分别以明之；心欢、芬芳以颂之"。那么好，今天也不妨让我们借此标准，来评判出本届辩论会的冠军和最佳辩手。现在我把今天参加决赛的双方辩手介绍给大家，他们是——正方马来亚大学。一辩陈瑞华，法学院三年级学生。欢迎你。

陈瑞华：大家好！在'99国际大专辩论会决赛的今天，我有幸在台上和大家见面，我非常紧张。但我现在心中只有一个愿望，就是好好地享受这世纪末的辩论盛会。谢谢大家！（掌声）

主席：二辩郑玉珮，工商会计学院二年级学生。欢迎你。

郑玉珮：大家好！很高兴又有再一次机会坐在这里参与这次的辩论赛，心情还是跟前两场一样那么的紧张，但是，我希望能够做到最好。谢谢！（掌声）

主席：三辩何晓薇，文学院三年级学生。欢迎你。

何晓薇：很荣幸有这样的机缘进入'99国际大专辩论会的决赛，感谢所有给予我这样，这样的一个机会的人，谢谢你们！（掌声）

主席：自由人胡渐彪，文学院二年级学生。欢迎你。

胡渐彪：谢谢！大家好！能来到决赛，吾心足矣。这一场没有什么苛求，只希望能够好好享受这一场比赛，也希望在场的各位能够看得痛快，听得开心。谢谢！（掌声）

主席：好，谢谢！反方是西安交通大学。一辩樊登，信息管理专业一年级硕士生。欢迎你。

樊登：谢谢主席！各位好！在今天，我们讨论的是一个美的问题，那么希望我们的辩论能够给大家带来美的享受，吾心足矣。谢谢！（掌声）

主席：二辩郭宇宽，机械工程及自动化专业三年级本科生。欢迎你。

郭宇宽：大家好！我也很希望能给大家带来美的享受，但是到底美不美，就要看大家的主观感受了。谢谢大家！（掌声）

主席：三辩路一鸣，企业管理专业一年级博士生。欢迎你。

路一鸣：大家好！我们这届比赛马上就要结束了。不过，说到结束的时候，心里还真有点儿舍不得。希望我们这一届的国际大专辩论会能够带给大家——我们在座的每一位，我们电视机前的每一位——一个美好的回忆。（掌声）

主席：自由人谭琦，计算机专业三年级本科生。欢迎你。

谭琦：大家好！希望我们能够在美的享受中体会美的回忆，最后寻找到美的真谛。谢谢！（掌声）

主席：担任决赛的七位评委是：复旦大学法学教授张霭珠女士。欢迎你。（掌声）南京大学哲学教授张异宾先生。欢迎你。（掌声）中山大学哲学教授梁庆寅先生。欢迎你。（掌声）武汉大学哲学教授赵林先生。欢迎你。（掌声）浙江大学哲学教授余潇枫先生。欢迎你。（掌声）厦门大学法学教授李琦先生。欢迎你。（掌声）北京大学法学教授孙东东先生。欢迎你。（掌声）本场的点评嘉宾：著名学者余秋雨先生。欢迎你。（掌声）

爱美之心人皆有之，生活当中我们总在不停地赞美和审美，就连生活当中的取舍和选择都显示出我们的审美情趣。对有的美是人所共识的，比如说青山碧水；对有的美却是见仁见智的，比如观花赏画。那么美到底是客观存在还是主观感受呢？这正是我们今天的辩题。根据赛前抽签的结果：

正方马来亚大学他们所持的立场是——美是客观存在；

反方西安交通大学所持的立场是——美是主观感受。

好了,首先要进入的是陈述立论阶段。首先有请正方一辩陈瑞华同学陈述观点,时间是3分钟,请。

陈瑞华:主席、评委,大家好!到底是客观存在的美决定了人对美的感受呢,还是人的主观感受创造了美?今天我们双方辩论员在此辩论,就是要解决这千古难解的美学难题。如果说美是主观存在的话,那就是说,今天美的存在与否完全由个人主观意念而决定着,但我方今天就是要告诉大家,美的存在有它一定的规律,就因为这不变的规律,因此美的存在不以人、个人主观的意念而改变,这就是我方的观点——美是客观存在的。

美是一个事物或行为的特质,它有着三个特性,也就是:第一,形象性;第二,感染性;及第三,功利性。形象性指的是,一个事物如果要发挥它的美,它就必须拥有一个具体的形象或形式;第二,它也必须拥有一个感染性,让人们能够引起本身的欢愉或喜爱的感觉;第三,它也必须拥有一个功利性,能够给予人精神及物质上的好处,例如进化及使用等等。由于美的存在必须以这三个特性作为衡量,因此也就产生了一个客观的规律,而由于要用这个客观的规律去衡量,对方又怎么能够说这是主观感受呢!

除此以外,美的三个特性也是独立于人的主观意念之外。人的主观感受不能够改变这三个特性的规律,在欣赏的过程中,主体与客体之间所产生的关系只能是感受与被感受的过程,是客观存在的美引起了人的美感,而不是人的美感创造了客观事物的美。美不以欣赏者的个人主观意念而改变。金字塔的美始终存在于金字塔本身,就算没有人去欣赏金字塔,但是金字塔的美却也是千古地流传下来呀。它的美,啊!

如果取消了,如果说美并没有一个客观的标准,那么就是说,我们以个人的主观喜好来作为标准的话,那么千百个人就有千百个不同的标准,请问,这又和没有标准有什么分别呢?当然,一个事物的美和丑对于不同的人来说,可能有不同的美感,但这种种不同的美感起源是在于个人不同的背景、不同的审美观念以及个人不同的修养而决定的。当然,我们可以欣赏美,去发现美,(时间警示)并且可以用美的规律去创造它,但是却不能够轻言地要取消美,或否定美的存在。如果说美是主观感受的话,那我就不明白了,人类一直追求的真、善、美等伟大的目标,不完全没有意义了吗?因为它们因人而异,随时改变哪!法国美学家狄克罗斯就告诉我们,不管有没有人,卢浮宫的美不会因此而荡然无存!谢谢!(时间到)(掌声)

主席:感谢陈瑞华同学!下面我们有请反方一辩樊登同学陈述观点,时间也是3分钟,请。

樊登:谢谢主席!各位好!对方同学为什么忘记了罗丹曾经说过,在艺术家的眼里,这个世界没有什么东西是不美的。而且主观的东西就代表了任何人就可以随意地改变它吗?主观难道不具有普遍性,我们就不能倡导和培养吗?其实对方同学今天始终强调的是,美需要有一种客观的物质基础,这一点与我们根本就不矛盾,有哪一种主观感受可以脱离客观的物质基础而存在呢?

我方认为美是情感的想象活动所引起的精神愉悦,它需要感受于存在而会于心灵,如果美是客观存在,像这张桌子一样的话,那么我们根本就不用"感",也不用"会",只要"看"就可以了,这样倒也方便!只不过我们看到的将会是千篇一律的美,因为美是客观存在的,那么只要大家的视力差不多,对美的认识就应该是相同的呀!这样一来,就有一些问题不好解释了,为什么我们要不断地交流,对于音乐、绘画、美术、包括辩论的感受?为什么人们对于一些问题总是不能达到一种共同的默契呢?这样一来对方就需要解释的是,为什么蒙娜丽莎的微笑让我们猜测了几个世纪?为什么宋元的山水画至今我们说不尽,道不完?为什么大家对一块奇石的看法会截然相反?为什么那么多的艺术流派会百花齐放?这么多的"为什么",对方同学怎么解释?其实哲学家休谟早就解释过了,他说:美从来就不是物质的客观属性,根本没有客观的标准。这一点与中国传统文化也暗暗呼应。从孔子的"智者乐水,仁者乐山"到柳宗元的"夫美不自美,因人而彰"都在说明着这个道理。如果对方同学还不相信的话,那我可以告诉诸位:实验心理学的学者们早就用科学研究的方法证明了,任何线条啊、颜色啊,本身并不具备美的标准,而人类为什么会对这些线条颜色的组合产生感情,觉得它美呢?那是因为我们对它倾注了很多的情感与想象,加上各自不同的文化背景,才构成了我们这个斑斓的美的世界。所以我们才能够见到国旗、国花,觉得它们是最美的;所以我们过三峡时,看到的不是山,而是等待(时间警示)夫婿归来的女子;所以我们见到黄河就能够感受到母亲般的情怀。说到这儿,我感觉到我们的生活是多么的美好!我们可以感受、想象、去听、去看,人类在客观世界就已经受到了太多的约束,如果我们美的这种自由的体现,还要被对方用客观的标准来来缚住的话,那我只能说我感觉到非常的悲哀!谢谢!(掌声)

主席:感谢樊登同学!下面是自由人的发言时间。我们首先征询一下双方的自由人是否要利用第一段时间进行发言。正方?反方?好,首先有请反方的自由人谭琦同学发言,请。

谭琦:大家好!《聊斋志异》里面的鬼魂有没有形象呢?有。有没有感染力呢?有。有没有功利性呢?有,可以用来吓唬小孩儿。可是鬼魂是客观存在吗?不是。谢谢!(掌声)

胡渐彪:大家好!先针对对方辩友对我们做出的第一个攻击:对方一辩说我方言论是建立在说美是建立在物质基础之上。错了,这点对方辩友揣测错误,我方完全没有这个概念,请您澄清这一点。第二,今天对方辩友的立场有一个离题的错误性,对方,对方辩友所谈的不是美,他们说的是美的感觉。举一个例子给大家,我们知道针是尖的,但是这个针尖和刺到我手有尖的感觉是截然不同的概念。我们知道针的尖是存在于客观世界,它的感觉却是在主观感受里头,两者截然不同。诚如对方辩友刚才所说的一样,今天没有一样东西不美,我方也承认。因为这个美的特性是存在于每一样东西之中,为什么我们会感觉有不同美的感觉呢?很简单,因为美的特性是多样化的,人从什么角度去看美就会得到不同美的感受的结论。但是请注意,美的感受和美本身截然不同。请待会儿对方辩友(时间警示)澄清这一点。谢谢!(掌声)

主席:谢谢!下面要进入的是盘问环节。我们首先有请反方的二辩向正方提问,正方的三位辩手依次回答,共计时间是1分30秒。首先有请反方的二辩提问。

郭宇宽:谢谢!对方同学说美不等于美的感觉,那我想请教对方一辩,美能不能脱离人的感觉而存在。如果能的话,举出一个例子来,好不好?谢谢!

陈瑞华:美当然能够脱离人的感觉而存在啦。一朵花存在于客观世界之中,但是我们能够说花是感觉吗?花的美是感觉吗?不能。花有美的特质,花有美的特性在。但是今天我们能够感觉到花的美是因为我们在不同的角度来欣赏美,因为花能够给予我们不断的感染,但是我们不能够说美和美的感觉是相,是,一样的,对方清楚了?

郭宇宽:请教对方同学啦,那么既然美是可以感觉到,不感觉不到不代表不美,那么对于电磁场这种我们不能直观感受到的东西,请教你们的二辩,它到底美还是不美呢?

郑玉佩:美不美是要存在在那事物之中,但是我们能不能感觉到美,就是凭我们自己的主观感受,但是如果说我们感觉不到美的话,并不表示说那样东西不美,它就必须要有美的特质。对方刚才说电磁场,那么电磁场本身若是拥有美的特质,它能散发出美的特质,能影响、感染人的话,那么它就会令人有美的感受。但是若美的特质不在电磁场上,那么就无法,无法取得,让我们感受到它的美。所以美本身还是存在客观存在的,在那个事物之上,而并非我的(时间警示)主观感受,就告诉说,电磁场美不美呀!(掌声)

郭宇宽:请教对方三辩,当社会上对美的认识不统一的时候,你是根据什么样的标准确定你的审美取向的呢?

何晓薇:对方刚才说当社会上美的标准不统一,我会如何确定审美取向。我们今天要知道的是,美是客观存在的,它本身有一定的形象性,也具有一定的感染力,而且它必须要能够满足人的功利性要求。因此而看,如果一样事物具有美的特征,就是这三样美的特征,它就能够发出它美的光辉,让人们去决定它到底是美还是不美。然而当我们决定它是美的,美,然而当我们说它是不是美的时候,这是一种(时间到)人的主观判断,而不是……

主席:谢谢!

何晓薇:……而事实上是客观存在呀。(掌声)

主席:下面请正方二辩向反方提问,请。

郑玉珮:请问对方一辩,美是不是一种可供研究的对象?

樊登:美当然是一个可供研究的对象,要不然我们在这里辩论它干什么?我们研究它就要看看它到底是客观的呀,还是主观的。对方同学说是一个客观的东西,但是它可以随着人的意志不断地改变。而且说在没有人的时候,有一个东西也可以是很美的,那我就请问了,一朵花如果很美的话,没有人去欣赏它,换了一只小狗走到了花的跟前,它对花会采取一种什么样的感觉,如果觉得这个花有点香味的话,它说不定一口就上去了,这个时候小狗怎么能够知道这个花美不美呢?没有人的时候,花到底美还是不美呢?(掌声)

郑玉珮:请问对方二辩,一个诚实的人所散发出来的内在美,是不是会因为您的主观改变而随意改变呢?

郭宇宽:首先我们说,美和善还不是一个概念,假如对方同学把这种善也当作一种我们今天讨论美学中的美的话,那我们可以说,为什么那个又善良而又丑陋的赵传要说:虽然我丑,但是我很温柔呢?他应该说,因为我很诚实,我很善良,所以我根本就不丑哇!所以对方同学的概念出了一些小小的偏差。而美是我们自己心灵中的感受,这一点的话,是在个人看来有不同的角度。假如说(时间警示)统一的话,为什么对同样一块瓜,会看出来有的人是西瓜,有的是冬瓜呢?这显然不客观嘛。(掌声)

郑玉珮:请问对方三辩,我美不美?(笑声)

路一鸣:对方二辩非常美,但这个观点只代表我个人的感受,有没有人认为对方二辩不美呢?如果有人胆敢说对方二辩不美,我们要不要踏上千万只脚让他永世不得翻身呢?如果美的标准是客观的话,你何必问我美不美,你只要评价、衡量,拿自己的标准去衡量一下那个客观的标准,何必问大家你美不美呢?(热烈掌声)(时间到)

主席:果然精彩,刚刚开战就已经是针锋相对了。下面要进入的是盘问小结。首先有请反方的二辩郭宇宽同学进行小结,时间是1分30秒,请。

郭宇宽:谢谢! 对我的第一个问题说,一朵花摆在那里,你不去感受,它也是美的,这种说法对吗?不要急,我的第二个问题中,对方辩友就告诉我们电磁场不具有美的特性,为什么电磁场不具有美的特性呢? 因为人无法直观地感受它。一个东西一旦人无法直观地感受它,连美的特性都没有了,这不就说明美不能脱离人的感受而存在吗?那么再反观第一个问题,对方同学为什么说那朵花是美的呢?是因为就算他自己没有直观的感受,也有人去感受了,把这种感受传达给了他,这就好像有人买了一个东西作为礼物送给了对方辩友,难道因为他没有掏自己的腰包,就告诉大家在这个世界上买东西可以不花钱吗?假如这样,真是要误人子弟了呀!(掌声)对于我的第三个问题,那对方同学告诉我们,说这个美是一个客观的东西,大家应该掌握一个统一的标准,真的是这样吗?刘德华说,他的梦中情人有一头乌黑亮丽的(时间警示)长发;而我的梦中情人却是一头乌黑亮丽的短发,这怎么统一得起来呢?假如要统一的客观的话,到底是刘德华错了,还是我错呢?假如没有,我们俩都没错的话,那肯定就对方辩友说的那个标准是客观的错了;假如一定要统一起来,是不是我们的梦中情人都应该半边脑袋是长头发,(笑声)半边脑袋是短头发呢?而且审美是我们自己的感受,如果在审美上我们都不能够由自己的感受

来作主的话,那么我们只好说还不如回家卖红薯。(时间到)谢谢大家!(热烈掌声)

主席:感谢郭宇宽同学,谢谢!下面我们请正方的二辩郑玉佩同学进行盘问小结,时间也是1分30秒,请。

郑玉佩:刚才我问对方一辩,美是不是一种可以供研究的对,对象,对方承认了,他说美是可以研究的,那么这不就向我们证明了美是客观的存在吗?若美不是客观存在的话,对方要研究什么呀?如果对方说美是主观感受的话,那么主观感受是什么呢?就是存在对方主观里面的一种想法,是一种对方主观的感觉。如果对方说美是主观感受,那么又可以研究的话,对方是不是告诉我,他将研究他自己的感受啊,那么那不叫美学,那个叫心理学啦,对方辩友。对方二辩又向我回答说善不等同于美。那么我倒奇怪了,为什么内在美就不能是美呢?善良、诚实所散发出来的感染力、影响力难道就不能是一种美吗?对方这样子说,是不是要告诉我们只有外在美才是美,内在美就不是美呀?亚里士多德都告诉我们,善跟美是统一的呀!对方说,如果看到一朵花,香的话,小狗会有什么样的反应?小狗(时间警示)闻到那朵花香,这也就是说花美的本性美是客观存在在那里的,不管是狗还是人都会感受得,感受得到啊!而对方三辩,我就必须谢谢他了,因为他说我美呀!但是对方三辩又说,如果现场观众有谁认为我不美的话,那么可是要骂他们的哟,这倒不必。因为美丑是大家主观感受衡量标准的不同,但是并非表示说对方感受到我丑的时候,我的脸,我的脸就会马上变得面目狰狞。(时间到)因为我还是我,我还是站在这里……

主席:时间到。

郑玉佩:……只是鉴赏角度不同而已。谢谢!(掌声)

主席:朋友们,下面要进入的是自由人的对话环节。在此环节当中,双方的自由人各有累计时是2分钟,每一次发言不得超过30秒。首先有请正方的自由人胡渐彪同学发言,请。

胡渐彪:谢谢!对方辩友认为说,美是主观感受,那我想请问你了,今天这里一粒珍珠它深藏在海底的一个蚌壳里头,请问一下,这粒珍珠的圆润光滑到底还是不是美的?

谭琦:有人认为珍珠很美,可是有人认为珍珠不美,早在中国古代就发生过买椟还珠的故事。请问您,您能告诉我,这人买椟还珠他就一定是错了吗?(掌声)

胡渐彪:对方辩友所说的不外是告诉我们,这粒珍珠它背景有一些不同,但是没有办法否认说这粒珍珠有美的特性,我方承认有人认为珍珠不美,为什么呢?因为珍珠这一物质它本身有美的特性也有丑的特性,可是人家觉得它美,因为他看到它美的特性,看到它丑,因为他觉得它有丑的特性,只是观点不同了呀。请对方辩友不要把美和美的感受两者混淆在一起。(掌声)

谭琦:您告诉我美有美的特性,可是没有告诉我们这个特性到底是什么。倒是你们的一辩说,美要有形象性才能够称之为美,可是这是评判的标准吗?一个夜叉它也有形象,可是您能告诉大家,夜叉是美的吗?

胡渐彪:对方辩友,今天夜叉和美到底有什么直接关系我方意识不出来。我想请问对方辩友的是,对方辩友刚才一辩说很喜欢谈蒙娜丽莎,请教各位,蒙娜丽莎如果我今天觉得它没有什么美感的话,是不是说蒙娜丽莎就不美了呢?

谭琦:对方辩友,蒙娜丽莎本身是一幅画,可是我们对这幅画的评判可以有各种各样,各种各样都不,并不代表说一定是错的。这就是我们审美可以有不同的主观感受。对方辩友您还是没有告诉我,你们一辩就告诉我们说,美有评判的不变的规律,就是它有形象性、感染性和功利性,可是这个形象性你要告诉我,为什么任何事物都有形象,是任何事物都是美的吗?

胡渐彪:对方辩友,这个形象性是指美的那一种形象性,请你不要把它混淆了。对方辩友我想请问你,如果美是一个主观感受的话,我想请问大家,今天《唐诗选集》连不懂华语的外国人都知道它是中国文学史上一个美的著作,照您的说法,这个《唐诗选集》在中国是美的,突然间搬到外国时候,它又是突然间不美的了吗?

谭琦:如果说我们不去仔细地研究唐诗,我们怎么能够从心里焕发出对唐诗这种文化的美的热爱呢?请问对方辩友一个简单的事实,美人鱼你觉得美不美呀?

胡渐彪:说得好,今天要研究,但是我想请问大家,对外国人来说,《唐诗》这部特辑还是不是美的?

谭琦:您没有回答我的问题。请问美人鱼美不美?

胡渐彪:对方辩友,美人鱼美和丑,是有人有不同的观点,为什么?这个原因是在于观赏的角度不同,不代表美的感受和美可以两者混淆在一起。好了,轮到你回答我唐诗的问题了。(笑声、掌声)

谭琦:我已经告诉过您了,我已经告诉过您了,唐诗本身是一种存在,可是我们有的人喜欢唐诗,有的人喜欢宋词,您能告诉我说,这样的喜欢一定有对有错吗?您说美人鱼有人认为美,有人认为丑,可是美人鱼本身就是童话中虚构的人物,美人鱼它是一种客观存在吗?

胡渐彪:对方辩友离题了,我的问题是,今天唐诗到了外国人手中(时间警示)的时候,唐诗还是不是美。你告诉我宋词美和丑到底和我的问题有什么直接关联呢?(掌声)

谭琦:因为有人喜欢宋词不喜欢唐诗啊,他无法欣赏唐诗,他觉得唐诗不美。可是您能告诉我,他喜欢宋词他就一定是错的吗?(时间警示)您还没有告诉我,为什么有人他喜欢美人鱼,有人喜欢白雪公主,可是这些童话中的人物,它都是虚构的呀,它是美的,可是它又是虚构的,请问您,美是客观存在从何而来呢?(掌声)

胡渐彪:美,对方辩友,今天美人鱼的形象有人画出来,甚至有了雕像在童话的故乡。至于为什么会美会丑嘛,我刚才,正如我刚才所说的,是因为观赏角度不同。好,我们不谈唐诗了吧,我们看看赵子龙。赵子龙的忠勇就算曹操不认同,它也是一种内在美的表现,难道你告诉我说,在曹操的事迹里头,赵子龙他的内在美是不美的吗?

谭琦:赵子龙那种叫作善良,善良是一个人的道德,一个人的道德可以影响一个人的主观感受,可不能说你影响了他的主观感受,主观感受就变成客观存在了呀。您还没有告诉我说,那个有了一个雕像,有了美人鱼的雕像之前,是不是就不存在美人鱼这个形象呢?是不是美人鱼就不美了呢?

胡渐彪:对方辩友,(时间到)美人鱼美与……

主席:时间到。

胡渐彪:可以,谢谢!(掌声)

谭琦:其实我还有,对方辩友的时间到了,我还有很多的问题,比如说花仙子,比如说百花仙子,比如说田螺姑娘(时间到)……

主席:谢谢!时间到。

谭琦:……这些都是虚幻中的人物呀!谢谢!(掌声)

主席:真是让我们觉得时间飞逝啊!非常遗憾。下面我们期待的自由辩论也即将开始。在自由辩论环节,双方各有时是4分钟。首先有请正方发言。

何晓薇:首先请问您,在您的立论当中审美和美有什么不同啊?

樊登:如果美的东西不用"审"的话,那它才真叫是客观存在呢,但事实上今天有人脱离过人而谈一个东西是美的吗?对于动物而言对方同学说都有美的倾向,那就请告诉我,对于动物而言美的标准是什么呢?

郑玉珮:我家的小猫看到我觉得我很亲切,因为当我跟它笑的时候它就会走过来,请问它是不是也感受到我的美的存在呢？再请问对方辩友，审美跟美之间的差别到底在哪儿啊？

郭宇宽：其实对方辩友是把狗想吃骨头的那种生理本能也当成了美（笑声），那么假如这样的话，那我们知道奶牛当听到音乐的时候它的产奶量会提高，是不是要告诉我们，奶牛也懂得贝多芬的音乐美呢？（掌声）

陈瑞华：对方两位辩手长篇大论，就能够说，还是没有回答我方的问题，请问美和审美之间究竟有什么分别呀？

路一鸣：当然有分别，我来告诉对方辩友，美是审美的主观判断的结果的一种，因为审美的结果可以有美，可以有丑，可以有非美非丑。倒是对方二辩告诉我们，我说她美说对了，有人说她丑说错了，那么这个说错的人他为什么说错了？对方二辩，你告诉大家。（掌声）

何晓薇：谢谢您告诉我们审美是一种主观的判断，而我们今天的辩题显然是美究竟是以什么，究竟是以什么形式存在，而不是审美是主观判断还是客观存在啊！想请问您，哦，一个，一个爱国的人，他为国牺牲了，比如岳飞，那么他的行为到底美不美呀？

樊登：对方辩友讲来讲去，讲的都是善和美的关系，孔老夫子就讲过"美则美矣，未尽善焉"，什么意思呢？美和善根本就不是同样的关系。请对方朋友告诉我，既然美是客观存在的话，这个客观标准到底是什么？

郑玉珮：对方刚，三辩刚才说，我，我说，观众如果觉得我不美的话就是错了，对方辩友我刚才可没这么说哦！我是说如果有人觉得我不美的话，那么就是审美的角度不同，而您觉得我美的话，那么您就是从另外一个角度发现到我的美。但是这并不能说，有人觉得我丑的话，那么我的脸就马上变成母夜叉了。

郭宇宽：我们还是把今天的辩题从对方同学的脸上回到我们今天美的讨论上了吧（掌声），对方同学说，对美的讨论要分角度的，那么为什么换了一个角度就是唐诗更美，换了一个角度就是宋词更美呢。假如美像身高一样是客观的话，绝不可能换了一个角度，我的个子就比乔丹更高啊！（掌声）

陈瑞华：对方辩友，一个事物有不同的特性，有美的特性，有丑的特性，你用不同的角度去，角度去看，当然可以看到不同的特性啊。请问对方辩友，善良是不是内在美呀？

路一鸣：什么是客观？客观是不以人的意志为转移的，那为什么对方二辩的美可以以人的意志为转移呢？

郑玉珮：对方辩友刚才，想请问对方辩友，当那样事物存在的时候，它当然就不会因为人的意志而转移，所以我的脸并没有因为观众的意志而转移呀！

樊登：那我就请问对方辩友，既然你们认为没有人的时候也有美丑存在，那我请问，"蒙特"这个东西美不美？

何晓薇：那么如果您认为只要有人的存在，人的意志就会影响一样事物的美不美，那么想请问您，究竟是如何把蒙娜丽莎的微笑理解成慈禧太后的奸笑呢？（掌声）

樊登：对方为什么不回答我的问题呢？"蒙特"这个东西到底美不美？

陈瑞华：对方辩友，如果按照您的说法，美是主观感受的话，那么每个人都有不同的理解，那么请问对方辩友，善良什么时候变成不美呀？

樊登：对方辩友不能够回答，那是因为"蒙特"这个词儿是我刚才脑子里边突然想出来的，他根本就不知道是个什么东西，对方辩友不知道，所以对方辩友根本就不知道它到底美不美，你无法用客观存在来评判吧！（掌声）

郑玉珮：但是，想请问对方辩友，难道美就只有外在美吗？请问善良是不是一种美呀？

郭宇宽：对方同学说善良这是什么是美呢，可我们知道什么是客观存在呢？不为尧存，不为桀亡，这

才是客观存在。善是什么？本来就是人的主观意志，这还不是以人的意志为转移吗？（掌声）

何晓薇：但是亚里士多德告诉我们，美是真和善的统一，对方难道要质疑吗？对方难道要说美是不真和不善的统一吗？

路一鸣：如果美就是真和善的统一，如果善和美本来就是合二为一的话，为什么今天还有一个成语叫作"尽善尽美"，为什么我们还要叫追求"真、善、美"，不叫追求"真、善、善"呢？（掌声）

郑玉珮：可是对方辩友难道你要告诉我善不是客观存在的吗？那么是不是告诉我们打抢也是一种善，因为，哦，行为美可以因为您的主观意识而随便更改呀！

郭宇宽：亚里士多德说，善就是美！柏拉图还说过实用就是美。所以"大嘴巴"和"粪筐"也是美的？大家看一看，这么理性的哲人对美的认识都不统一，不更加证明美是主观感受吗？（掌声）

陈瑞华：所以今天对方辩友都没有告诉我们，今天善良是不是内在美，如果对方告诉我们，善良等等美德都不是内在美，因此不在我们今天讨论范围以内的话，那么对方能够提出这一点吗？不，为什么呢？因为，善良这种美德也是内在美呀！你……

路一鸣：就算我们承认善良是内在美，对方辩友你也应该先告诉我们，善良到底是主观感受，还是客观存在？（掌声）

郑玉珮：对方怎么能够说善良是主观感受呢？难道对方要告诉我，帮一个老婆婆过马路的话，那么您主观感受那是心情不好的时候就觉得那是一种恶行啊？（掌声）

樊登：让我们来谈论一个实例好不好？为什么同样是杨柳，在李白的口中就是"风吹柳花满店香"，到了郑谷手里就成了"杨花愁煞渡江人"，这是为什么？请详细解释。（掌声）

何晓薇：不管他们用什么样的审美眼光去审美杨柳，但是杨柳始终是杨柳啊，对方能够说，因为许许多多的哲人对月球、对外太空的理解都不一样，那么银河系就不再美丽了吗？

路一鸣：杨柳始终是杨柳，有没有说过杨柳的美始终是杨柳的美呢？（掌声）对方辩友你论证的是客观存在，还是客观的美呢？

陈瑞华：所以呀，就算我们没有人去认识杨柳的美，但是杨柳的美就因此而不存在了吗？

郭宇宽：杨柳就因为人去欣赏它，在其中投入了人的主观感情，这才是美，这才是我们审美的意义所在。假如它本来就是美，我们还为什么要审美呢，我们的审美热情肯定像火苗子一样哧溜哧溜、叭叽就灭了！（掌声）

郑玉珮：杨柳的美就是客观存在的啊，否则的话难道对方要告诉我们，由于我们没有感受到杨柳的美，那么杨柳的美、大自然的美都不存在了吗？那么我们是不是都，都活在一个虚幻的世界呀？

樊登：这不是我要告诉对方辩友的，著名的美学家克罗奇就说过，如果没有人的想象活动的话，自然中没有哪一部分是美的。这一点对方应该知道吧？

陈瑞华：对方告诉我们，那就请对方回答我的一个问题，聋子听不见声音，那么是不是告诉我们，对聋子来说就没有美妙的音乐呀？

樊登：如果人们从来都没有听到过任何声音的话，音乐从何而来呢？

郑玉珮：可是刚才的主辩稿里面告诉我们，所有的艺术家都认为这个世界是美的；可是刚才主辩又告诉我们，如果没有人去感受的话，这个世界就是不美的。那么请问，这世界到底美不美呀？

郭宇宽：说到音乐我就想到了连黑格尔这样的哲人都说过，音乐反映的并不是什么客观存在，而是人的内在心灵呀！

何晓薇：对方要说音乐，那么如果美是没有一个客观存在的规律的话，那么世界上许许多多大学的音乐系到底（时间警示）在学的是什么呢？

路一鸣：那请对方给我们举出一个例子，这段音乐是美的。（时间警示）

郑玉珮：音乐当然是有其规律可循，否则的话，那些音乐家是要按照什么规律去，去组谱的呀？

郭宇宽：学的是什么呢？就是研究人的主观感受。怎么样迎合主观感受？听众就是上帝。

陈瑞华：错了，对方辩友，研究的是如何找出音乐的美，而不是如何找出美呀！

樊登：这就是我们刚才所说过的，美具有主观的普遍性，这也不是我们说的，这是康德说的。（掌声）

何晓薇：因此对方今天说来说去始终是我们究竟应该怎么样去审美，对方始终是没有回到正题：美到底是以什么样的形式存在呀？

樊登：所以我们就谈了很多的实例呀。请大家，对方给我分析一下，为什么在很多原始部落里边，脖子越长就越美，这可是主观的普遍性啊！

郑玉珮：那么请问对方辩友，长城的美存不存在呢？

路一鸣：对方辩友给我们解释一下，什么叫"长长的美"？

陈瑞华：对方辩友，我，我方问的是长城的美呀！请问有没有人说长城的美是你的小家子气呀！（掌声）（时间到）

郭宇宽：长城的美在我们中国人的心目中就非常的美，而当我们中国健儿在长城口砍杀日本侵略者的时候，那些侵略者会（时间到）觉得他们美吗？（掌声）

主席：时间到。

郑玉珮：所以长城的雄伟美……

主席：时间到。

郑玉珮：……都是大家客观认知的啊。

主席：感谢双方辩论员，谢谢！（热烈掌声）下面我们请双方的自由人进行第二次发言。反方还有时间是1分17秒，正方还有时间是29秒。首先有请正方的自由人胡渐彪同学发言，请。

胡渐彪：谢谢！对方辩友的论点只有两个，第一个，要解释为什么每个人有不同美的感受，唯有说美是主观感受，那才能解释；第二个论点，为什么人觉得那是美，那是丑，唯有认为说是主观感受才能够解释。但是这一切都是离题的，因为这是美的感受，和美基本不同。今天我没有感受得到北极的冷是多冷，但是我能说这个冷就不存在吗？因为冷和冷的感受是截然不同的。如果对方辩友待会儿要再把冷和冷的感受这种概念混淆在一起的话，（时间到）这是不是有离题之嫌呢？谢谢！（掌声）

主席：谢谢胡渐彪同学！我们请反方的自由人谭琦同学发言，请。

谭琦：如果美和美的感受不是统一起来的话，那么这个感受反映这个客观存在的时候，就必然有真假对错之分，可是我们谈了这么多美的角度、美的欣赏，您能告诉我哪一个是对的，哪一个是错的吗？和对方辩友轻谈主观客观，不如我真的拿出一个具体的客观实例来。请问对方辩友，（举着一枝玫瑰花）您告诉我，在大家的眼中，这是不是同一枝花，但在大家的心中是不是有不同的美的评价？伤心的人会说"感时花溅泪"；而高兴的人会说"花儿对我笑"；憔悴的人会说"人比黄花瘦"；有的欣喜的人会说"人面桃花相映红"；有人说花是有情的，所谓"落红不是无情物，化作春泥更护花"；有人说花很无情，"癫狂柳絮随风舞，轻薄（时间警示）桃花逐水流"。原因是什么？"年年岁岁花相似，岁岁年年人不同"；在客观上"花自飘零水自流"，使我们主观"一种相思，两处闲愁"。谢谢！（热烈掌声）

主席：感谢谭琦同学！我们也希望在辩论之后看到谭琦同学要把这束花送给哪位辩友进行主观感受。（笑声）好了，最后是总结陈词阶段。我们首先有请反方的三辩路一鸣同学陈述观点，时间是3分钟，请。

路一鸣：好一场唇枪舌剑的自由之辩！不过我们仔细分析，在对方的口若悬河之下，对方非但不能自圆其美，而且还有几点非常明显的美中不足。第一，对方的立论基础无非是说：美可以脱离人的主观意识而存在，所以对方自由人才告诉我们，这本唐诗拿到了国外，就算这个人没有看过，也会觉得它是美的，如果这本唐诗从来就没有人看过，有没有人觉得它是美的？如果对方二辩，没有人去欣赏她的话，有没有人觉得她是美的呢？其实，对方论证的是美可以脱离一部分人的主观意识而存在，那是因为另一部分人主观上认为它美，我们知道了。我们从来没有见过西施、貂蝉是什么样子的，为什么我们现在一提到西施、貂蝉就想到了美呢？那是因为美就是人们主观上流传下来的口碑。这个时候，美是主观的普遍性。第二，对方又把美和善混为一谈，想要论证他们的辩题。对方又说美和丑其实是可以统一的，如果真是这样的话，那么美可以有一个不以人的意志为转移的作用而存在，因而它对人应该有影响，不过如果我没有感到，它的美的话，它对我的影响是什么呢，它的美的作用又在哪里呢？下面我总结我方观点。

第一，客观存在的事物只有融入了人的主观想象与情感才会显得美，从山川河流到花鸟鱼虫，从春夏秋冬到风云雨雪，我们看到，客观的事物是不以人的主观意识为转移的，正所谓"天行有常，不为尧存，不为桀亡"，而有了人的主观想象，才有了"山舞银蛇，原驰蜡象，欲与天公试比高"。

第二，我们认为，审美的标准和结果，会因为人们的客观生活经历和他的文化背景而不同，我们看到很多人喜欢维纳斯的雕像，维纳斯的雕像风靡西方世界，但我们中国的老婆婆却一定要给她缝上坎肩儿才能心安理得。楚王好细腰，唐皇爱丰满，那么在情人眼中，无论如何对方都如西施一般沉鱼落雁。这个时候我们看到，美其实是源于人们的主观想象和内心情感，是人们借助于客观事物来表达人情冷暖。

第三，我们强调美是主观感受，因为这反映了人追求自由的价值信念，人的肉体受制于客观，从而人的精神就追求无限的驰骋空间。我们爱生活，因为生活的故事上（时间警示）下五千年，叫人浮想联翩；我们爱自然，因为"万类霜天竞自由"，那是生命的礼赞！

综上所述，我方认为，美丑无对错，审美无争辩，因而我们才强调美是自由的象征，我们来自五大洲的辩友，才能胸怀宽广地唱一首：一心情似海，感动天地间。谢谢！（热烈掌声）

主席：谢谢路一鸣同学，感谢他的精彩陈词，谢谢！最后我们有请正方的三辩何晓薇同学总结观点，时间也是3分钟，请。

何晓薇：在感谢对方的滔滔陈词之后，我仍然不得不指出对方所犯下的一个错误，就是离题。对方今天告诉我们的种种始终是人究竟是怎么样去审美，人觉得这个事物美不美。然而这是我们今天要讨论的题目吗？我们今天说，美是主观感受还是主观，还是客观存在，说的是美究竟是以怎么样的一种形式存在啊。然而对方今天举出的花，举出的种种事物告诉我们，说的始终还是一种人怎么样地去审美，而不是我们今天所要讨论的题目啊！再来，对方告诉我们美和善之间不能够和起来谈，可是我们看到是什么呢？许许多多的人具有内在美，难道对方说这些内在美不是善吗，这些善行不是美吗？再来，对方又说许许多多的人审美角度不同，可是这也不是我们所要讨论的啊！事实上，美，它是一种规律，是一种脱离人的主观意识而存在的，它是客观存在的事物。

首先，美具有形象性。黑格尔就说了：美能在形象中见出。不管是自然界当中的"江南可采莲"的美，还是社会里舍身救人的美，甚至是艺术当中"问君能有几多愁，恰似一江春水向东流"的美，这种种的具体形态，正是美的形象性所在啊。

第二，美具有感染性。它的感染力量，或者让我们黯然神伤，在"十年生死两茫茫"中不胜唏嘘；或者是让我们肃然起敬，在"留取丹心照汗青"之中敬仰万分，而这股力量正是让客观存在的美持续徘徊在人的脑海之中的呀。

第三，美具有功利性。人的本质力量推动人类追求美好的事物，而美正是可以让人感到愉悦啊！

"阳春白雪"是美,"下里巴人"也是美,它们都是美,因为它们满足了不同的人的不同需要啊!而这三种规律处在人的主观感受之外,不受人的主观感受的控制啊,同时规律本身的存在,也正是论证了美是客观存在的啊!实际上,因修养、经历、因社会条件、历史条件的种种不同,所以各人的审美能力有所不同,所以美有相对的美,然而对方不能够因此就把美和审美混为一谈哪!认为美是主观感受,这就完全否定了美的客观实在性,颠倒了美与美感两者之间的关系呀。罗丹就曾经告诉我们:美是到处都有的,而我们的眼睛事实上不是缺少美,而是缺少了发现。谢谢!(热烈掌声)

主席:感谢(时间警示)何晓薇同学!本场辩论赛可谓美轮美奂!我想这既是客观存在,也是大家的主观感受。那么现在有请我们的评委对本场辩论赛进行主观感受,请大家评分评判。让我们以热烈的掌声欢送我们的评委和点评嘉宾暂时离席。(掌声)

主席:好,朋友们,让我们以热烈的掌声有请评判团和点评嘉宾上场。(掌声)亲爱的朋友们,这里是'99国际大专辩论会A组决赛的现场。今天交战的双方是马来亚大学和西安交通大学,刚才双方就,美是客观存在还是主观感受,进行了一番美的辩论。现在我们有请本场点评嘉宾、著名学者余秋雨先生进行现场点评,有请。(掌声)

余秋雨:诸位,大家好!哦,非常高兴,非常荣幸能够成为这次决赛的点评者。今天辩论的题目是非常难的。我听到这个论题的时候,真是为正反双方都捏一把汗。难在三点。第一点这是千古难题。我们这次辩论会当中的其他论题,不管是网络呢、电脑啊、知识经济呀,都是本世纪发生的事情,而今天的论题却是千古难题,可以说人类历史上很多智慧的头脑都曾经为这个问题动过脑筋。那么我相信,在今天不可能创造出在这个问题上的智能奇迹,大家也只不过是回忆或者温习一下有关这个问题上前辈的有一些精彩的言词而已。难在第一点是这个。难在第二点,这个问题显而易见,双方的立场都是片面的。我相信,正反双方的同学没有一个人坚信世界上一切美,都是主观的,也没有人相信一切美都是客观的。于是,要故意地设立自己的片面性,那么我们能够所做的是,就是站在自己的立场上揭露对方的片面性,掩饰自己的毛病。这是一种内心都在暗笑的一种态度,但是我们要做得义正词严。所以这是它的第二难点。第三难点,在美学讨论上,尽管讨论的是美,但是它的形态是不美的。因为美的范围太大,牵涉到很多逻辑上的内涵外延,变来变去,所以我们这么一个有千万,哦,观众参与的这么一个电视的辩论会一定需要找到它的感性形式,也就是说,需要找到很好的例证,而任何例证对理论来说,往往是跛脚的。这是第三难点。面对这三个难点,我们正反两方面如何来面对呢?我们看到了答案,嗯,他们不仅辩起来了,而且辩得有声有色,嗯,有的地方紧张得让人都喘不过气来,啊,这一点我觉得是相当了不起。精彩之处比比皆是。上来两方的陈述立场都陈述得很清楚。而且,啊,双方的自由人,一方立即指出针尖的尖和被针尖刺的那种感觉是两件事,那就把美的客观性和美的感受分开来了,讲得很精彩。而对方却明确地讲鬼魂之美算不算美,这样的话呢,又把有一部分美是不是客观存在的这一点也说得非常明白。顺着这么一个清晰的思路往前推,可以说是步步为营。里边精彩的段落啊经常出现。特别是,我们正方的二辩自己现身说法,说自己美不美,啊,这是一个非常有趣的一个,啊,例证啦。然后我们反方的三辩指出,你确实是美的,但是也允许有人说不美。那么我们正方的二辩说即使有人说美,说,有人说不美,我还是我,这个结束得非常漂亮。在这个过程当中,正方的自由人、反方的三辩和自由人都表现出了很高超的辩论水平,他们有一些陈述已经达到了让人动容的程度,这一点我想大家都已经看到了。(掌声)

但是也有显而易见的毛病,这个毛病呢我想有的是双方都具备的。就是,一个,由于我们牵涉到的问题太复杂,在推演的过程当中,专家一听,很多概念的运用都有一些逻辑上的毛病。这,速度很快我们也就不在意了,但是,毛病确实很多。而且双方可能都停留在一个浮表层次上,很难深入,在浮表层次上,啊,打得难分难解啊,深入度不够。如果两队相比较的话,那么我可以这么说,正方,哦美学上的准备薄弱了一点,所以犯了一些不应该犯的根本错误。譬如他们用猫和花的关系,用狗和花的关系来进行美的论述的时候,抽离了人和美的根本关系哪,这是美学上的大忌,而且恰恰适合对于对方提供了他们的把柄,这一点是他们的一个比较大的失误。

而反方呢,嗯,攻势凌厉,气势如虹,但是在辩得最得意的时候,有的时候稍稍有一点的失态,譬如有一个辩手就提出,啊,一个自己想出来的名词,啊这个名词呢,叫大家猜测是什么意思,大家想不出来的时候呢,他就认为,好,我的主观上的想的东西很难获得客观判断,这似乎很幽默,但是由于这个问题和美没有关系,所以就成了我们辩论中的一个障碍。呢,这个放在辩论当中,给人的感觉是稍稍显得有点霸气。

在总体上来概括的话,这是一次非常成功的辩论,最大的成功在于真正真枪实弹地"干"起来了,一个很难"干"起来的一个话题打得那么难分难解,这是极其不容易的。

我们会知道,"美在哪里"这个问题的辩论只是个部门性的问题,更重要的是研究,外部世界何以给人提供了这么一个美的形式和人的感受为什么对这样的形式感到赏心悦目,就是,这才是我们不断思考美的一个重点。客观存在和主观感受,在美的领域,在生活领域都不能成为真正的对手,而我们真正的对手是站在美的立场上长时间地和丑恶抗衡。谢谢大家!(掌声)

主席:感谢秋雨先生高屋建瓴的点评,使我们有拨云见日之感,再次感谢你。(掌声)同时也让我们感谢评判团的辛勤劳作,谢谢。(掌声)

朋友们,在我们得知冠军得主之前,我们首先预告一下明天 A、B 组冠军对抗赛的对阵方和辩题。两组冠军对抗赛将在艾因夏姆斯大学和今天产生的冠军队之间展开,他们的辩题是:夜晚对人类是利大于弊还是弊大于利。(笑声)

好了,在下面的时间就要揭晓我们的冠军。

朋友们,下面要举行的是'99 国际大专辩论会 A 组的颁奖典礼。

首先来揭晓最佳辩手。

'99 国际大专辩论会最佳辩手是——(笑声)

反方西安交通大学三辩路一鸣同学。祝贺你!(热烈掌声)(音乐起……)

我们有请中国中央电视台副台长刘宝顺先生为获得最佳辩手的路一鸣同学颁发奖杯、证书及奖金。他的奖金是一万元人民币。祝贺你。(热烈掌声)

(……音乐停)亲爱的朋友们,现在让我们揭晓本场双方的最后得分。

首先出示正方马来亚大学的最后得分。马来亚大学,他们的最后得分是——

2165 分。(掌声)

我们再来看一看反方西安交通大学的最后得分——(掌声)

2290 分。(热烈掌声)

我们恭喜西安交通大学获得本届辩论会的冠军!同时也感谢马来亚大学的参与。祝贺你们,谢谢你们。(掌声)

(音乐起……)我们祝贺马来亚大学获得了本届辩论会的亚军!朋友们,下面我们有请新加坡电视机构董事许廷芳先生,为获得亚军队的马来亚大学颁发奖杯及奖金。他们获得的奖金是人民币三万元。祝贺你们。(掌声)奖杯是由陕西大晟实业有限公司提供的,谢谢你们。(掌声起……)让我们祝贺他们,也感谢颁奖嘉宾,谢谢。

(……掌声停)亲爱的朋友们,最后让我们有请中华人民共和国广播电影电视总局副总局长吉炳轩先生,为获得冠军的西安交通大学队颁发奖杯及奖金。他们的奖金是人民币六万元。我们恭喜他们。

(掌声起……)

让我们再次祝贺他们,也感谢颁奖嘉宾。

亲爱的朋友们,'99国际大专辩论会A组的决赛到此结束,再见。

三、公考面试点拨

跟习近平学说"场面话"

公务员结构化面试中,有这么一类"拦路虎",要求考生从不同虚拟情境入手进行即兴演讲,称之为情境演讲。例如:慰问说话、动员说话、公开致辞等。从演讲的角度来说,它巧妙引入了"情境"这一概念,增添了演讲的画面感和角色感。从考查的角度来说,它的实用性和应用性更强,增添了考试的压力感和对即兴说话水平能力高低的考查。

而这一类题型当中,最让考生犯怵的是模拟领导说话的情境演讲题型,因为大部分考生既无实力更无经历。可难题来了,我们不能逃避,世上没有解决不了的问题,只有不愿解决问题的人。美国前总统克林顿说,口才就是领导力。提高即兴说话水平,学会情境演讲的意义无须多言。"震天下者必震之于声,导人心者必导之于言。"语言不仅是我们思维的表达方式,更是日常的交际工具。海涅说:"言语之力,大到可以从坟墓唤醒死人,可以把生者活埋,把侏儒变成巨人,把巨人彻底打垮。"语言更是个人内在素质的体现。所以命题人命制这类问题合情合理。

不同的情境就是不同的场面,看似不一样的情境其实内在要求是统一的,这就需要广大考生掌握场面话的技巧。所谓"场面话"就是能放到"场面"上说的话,处于这个社会当中,每个人都说过或听到过一些"场面话",很多人将"场面话"和空话、应付、虚伪、敷衍画上等号。其实"场面话"是一种谈话技巧,也是人际交往中说话办事的必备技巧之一。

习近平总书记在2014年新年伊始发表了一篇新年贺词,专家通过对此的研析提炼,给广大考生一些启发。

第一个关键词:"祝福"

简单又大气的开场白能瞬间提升说话者的气度。开场白的基本功能有称呼、问好、点明主题等。我们要面向所有的听众,在送"祝福"上做文章。例如,总书记以"女士们,先生们,同志们,朋友们!我们即将迎来充满希望的2014年。一元复始,万象更新"作为开头,之后问候了各族各区各行各业人民,并送出了真诚的祝福。这样的开头对于初学者来说,既简单又大气,且容易上手,还不失风范。2014国考面试当中,就有这么一道真题"请以培训负责人的身份给参训新员工作开训讲话",这一类动员性质的情境演讲就可以借鉴此法开头。

第二个关键词:"感谢"

成功而朴实的开头之后应当是具有启发性和总结性的正文。即兴讲话,作为发言者应当寻找一个抓手,在表"感谢"上做文章。于是总书记在新年贺词中盘点了过去了一年国家取得的成绩,并衷心感谢国家和人民:"2013年,对我们国家和人民来说是很不平凡的一年。我们共同战胜了各种困难和挑战,取得了新的显著成就。成绩来之不易,凝聚了大家的心血和汗水。我向大家表示衷心的感谢!"这样的正文承上启下,很有借鉴意义。

第三个关键词:"期待"

回顾过去,立足现在,展望未来,这是我们每个人都应该有的人生态度。演讲的收尾也应当具备这种态度,我们要学会在谈"期待"上做文章。所以作为总书记也对新的一年提出了期待和要求:"生活总是充满希望的,成功总是属于积极进取、不懈追求的人们。"这是在鼓励大家继续努力,迈步向前。"我们在前进的道路上,还会遇到各种风险和挑战。让老百姓过上更加幸福的生活,还有大量工作要做。"这是在提醒广大领导干部尽职尽责共谋福祉。这样的收尾方式,简单务实又具有指导意义,值得学习与效仿。

当然,说好"场面话"不仅对公务员面试有帮助,对我们的人生更有益处。专家希望广大考生能够用敏锐的洞察力去感悟,在生活的每一个片段中不断地搜寻、提炼,把它与自己的生活融会贯通,使之成为自己的一项本领,真正为己所用。

四、应聘面试常见问题的回答技巧

1. 请你自我介绍一下自己。

回答提示:一般人回答这个问题过于平常,只说姓名、年龄、爱好、工作经验,这些在简历上都有。其实,企业最希望知道的是求职者能否胜任工作,包括:最强的技能、最深入研究的知识领域、个性中最积极的部分、做过的最成功的事、主要的成就等,这些都可以和学习无关,也可以和学习有关,但要突出积极的个性和做事的能力,说得合情合理企业才会相信。企业很重视一个人的礼貌,求职者要尊重考官,在回答每个问题之后都说一句"谢谢",企业喜欢有礼貌的求职者。

2. 你觉得你个性上最大的优点是什么?

回答提示:沉着冷静、条理清楚、立场坚定、顽强向上、乐于助人和关心他人、适应能力和幽默感、乐观和友爱。我在××经过一到两年的培训及项目实战,加上实习工作,使我适合这份工作。

3. 说说你最大的缺点。

回答提示:这个问题企业问的概率很大,通常不希望听到直接回答的缺点是什么等,如果求职者说自己小心眼、爱忌妒人、非常懒、脾气大、工作效率低,企业肯定不会录用你。绝对不要自作聪明地回答"我最大的缺点是过于追求完美",有的人以为这样回答会显得自己比较出色,但事实上,他已经岌岌可危了。企业喜欢求职者从自己的优点说起,中间加一些小缺点,最后再把问题转回到优点上,突出优点的部分,企业喜欢聪明的求职者。

4. 你对加班的看法是什么?

回答提示:实际上好多公司问这个问题,并不证明一定要加班,只是想测试你是否愿意为公司奉献。

回答样本:如果工作需要我会义不容辞加班,我现在单身,没有任何家庭负担,可以全身心地投入工作。但同时,我也会提高工作效率,减少不必要的加班。

5. 你对薪资的要求是什么?

回答提示:如果你对薪酬的要求太低,那显然贬低自己的能力;如果你对薪酬的要求太高,那又会显得你分量过重,公司受用不起。一些雇主通常都事先对求聘的职位定下开支预算,因而他们第一次提出的价钱往往是他们所能给予的最高价钱,他们问你只不过想证实一下这笔钱是否足以引起你对该工作的兴趣。

回答样本一:我对工资没有硬性要求,我相信贵公司在处理我的问题上会友善合理。我注重的是找对工作机会,所以只要条件公平,我则不会计较太多。

回答样本二:我受过系统的软件编程的训练,不需要进行大量的培训,而且我本人也对编程特别感兴趣。因此,我希望公司能根据我的情况和市场标准的水平,给我合理的薪水。

回答样本三:如果你必须自己说出具体数目,请不要说一个宽泛的范围,那样你将只能得到最低限度的数字。最好给出一个具体的数字,这样表明你已经对当今的人才市场作了调查,知道像自己这样学历的雇员有什么样的价值。

6. 在五年的时间内,你的职业规划是什么?

回答提示:这是每一个应聘者都不希望被问到的问题,但是几乎每个人都会被问到,比较多的答案是"管理者"。但是近几年来,许多公司都已经建立了专门的技术途径。这些工作地位往往被称作"顾问""参议技师"或"高级软件工程师"等等。当然,说出其他一些你感兴趣的职位也是可以的,比如产品销售部经理、生产部经理等一些与你的专业有相关背景的工作。要知道,考官总是喜欢有进取心的应聘者,此时如果说"不知道",或许就会使你丧失一个好机会。最普通的回答应该是"我准备在技术领域有所作为"或"我希望能按照公司的管理思路发展"。

7. 你朋友对你的评价有哪些?

回答提示:想从侧面了解一下你的性格及与人相处的问题。

回答样本一:我的朋友都说我是一个可以信赖的人。因为,我一旦答应别人的事情,就一定会做到。如果我做不到,我就不会轻易许诺。

回答样本二:我觉得我是一个比较随和的人,与不同的人都可以友好相处。在我与人相处时,我总是能站在别人的角度考虑问题。

8. 你还有什么问题要问吗?

回答提示:企业的这个问题看上去可有可无,其实很关键,企业不喜欢说"没问题"的人,因为其很注重员工的个性和创新能力。企业不喜欢求职者问个人福利之类的问题,如果有人这样问:贵公司对新入公司的员工有没有什么培训项目,我可以参加吗? 或者说贵公司的晋升机制是什么样的? 企业将很欢迎,因为体现出你对学习的热情和对公司的忠诚度以及你的上进心。

9. 如果通过这次面试我们单位录用了你,但工作一段时间却发现你根本不适合这个职位,你怎么办?

回答提示:一段时间发现工作不适合我,有两种情况。

①如果你确实热爱这个职业,那你就要不断学习,虚心向领导和同事学习业务知识和处事经验,了解这个职业的精神内涵和职业要求,力争减少差距。

②你觉得这个职业可有可无,那还是趁早换个职业,去发现适合你的,你热爱的职业,那样你的发展前途也会大点,对单位和个人都有好处。

10. 在完成某项工作时,你认为领导要求的方式不是最好的,自己还有更好的方法,你应该怎么做?

回答提示:

①原则上我会尊重和服从领导的工作安排,同时私底下找机会以请教的口吻,婉转地表达自己的想法,看看领导是否能改变想法。

②如果领导没有采纳我的建议,我也同样会按领导的要求认真地去完成这项工作。

③还有一种情况,假如领导要求的方式违背原则,我会坚决提出反对意见,如领导仍固执己见,我会毫不犹豫地再向上级领导反映。

11. 如果你的工作出现失误,给本公司造成经济损失,你认为该怎么办?

回答提示:

①我本意是为公司努力工作,如果造成经济损失,我认为首要的问题是想方设法去弥补或挽回经济损失。如果我无能力负责,希望单位帮助解决。

②分清责任,各负其责,如果是我的责任,我甘愿受罚;如果是一个我负责的团队中别人的失误,也不能幸灾乐祸,作为一个团队,需要互相提携共同完成工作,安慰同事并且帮助同事查找原因总结经验。

③总结经验教训,一个人的一生不可能不犯错误,重要的是能从自己的或者是别人的错误中吸取经验教训,并在今后的工作中避免发生同类的错误。检讨自己的工作方法、分析问题的深度和力度是否不够,以致出现了本可以避免的错误。

12. 如果你做的一项工作受到上级领导的表扬,但你主管领导却说是他做的,你该怎样?

回答提示:我首先不会找那位上级领导说明这件事,我会主动找我的主管领导来沟通。

因为沟通是解决人际关系的最好办法,但结果会有两种:

①我的主管领导认识到自己的错误,我想我会视具体情况决定是否原谅他。

②他变本加厉的来威胁我,那我会毫不犹豫地找我的上级领导反映此事,因为他这样做会造成负面影响,对今后的工作不利。

13. 谈谈你对跳槽的看法。

回答提示:

①正常的跳槽能促进人才合理流动,应该支持。

②频繁的跳槽对单位和个人双方都不利,应该反对。

14. 工作中你难以和同事、上司相处,你该怎么办?

回答提示:

①我会服从领导的指挥,配合同事的工作。

②我会从自身找原因,仔细分析是不是自己工作做得不好让领导不满意,同事看不惯。还要看看是不是为人处世方面做得不好,如果是这样的话我会努力改正。

③如果我找不到原因,我会找机会跟他们沟通,请他们指出我的不足,有问题就及时改正。

④作为优秀的员工,应该时刻以大局为重,即使在一段时间内,领导和同事对我不理解,我也会做好本职工作,虚心向他们学习,我相信,他们会看见我在努力,总有一天会对我微笑的。

15. 假设你在某单位工作,成绩比较突出,得到领导的肯定。但同时你发现同事们越来越孤立你,你怎么看这个问题?你准备怎么办?

回答提示:

①成绩比较突出,得到领导的肯定是件好事情,以后更加努力。

②检讨一下自己是不是对工作的热心度超过同事间交往的热心了,加强同事间的交往及共同的兴趣爱好。

③工作中,切勿伤害别人的自尊心。

④不在领导前拨弄是非。

16. 你最近是否参加了培训课程?谈谈培训课程的内容。是公司资助还是自费参加?

回答提示:自费参加,就是××的培训课程(可以多谈谈自己学的技术)。

17. 你对于我们公司了解多少?

回答提示:在去公司面试前上网查一下该公司主营业务。如回答:贵公司有意改变策略,加强与国外大厂的OEM合作,自有品牌的部分则透过海外经销商。

18. 请说出你选择这份工作的动机。

回答提示:这是想知道面试者对这份工作的热忱及理解度,并筛选因一时兴起而来应试的人,如果是无经验者,可以强调"就算职种不同,也希望有机会发挥之前的经验"。

19. 你最擅长的技术方向是什么?

回答提示:说和你要应聘的职位相关的课程,表现一下自己的热忱没有什么坏处。

20. 你能为我们公司带来什么呢?

回答提示:

①假如你可以的话,试着告诉他们你可以减低他们的费用——"我已经接受过××近两年专业的

培训,立刻就可以上岗工作"。

②企业很想知道未来的员工能为企业做什么,求职者应再次重复自己的优势,然后说:"就我的能力,我可以做一个优秀的员工在组织中发挥能力,给组织带来高效率和更多的收益。"企业喜欢求职者就申请的职位表明自己的能力,比如申请营销之类的职位,可以说"我可以开发大量的新客户,同时,对老客户做更全面周到的服务,开发老客户的新需求和消费"等等。

21. 最能概括你自己的三个词是什么?

回答提示:我经常用的三个词是:适应能力强、有责任心和做事有始有终,结合具体例子向主考官解释。

22. 你的业余爱好是什么?

回答提示:找一些富于团体合作精神的,这里有一个真实的故事:有人被否决掉,因为他的爱好是深海潜水。主考官说:因为这是一项单人活动,我不敢肯定他能否适应团体工作。

23. 作为被面试者给我打一下分。

回答提示:试着列出四个优点和一个非常非常小的缺点(可以抱怨一下设施,没有明确责任人的缺点是不会有人介意的)。

24. 你怎么理解你应聘的职位?

回答提示:把岗位职责和任务及工作态度阐述一下。

25. 喜欢这份工作的哪一点?

回答提示:相信其实大家心中一定都有答案了吧!每个人的价值观不同,自然评断的标准也会不同,但是,在回答面试官这个问题时可不能太直接就把自己心里的话说出来,尤其是薪资方面的问题,不过一些无伤大雅的回答是不错的考虑,如交通方便,工作性质及内容颇能符合自己的兴趣等等都是不错的答案,不过如果这时自己能仔细思考出这份工作的与众不同之处,相信在面试上会大大加分。

26. 为什么要离职?

回答提示:

①回答这个问题时一定要小心,就算在前一个工作受到再大的委屈,对公司有多少的怨言,都千万不要表现出来,尤其要避免对公司本身主管的批评,避免面试官的负面情绪及印象。建议此时最好的回答方式是将问题归咎在自己身上,例如觉得工作没有学习发展的空间,自己想在面试工作的相关产业中多加学习,或是前一份工作与自己的生涯规划不合等等,回答的答案最好是积极正面的。

②我希望能获得一份更好的工作,如果机会来临,我会抓住。我觉得目前的工作已经达到顶峰,即没有升迁机会。

27. 说说你对行业、技术发展趋势的看法。

回答提示:企业对这个问题很感兴趣,只有有备而来的求职者能够过关。求职者可以直接在网上查找对你所申请的行业部门的信息,只有深入了解才能产生独特的见解。企业认为最聪明的求职者是对所面试的公司预先了解很多,包括公司各个部门、发展情况,在面试回答问题的时候可以提到所了解的情况,企业欢迎进入企业的人是"知己",而不是"盲人"。

28. 对工作的期望与目标何在?

回答提示:这是面试者用来评断求职者是否对自己有一定程度的期望、对这份工作是否了解的问题。对于工作有确实学习目标的人通常学习较快,对于新工作自然较容易进入状态,这时建议你,最好针对工作的性质找出一个确实的答案,如业务员的工作可以这样回答:"我的目标是能成为一个超级业务员,将公司的产品广泛地推销出去,达到最好的业绩成效;为了达到这个目标,我一定会努力学习,而我相信以我认真负责的态度,一定可以达到这个目标。"其他类的工作也可以比照这个方式来回答,只要在目标方面稍微修改一下就可以了。

29. 说说你的家庭。

回答提示:企业面试时询问家庭问题不是非要知道求职者家庭的情况,探究隐私,企业不喜欢探究个人隐私,而是要了解家庭背景对求职者的塑造和影响。企业希望听到的重点也在于家庭对求职者的积极影响。企业最喜欢听到的是:我很爱我的家庭,我的家庭一向很和睦,虽然我的父亲和母亲都是普通人,但是从小,我就看到我父亲起早贪黑,每天工作特别勤劳,他的行动无形中培养了我认真负责的态度和勤劳的精神。我母亲为人善良,对人热情,特别乐于助人,所以在单位人缘很好,她的一言一行也一直在教导我做人的道理。企业相信,和睦的家庭关系对一个人的成长有潜移默化的影响。

30. 如何安排自己的时间?会不会排斥加班?

回答提示:基本上,如果上班工作有效率,工作量合理的话,应该不太需要加班。可是我也知道有时候很难避免加班,加上现在工作都采用责任制,所以我会调配自己的时间,全力配合。

分析:虽然不会有人心甘情愿地加班,但依旧要表现出高配合度的诚意。

31. 为什么我们要在众多的面试者中选择你?

回答提示:根据我对贵公司的了解,以及我在这份工作上所积累的专业、经验及人脉,相信正是贵公司所找寻的人才。而我在工作态度、EQ上,也有圆融、成熟的一面,和主管、同事都能合作愉快。

分析:别过度吹嘘自己的能力,或信口开河地乱开支票,例如一定会为该公司带来多少钱的业务等,这样很容易给人一种爱说大话、不切实际的感觉。

32. 你对这个职务的期许是什么?

回答提示:希望能借此发挥我的所学及专长,同时也吸收贵公司在这方面的经验,就公司、我个人而言,缔造"双赢"的局面。

分析:回答前不妨先询问该公司对这项职务的责任认定及归属,因为每一家公司的状况不尽相同,以免说了一堆理想抱负却发现牛头不对马嘴。

33. 为什么选择这个职务?

回答提示:这一直是我的兴趣和专长,经过这几年的磨炼,也累积了一定的经验及人脉,相信我一定能胜任这个职务的。

分析:适时举出过去的"丰功伟业",表现出你对这份职务的熟稔度,但避免过于夸张的形容或流于炫耀。

34. 什么选择我们这家公司?

回答提示:曾经在报章杂志看过关于贵公司的报道,与自己所追求的理念统一。而贵公司在业界的成绩也是有目共睹的,而且对员工的教育训练、升迁等也都很有制度。

分析:去面试前先做功课,了解一下该公司的背景,让对方觉得你真的很有心想得到这份工作,而不只是探探路。

35. 你认为你在学校属于好学生吗?

回答提示:企业的招聘者很精明,问这个问题可以试探出很多问题:如果求职者学习成绩好,就会说:"是的,我的成绩很好,所有的成绩都很优异。当然,判断一个学生是不是好学生有很多标准,在学校期间我认为成绩是重要的,其他方面包括思想道德、实践经验、团队精神、沟通能力也都是很重要的,我在这些方面也做得很好,应该说我是一个全面发展的学生。"如果求职者成绩不尽理想,便会说:"我认为是不是一个好学生的标准是多元化的,我的学习成绩还可以,在其他方面我的表现也很突出,比如我去很多地方实习过,我很喜欢在快节奏和压力下工作,我在学生会组织过××活动,锻炼了我的团队合作精神和组织能力。"有经验的招聘者一听就会明白,企业喜欢诚实的求职者。

36. 谈谈如何适应办公室工作的新环境。

回答提示:

①办公室里每个人有各自的岗位与职责,不得擅离岗位。

②根据领导指示和工作安排,制定工作计划,提前预备,并按计划完成。

③多请示并及时汇报,遇到不明白的要虚心请教。

④抓间隙时间,多学习,努力提高自己的政治素质和业务水平。

37. 工作中学习到了些什么?

回答提示:这是针对转职者提出的问题,建议此时可以配合面试工作的特点作为主要依据来回答,如业务工作需要与人沟通,便可举出之前工作与人沟通的例子,经历了哪些困难,学习到哪些经验,把握这些要点做陈述,就可以轻易过关了。

38. 想过创业吗?

回答提示:这个问题可以显示你的冲劲,但如果你的回答是"有"的话,千万小心,下一个问题可能就是:那么为什么你不这样做呢?

39. 除了本公司外,还应聘了哪些公司?

回答提示:很奇怪,这是相当多公司会问的问题,其用意是要概略知道应征者的求职志向,所以这并非绝对是负面答案,就算不便说出公司名称,也应回答"销售同种产品的公司",如果应聘的其他公司是不同业界,容易让人产生无法信任的感觉。

40. 何时可以到职?

回答提示:大多数企业会关心就职时间,最好是回答"如果被录用的话,到职日可按公司规定上班",但如果还未辞去上一个工作、上班时间又太近,似乎有些强人所难,因为交接至少要一个月的时间,应进一步说明原因,录取公司应该会通融的。

41. 你并非毕业于名牌院校?

回答提示:是否毕业于名牌院校不重要,重要的是有能力完成您交给我的工作,我接受了××的职业培训,掌握的技能完全可以胜任贵公司现在工作,而且我比一些名牌院校的应届毕业生的动手能力还要强,我想我更适合贵公司这个职位。

42. 怎样看待学历和能力?

回答提示:学历我想只要是大学专科的学历,就表明觉得我具备了根本的学习能力。剩下的,你是学士也好,还是博士也好,对于这一点的讨论,不是看你学了多少知识,而是看你在这个领域上发挥了什么,也就是所说的能力问题。一个人工作能力的高低直接决定其职场命运,而学历的高低只是进入一个企业的敲门砖,如果贵公司把学历卡在博士上,我就无法进入贵公司,当然这不一定只是我个人的损失,如果一个专科生都能完成的工作,您又何必非要招聘一位博士生呢?

实 践 训 练

策划、组织、举办一场演讲比赛

学生自愿组合,每3~4人组成一个团队。各团队拟定比赛策划书,登台宣讲策划书并接受师生的问询答辩,依据策划主题的意义、策划方案的可行性、策划团队的表现力及执行力等要素由师生投票决定胜出团队。由胜出团队负责组织、举办演讲比赛。

9 沟通口才

9.1 沟通概述

9.1.1 沟通的定义

沟通是指通过人与人之间、人与群体之间思想、感情的传递和反馈以求得思想一致和感情通畅的过程。沟通过程不仅包含口头语言和书面语言,也包含形体语言、个人的习气和方式、物质环境等。沟通的目的是让对方理解你所传达的信息和情感或付诸行动,即沟通的品质取决于对方的回应。良好的沟通是要说对方想听的,听对方想说的。

9.1.2 沟通的要素

沟通过程由各种要素组成:发送者、接收者、信息、渠道、噪音、反馈和环境。

(一)发送者与接收者

因为人们有要分享的信息、思想和感情,所以人们要进行沟通。然而,这种分享不是一种单向过程,即一个人表达思想、其他人接收,然后这种过程逆向进行。在大多数沟通情景中,人们是发送—接收者,即在同一时间既发送又接收。

(二)信息

信息是由一个发送—接收者要分享的思想和情感所组成的。所有的沟通信息都是由两种符号组成的:语言符号和非语言符号。

(三)渠道

渠道是指由信息源选择和确立的传送信息的媒介物,即信息传播者传递信息的途径。沟通渠道分为正式的和非正式的两大类型：

1. 正式沟通渠道。是指在组织系统内，依据一定的组织原则所进行的信息传递与交流。例如传达文件、召开会议、上下级之间的定期的情报交换等。正式沟通的优点是：沟通效果好，比较严肃，约束力强，易于保密，可以使信息沟通保持权威性。重要信息的传达一般都采取这种方式。其缺点是：由于依靠组织系统层层的传递，所以较刻板，沟通速度慢。

2. 非正式沟通渠道。指的是正式沟通渠道以外的沟通方式，两个或更多的人直接互相交流，他们可以面对面、通过电话甚至通过邮件交流等。它不受组织监督，自由选择的沟通渠道。

（四）反馈

反馈是发送者与接收者相互间的反应。它对沟通是至关重要的。面对面的发送者与接收者有最大的反馈机会，特别是如果没有其他事物分神。

（五）噪音

噪音是阻止理解和准确解释信息的障碍。噪音发生在发送者和接收者之间，它分成三种形式：外部噪音、内部噪音和语义噪音。外部噪音来自于环境，它阻碍听到信息或理解信息。内部噪音发生在发送者和接收者的头脑中，这时他们的思想和情感集中在沟通以外的事情上。语义噪音是由人们对词语情感上的反应而引起的。

（六）环境

环境是沟通发生的地方。正式的环境适合于正式的沟通。当环境发生变化时，沟通也会发生变化。

所有的沟通都是由发送—接收者、信息、渠道、反馈、噪音和环境构成的。所有的沟通都是一种相互作用。

9.1.3 沟通的种类

（一）人际沟通

人际沟通是发生在一对一的基础上进行的沟通，通常是在非正式的、不规则的环境中。这种沟通绝大多数发生在两个人之间，虽然也可以包括两个人以上。人际沟通利用了沟通过程的所有要素。

（二）小组中沟通

小组中沟通发生在少数人员聚到一起解决某个问题时，以便小组成员都有机会相互影响。小组是由一些发送—接收者组成的，所以沟通过程更为复杂。

(三) 公共场合沟通

在公共场合沟通中,发送—接收者(演讲者)向听众发送某种信息(发表演说)。演讲者通常传送一种高度结构化的信息,所利用的渠道与人际沟通和小组沟通相同。在公共场合沟通中,语言反馈的机会受到限制。

(四) 大众沟通

大众沟通涉及通过媒体或因特网传递给许多人的一种信息。像公共场合沟通一样,大众沟通具有高度结构化的信息和大量的听众,听众数量多者可达数百万。许多人创作大众沟通的信息。例如,在电视节目中,常常有制片人、编剧、导演、制作人、演员或表现这个节目的其他任何人。所有这些人都对这个节目产生影响。大众沟通和其他沟通的最大不同在于反馈。

(五) 跨文化沟通

跨文化沟通是指来自不同文化背景的发送者与接收者之间的沟通。尽管世界各地的人有许多共同的特点,但他们也有许多区别。这样,如果两个或更多的文化群体要进行沟通,他们必须明白,他们可能有不同的知识系统、价值观、信仰、习惯、行为方式等。

9.2 沟通的原则

9.2.1 愉快原则

人们沟通交流的最终目的在于改善人生,追求快乐的人生,快乐来自于需求的被满足。马斯洛理论把人的需求分成生理需求、安全需求、爱和归属感、尊重以及自我实现和超越五类,依次由较低层次到较高层次排列。在人类行为中,有一条至关重要的法则,如果我们遵守这条法则,将会得到无数朋友,获得无穷无尽的快乐。这条法则就是:"永远尊重别人,使对方获得自重感。"如果你想成为人际沟通的高手,就要记住这项规则,向别人表达你的尊重。

(一) 赞赏与鼓励

人生如同比赛,渴望有人喝彩,希望自身价值被别人认同。如果你要使自己成为一个"会说话"的人,不仅要善于看到别人的优点,还要学会真诚地赞美他人。我们来看一个故事:

> 传说有两位猎人,每人打到两只野兔回家,第一位的妻子说到:"你只打到了两只吗?"这位猎人心中很不高兴:"你以为很容易打到吗?"第二天他故意空手回家,让

妻子知道打猎是不容易的事情。第二个猎人的情况恰好相反,他妻子看见他带回两只野兔,就非常惊喜地说:"你今天居然打到了两只兔子吗?"第二位猎人心中非常高兴:"两只算得了什么?"第二天他打到4只。

社会心理学家做过一个这样的实验,他在女大学生中选出两名相貌平平,成绩也非常平常,性格内向,平常根本不注意服装穿戴的同学。然后选定几位男生,任务就是:看见其中一位女同学便显出非常高兴的样子,并且不断称赞她是多么漂亮,穿着是多么淳朴,气质也很好。这些男生表现出非常乐意与她交往,和她谈心。而对待另一位女生一切如常。后来的结果表明:这位被赞美的女生变得开朗大方,学习成绩优秀,充满自信,在人们眼里变得非常漂亮。而另一位女同学还是原来的样子,没有一点改变。

从以上两个事例可以看出,赞扬、鼓励对改变一个人是多么重要。生活中我们经常需要去称赞别人。真诚地称赞,于人于己都有好处。对别人来说,他的优点和长处因为你的赞赏显得更加有光彩,他本人也会因为你的称赞而更加自信。对我们自己来说,真诚地称赞别人,表明你关注他人,并被他的优点所吸引。

(二)换位思考

换位思考,尽量理解别人,从对方的角度考虑问题。这是钓鱼的启示:每次去钓鱼时,我们不会带自己喜欢吃的食物,而是琢磨鱼喜欢吃什么。要想钓到鱼,鱼饵必须适合鱼的口味。一定要尝试着站到别人的立场说话,告诉他们如何满足自己的需要。每个人说话、做事都有自己的目的,一定要找到这个目的并满足他们。站在对方的立场上分析利弊,让对方知道你是在为他着想。

(三)维护对方面子

面子,就是在他人面前得到尊重、肯定的一种感受,是一种自我价值保护。交际时要注意维护交际对象的体面、情面、身份、荣誉。在公众面前让对方的自我价值得到肯定。

一个人想买一个夜壶,看了几个都觉得不太满意。卖壶老人一心想做成这笔生意,便想劝他买大的。但这位老人没有直说而是说:"冬天,夜长啊。"其意不言而喻,如果老人说,冬天小便多,大了正好用。这就过于粗俗,而它既要把话的意思表达出来,又不失礼,又让人心领神会。言辞又文雅。

9.2.2 合作原则

人类漫长而艰辛的生产活动以及多灾多难的生命历程证明:人只有借助群体的力量才能满足人的各种需要,如尊重、归属、友谊、自我实现,只有把自己置身于与他人的关系中,才能够满足自己的愿望。

(一) 不争论

生活中，多数时候我们都生活在平凡的日子里，我们平凡地工作，在平凡的生活中，我们寻求平凡的快乐。生活中，当我们为金庸武侠小说精彩还是古龙的武侠小说精彩而争论，我们为琼瑶的小说值不值得读以及对我们的帮助有多大而争论，我们为三毛的死是否有意义而争论，等等，这些争论有意义吗？

卡耐基说，争论的结果，十之八九是以双方比以前更加相信自己的绝对正确而告终。林肯说过，你争论，你说服不了别人，你输了。你旁征博引，口若悬河，把对方驳得一无是处，洋洋自得，好像自己在对方面前是个大人物，然而你却伤害了他的自尊，不但不能说服别人，反而把事件弄得很糟，你还是输了。

1961年6月，英国退役陆军元帅蒙哥马利访问中国，在洛阳参观，由外交部工作人员陪同。在街上散步时，他走到一个剧场，台上正在上演《穆桂英挂帅》。他听了剧情之后，连连摇头，说道："这东西不好，怎么能让女人当元帅呢？"中方陪同人员说："这是中国民间传奇，群众很喜欢看。"蒙哥马利说道："爱看女人当元帅的男人不是真正的男人，爱看女人担当元帅的女人不是真正的女人。"中方人员不服气："我们主张男女平等，男同志能办到的，女同志也能办到。中国红军里就有很多女战士，现在解放军里面还有一位女将军。"蒙哥马利说："我一向对红军、解放军很敬佩，但不知道解放军有女将军，这会有损解放军的荣誉。"中方人员针锋相对地说："英国国王是女人，根据英国的政治体制女王是英国国家元首和全国武装部队总司令，这会不会也有损贵国军队的声誉？"周总理知道后，严肃地批评中方人员："你讲得太过分了，他有他的看法，何必去反驳他，求同存异，弄得人家无话可说，就算你胜利了？"周总理亲自审阅为蒙哥马利安排的文艺节目，发现又有《木兰从军》，就说："又是一个女元帅。把这个节目换成他喜欢的杂技、口技，不然他会以为我们故意气他。"蒙哥马利知道了这件事，体会到了总理的用心，缓解了怨气，挽回了面子，两人的关系以及两国友好关系同时得以加强。

(二) 避免指责

人都有强烈的自我价值保护倾向，人们对那些威胁自我价值的人有强烈的排斥情绪。指责是通过对过去事实的否定，从而否定沟通对象的价值，让对方恐惧、焦虑。反过来，沟通对象再指责语言的发出者，冤冤相报，恶性循环。

批评毫无意义。一个人无论做错了什么，100次中99次不会自责。批评只会使人采取守势，并为自己的错误竭力辩护。批评经常会伤害一个人的自尊、自重感，并激起他的反抗。指责是一种挑战，只会引起对方的反抗，对方根本不会听你下面的内容。教导他人时，不能使其发现是在受教导。

每个人都有一种内在的价值感、重要感和尊严感。你若伤害了它,你便永远失去了那个人。因此,当你爱一个人、尊敬一个人时,你也就建造了他;而且,他也同样爱你,尊重你。有这样一个故事:

有一天,楚庄王十分喜爱的一匹马因为生活得太优越而死,楚庄王命令全体大臣致哀,要用棺材装殓。文武百官纷纷劝谏,庄王下令:"谁敢为葬马的事来说话,格杀勿论!"大臣们都不敢说话。有个歌舞艺人优孟,他号啕大哭着走进王宫。楚庄王很奇怪,就问他为什么哭。优孟说:"我是为那匹马而哭,那是庄王喜爱的马,像我们这样一个堂堂大国,却只以大夫的礼节来办丧事,实在是太轻慢了,一定要用国王的礼节才像话!"楚庄王一听,他对我的马有感情,有共同语言,事情就好办了。楚庄王很高兴:"在你看来应该怎么办才好?"优孟说:"在我看来,要用最好的白玉做棺材,用红木做外棺,调集大批士兵来挖坟,发动全城的男女老少来挑土。出丧时,要齐国赵国的外交大使在前面鸣锣开道,让韩国卫国的大使在后面护卫,还要建造一座圣庙,奉上牌位,追封它为万户侯。这样,就能让天下人都知道,楚庄王你把人看得很轻,把马看得极其贵重。"楚庄王一听:"我的过错竟有如此大吗?那么我到底应该怎么办好呢?""依我看来,可以垒上灶头,把马肉煮得香喷喷,让大臣们饱餐一顿。"最后楚庄王照优孟说的办,这匹马终于找到自己真正的归宿。

9.2.3 真诚原则

真诚让人与人相互理解,相互帮助。缺乏真诚,愉快原则就成了骗人的伎俩,合作原则就成为谋私的手段。

真诚倾听别人的谈话,就是对于别人的称赞。人际沟通离不开交谈。交谈是建立、拓宽和改善人际关系的基础,是促进人际感情进一步融洽的润滑剂。社交聚会、工作应聘面试、拜访朋友等都是通过交谈进行的。交谈是听与谈的有机配合,在这一过程中,听比谈更加重要,每个人喜欢自己的话有人听,特别是认真、耐心、仔细地听,这证明自身的价值得到他人的承认,受到了他人的尊重。

当然,你的思绪和情感要伴随着对方的节奏和情感起伏波动,根据对方的反应流露出喜怒哀乐,他眉飞色舞,你也喜笑颜开;以至于谈话气氛融洽和谐,不至于产生"对牛弹琴"的遗憾。反之,不善于听别人的谈话,只顾自己滔滔不绝地演说,甚至不给别人说话机会,至少会损伤他人的自尊,让他人面子上难看,这样必然会影响沟通的气氛,很难在彼此之间建立融洽的关系。

9.2.4 谦虚原则

(一)谦恭有礼

三国名将关羽,过五关,斩六将,温酒斩华雄,匹马斩颜良,百万军中取上将脑袋,"如探囊取物尔"。然而,这个叱咤风云、威震三军的英雄,下场却很悲惨,被吕蒙奇袭,兵败被杀,被人割了脑袋。诸葛亮离开荆州之前,曾反复叮嘱关羽,要东联孙吴,北拒曹操。但他对这一战略方针的重要性认识不足。他瞧不起东吴,也瞧不起孙权,致使吴蜀关系紧张起来。关羽驻守荆州期间,东吴派人到他那里,替孙权的儿子向关羽的女儿求婚。如果关羽放下高傲的架子,认真考虑一番,利用这一机会,进一步巩固联盟,将很有好处。但是,关羽居然狂傲地说:"吾虎女安肯嫁犬子乎?"关羽的骄傲,让自己吃了个大亏,被自己的盟友结束了生命。

(二) 知错能改

美国前总统富兰克林年幼的时候很骄傲,不可一世,后来一位朋友将他叫到面前,用很缓和的语言说:"你从不曾尊重他人,自以为是,别人受了几次难堪后,谁还愿意听你骄傲的言论? 朋友将一个个离开你。你再也不能从别人那里学到知识与经验。"富兰克林听了这番话后,很受触动,痛改前非。他处处注意,言行谦恭委婉,谨防损害他人的尊严和面子,不久,他便从一个被人敌视、无人愿意与之交往的人,变为很受人们欢迎的成功人物。

从这个例子可以看出,骄傲自大,容易伤人面子;知错能改,才能得到友谊。

(三) 不讲或少讲"我"

"我"字讲得太多,就显得自私,并且有炫耀自己的意思。在三个人以上的谈话时,尤其如此。在人声嘈杂会议室里,在熙熙攘攘的人群中,我们听不见与己无关的夸夸其谈,可当有人提到我们的名字,我们会下意识地左顾右盼。一位心理学家断言,在人们自己心目当中,只有自己的名字最动听,唯有关于自己的事自己最关心。根据这种情况我们要在沟通谈话中更多地提到对方,多讲你,多讲他,少讲"我"。这才符合我国民族的心理习惯。

口语沟通是最为普遍的社会现象,是人们无法回避的社会交际方式。我们要研究沟通对象的心理预期,遵循一定的原则,才能达到"你好,我也好"的沟通目的。

9.2.5 明晰原则

沟通双方都要明晰沟通过程中发送者、接收者、信息、渠道、噪音、反馈和环境各要素的特点,才能进行有效沟通。

我是谁,我在对谁说话? 当你与别人说话时,要注意到你需要针对不同对象及时做出调整。每当我们转换角色时,我们也应转换语言环境和说话方式,我们必须选择适合语言环境的语言。人们选择不同的词语去表达他们的思想,而每个人有一种独特的语言风格。语言风格是非常重要的,它决定你的优良品质,显示你的文化修养,展现你的风度和智慧。社会语言学家黛博拉·坦南发现,男人和女人拥有几乎完全不同的说话风格。

你要说什么,你要怎样表达?语言选择应注意四个方面:清楚、有力、生动和道德。清楚是指依靠精确又能立即被对方准确理解的语言传递思想。有力的说话方式是那种直接表明观点的,不使用含糊和限定性词语的说话方式。避免模棱两可的话和修饰性词语,比如"我猜想"和"某种……"这些表达方式,因为它们会削弱你说话的威力。消除比如"啊"和"你知道"这些含糊的表达方式,这些词语也使说话者的表述听起来不确定。说话有力的人被视为更可信、更有吸引力和更具说服力。

你在发送什么样的变形信息?语言中充满着变形信息,如果你要准确地进行沟通,必须要听出这种变形信息并理解它的含义。你也应该清楚自己所传递出的变形信息。在进行一对一的沟通时,通常有消除误解的机会。你看到对方显得困惑或烦扰时,你发现后还有机会澄清你所说的内容。

9.3 劝说的口才

9.3.1 劝说的功能

劝说,就是用道理说服人,使之听从。劝说有以下四种功能:

(一)安慰功能

当一个人遭遇挫折、处逆境、遭非议,感到委屈、悲哀、痛苦时,自己无法从低落的情绪中解脱。劝说者来到他的面前,给以坦率、诚挚、推心置腹的劝说,使之振作精神,开始新的生活。

1984年洛杉矶奥运会,美国女排3:1胜中国队。之后,主攻手郎平的心灵蒙上了一层阴影,沉默寡言,吃不下饭。袁伟民知道队员们的压力,必须想办法排除她们的乌云,让队员们打好下场球。

他亲自来找郎平说:"你树大招风,人家恨不得把你每个动作都分解了,人脑和电脑加起来对付你,你又不是完人,怎能不失误?一失误就背包袱,哪里像世界最佳扣球手的样子?拿得起,放得下,才是大将风度。输了就输了,不可动摇信心,人要向自己提要求,非把下面的球拼下来不可。你是聪明人,一点就通,我希望下面的比赛,你不再是昨天那场球的郎平。"这里,袁伟民对因失利而沮丧的女排队员,无一点抱怨和斥责,而是通过分析形势进行安慰和激励。

郎平冷静下来,丢掉了沮丧、后悔,注意力集中在寻找进攻受阻的原因上,最后终于为中国的排球夺得了第一项奥运会桂冠。

安慰劝说：主要表现为精神性的抚慰，它赖以存在的是对人的理解，同情和鼓励，而不是金钱的收买和物质的利诱。

具体而言，劝说的安慰功能，表现形态有以下几种：

第一，通过引导对方从新的角度思考问题，使对方得到宽解和启发，不自觉地走出狭小的思维天地。

> 有一位母亲他有两个儿子，一个卖雨伞，一个开染坊。这位母亲总是为两个儿子担心，出太阳时担心卖伞的大儿子没有生意，下雨时又怕开染坊的小儿子无法晒布。一天到晚，心神不宁。这时，有人来劝他："你不妨倒过来想想，出太阳时小儿子就可以晒布了；下雨时大儿子的雨伞卖得特别多。两个儿子各得天时，生意都会兴隆起来的。"这么说，做母亲的果然放宽心了。

第二，先承认对方目前的不利处境，再通过分析事物的利弊得失，启发对方从不利中看到事情还有好的一面，减轻对方的心理负担。

> 一位小伙子，被一个见钱忘情的姑娘抛弃了，精神上受到强烈的刺激，正处于痛不欲生的状态中。我们可以这样劝说他：失恋的痛苦，是世界上最大的痛苦之一，但是，你仔细想想，你失掉的是真正的爱情吗？为这样的人去痛苦，值得吗？让她去吧，何必耿耿于怀，她既然是这样的品质，还是早分手为好，不然和她结合了，以后会给你带来更大的痛苦。这样就会淡化并排遣小伙子的精神苦闷。

第三，通过向对方表示深切的同情和理解，使对方得到宽慰和鼓励。

当一个人的情绪和心境处于低潮，劝说者如能设身处地，把对方的痛苦看作是自己的痛苦，在向对方表示理解、体谅其苦衷的同时，再给以妥帖切实、饱含情感、渗透人生哲理的劝说，像是雪中送炭。不仅能使劝与被劝的双方感情融洽起来，而且还能使对方从自我烦恼的漩涡中走向新的生活。

（二）调解功能

生活中，同事之间、朋友之间、同学之间、夫妻之间、兄弟姐妹之间、父母子女之间、领导者与被领导者之间，都会或多或少产生摩擦。运用好劝说，能使我们周围的人的非原则性矛盾得到缓解。

（三）导向功能

导向功能就是给人当参谋、出主意、提供最佳行动方案，把迷途者从邪路上拉回来，把

失足者从泥潭中拉上来,把他们送上正道,这就是导向功能。需要注意的是:

第一,劝说对象必须具备迷途知返、改邪归正的情感需要和不知所措的精神困惑。当事者内在的改良需要,才是他发生转变的决定因素。否则,劝说对象自以为是,麻木不仁,对目前境况"感觉良好",那么,任何人的劝说,都将成为过眼云烟。

第二,劝说者必须具备强烈的助人为乐的道德责任感。无论是朋友、同事、同学,还是兄弟姐妹,只要他因困难和挫折而苦恼,精神处于危机状态,我们就有义务去进行开导和规劝。

第三,劝说者必须具备救人于水火、解人于危难的能力储备。对人进行劝导,替人参谋,为人导向,要使对方改变原有思想,就必须提出自己的新的见解。否则,只能局限于简单的批评和劝阻。所谓能力储备,一是能灵活运用各种劝说方法;二是能充分地表达出自己思想见解;三是能准确判断是非;四是具有丰富的生活阅历;五是能够多角度地看问题。否则,劝说时只能受对方情绪感染,不但不能帮助对方摆脱困境,反而还可能在迷惘者的队伍里再增加一个伙伴。如搭救落水者,若不会游泳,下水救人,不是帮倒忙,就是同归于尽。

(四)告诫功能

劝说不仅体现于安慰鼓励、调解矛盾、解惑释疑,而且还用来对人的思想情绪和言语行为进行批判性的警告和劝阻。

一般来讲,对人进行鼓励安慰比较容易,对人进行批评和警告相对困难一些。如批评不当容易造成双方关系的恶化。其实,也大可不必把告诫性劝说看得那么可怕,只要态度诚恳、方法得当,还会大大增进双方的友谊。需要注意的是:

第一,要有与人为善的态度。批评劝阻,是为了帮助对方认识错误,而不是把人整死。只要我们诚恳地提出善意的批评,并设法让对方知道,只有认识错误,并迅速改正错误,才会有光明的出路。对方领会了我们的诚意以后,自然会由衷地感激我们的告诫。

第二,批评要讲科学性。抓问题要准,批评才能说到点子上,对方才能心悦诚服。

第三,要保护其自尊心。警告和劝阻,有很大的揭短和亮丑成分,搞不好,很容易刺伤对方的自尊心。所以劝说时首先要注意对方的身份地位。如劝说对象是你的部下、晚辈或学生,劝说时要多给予长者的关怀和温暖,显得语重心长。如果劝说对象与你是平等身份的人,就要讲究用语分寸,体现对他们的尊重。其次要注意场合,一般不要当着众人的面进行劝说,最好是以私人谈话方式进行。

第四,要善于运用批评的技巧。"技者,事事要领,为君者,不可不察也。"对人批评和告诫,并不是说对任何人任何事都可以直来直去,一语见分晓。有时候要通过含蓄迂回的方法来进行启发和诱导。

9.3.2 劝说的方法

我们施行劝说,目的在于阐明自己的观点,纠正对方的看法,改变对方的情绪,关键是要掌握并能灵活运用一些行之有效的方法。

（一）诱导法

通过讨论、启发、引导的方式进行劝导说服的方法。诱导法劝说要注意：

1. 在劝说中多运用一些商量的口气。

2. 不要回避矛盾。如对方的意见不对，你不妨把你的意见说出来，或用一种商量的口吻使他认识到自己意见的错误性。

3. 明确适用对象。诱导法适用于那些善于思考，性格内向，各方面都比较成熟的对象。

（二）迂回法

劝说者有意避开要谈及的问题的核心内容，先选择一个易于向中心话题过渡、但看上去貌似与中心话题毫无联系的话题，与劝说对象共同讨论，渐渐引向中心话题。

迂回法灵活性较强，难度较高。迂回法劝说要注意：

1. 要善于选择与中心议题有内在逻辑联系的比喻物。

2. 要适时地把握过渡点。当对所涉及的问题议论到一定程度的时候，必须迅速地转折。

一位老师听一位家长说他的学生在家从不整理被子，屋子一片狼藉，就想找机会劝劝他。一天，老师见这个学生正在练字，特意走过去说："你的字写得不错！"学生回答："写得不好！"老师继续往下说："汉字是方块字，有美学，又有力学……"从王羲之、颜真卿、柳公权、赵孟頫，说到当代的郭沫若、沙孟海、舒同。学生没想到老师关于书法还懂得真多，于是渐渐地听得入了迷。老师发现时机已到，就突然把话锋一转，说："常言道，字如其人，但遗憾的是，你的字与你本人大不一样。"学生对老师的袭击毫无防备，一下子呆了，说了声，"怎么了？"老师说："你的被子乱糟糟的，像个练书法的人吗？整理内务犹如写字，也很有讲究。一个字中，只要一笔没写好，整个字就显得逊色；一个房间，只要你的床上零乱无比，整个房间的统一美就被破坏了。"学生听了，恍然大悟，脸红了起来。从此，这位学生就开始注意寝室内务了。

（三）对比法

根据人与人之间的不同情况，针对劝说对象的不同思想特点，运用对比来说服对方，使对方放弃原来的不正确观点，改变不科学、不冷静、不实事求是的认识态度。把对比双方放在平等的位置上，相同的起点上，谁高谁低，谁优谁劣，谁是谁非，就会一目了然。当劝说对象面临进退两难的地步时，可用对比法助他决策。

（四）归谬法

假设对方的观点言之有理，然后引申出一个连对方也不得不承认是荒谬的结论，从而心服口服放弃原有的错误观点和主张。

> 有位懒汉在朋友家里借宿，早晨朋友替他叠被。懒汉说："反正自己还要睡，现在何必去叠！"饭后，朋友忙着刷碗，懒汉说："反正下顿要吃，现在何必去刷！"朋友劝他洗脚，懒汉说："反正还是要脏，现在何必要洗！"
> 第二天，吃饭时，朋友只顾自己吃，不理懒汉，懒汉问："我的饭呢？"朋友说："反正吃了要饿，何必要吃？"睡的时候，朋友只管自己，不理懒汉。懒汉问："我睡哪儿？"朋友说："反正迟早要醒，何必要睡！"懒汉急了，叫道："不吃不睡，不是要我死吗？"朋友答道："是啊，反正总是要死，你又何必活着！"懒汉哑口无言。

当我们面对固执己见的人，直接反驳其错误不见效之下，最巧妙、最有效的方法，当属此法。

> 一位老汉要砍花园中的大桂花树，儿媳问道："这棵桂花树长得甚好，何故要砍它。"
> 老汉："我这院子四四方方，有了此树，便成了困，我怕不吉利，故而……"
> 儿媳："依父亲的讲法，院中树虽然倒了，但人还在里边，不又成了囚犯的囚，不是更不吉利？"老汉终于收起了斧子。

（五）激将法

本指用刺激性的话使将领出战的一种方法，后泛指用刺激性的话或反话鼓动人去做某事的一种手段。激将法，就是利用别人的自尊心和逆反心理积极的一面，以"刺激"的方式，激起不服输情绪，将其潜能发挥出来，从而得到不同寻常的说服效果。激将法是一种很有力的口才技巧，在使用时要看清楚对象、环境及条件，不能滥用。同时，运用时要掌握分寸，不能过急，也不能过缓。过急，欲速则不达；过缓，对方无动于衷，无法激起对方的自尊心，也就达不到目的。

大量的劝说表明，做人的思想工作，有些方法，适合于"这个人"和"这件事"，不一定适合于"那个人"，"那件事"。对那个人，只要动之以情，晓之以理，苦口婆心，以诚相待就能打动他，直至说服他；但在同样一种情况下，"这个人"也可能是"敬酒不吃吃罚酒"，不愿吃甜的，愿意吃辣的，认定一条死理，只往牛角尖里钻，你磨破嘴皮，他却一意孤行。如果你改变方法，突然给他一个强烈的反刺激，反而使你的劝说获得理想的效果。

排球名将孙晋芳,少年时代在苏州业余体校练排球时,单调乏味的训练使她厌烦了,后来索性不去了。教练多次登门相劝无效。有一次,教练又去劝他,见孙晋芳仍然在耍拗脾气,教练便狠狠地对她嚷道:"看来你不是块打排球的料。"说完,骑上车就走。孙晋芳此刻却马上去追教练,教练装着没听见,仍往前骑,气得孙晋芳猛冲几步,一把抓住教练的车子,大声说:"我去!我去!"

"劝将不如激将",教练一席话,激起了孙晋芳强烈的维护自尊的需要。

激将法的运用要因人而异,不可不辨对象个性而通用一个单子吃药。一般说来,它对那些争强好胜的人,效果比较明显;而对敏感多疑,办事谨小慎微的人,很容易产生适得其反的效果,他会把劝说者所给予的激将视为讽刺,导致心死。所以激将法的运用,必须是建立在了解对象的基础之上,如果失去了这一坚实的基础,恐怕难以如愿。

(六)警告法

当事人如不改变自己的思想和行为,就要造成严重后果的关头,劝说者向他大喝一声,给他的精神以强烈刺激,使之受到震撼,从而迷途知返,制止事态的发展。在任何时候,都应以变应变,如果该发脾气的时候不发脾气也是不行的。做人的工作当然要坚持和风细雨疏导,但疏导并不意味着不看对象的思想态度如何,一味地顺情说好话。当一股洪流汹涌而来,在其前面筑起一道坚硬的堤坝,使之受阻后立刻改变流向,朝我们希望的方向奔泻,这也是疏导。

警告法是在激烈的思想矛盾中,用正义和原则的重锤撞击对方的思想警钟。有言在先,丑话说前头,给对方一种心理准备,实际上是诱使对方产生"不听人劝,吃亏在眼前"的恐惧感,使对方明白,照原来的做法继续下去,对自己有害无益,从而改变自己固执己见的态度。对于那些迷途知返、知错能改的人,使用这种方法尤其有效。

9.3.3 劝说应注意的问题

(一)真心实意为对方好

很多思想、行为都不是一天两天形成,所谓"冰冻三尺,非一日之寒",想说服不是容易的事。所以,我们一定要有一颗真正为对方好的心,而不是一种控制:你就是要听我的,不听我的就不行。假如我们是这种控制的强势的态度,可能会出现反效果。有些缺乏经验的人,劝别人劝到双方吵起来,甚至于让对方恼羞成怒。当你这颗为他人好的真心很坚定的时候,方法、态度你自然而然会去修正自己。

(二)要同情,不要怜悯

当一个人遭到挫折和不幸的时候,十分需要别人的同情。真挚的同情,是站在完全平等的地位上交流思想感情,给对方以精神和道义上的支持,并分担对方的感情痛苦,使不幸者痛苦、懊丧的消极情绪得以宣泄,有助于消除心理上的孤独感,使他们增强战胜困难的信心。怜悯不是平等的思想感情交流,而是对不幸者的感情施舍,这种施舍只能有两种结果:一是刺伤不幸者的自尊心,激起他们的反感;二是使不幸者更加心灰意冷,无法振作。

(三)要鼓励,不要埋怨

遭遇不幸和挫折的人,由于一时无法摆脱感情的羁绊,往往会垂头丧气、消极悲观。此时,最重要的是给予其信心和勇气,让他在困难面前看到光明前景。消极埋怨只会使不幸者更加悲观。

(四)要掌握好时机

面对对方的诉说,你就努力做个倾听者,待其情绪稳定后,掌握时机,站在他的角度帮他分析事理,再行劝说,会收到好的效果。

9.4 赞美与批评的口才

9.4.1 赞美的本质与功能

(一)人们共同的心理需求

美国著名心理学家威廉·詹姆士说:"人类本性上最深的企图之一是期望被赞美、钦佩、尊重。"心理学研究表明,爱听赞美是人们出于自尊的需要,是渴求上进,寻求理解、支持和鼓励的表现,是一种正常的心理需求。赞美直接或间接地满足人的多种心理需要:它能使人感到受尊重,能让人认识到工作和学习的成就,能让人觉得自己处在良好的人际关系中,还能让人对自己的生存和安全环境产生乐观的体验。赞美就像暖人心灵的阳光。

(二)增进感情,促进事业

在社交活动中,恰如其分地赞美对方,能创造一种热情友好的气氛,能使彼此的心情更加愉悦舒畅,从而加深双方的友谊,能够帮助我们打造坚实广大的人脉关系,创造和谐稳定的工作环境。所以有人说,赞美别人是一门增进情感、搞好人际关系、拓宽业务面的必备功夫;某些场合实事求是地给予自己肯定和赞美,也会收到较好的效果。

(三)提升自我,乐观生活

真诚赞美别人其实也是自己进步的开端。只有当自己抱着开朗、乐观的态度面对生活时,才能被别人的优点和长处所吸引;只有当心胸开阔,对人对己有足够信心的时候,才能发现他人的优点和长处,并由衷地赞美;赞美他人,提升自己,让我们的人生充满阳光和快乐。

人人都有长处,个个身上都有优点,只是看你能否发现和认识。扬长才能避短,赞扬具有认识作用、动力作用、优化作用、导向作用、化解矛盾的作用等。所以,要善于发现别人身上的美,不要吝啬你的赞扬。

然而,在社交活动中,很多人不懂得赞美的技巧,想给予别人一些赞美却屡屡不能如愿。所以,我们要学习一些赞美别人和自己的技巧。

9.4.2 赞美的原则

(一) 赞美要真诚

赞美之辞应发自内心,符合实际。如过去的业绩、服饰等,毫无根据的赞美,会使人感到你虚情假意,产生反感。

> 战国时期,公子重耳与公子小白争夺王位,鲍叔牙辅佐重耳,而管仲则为公子小白出谋划策。最终公子重耳当上了齐国国君。重耳想拜鲍叔牙为相,鲍叔牙却说:"公子如想统治齐国,任我为相就足够了,而公子如果想一统天下,则非拜管仲为相不可。"最终,重耳任用管仲而成为一代霸主。鲍叔牙虽然不及管仲有才能,但却能真诚地赞赏管仲的优点和长处,并大力举荐,从而获得天下人的称赞,并得以留名青史。

缺乏真情实感、公式化的寒暄客套是不会打动人心的。赞美应该是以客观事实为基础的、发自内心的肯定和赏识。真诚的赞美才能被接受被理解,才不会给人虚假和牵强的感觉,对方也能够感受到你对他真诚。

(二) 赞美要看对象

俗话说:"到什么山上唱什么歌,看什么人说什么话。"社交的黄金法则是:别人希望你怎样对待他,你就怎样对待他。因此,赞美之辞要能满足对方的自我意识,就必须在赞美之前了解对方,弄清对方希望怎样被夸奖赞美,要对准对方的兴奋点,根据对方的文化修养、脾气秉性、心理特性、所处背景、角色关系、语言习惯乃至职业特点、性别年龄、个人经历等不同来赞美。如对知识分子,他们看重的是业务能力、学术成果;对企业家,他们自诩的是自己的创业史与企业的经济效益;对普通妇女,她们引以为荣的则往往是治家有方,或孩子听话;对于商人,如果你称赞他脑子灵活、手腕高明,懂得生意经,他可能会高兴;对年轻人,你赞他一表人才,并举出几点证明他的将来会大有作为,他会以你为知己;对老年人,如果你夸他的子孙出类拔萃,他也一定会喜欢你。

（三）赞美应具体实在

社交中应从具体事情入手，不失时机地予以赞扬，表现出你对他人的欣赏和发现。别人就会觉得自身的价值得到切实的承认，感受到人际的温暖，得到很大的鼓励。

1973年2月美国总统尼克松访华期间，由于尼克松没有安排随行的国务卿罗杰斯参加与毛主席的会见，罗杰斯十分恼火，打算给中美联合公报的发表制造麻烦。周恩来总理得知这一情况后，主动去见罗杰斯。一见面，周总理就说："国务卿先生，我受毛泽东主席的委托来看望你和各位先生。这次中美两国打开大门，是得到罗杰斯先生主持的国务院的大力支持的。我尤其记得，当我们邀请贵国乒乓球队访华时，贵国驻日本使馆就英明地开了绿灯，说明你们的外交官很有见地。"罗杰斯听到赞扬十分高兴，笑着说："总理先生也是很英明的。我真佩服你想出邀请我国乒乓球队的招，太漂亮了！"几句话，一下子就将两国疏远的距离拉近了，中美联合公报得以如期发表。

（四）赞美要把握好时机

注意观察对方的状态是很重要的一个过程，如果对方恰逢情绪特别低落，或者有其他不顺心的事情，过分的赞美往往让对方觉得舒服。

（五）赞美要注意分寸

赞美不可过分。肉麻的吹捧，不仅会降低自己的人格，也会令对方反感。或者恭维、奉承频率过高，也会令人讨厌。赞美要注意分寸，只有适度的赞美才会令人感到欣慰。

总而言之，赞美是社交沟通活动中一种良好的互动过程，是人和人之间相互关爱的体现。美国前总统里根曾说过："在我14岁的时候，我的母亲就告诉我说，别忘了发现别人的长处，多说别人的好话。从此以后，我牢牢地记着这句话，甚至在梦中也不忘赞美别人。"社交活动中，真诚地赞美，是建立良好人际关系的必要条件。我们都要学会赞美，掌握赞美的语言艺术，搞好人际关系，增强团队精神，创造和谐的社交环境。

9.4.3 赞美他人的语言技巧

赞美是一件好事情，但在社交活动中适当地赞美别人却不是一件易事。若在赞美别人时不掌握一定的技巧，很难收到好的效果。

（一）直言赞美

直言赞美就是用清晰直白的语言直接表达对他人称赞。

卡耐基小时候是一个公认的坏男孩。在他 9 岁的时候，父亲把继母娶进家门。父亲一边向继母介绍卡耐基，一边说："亲爱的，希望你注意这个全郡最坏的男孩，他已经让我无可奈何。说不定明天早晨以前，他就会拿石头扔向你，或者做出你完全想不到的坏事。"出乎卡耐基意料的是，继母微笑着走到他面前，托起他的头认真地看着他。接着她对丈夫说："你错了，他不是全郡最坏的男孩，而是全郡最聪明、最有创造力的男孩。只不过，他还没有找到发泄热情的地方。"继母的话说得卡耐基心里热乎乎的，眼泪几乎滚落下来。就是凭着这一句直白的赞美，他和继母开始建立良好关系。也就是这一句直白的赞美，成为激励他一生的动力。

"早就听说你们单位今年招了一位非常美丽的女孩，原来就是你呀！而且比想象的更美丽。""真是隔行如隔山啊，从您身上我确实学到了不少东西。""你今天的方案写得速度真快。""你处理员工投诉的态度非常得当。""啊，真是气派，大公司就是不一样！""屋子收拾得这么漂亮！夫人一定很能干。""您是我最佩服的人。"诸如此类的直白赞美，会让人精神愉悦、信心倍增。最有实效的赞美之辞不是锦上添花，而是雪中送炭。

（二）赏识赞美

人性的本质是渴望欣赏。人能获得成功离不开自信。赞美和鼓励无疑是滋养他人自信的一剂灵丹妙药。

布鲁斯·福布斯是个很有魅力的领导人。在圣诞节发奖金时，他会走到每个人的桌子前，连邮递室的员工也不漏掉，然后握住他们的手，真诚地说："如果没有你的话，杂志就不可能办下去。"这句话让听的每个人都感到心中温暖如春，感到自己的工作很重要，油然而生一种敬业感和责任感。

美国著名企业家玛丽凯曾说过，世界上有两件东西比金钱和性命更为人们所需，那就是认可和赞美。我们应该学会赏识、赞美他人，努力去挖掘他人的闪光点。

美国 IBM 公司总裁小托马斯·沃森年轻时是一个被各种大学拒之门外的坏学生，很少受到好评。参军后作为副机师随布拉得利将军出使前苏联，他和机组人员相处得很糟。当他谈到下一次飞行时，机组人员说："别算上我们。我们宁愿执行战斗任务，也不想再和你飞下一趟啦。"这话使小托马斯受到了沉重的打击，心情沮丧极了。过了几天，布拉得利将军把他叫到办公室，对他说："下一次飞行，我要你当机长。你工作很努力，学会了不少东西，我相信你能完全胜任。"小托马斯当时的感觉是："即使给我 100 万美元，我也不会像现在这样感到高兴。"小托马斯从赏识中深受鼓舞，努力工作，他和机组人员的关系也渐渐融洽起来。

(三) 间接赞美

这是一种通过第三者来赞美某人或某事的形式。生活中经常听到"某某很佩服你"、"某某称赞你"等，就属这种情况。有时，赞美由自己说出来，不免有恭维和奉承之嫌。如果换个方法，借用第三者的口吻进行赞美，对方多半会认为你不是在奉承他。

1. 林经理，我听华美服装厂的张总说，跟您做生意最痛快不过了。他夸赞您是一位热心爽快的人。

2. 恭喜您啊，李总，我刚在报纸上看到您的消息，祝贺您当选十大杰出企业家。

还可以通过赞美与一个人有密切联系的人、事或物，来折射对一个人的赞美之意。比如，为了赞美一个女性，你可以赞扬她的孩子漂亮、聪明、有出息，或者赞扬她的丈夫能干、会办事，这样也可以很好地达到间接赞美她的目的。又如，到别人家里，与其乱捧一场，不如赞美房子布置得别出心裁，或欣赏墙壁上的一张好画，或惊叹一个盆栽的精巧。赞美别人最近的工作成绩、最心爱的宠物、最费心血的设计，都会引起对方的好感。

间接赞美通过第三方传达佳话能消除隔阂，增强团结，融洽气氛，创造和维系良好的关系。

(四) 类比赞美

这是一种用自己熟悉的事物去类比自己外行的事物来赞美别人的方法。例如，一位农妇，她虽然对绘画一点不懂，但她却很会夸奖别人的画。一次，她见到一位画家画的一幅小鸡闹食的画，不由惊叹道："哎哟！瞧这些画出来的鸡，比俺家养的那些鸡还调皮！"一句话把画家给逗得哈哈大笑，高兴之余，还把这幅作品赠给了农妇作留念。

(五) 反语赞美

这是指用反语来赞美某人或某事的形式。这种形式在特定的环境和背景下使用，幽默含蓄，别致风趣，比一般的赞美有更好的表达效果。例如，某药厂厂长，赞美一位药剂师大胆实验、大公无私的献身精神，说："为了减少药物的副作用，在正式投产前，你长期泡在实验室里，对新药不择手段，抢吃抢喝，多吃多占，在自己身上反复试验，我这个厂长真是拿你没办法。"这种用反语赞美的形式，令人感到新奇巧妙，别有情趣。

9.4.4 赞美自己的语言技巧

拿破仑·希尔曾这样说："自我欣赏或自我赞美，其本质正是对自我成功的一种最直接的暗示。如果一个奋斗者不断地告诉自己：'我是最优秀的，我一定会成功！'那么，他就会像得到神助一般，必将取得成功。能常常赞美自己的人，实质上正是敢于向命运宣告：'我是不可战胜的！'这种对自我的赞美，正是一颗深深地植根于自己灵魂中的种子，最后一定会在现实生活中结出无数颗能展示生命之美的果实。"可见,赞美自己可以增强自信,赢得成功。

陈寿的《隆中对》这样描写诸葛亮:"亮躬耕陇亩,好为《梁父吟》。身长八尺,每自比于管仲、乐毅,时人莫之许也。惟博陵崔州平、颍川徐庶元直与亮友善,谓为信然。"诸葛亮自比管仲、乐毅,立志要像管仲、乐毅那样,干一番有益于天下统一的事业,展现了自己的宏伟抱负。后来诸葛亮辅佐刘备,与曹操、孙权三分天下。

可见,赞美自己是一种巨大的精神力量。但是,赞美自己一定要符合实际,实事求是,符合自身的成长规律。如果夸大其词,反而事与愿违,只会降低信任度。赞美自己应目的明确、有的放矢。当今社会,无论是招聘人才、评定职称、工程招标,还是购买商品,都有一定规格、要求。如果你的优点、长处并非对方所需,你的自我赞美就不会被对方接受。赞美自己也可借他人之口,最好还辅以奖状、证书、专家评价等旁证,以增强可信度、说服力,避免直接赞美自己过多,引起听者的反感。赞美自己,要避免给人留下自吹自擂、狂妄自大的嫌疑。因此,在赞美自己的同时,应承认有待改进之处。这种实事求是的态度,不仅不会有损自己形象,还给人以谦虚的印象。

9.4.5 批评的本质和作用

批评是为了帮助人、警醒人而指出对方的缺点和错误。它不同于对对象的贬斥、讥讽、攻击、谩骂,也不同于不负责任的议论。批评和赞扬是两种形式上对立的沟通方法和工作方法,但它们的目的和作用却是一致的。批评的作用有:教育促进作用、警戒提醒作用、调整人际关系作用等。被批评者的心理障碍也产生于人的心理需要。它会直接或间接地与人的自我保护心理相抵触;它可能使人感到失去自尊和荣誉,使人觉得工作和学习的成绩被抹杀,使人觉得自己处在恶劣的人际关系中;还可能对自己的生存和安全环境产生悲观的体验。所以人们一般主张慎用批评。

俗话说"忠言逆耳利于行",那要看对象。我们更认同"忠言顺耳利于行"。能够听得进去逆耳忠言,才能利于行;听不进去逆耳忠言,就无法利于行。因此,如何让被批评者能够听进去批评,心悦诚服地接受批评才是关键。可见,批评更要讲究语言艺术。

9.4.6 批评的语言技巧

(一)先赞扬后批评

戴尔·卡耐基说:"矫正对方错误的第一方法——批评前先赞美对方。"批评前先赞美,能化解被批评者的对立情绪,使其乐于接受批评,达到预想效果。

一位上司批评女秘书时这样说:"你今天穿的这件衣服真漂亮!"接着又说:"不

过我希望你以后要对标点稍加注意,让你打的文件跟你的衣服一样漂亮,好吗?"女秘书愉快地接受了批评。

每一个人都有自己的优点和缺点,如果我们只是一味地批评,在某种程度上讲就会放大缺点,就会使对方觉得自己一无是处。先批评会把情绪搞砸了,再真诚的批评也难以接受。那样的话即使是自己意识到并且愿意改正的缺点,也因为心理的抵触而消极对待了。先表扬则不然,对方情绪好,善意的批评是可以接受的。所以,我们在给人指出缺点和不足时应该怀着善意的心态,要考虑对方能否接受,要运用一定的方式和技巧,最好做到批评之前先表扬。

(二) 批评要委婉

含蓄的批评应该是在私下里进行的。人都是有自尊心和荣誉感的,有的人之所以不愿接受批评,主要原因便是怕触伤他的自尊心和荣誉感。为此,我们在批评他人时要委婉含蓄地批评。

讲究含蓄,首先忌讳的便是大发雷霆。有些人所犯的过失对我们可能是直接的伤害,作为批评者往往容易发怒。但是,发怒和批评不是一回事,发怒并不能解决问题。且大发雷霆会严重伤害对方的自尊心,增加对方的抗拒心理,不利于问题的解决。其次,批评不应在公众场合进行,尤其是不要当着他所熟悉的人的面批评。否则,会使对方感到"面子"受到了伤害,增加他的心理负担,影响批评的效果。所以,含蓄的批评应该是在私下里进行的。

另外,在批评的语气上也可以表现出含蓄。比如,要对方改正错误,用请求的语气说:"请你做一些修改好吗?"如果说:"你马上给我改正过来!"对方肯定不愿意接受。

(三) 批评要诚恳

批评他人是为了帮助对方认识错误,改正错误,积极把工作做好,而不是要制服别人或把别人一棍子打死,更不是拿别人出气或显示自己的威风。所以批评他人时态度一定要诚恳,要站在对方的立场上,以关怀、爱护、诚心诚意的态度来对待他;而不要摆出一副很严肃或阴沉的面孔,郑重其事地用指责和强硬的口气说话,因为这样会造成紧张的气氛,使对方产生逆反心理。所以最好是和颜悦色而又诚挚恳切,这样才有利于达到心灵沟通、心理包容的目的。

诚恳的批评还表现在对对方客观的评价。一个人偶犯过失是不可避免的,但是你因此把别人说得一无是处,这就不客观了。比如夸大对方所犯过失的事实,甚至否定一个人的前途,这些都不利于问题的解决。在批评他人时,"不可救药"、"我算把你看透了"、"你是出窑的歪砖定了型"等语言是要避免的。另外,像"你向来都……"、"老是"、"从来就没有"等字眼也会使对方认为你抱有成见、态度不诚恳,因而会产生对立情绪,这样自然就会削弱你批评的力度。批评时要牢记两点:一是切忌尖刻,二是要诚实。

（四）批评要就事论事

我们批评他人，并不是批评对方本人，而是批评他的错误的行动，因为你感兴趣的或对你影响最大的毕竟是他的行为而不是他本人。把你的批评指向他的活动，你实际上就能给他一个称赞，同时建立他的自我，让他知道你认为他绝不致犯下这样的错误，并且你希望他做得更好。这之间对于他"不辜负"你的期望就是一种强有力的激励。比如你作为一名报纸编辑去印刷厂校清样，结果发现版面上一个标题字错了而校对人员没有发现，这时你应该对他进行批评，你可以说："这个错字你没有校出来。"你也可以说："你对工作太不负责了，这么大的错字你都没有校正。"很显然，后者是不易被对方接受的，因为你伤了他的自尊心，很可能导致他在以后的工作中出更多的纰漏。

同时，批评人要尊重事实，有一就是一，有二就是二，实事求是，以理服人，就事论事，对事不对人，既不能无中生有，也不能无限上纲。我们在批评他人前，一定要弄清事实的真相，不能捕风捉影。如果你的批评超出了事实范围，甚至进行人身攻击，就会严重伤害对方的自尊心，使他感到在人格上受到了侮辱，这就会把对方推到你的对立面去，使问题变得不容易解决。

（五）批评要友好收场

正面地批评他人，对方或多或少会有一定的压力。如果一次批评弄得"不欢而散"，对方一定会增加精神负担，产生消极情绪，甚至对抗情绪，为以后的工作或沟通带来障碍。所以，每次批评都应尽量在友好的气氛中结束，这样才能彻底解决问题。在结束时，可以对对方表示鼓励，提出充满感情的希望，让他对这次批评的回忆当成你对他的一次赞许而不是一次意外的打击，这样会帮助他打消顾虑，增强改正错误、做好工作的信心。比如分手时可以这样说："我相信你！"并报以微笑，而不以"今后不许再犯"作为警告。

不同的人由于经历、知识、性格等各种自身素质的不同，接受批评的能力和方式也会有很大的区别。在沟通中，我们应该根据不同人的特点，采取不同的批评技巧。但这些技巧有一个核心，那就是不损伤对方的面子，不损伤对方的自尊心。最好的批评，是在批评完了之后，能让对方口服心服。如果做不到这一点，就失去了真正的批评效用。批评是为了友好地继续交往，如果批评之后对方就失去了再交往的欲望，那么这是最失败的批评。

知识拓展

一、习近平《善于同群众说话》

人民群众是共产党存在和发展的基础、力量和智慧的源泉。共产党最基本的一条是一刻也不能脱离人民群众。现在基层出现的问题，很多是因为没有重视群众工作，没有做好群众工作，不会做群众工作，甚至不去做群众工作。有少数干部不会同群众说话，在群众面前处于失语状态。其实，语言的背后是感情、是思想、是知识、是素质。不会说话是表象，本质还是严重疏离群众，或是目中无人，对群众缺乏感情;或是身无才干,做工作缺乏底蕴;或是手脚不净、形象不好,在人前缺乏正气。

因此,做群众工作要将心比心,换取真心。群众在党员干部心里的分量有多重,党员干部在群众心里的分量就有多重。这说明,只有在平时多做过细的群众工作,才能真正取得群众的认同和信任。有了这个牢固的基础,遇到问题和矛盾时才容易同群众说上话、有沟通、好商量、能协调。

(之江新语——《善于同群众说话》2005.6.29)

二、李斯现身说法:如何用"攻心术"劝谏上司

先查阅李斯《谏逐客书》,再阅读对照下文。思考:从李斯对秦王的劝谏中可以得到哪些启发。

人人都会遇到与他人观点不同的情况。当您与上司意见不同甚或相左时,当您与长辈看法不一甚或相背时,当您发现上司或长辈的观点不尽合理欲与其沟通时,您没有理由不请教我——李斯。

不说您也知道,我也不是多么高尚的人,司马迁把我那点事都抖搂出来了,但您若因此怀疑我的"攻心术",可是您的一大损失啦!你们现代人不常说"取其精华,去其糟粕"吗?

许多人只知道外来和尚会念经,把英国那个哲学家培根在《谈判论》中的几句话牢记于心,"与人谋事,须知其习性,以引导之;明其目的,以劝诱之;清其弱点,以威吓之;察其优势,以钳制之"。其实我李斯早他一千八百年就精于此道,牛吧!

当年,我就是凭着高超的谏术赢得了上司的信任,使得自己从一个楚国"上蔡布衣"一步步擢升为秦帝国的丞相。早年我就师从荀子学习"帝王之术",加之自己的勤奋,潜心钻研并应用于实践,我的代表著作《谏逐客书》几乎就是专门教授谏术的实战案例。短短七百余字,居然使狂妄自大、刚愎自用的秦王收回成命,恢复我的官职,从此对我更加信任和重用。我之后不乏使用攻心术劝谏者,但其难度和效益没有超过我的,因此自认为更胜一筹。如若有人读过此文而没悟出我那攻心术之精妙,那他就白读了,枉费我李斯一片苦心!不瞒您说,我当时就料想到两千年后的中学甚或大学教材里选用它呢,就连一流名刊《交际与口才》上也会出现我的名字,经典就是经典,不是我自己吹!

您的时间宝贵,我闲言少说,就让我借这经典战例向您亲授攻心术的精髓吧。

我记得那是在秦王政十年(前237年),当时由于秦国势力强大,来秦图志的客卿增多,影响了秦国宗室大臣的权势,他们就借韩人郑国为秦修筑水渠、消耗财力、使秦无暇东征的事件对秦王进行挑拨,说外来客卿入秦都是别有用心的,应该把他们都赶走,秦王接受了他们的奏请,下令驱逐所有客卿。我,李斯也在被逐之列啊,我那时沮丧极了!好不容易凭着自己的三寸之舌由"厕中鼠"混到"仓中鼠"的地位,理想轰然倒塌,我哪能甘心呢?于是连夜写了这篇《谏逐客书》上书劝谏。说是一篇奏章,更像是一场特殊的与上司的谈判呢。

除了形势紧迫,我当时面临两大难题:一是我在被逐之列,怎样劝说才能避免是在为自己图谋的嫌疑?二是劝谏的对象是高高在上、一言九鼎的国君,而他已下了逐客令。

多数人都明白,说服他人不外乎晓之以理、动之以情、诱之以利、怵之以害。但很少有人透彻利之何在?理由何出?情从何来?害在何方?

劝谏以攻心为上,首先要知其心。欲知其心,就要设身处地地从劝谏对象的角度思考问题:他最大的愿望是什么?他最大的利益是什么?他最大的忧患是什么?找准了这些才能有的放矢地实施攻心术。否则可能会隔靴搔痒,劳而无功甚至适得其反。试想,如果我只是一味地向秦王求情不要逐客,谈论我个人的进退得失,结果只会令秦王把客逐得更利索。因为秦王与我李斯之间只有利益,没有情谊,他只对他的利益有情啊。

据我分析,秦王政贪鄙喜功、胸怀大志,最迫切的愿望莫过于统一天下,最大的利益莫过于威震四海,最大的忧患莫过于秦国的灭亡。于是我决定站在"跨海内,制诸侯"完成统一天下大业的高度,从"逐

客"与"统一天下"的尖锐矛盾入手,用利害关系搞定他。将脉把准,战略已定,下面就是战术问题了。

我开门见山就说:"臣闻吏议逐客,窃以为过矣!"当时大臣们闹得沸沸扬扬的逐客事件被我一笔带过,我明白在逐客这个具体问题上就事论事的纠缠只能让秦王更加烦乱。请您注意我说的是大臣们建议逐客,而不明说秦王下逐客令,把矛头偏向了大臣,这就给秦王留下了改过的余地和面子,够委婉吧?

据我研究,说服上司,忌讳空讲理论唱高调,应多用事实表明观点,把问题分析透彻,利弊摆出之后,决定权由上司来定,这样往往会收到绝佳的效果。因为一般的上司都认为自己比下属理论水平高,讨厌下属给他上理论课,而陈述事实易于被上司接受,且事实胜于雄辩。因此我百分之九十的内容用事实说话,而且所选事实是秦王老祖宗和他自己的,让他没有怀疑、反驳回旋的余地。

于是,紧接着我列举了秦王政的祖先秦穆公、秦孝公、秦惠王和秦昭王四位君王不拘一格广纳人才的事迹,一口气列出由余、百里奚、蹇叔、丕豹、公孙支、商鞅、张仪、范雎等八位为秦国效命的客卿,用正面事实说明秦国历史上因纳客而获得的种种功绩:"遂霸西戎""至今治强""使之(六国)西面事秦,功施到今""使秦成帝业"……也就是说:四君是凭借客卿的功劳使秦国获得扩疆称霸、治国富强、外交成功及成就帝业的伟绩,这样就自然而然地否定了秦大臣们"客负于秦"的观点。我又用假设推理,当初假如四君不重用客卿,就不会有秦国今天的富裕和强大,逐客与纳客,利害对举,是非明晰,已收到了动摇秦王逐客之决心的效用。

紧接下来,我如数家珍般一一列出秦王所占有、所喜爱的色、乐、珠、玉等二十余种玩好之物。您想,贪婪的秦王读到此处会禁不住眉开眼笑的,占有感、自豪感油然而生,他会读下去,不知不觉地落入我李斯攻心的"圈套":秦王你所珍爱的这些宝物并非秦国的特产啊! 但你却如此喜爱它们,这就与你在用人上排斥客卿相矛盾啊! 用外物、逐客卿,不明摆着是重物轻人吗? 而重物轻人,"非所以跨海内、制诸侯之术也"。

请您注意,我列举的愈多,"用外物"与"逐客卿"的对比就愈显强烈,而对比愈强,就愈能自然得出重物轻人的结论,而重物轻人的做法与秦王想统一天下的根本目的是背道而驰的。至此,触及到秦王最大的利益,他肯定对逐客已有悔改之意了。

接着,我乘胜追击,把攻心术发挥到极致:我引用五帝三王无敌于天下的历史事实,用类比的方法委婉表明秦只有纳客才能无敌于天下。然后指出,把客卿驱逐出去,使他们帮助诸侯成就功业,"此所谓藉寇兵而赍盗粮者也"(这就是人们所说的借给敌寇兵器送给强盗干粮的愚蠢行为啊)。这样,"求国无危,不可得也"。天啊! 不纳客不但得不到天下反而会危及秦国,触及秦王最大的忧患,这是对秦王思想上最致命的一击,令秦王的逐客思想防线彻底崩溃,不得不收回成命。至此,我的攻心术获得了彻底的胜利。

友情提示:劝谏以"攻心"为上,重在"知心",还须注意把握时机,采用合适的方式与口气,当劝谏成功后切不可恃功自负。

如果您能耐心听完我的啰嗦,谢谢您! 再一次证明我的攻心术获得成功!

(来源:《交际与口才》史钟锋)

三、你说的话就是修的路

进城后车水马龙好不繁荣,弟子说:"师父,今天我们肯定能化到不少东西。"师父不语。弟子刚说完,有人狠狠地从店内扔出一个玻璃酒瓶,碎了一地。

师父驻足,弯腰捡拾玻璃碎片。弟子不解问道:"多管闲事干什么? 反正我们不经常到城里来,玻璃又扎不到我们,还是赶紧去化缘吧。"

师父指着不远处向他们走来的一个人说:"看见了吧,他拄着拐杖,走在盲道上,肯定眼睛不好,万一被玻璃扎到怎么办？这大街上人来人往，碎片很容易扎破车轮，还有许多人穿着凉鞋，不小心踩在上面会伤着脚。"

弟子为师父的善举油然起敬。他们将玻璃碎片全部捡起来倒进垃圾桶里，然后开始化缘。在一家店铺门口化缘时，店老板一脸的不屑，不怀好意地骂他们："像你们这样穿个和尚服，骗人钱财的我遇到太多了，你以为穿个马甲我就不知道你们行骗的行径？还没开张就来要钱，晦气，真晦气。滚开，滚开，赶紧消失，不要影响我的生意，否则我要报警。"

面对无理的指责谩骂，弟子准备和店老板论理，师父拉住了他，说："施主，息怒。对不起，打扰了。祝你生意兴隆，广结善缘。"

他们刚准备离开，附近的一个店主人走过来对刚才无理的那个人说："他们肯定不是骗人的，因为我刚才看见他们扶着盲人过街，而且还把地上的玻璃片捡到垃圾桶。如此心存善念的人怎么会骗人呢？"说完，他主动给师徒两人送上一份心意，并热情地祝他们一路平安。师徒两人微笑着鞠躬，表示谢意。

弟子说："师父，世上还是有好人相信我们。"师父说："记住，我们所说出的话，付出的善举就是自己所修的路。心存无边善念，路不会断头！手付举手之劳，缘不会尽头。总会有人扶你一把。"

我国古代禅师寒山和拾得有这样一段对话。寒山问拾得："世间有人谤我欺我辱我笑我轻我贱我骗我，如何处置？"拾得曰："只要忍他让他避他由他耐他敬他不要理他，再过几年你且看他。"

良言一句三冬暖，恶语伤人酷夏寒。善良的话是春风，使万物萌动生机，明媚灿烂；恶言是一把毒剑，阻挡友爱，使爱意凋零，善良枯萎。我们说出的每一句话就是铺在今后道路上的每一块砖。好人缘就是好材料，好材料铺就好未来。

四、拿破仑·希尔的人生转折：学会控制自己

一个随意让情绪"喷"出来而不能自控的人，一定是与成大事无缘的，因为缺乏自制和忍耐的性格，让自己的生活极为可怕。这是从一个十分普通的事件中发现的。这项发现使拿破仑·希尔获得了一生当中最重要的一次教训。

一天，拿破仑·希尔和办公室大楼的管理员发生了一场误会。这场误会导致了他们两人之间彼此憎恨，甚至演变成激烈的敌对状态。这位管理员为了显示他对拿破仑·希尔一个人在办公室中工作的不满，就把大楼的电灯全部关掉。这种情形一连发生了几次，有一天，拿破仑·希尔到书房里准备一篇预备在第二天晚上发表的演讲稿，当他刚刚在书桌前坐好时，电灯熄灭了。

拿破仑·希尔立刻跳起来，奔向大楼地下室，他知道可以在那儿找到这位管理员。当拿破仑·希尔到那儿时，发现管理员正在忙着把煤炭一铲一铲地送进锅炉内，同时一面吹着口哨，仿佛什么事情都未发生似的。

拿破仑·希尔立刻对他破口大骂。一连5分钟之久，他都以比管理员正在照顾的那个锅炉内的火更热辣辣的词句对他痛骂。

最后，拿破仑·希尔实在想不出什么骂人的词句了，只好放慢了速度。这时候，管理员直起身体，转过头来，脸上露出开朗的微笑，并以一种充满镇静与自制的柔和声调说道：

"你今天早上有点儿激动吧，不是吗？"

他的话就像一把锐利的短剑，一下子刺进拿破仑·希尔的身体。

想想看，拿破仑·希尔那时候会是什么感觉。站在拿破仑·希尔面前的是一位文盲，既不会写也不会读，但他却在这场舌战中打败了自己，更何况这场战斗的场地，以及武器，都是自己所挑选的。

拿破仑·希尔的良心受到了谴责。他知道，他不仅被打败了，而且更糟糕的是，他是主动的，又是错误的一方,这一切只会更增加他的羞辱。

拿破仑·希尔知道,自己必须向那个人道歉,内心才能平静。最后,他费了很久的时间才下定决心,决定再次回到地下室,去忍受必须忍受的这个羞辱。

拿破仑·希尔来到地下室后,把那位管理员叫到门边。管理员以平静、温和的声调问道:"你这一次想要干什么?"

拿破仑·希尔告诉他:"我是回来为我的行为道歉的——如果你愿意接受的话。"管理员脸上又露出了微笑,他说:

"凭着上帝的爱心,你用不着向我道歉。除了这四堵墙壁,以及你和我之外,并没有人听见你刚才所说的话。我不会把它说出去的,我知道你也不会说出去的,因此,我们不如就把此事忘了吧。"

这段话对拿破仑·希尔所造成的伤害更甚于他第一次所说的话,因为他不仅表示愿意原谅拿破仑·希尔,实际上更表示愿意协助拿破仑·希尔隐瞒此事,不使它宣扬出去,不对拿破仑·希尔造成伤害。

拿破仑·希尔向他走过去,抓住他的手,使劲地握着。拿破仑·希尔不仅是用手和他握手,更是用心和他握手,在走回办公室的途中,拿破仑·希尔感到心情十分愉快,因为他终于鼓起勇气,化解了自己做错的事。

此后,拿破仑·希尔下定了决心,以后绝不再失去自制。因为一失去自制之后,另一个人——不管是一名目不识丁的管理员,还是有教养的绅士都能轻易地将自己打败。

在下定这个决心之后,希尔身上立刻发生了显著的变化,他的笔开始发挥出更大的力量,他所说的话更具分量。他结交了更多的朋友,敌人也相对减少了很多。这个事件成为拿破仑·希尔一生当中最重要的一个转折点。拿破仑·希尔说:"这件事教育了我,一个人除非先控制了自己,否则他将无法控制别人。它也使我明白了这两句话的真正意义:'上帝要毁灭一个人,必先使他疯狂。'"

五、名人谈沟通

1. 人类的天性需要爱,也需要尊重。　　　　　　　　　　　　——诺曼·文生·皮尔博士

2. 思维如智者,说话如常人。　　　　　　　　　　　　　　　——亚里士多德

3. 我没有权利去做或者说任何事来贬低一个人的自尊。重要的不是我觉得他怎么样,而不是他觉得自己如何。伤害人的自尊是一种罪。　　　　　　　　　　——法国作家 安东安娜·德·圣苏荷伊

4. 如果你握紧两个拳头来找我,对不起,我敢保证我的拳头会和你握得一样紧。但是如果你到我这来说"让我们坐下来一起商量,看看我们为什么彼此意见不同",那么不久我们就会发现我们的分歧其实并不大,我们的看法同多异少。因此,只要有耐心相互沟通,我们就能相互理解。　——威尔逊总统

5. 如果有什么秘诀的话,那就是站在对方的立场考虑问题,如同你用你自己的观点看事情一样,并具备审时度势的能力。　　　　　　　　　　　　　　　　　——汽车大王 亨利·福特

6. 如果你争强好胜,喜欢与人争执,以反驳对方为乐趣,或许能赢得一时的胜利,但这种胜利是毫无意义和价值的,因为你永远得不到对方的好感。　　　　　　　——本杰明·富兰克林

7. 凡是有决心想要成功的人,绝不能在私人成见上浪费时间,而争辩的结果也是他无法承受的,包括脾气变坏、丧失自制。如果你们都有正确的一面,你不妨多让步些;即使你是完全正确的,也不妨向对方做些让步,哪怕少让一点。与其同狗争道而被狗咬,还不如让狗先走。因为,即使将狗杀死,也治不好你被狗咬的伤口。　　　　　　　　　　　　　　　　　　　　　　　——林肯

8. 有许多人之所以不能给别人留下良好的印象,就是因为他们不注意倾听别人的讲话。他们极其关心的是他们自己下面要说什么,他们从来都不会认真地听人要说什么……许多名人曾告诉我,和那些善于谈话者相比,他们更喜欢那些善于倾听的人。　　　　　　　　　　——马可逊

六、女王与妻子——角色转换

英国女王维多利亚是历史上有名的女王,但是她私下和她的丈夫阿尔伯特亲王相处时,不免也有一般家庭的争执场面。有一次,他们夫妇又吵架了,丈夫阿尔伯特愤而回到卧室,并且关上了门。事后维多利亚女王想想,知道是自己理亏,就在房间外敲门,打算向丈夫道歉。

"谁?"丈夫问。

"英国女王!"屋内没有任何回音。

"谁呀?"

"我是维多利亚。"依旧没有开门。

最后,维多利亚又敲了敲门,然后温柔地说道:"对不起,亲爱的开门好吗?我是你的妻子。"这回房门从里面打开了。

上面的故事告诉我们,每个人在不同时刻、不同场合会扮演不同的角色。在家里,维多利亚女王就是妻子,她不再是女王。在社会中,每个人都要扮演几种角色,如果弄错了场景,这些角色之间会发生冲突,能否处理好这些冲突,在于我们社会角色份演得成功与否。

每个人都要在社会中扮演属于自己的社会角色。当个人在所履行的多个社会角色之间或角色与人格之间,有难以相容感时,就发生了角色冲突。

消除角色冲突,可以采取如下几项具体方法:

防止角色混同。不同角色的权利与义务是各不相同的,不能混为一谈,应当区别对待。如在与异性交往中,男性要把妻子、女朋友、女同事区别开来,同样道理,女方也要对丈夫、男朋友、男同事区别对待。

学会换位思考。考虑和处理问题时,要站在他人角色的立场,将心比心、设身处地地体验不同于自己的别的角色的需求、遭遇和感受。比如丈夫站在妻子的角度,妻子站在丈夫的角度,下级站在领导的角度、领导站在下属的角度,这样自然就能消除角色冲突,促进人际关系的和谐。

做好角色转换。我们在角色转换后,应当及时对所承担角色的权利与义务有明确的认识,对该角色应有行为做出清晰的理解,以求顺应变化,尽早进入新角色,转换角色行为。在单位时是领导,习惯于发布命令指挥别人,但回到家里,履行作为丈夫和父亲的职责时,就不能一味的严肃。

实 践 训 练

一、案例分析:赞美和批评的艺术

[案例一]魏征怕仅凭进谏参政议政招来事端,想借目疾为由辞职修养,唐太宗为挽留这位千载难逢的良臣,极力赞扬魏征的敢于进谏,表达自己的赏识之情,道:"您没有见山中的金矿石吗?当它为矿石时,一点也不珍贵,只有被能工巧匠冶炼成器物后,才被人视为珍宝。我就好比金矿石,把您当做能工巧匠,您虽有眼疾,但并未衰老,怎么能辞职呢?"魏征见唐太宗如此诚恳,也就铁了心跟着唐太宗干一辈子了。

[案例二]陈粟大军在孟良崮战役中消灭了张灵甫的王牌师后,名声大振,受到了广泛的赞誉。毛泽东见到粟裕时,幽默地说:"孟良崮战役打得好,打得很突然,有两个人没想到,你猜猜是谁?"粟裕先猜了一个说:"蒋介石。"毛泽东说:"对了!另一个呢?"粟裕又猜是何应钦、张灵甫,毛泽东都说不是,粟裕丈二和尚摸不着头脑。毛泽东望着他大惑不解的样子,笑着说:"另一个就是我呀!"

[案例三]一位餐厅服务员利索地完成了上菜的工作,客人很满意,最后上西瓜时,脚下一滑,连人带盘子摔在地上,偌大的餐厅霎时鸦雀无声。此时,值班经理走过来,扶起这位吓坏了的服务员,亲切地说:"今天客人多,你累坏了。前面的菜上得很顺利,快去休息吧。"转身向客人们道歉,然后从容地给客人补上西瓜,将西瓜盘子碎片清扫干净。服务员感动得流下了眼泪,客人们也为之鼓掌喝彩。

[案例四]有一次,松下幸之助(日本著名的企业家)让失态的一名员工罚站,他本人则一边拿着火钳叮叮当当地敲击,一边对那位员工严加训斥。过后,他拿起火钳给那位员工看,说:"我这么专心骂人,火钳都敲弯了。赶快帮我修好吧。"等那员工修好后,他笑容满面地说:"嗯,你的手艺不错嘛!"那位员工回家后,太太为他准备了一桌酒菜,一问才知道,是松下打电话给她说:"今天你先生回家时,心情可能会不好,你备点酒菜。"

[案例五]《陶行知的四块糖果》育才小学校长陶行知在校园看到学生王友用泥块砸自己班上的同学,陶行知当即喝止了他,并令他放学后到校长室去。无疑,陶行知是要好好教育这个"顽皮"的学生。那么他是如何教育的呢?

放学后,陶行知来到校长室,王友已经等在门口准备挨训了。可一见面,陶行知却掏出一块糖果送给王友,并说:"这是奖给你的,因为你按时来到这里。"王友惊疑地接过糖果。

随后,陶行知又掏出第二块糖果,放到他手里说:"这第二块糖果也是奖给你的,因为当我不让你再打人时,你立即就住手了,这说明你很尊重我,我应该奖你。"王友更惊疑了,他眼睛睁得大大的。

陶行知又掏出第三块糖果塞到王友手里,说:"我调查过了,你用泥块砸那些男生,是因为他们不守游戏规则,欺负女生。你砸他们,说明你很正直善良,且有批评不良行为的勇气,应该奖励你啊!"王友感动极了,他流着眼泪后悔地喊道:"陶……陶校长。你打我两下吧,我砸的不是坏人,而是自己班上的同学啊……"

陶行知满意地笑了。他随即掏出第四块糖果递给王友,说:"为你正确地认识错误,我再奖给你一块糖果,只可惜我只有这一块糖果了。我的糖果没有了,我看我们的谈话也该结束了吧!"说完,就走出了校长室。

二、案例分析:沟通口才的艺术

[案例一]基辛格退休后,接受记者的采访是要收费的。一次,中央电视台节目主持人水均益去采访他。一见面,水均益说:"我们的节目有十分钟长,是中央电视台黄金时段的节目,收看我们节目的观众有四亿。"接着又说:"基辛格博士是中国人民的老朋友,很多中国观众都非常想了解博士的近况。"结果,基辛格愉快地接受了他的采访。

[案例二]1980年8月1日,意大利著名记者法拉奇采访邓小平。一开始,她就向邓小平表示生日祝贺,说8月22日是邓小平的生日。邓小平表示自己不记得,法拉奇说是从他的传记中知道的。邓小平说:"既然你这样说就算是吧!我从来不知道什么时候是我的生日。就算明天是我的生日,你也不应祝贺呵!我已经76岁了,76岁是衰退的年龄了!"法拉奇说:"邓小平先生,我父亲也是76岁,如果我对他说是一个衰退的年龄,他会给我一巴掌呢!"

[案例三]一位年轻女子路过一个地摊时,瞥了一眼地摊上的锦缎方巾。摊主问:"要方巾吗?""不要。""不要没关系,过来瞧瞧,这里各种花色都有。"说着,拿起几条抖了抖,女青年迟疑地走过去,摊主又热情地挑了几条给她看,并让她对着镜子试,终于她看中了一条。中国人在这种情况下,买东西一般会有两种担心,一是担心惹上了不买脱不了身——防卫性心理,一是担心卖主太热情,不买自己心里过意不去——自责性心理。"不要没关系……"一句话把两种心理障碍都消除了。

三、实战演练

1. 请为自己的姓名设计一个巧报家门的方法。
2. 讲讲生活中你赞美(批评)他人或被他人赞美(批评)的事情经过以及心理效应。
3. 与同桌为组演练:一人倾听,另一人赞美对方,其他师生做评判。
4. 与同桌为组演练:一人倾听,另一人批评对方,其他师生做评判。

参 考 书 目

[1] 刘建祥. 演讲与口才应用知识大全. 长沙:湖南人民出版社,2002

[2] 赵菊春,赵修琴. 口才·演讲. 北京:航空工业出版社,1998

[3] 李军令. 演讲艺术论. 海口:南海出版公司,1999

[4] 李元授,白丁. 口才训练. 武汉:华中理工大学出版社,2000

[5] 张利庠,林静如,李端梅. 演讲与口才. 大连:大连海事大学出版社,1997

[6] [英]米契尔·雅各布逊. 辩论家手册. 北京:学苑出版社,1991

[7] 曹美菊. 口才·逻辑·语言. 长沙:湖南师范大学出版社,2000

[8] 李正堂,蒋心海. 语言的魅力. 北京:海潮出版社,2002

[9] 费泉京. 中外名人演讲精粹·欧洲卷. 北京:中国书籍出版社,2000

[10] 叶金龙. 领导演讲艺术. 杭州:浙江人民出版社,1991

[11] 蔡顺华,彭树楷. 演讲与说话艺术辞典. 西安:陕西人民教育出版社,1990

[12] [美]约翰·哈灵顿. 演讲入门——信息·演讲者·听众. 上海:上海人民出版社,1987

[13] 朱川. 演讲基础知识. 北京:工人出版社,1985

[14] 夏磊. 智慧演讲. 北京:中国人口出版社,1996

[15] 汪缚天. 口语艺术. 北京:中国文联出版公司,1989

[16] 陈启川. 口才学. 福州:福建科学技术出版社,1989

[17] 唐承斌,马卫国. 演讲·口才·成功. 合肥:安徽教育出版社,1989

[18] 华琪. 说理的艺术. 北京:解放军出版社,1985

[19] 高永华. 说话的艺术. 石家庄:河北科学技术出版社,1989